谨以此书献给辛嶋 静志教授（1957.9.11—2019.7.23）

纪念七年来所受之悉心教导与殷切关怀

复旦文史丛刊

禅定与苦修（修订本）

关于佛传原初梵本的发现和研究

dhyānāni tapaś ca

刘震 著

上海古籍出版社

本书的题目“禅定与苦修”取自写本的中间摄颂（Antarodāna，DĀ 20.208.3）：*dhyānāni* ··· *tapasaś ca*。当然对应“苦修”的 *tapas* 一词，词尾改作单数体格。

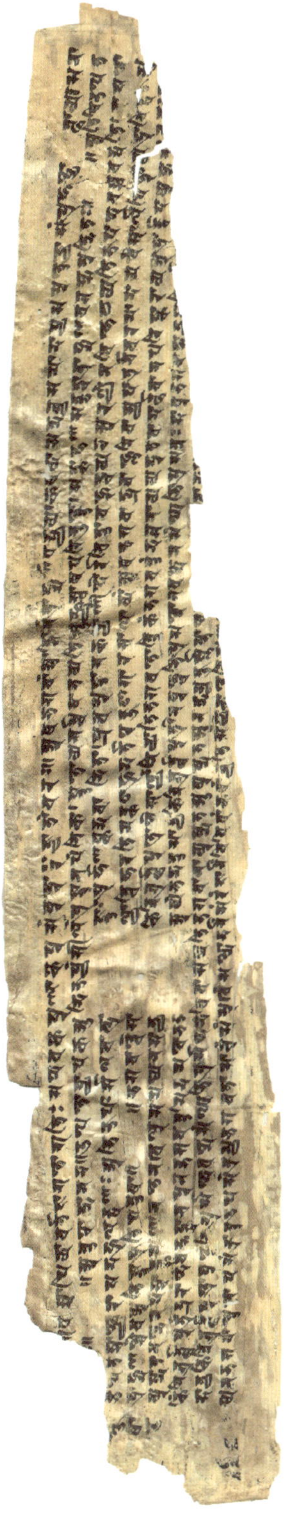
329r

329v

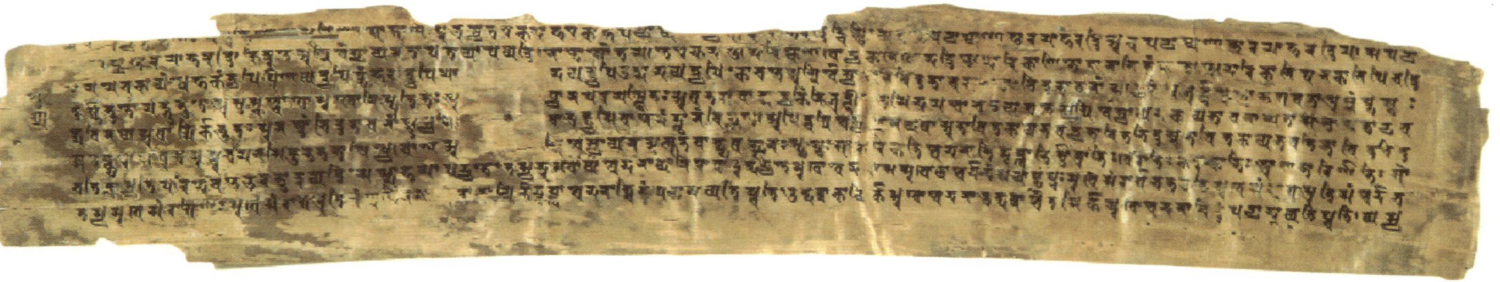

330r

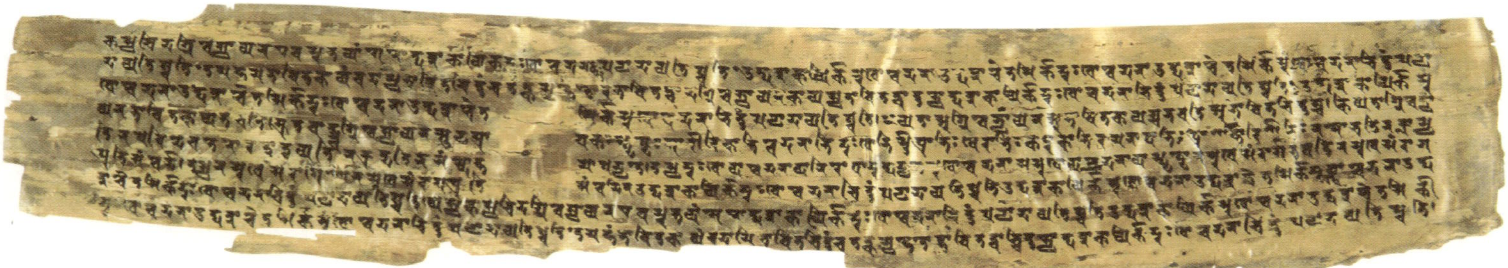

330v

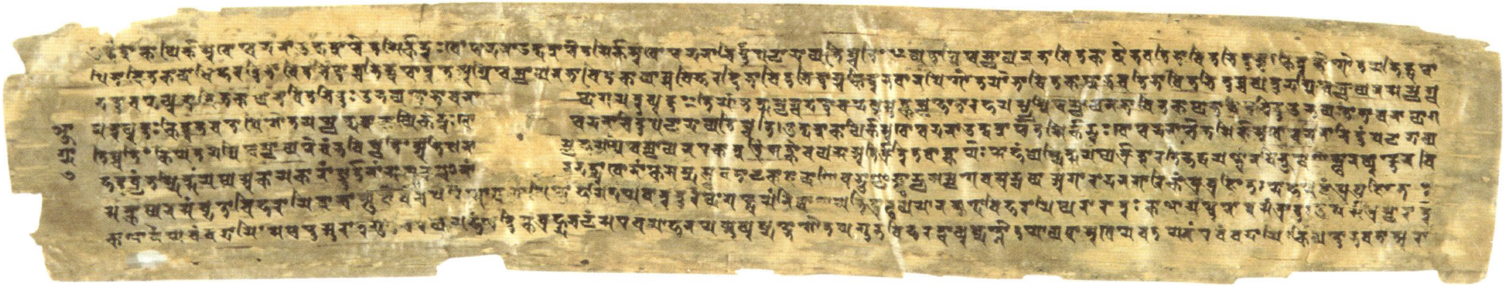

331r

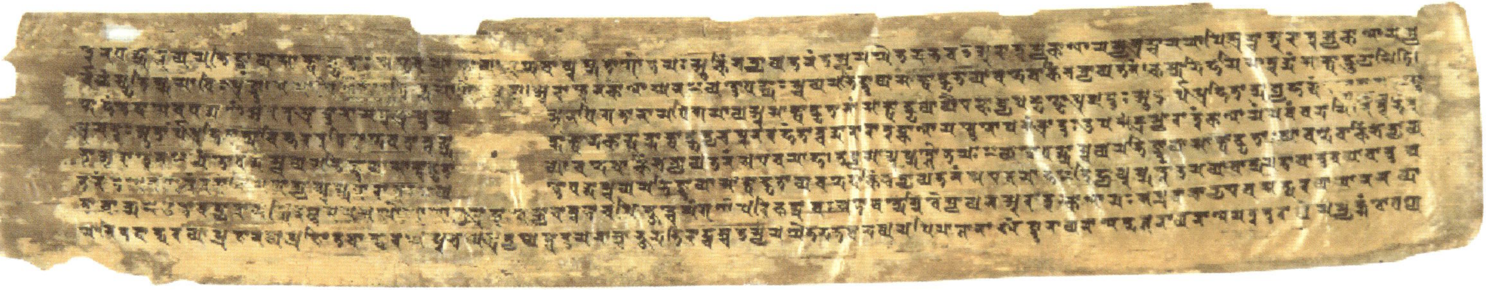

331v

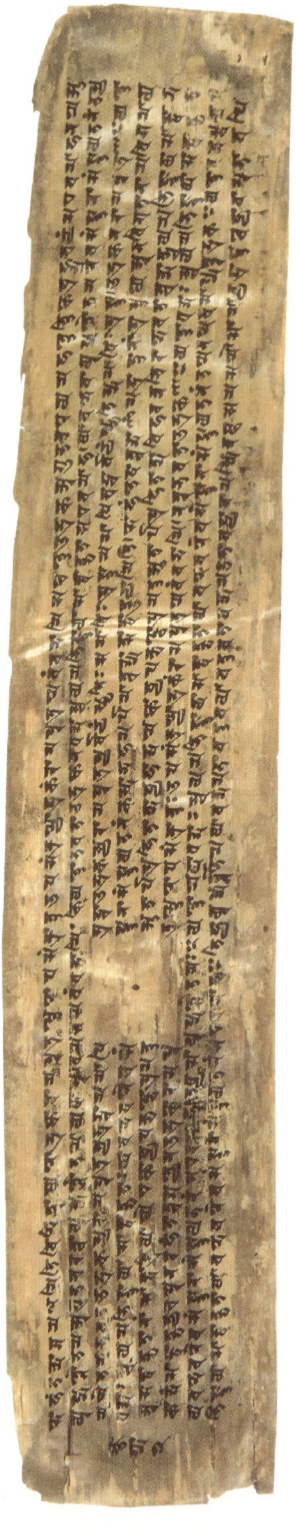

332r

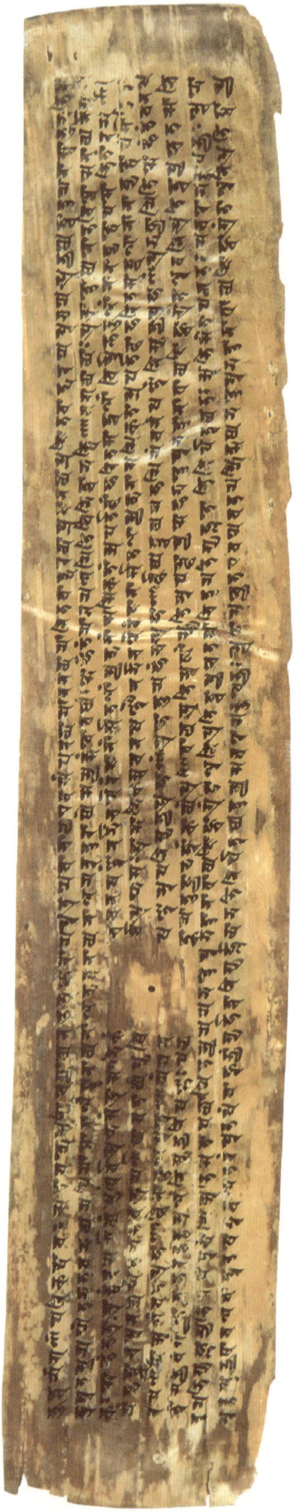

332v

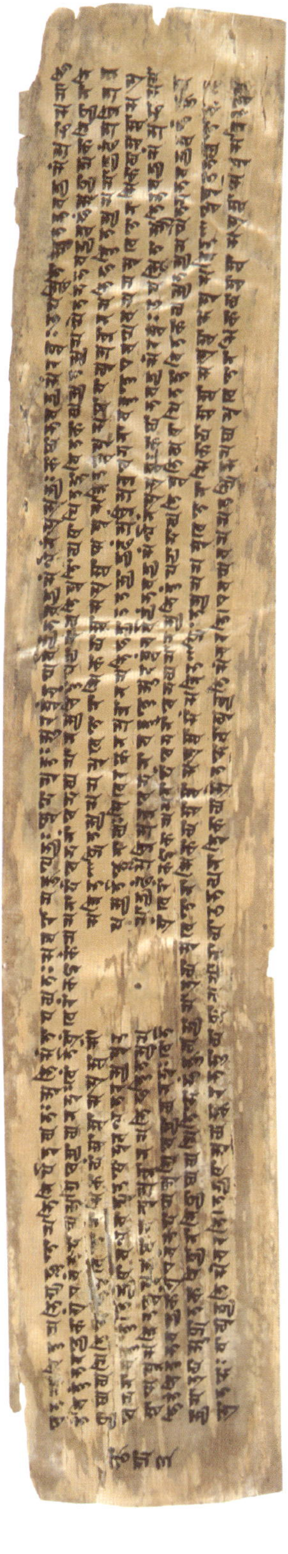
333r

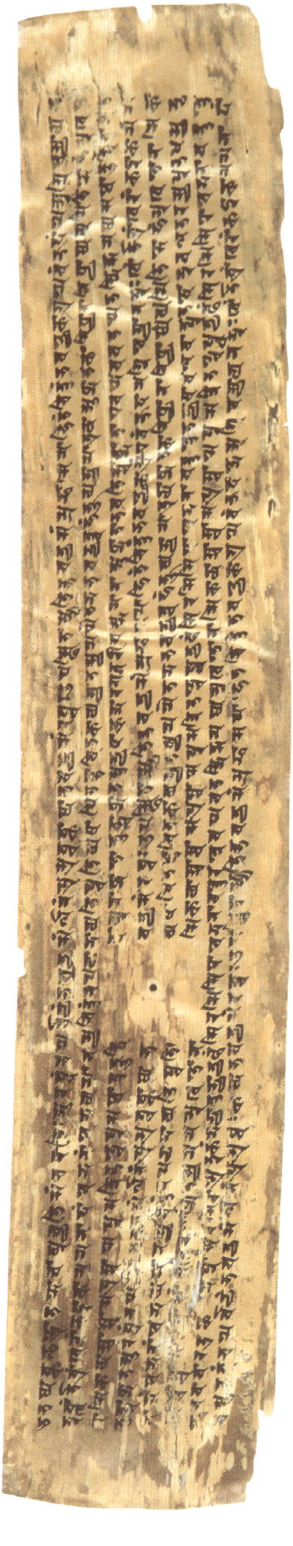
333v

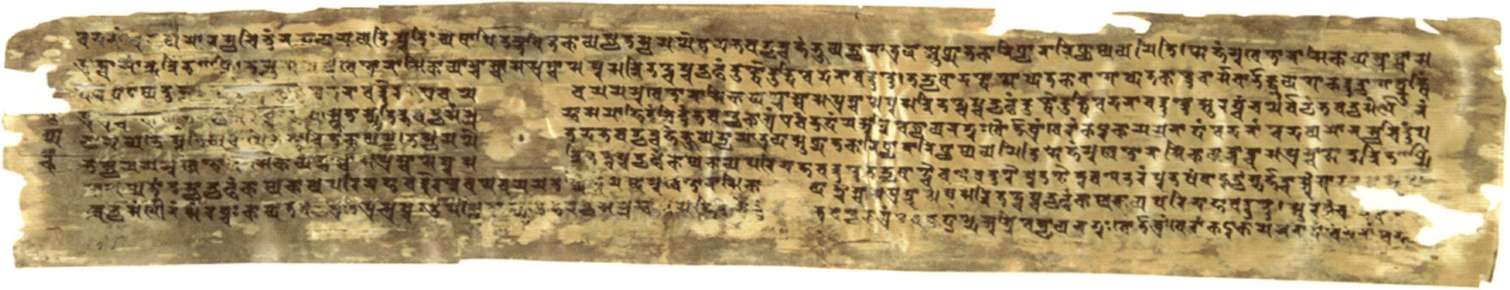

334r

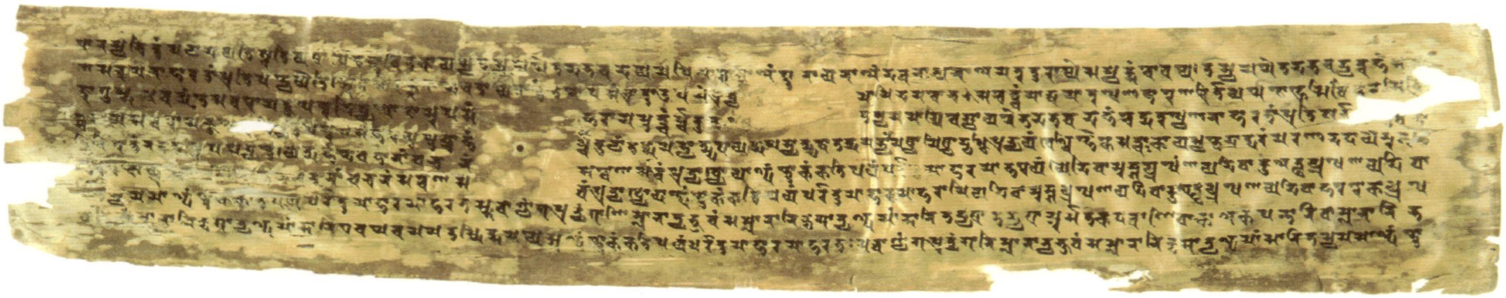

334v

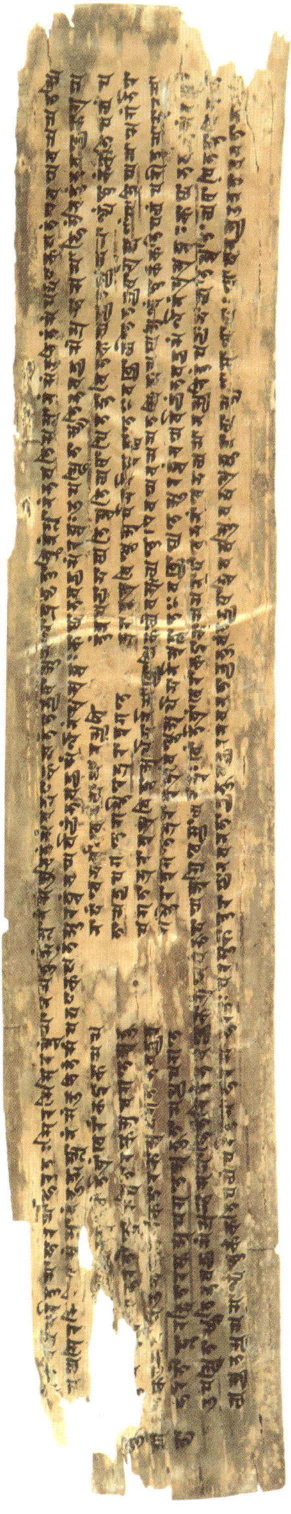

335r

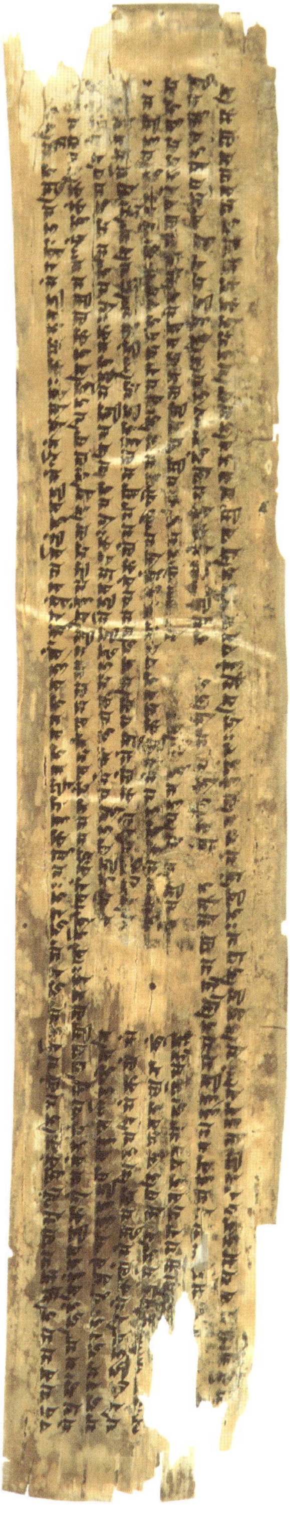

335v

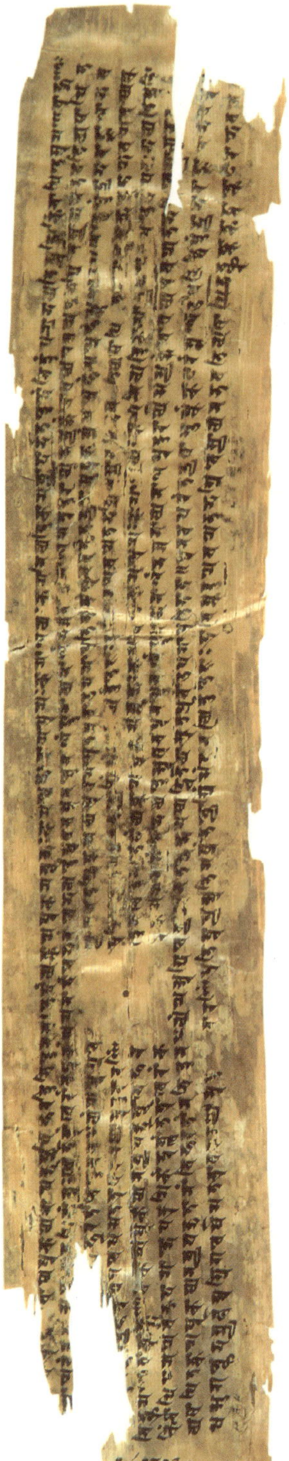
336r

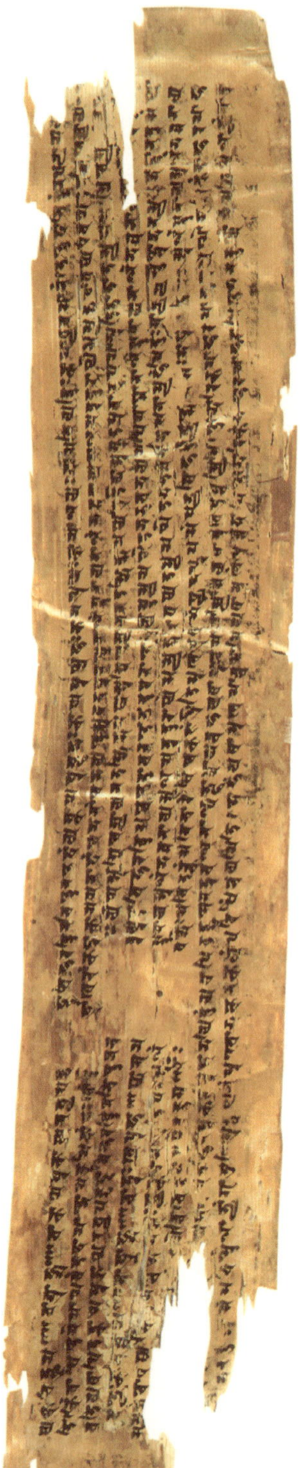
336v

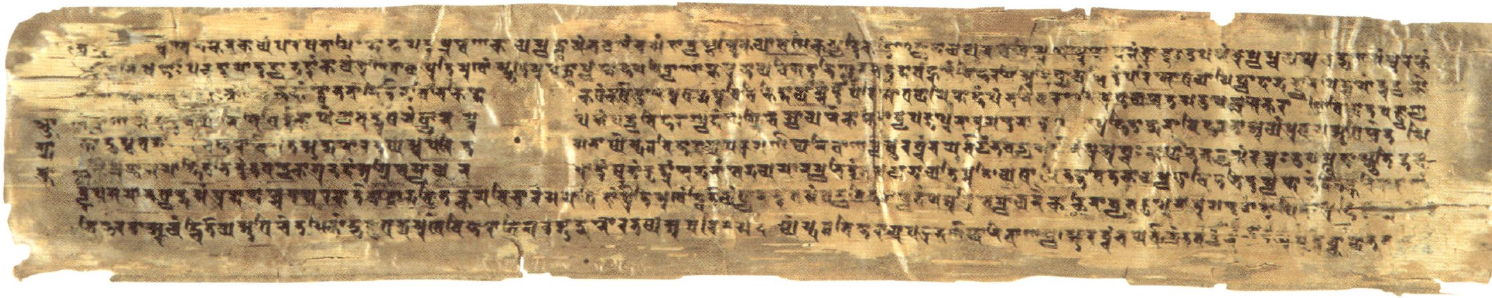

337r

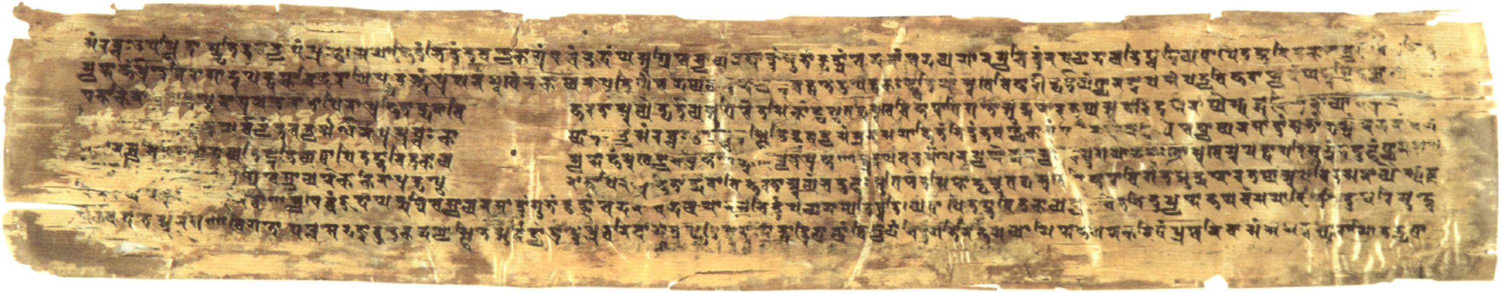

337v

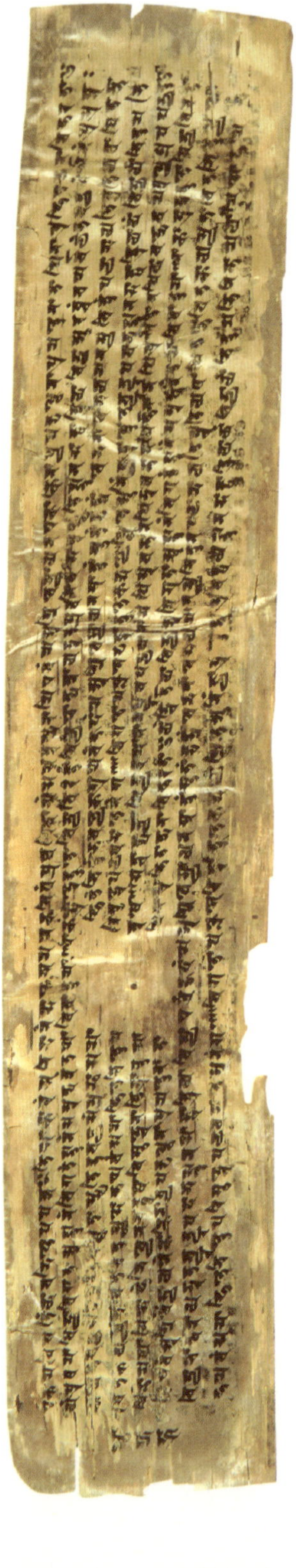

338r

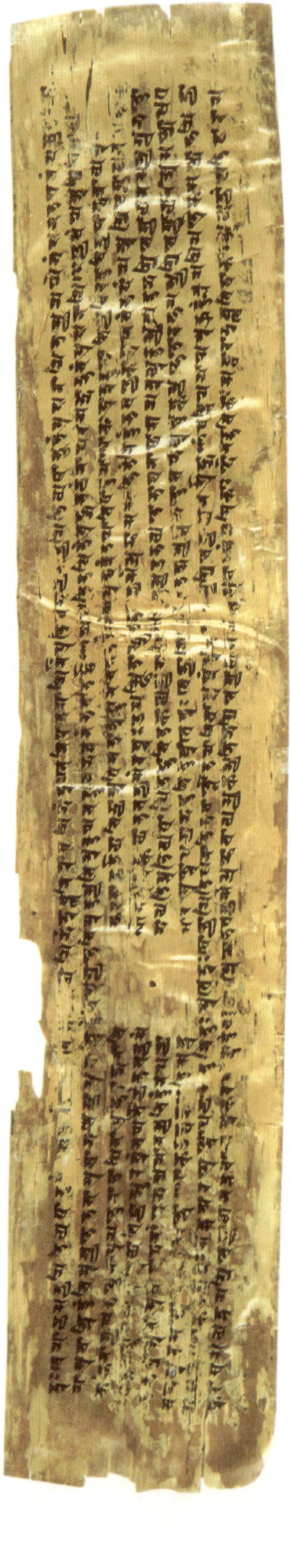

338v

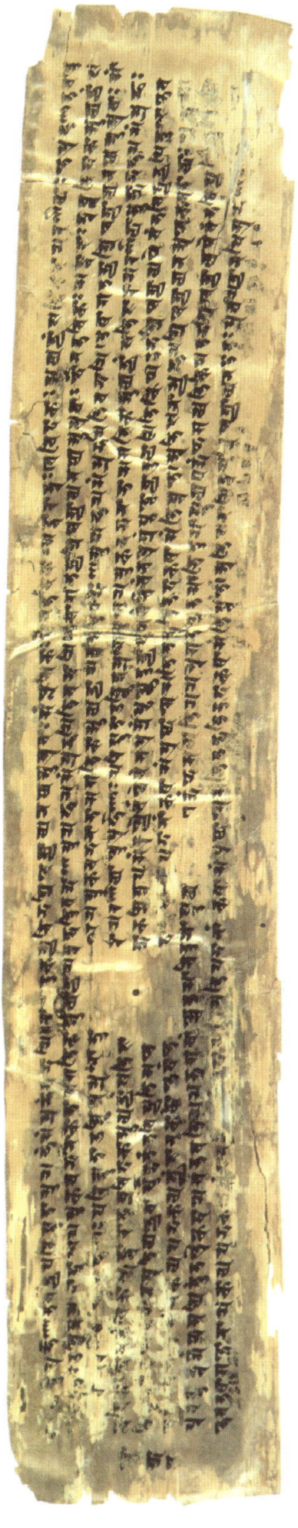

339r

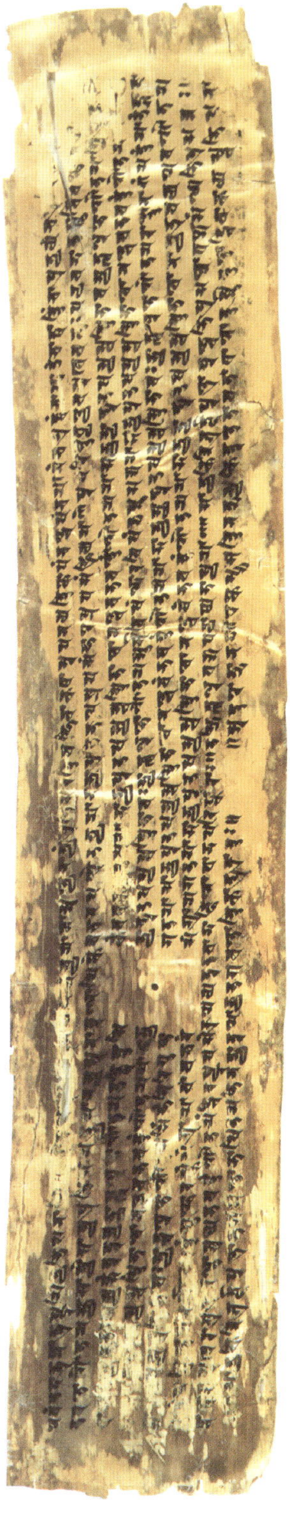

339v

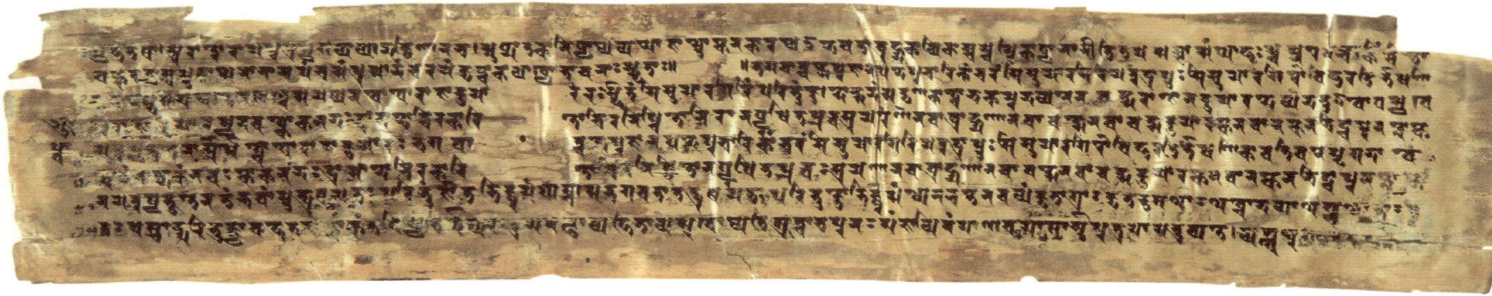

340r

“复旦文史丛刊”编纂说明

复旦大学文史研究院成立后，致力于推动有关中国文化与历史的研究，近期重心是围绕着“从周边看中国”、“批评的中国学研究”、“交错的文化史”和“域外有关中国的文字资料与图像资料”、“宗教史、思想史与艺术史的综合研究”等课题进行探讨，同时，也鼓励其他相关文史领域的各类研究。为此，复旦大学文史研究院与上海古籍出版社合作，出版这套“复旦文史丛刊”，丛刊不求系统与数量，唯希望能够呈现当前文史研究领域中的新材料、新取向、新视野和新思路，并特别愿意鼓励和收录年轻学人的著作。

本丛书基本体例如下：

（一）本丛刊收录有整体结构和完整内容的有关中国文史的研究专著，不收论文集。

（二）本丛刊内所收专著，一般字数在25—40万字，个别情况可以超过此限。

（三）接受国外以其他语言写成的专著的中文译本。

（四）注释一律采用页下注，书后要有《引用文献目录》，如有《人名索引》和《书名索引》，则更为欢迎。

（五）本丛刊设立匿名审稿制度，由复旦大学文史研究院聘请两位国内外学者担任匿名审稿者，如两位审稿者意见和结论彼此相左，则另请第三位审稿者审查。

（六）本丛刊由上海古籍出版社负责编辑出版。

2008 年 5 月

目　录

第二版前言

近日，上海古籍出版社通知我，“复旦文史丛刊”即将重版。这给了我重新修订十年前旧作的机会。这部旧作是基于2008年在慕尼黑大学提交的博士论文，略加扩充的汉译本。出版之后，在汉语学界收到了徐文堪先生（徐文堪 2011）和宗玉媺女士（宗玉媺 2011）的书评，在国外也被一些学者引用，比如，ANĀLAYO 2011：232－246 和 STUART 2015：I. 60。

不过，无论是2008年的德文版博士论文，还是2010年的中文版，错误不胜枚举。宗玉媺女士的书评、施林洛甫先生（Dieter Schlingloff）的口头指教，都指出了拙作的诸多不足之处，并给予我很多帮助。在此表示衷心的感谢！

其次，自2013年冬季开始参加辛嶋静志教授每两周一次的婆罗迷写本读书班，六年以来，我从他的言传身教里学习到了很多研读和编辑写本的先进方法。并且，近年来所生产的显示器分辨率有了相当大的提高。这使得原来写本照片的解读在这一版中有了不少改进。

另外，国际敦煌项目：丝绸之路在线（International Dunhuang Project：Die Seidenstraße online）以及德国柏林布兰登堡科学院（Berlin-Brandenburgische Akademie der Wissenschaften）提供了德藏中亚写本的电子彩色照片（网页为：http：//idp. bbaw. de/），使 SHT 中相关的释读在这一版中

得到了进一步的修订。

再者，这十年间梵本《长阿含》和拙作涉及议题的研究皆有很大的进展。由于时间压力及篇幅和版式的局限，只能在“楔子”、“引言”和“参考文献”部分略微更新一下研究现状。

最后，正如宗玉媺女士（2011：227）所指出的，本书“在翻译的文风上，作者可能受到传统佛经译文的影响，颇有文白掺杂的现象，这现象虽然不会影响读者的理解，但从文学角度而言，不能不说是个小缺点”。可惜，这一版还是无法将译文重新改成现代汉语。

总之，这一版只能做到对旧作的小修小补，如果要向读者展现一个满意的面貌，只有重起炉灶了。在此也要感谢上海古籍出版社的徐卓聪先生为排印所作的辛勤付出。

最后，赘言一句：第一次见到辛嶋静志教授是在2012年的北京藏学会议期间。他正好购买了拙著在阅读。想不到拙著重修版问世之际，我们已经人天两隔！

德文版前言

2006年初,我从我的博士生导师——哈特曼教授(Prof. Dr. Jens-Uwe Hartmann)那里得到了这个论文题目。这项任务其实哈特曼教授已经开始计划着手。上世纪末,梵本《长阿含》——*Dīrghāgama* 现身于古玩市场,其出土地点虽无法直接考证,但很有可能出自今巴基斯坦的吉尔吉特地区(Gilgit);在2000年,哈特曼教授就撰文介绍了这一篇幅巨大的写本(HARTMANN 2000: 359),这是国际学界第一篇有关该写本的研究文章。哈特曼教授为提携后进,非常慷慨地将此工作托付于我,让我有幸得见此珍贵材料。他还主动承担起整个研究计划和我博士学业的指导工作,在精神和物质上都给予了我极大的支持。因此,我首先对他表示诚挚的谢意!

同样的感谢也致以梅塔教授(Prof. Dr. Adelheid Mette)!她是我的第二博士生导师。在求学期间,同时也在撰写博士论文期间,她的极有价值的帮助和建议令我感动不已。

此外,我还要感谢梅尔策博士(Gudrun Melzer)。关于(根本)说一切有部的 *Dīrghāgama* 有两部里程碑式的作品:一个是哈特曼教授有关中亚的 *Dīrghāgama* 写本研究(HARTMANN 1992);一个就是她的有关这一部吉尔吉特(目前学界对其发现地还未作最终定论)的 *Dīrghāgama* 研究,也就是其博士论文(MELZER 2006)。这两部巨著让我获益匪浅;但同时我也觉得,要想对他们的研究有所超越确实很难。我的论文将尽可能跟随梅尔策女士的模式和体系,这样既能统一整部 *Dīrghāgama* 写本的研究体例,也谨以此方式向她表示我个人的敬意。

此外,我还要特别向冯·克里格恩博士(Oliver von Criegern)、霍茨贝尔格(Richard Holzberger)先生(M. A.)、于(Katharina Yu)女士(M. A.)表示感谢,他们不仅在后期帮我修改、润色了德文稿,还在整个博士学习阶段中,不惜腾出自己的宝贵时间,向我提供了巨大的帮助。再者,还要感谢图特高(Chanwit Tudkeao)先生(M. A.)、黄晓静女士、克拉默博士(Jowita Kramer)、雷吉帝默博士(Elsa Legittimo)、森万里子女士(M. A.)、邱轶皓先生(M. A.)、施耐德博士(Johannes Schneider)、维林斯卡博士(Malgorzata Wielinska-Soltwedel)和茨茵教授(Monika Zin)的多方支援、鼓励和建议。

最后还要感谢德国研究协会(Deutsche Forschungsgemeinschaft)对此项目的资助。

但愿拙作能对佛陀传记的研究和佛教禅定与苦修的实践作出微薄的贡献!

楔　　子

本书乃是笔者在博士论文(慕尼黑大学印度藏学系,2008 年 7 月)的基础之上,修订、增补而成。该论文的研究对象是梵本《长阿含》(*Dīrghāgama*)的第 20 经——《修身经》(*Kāyabhāvanāsūtra*)。这部《长阿含》发现自巴基斯坦的吉尔吉特(Gilgit)地区,根据研究,目前将其部派归属定为"(根本)说一切有部"——(Mūla-) Sarvāstivādin[1]。尽管梵本《长阿含》的研究,在国外学界已经极具规模,但在我国尚属方兴未艾[2]。因此,有必要在《修身经》的引言之前再加一个楔子,对其所属的那部佛教巨制《长阿含》,作一个介绍。

就目前而言,对梵本《长阿含》所作的最系统、也是最新的研究专著,当推笔者的导师哈特曼(Jens-Uwe HARTMANN)先生的《说一切有部〈长阿

〔1〕 哈特曼(HARTMANN 1992)和斯基林(SKILLING 1997)使用了这样的表述,后者在其 *Mahāsūtras* 第二卷(96: 注 24)中作了解释,认为这样处理可兼顾两种情况:1. 根本说一切有部(Mūlasarvāstivādin)等同于说一切有部(Sarvāstivādin),2. 部派归属虽在两者之间不能确定,但必为其一。此后,这一表述遂为不少学者仿效。

〔2〕 除笔者之外,还有两位华人学者从事过梵本《长阿含》的单经研究:张丽香,《〈令乐经〉:梵本的德译以及与巴利文本的对勘》(*Das Śaṃkarasūtra: Eine Übersetzung des Sanskrit-Textes im Vergleich mit der Pāli-Fassung*),慕尼黑大学硕士论文,2004 年;周春阳,《新发现的〈长阿含〉写本中的〈坚固经〉:文本的编辑和还原》(*Das Kaivartisūtra der neuentdeckten Dīrghāgama-Handschrift: Eine Edition und Rekonstruktion des Textes*),哥廷根大学硕士论文,2008 年。

含〉研究》(*Untersuchung zum Dīrghāgama der Sarvāstivādins*, 哥廷根大学的教授资格考试论文,1992)和笔者的同学梅尔策(Gudrun MELZER)女士的《〈长阿含〉中的一部分》(*Ein Abschnitt aus dem Dīrghāgama*, 慕尼黑大学的博士论文,2006)。下文的很多观点皆基于他们两人的研究成果整理而成:§0.2 主要根据前者的引言部分(Einleitung),§0.3 根据后者的"引言"(Einleitung)、"戒蕴集"(Der Śīlaskandhanipāta)和"书写研究"(Paläographisches)三个部分。因此,如无特别说明,这里将不再列示出处。

§0. 吉尔吉特(根本)说一切有部《长阿含》概述

§0.1. 吉尔吉特写本

就东方学或者(包括中亚和南亚的)西域研究而言,二十世纪上半叶无疑是学术史上一个举足轻重的时期。因为在那一时期,有数批以梵语为主的古代写本在我国西部、中亚和南亚诸国被陆续发现;而这些收获,无论在数量还是在内容上,均可称"史无前例"。

其中,有我们中国人非常熟悉的敦煌、新疆、西藏的写本,也有我们所不太熟悉的吉尔吉特(Gilgit)和巴米扬(Bāmiyān)写本。除西藏写本外,其余写本虽然多为残卷,但年代却更加久远。它们之中,勉强算得上接近"藏经"原貌的,唯有吉尔吉特写本[1]。

吉尔吉特地区位于印度河的支流吉尔吉特河流域,首府为吉尔吉特城,今属巴基斯坦,位于克什米尔北部。据沙畹(Édouard CHAVANNES)所考,即新、旧两《唐书》所载之"小勃律"[2]。公元八世纪,该地曾先后为吐蕃和唐所占。吉尔吉特城以西 5 公里,"瑙波河"(Naupur-Gah,或称"舒克河"Shuko-Gah)畔,坐落着一个名为瑙波(Naupur"新堡"或"新城")

---

〔1〕 我国对吉尔吉特写本的介绍最早见于季羡林于 1950 年完成的《记根本说一切有部律梵文原本的发现》一文(收录于 1982 年出版的《印度古代语言论集》)。而大陆对此首次系统介绍应为王冀青(2001)的《斯坦因与吉尔吉特写本》。然就以"吉尔吉特"为名的整个发现而言,该文不仅未涉及更多的、更重要的(斯坦因之外)考古活动,而且如其所言,"关于……写本的内容,及其所涉及到的语言学、文字学、佛学等方面的问题,……没有发言权"。迄今为止汉语作品中对该地写本的最翔实、最权威的介绍和研究,当属台湾学者蔡耀明的《吉尔吉特(Gilgit)梵文佛典写本的出土与佛教研究》(2000)。在此感谢笔者尊敬的师长、汉语大词典出版社的徐文堪先生所提供的信息。

〔2〕 沙畹 2004:139,注一。

的村庄[1]。该地主要居民为也什昆人(Yeshkun)与西纳人(Shin),操西纳语(Shina)——这是伊朗语中的纳尔德语(Dardisch/Dardic)的一种。在十一世纪前这里信仰佛教,之后则逐渐改信伊斯兰教。举世闻名的吉尔吉特写本就出土自瑙波的一个佛教遗址内。

最早记载该佛教遗址的西方人是一个名为比杜尔夫(J. BIDDULPH)的英国殖民官员。早在十九世纪七八十年代,他就在瑙波见到了四个类似于佛塔的建筑物和附近山崖上的巨型石雕佛像——后被称为"喀尔加赫(Kargah)佛"[2]。而真正让世界,或者说让整个东方学界注意起这个小村庄的,是 1931 年 6 月的一个偶然发现。五十年后,封兴伯(Oskar VON HINÜBER 1983: 48)提起那些捡柴火的无名牧童时,还用了"感激"这个词。当时,那四个土丘中最大的一座露出了木料,由于当地缺乏木材,牧童的这一偶然发现引来了村民们的大肆挖掘,于是大量的写在桦树皮上的写本也随之重见天日。当地政府得知后,制止了村民的盗挖,并对文物进行了保护[3]。恰好那时,斯坦因结束了第四次中亚考古,返回印度途经此地;获悉此事之后,他查看了所发现的写本,确认其语言是梵语后,又向村民购买了几叶写本。随后,他让人在《泰晤士报》和《皇家亚洲学会会刊》(*Journal of the Royal Asiatic Society*)上报道了这一重大发现[4]。

数周之后,阿甘(Jozef HACKIN)随同法国雪铁龙(Citroen)考察团也来到此地,他在写给列维(Sylvain LÉVI)的信中详细描述了这一佛教遗址的内外结构。这四座形似土丘的建筑物从北到南一字排开,阿甘标识其为 A、B、C、D,并称为 Stūpa"塔"。其中被打开的就是 C"塔"。该"塔"残

---

[1] 耶特玛(JETTMAR 198: 310)认为该村名源自当地一个同名的统治者。

[2] 参见 FUSSMANN 2004: 101。

[3] 这个说法根据斯坦因(Aurel STEIN)的报道,也是最为通行的一种说法。参见王冀青 2001: 85-86。耶特玛(JETTMAR 198: 31)访问了该村庄,听闻到的故事版本有别于前者。或说起初是因为有人想找宝藏才开挖了一个土丘,或说在 1931 年之前就有村民取出写本来另作他用了。总之,这一考古发现,特别是出土的写本,有相当一部分因为无知而被毁。

[4] 王冀青 2001: 76-90。

高6.6米,远高于其他三个塔;"塔"外方内圆,共有两层,下层高6米,内有木结构支撑。在考察期间,阿甘没有带走写本的实物,只是拍摄了一些照片,后来它们辗转到了列维手中。与此同时,斯坦因为了弄清所购写本的内容,也将他那一部分借给了列维研读。从这些写本片段中,列维找出了属于《妙法莲华经》(*Saddharmapuṇḍarīka*)的部分,还通过与汉译和藏译的比较发现了一个全新的梵文文献——《根本说一切有部毘奈耶》(Vinaya)。这样,仅仅靠几叶经文,吉尔吉特写本的部派属性已经被列维确定:根本说一切有部[1]。

七年之后,也就是1938年,印度学者夏斯特里(Madhusudan Kaul SHASTRI)主持了一次官方的发掘。由于村民继续在C"塔"内盗取木材,阿甘所称的上层在夏斯特里到来前已经坍塌。后者仅在底层找到四部带有木质经筴的写本——应该是从原存的上层坠落下来的。他还拍摄了很多现场的照片,并进行了更为细致的测量,其中他测得底层的内径为5.6米,并由外墙的坡度推测出该建筑物原有三层。此外,他还对另外三座塔进行了挖掘,但除了在C"塔"中也发现过的泥制小佛塔和还愿画之外,没有发现写本[2]。

在此之后,还有耶特玛、福斯曼等西方学者到此考察,但那些与前人报道所对应的遗迹逐年消失,最后只存有一个填满石块的洼地[3],更毋庸说其他一些新的考古发现了。

那么,经过两次发掘所得之写本究竟归宿如何?最大的一部分现存于印度德里(Delhi)的国家博物馆(National Museum);一些在印控克什米尔的室利那伽(Srinagar)SPS博物馆(Sir Pratap Singh Museum);一些则流落到印度乌坚(Ujjain),为辛迪亚东方研究所(Scindia Oriental Institute)所得;有一小部分残片可能在印度普纳(Poona)的邦达喀尔东方研究所(Bhandarkar Oriental Institute);有一个写本在孟买(Bombay)为哈维

〔1〕 LÉVI 1932: 13-45.
〔2〕 FUSSMAN 2004: 112-115.
〔3〕 JETTMAR 1981: 313.

(Xavier)所藏;相当一部分与律藏有关的写本由杜齐(Giuseppe TUCCI)购得,后转赠给巴基斯坦,被称为“夏赫(Shah)藏品”;最后还有少量藏于伦敦(即斯坦因所获的写本)和巴黎[1]。

由于印度和巴基斯坦方面文献整理工作不力,那部分写本不仅没有得到妥善保存,而且连起码的排序和编目工作都没落实。目前人们仅能依靠面世的出版物对吉尔吉特写本作一概览。正如斯坦因当年草草推测的一样,吉尔吉特写本全部是用梵语写就[2],书写的材质几乎都是当地盛产的桦树皮,只有夏斯特里所发现的、现藏于 SPS 博物馆的一个写本是书于印度传统的贝叶之上的[3]。其所书的字体有两种,第一种是吉尔吉特圆形字体或称为吉尔吉特/巴米扬(Gilgit/Bamiyan)第 I 型字体,第二种是原始舍罗陀(Proto-Śāradā)的晚期字体或称为吉尔吉特/巴米扬(Gilgit/Bamiyan)第 II 型字体;断代于公元六世纪的前者占少数,断代于公元七、八世纪的后者占多数[4]。

就目前所知,吉尔吉特写本都是佛经。就具体种类而言,小乘的有:(根本说一切有部)律、譬喻(Avadāna)、阿含(Āgama)[5]、论(Abhidharma)、伽陀(Gāthā);大乘的有:大乘经(Mahāyānasūtra)、授记(Vyākaraṇa);另外还有:护咒(Rakṣā)、咒文(Sādhana)、赞(Stotra)等等[6]。值得注意的是,这一建筑物中发掘出了几乎完整的《根本说一切有部毘奈耶》的梵本。一般认为,每个寺院必备一套律藏;因此大部分学者认为,建筑物 C 应是寺院的图书馆[7]。这里也发现了不少大乘经典。其中,般若经文、《法华经》、《僧伽吒经》(*Saṃghāṭasūtra*)、*Mahāpratisarāvidyārājñī*“大明

[1] V. HINÜBER 1979: 329–334 和 1983: 48 起。不过,下文提到的 1998 年现世的那批写本,也似乎暗示着,还有一些残留在村民手中。

[2] 当然也有佛教混合梵语向经典梵语转化的残余,还有当地纳尔德语——甚至还有于阗语的痕迹。参见 V. HINÜBER 1983: 53–59。

[3] 同上。由于这个写本形制不一——有的经叶有一个孔,有的有两个,因此更确切地说,应是两个写本。

[4] 关于该字体的命名,见 § 0.3。

[5] 这里主要指的是 1931 年所得之 *Ekottarikāgama*“增一阿含经”残本。有关其他阿含的发现,见 § 0.3。

[6] V. HINÜBER 1979: 338–353; FUSSMAN 2004: 125–129.

[7] LÉVI 1932: 26、V. HINÜBER 1983: 50 起和 JETTMAR 1981: 317 起。

王随求经”和《药师经》(*Bhaiṣajyagurusūtra*)有多个复本,但却没有发现同样为(北传佛教)信众所熟知的《金光明经》(*Suvarṇaprabhāsasūtra*)、《出耀经》(*Udānavarga*)[1]和《无量寿经》(*Sukhāvatīvyūha*)[2]。此外,吉尔吉特写本中的注疏类作品极少——仅一部龙树(Nāgārjuna)的《大乘破有论》(*Pratītyasamutpādahṛdayakārikā*)[3],这也反映了此地与印度本土不同的修学意趣。最后,护咒、咒文和赞都不是标志性的密宗文献,真正意义上的密宗经典仅发现了一部,因此很难断定该地是否确有过密宗的实际修行[4]。

吉尔吉特写本兼有大小乘经典,与玄奘等人所见所闻之大小乘共学的现象吻合[5]。不仅如此,以经、律、论三藏为代表的小乘经典只有一个本子,而以《法华经》、《僧伽吒经》、《药师经》为代表的大乘经典却有多个抄本。这点类似于我们现代大学图书馆的藏书结构:工具书或参考书只备一套,而能反映一校一系研究重点的专业书(教材)则有多个复本。再者,吉尔吉特的小乘经典即使有题记,也仅寥寥数语——“某某经竟(*samāpta*)”[6];而大乘经典则有很长的题记,施经人以此作功德回向[7]。小乘经典找不到后续阅读和补正的痕迹[8],但大乘经典里有[9]。另外,大乘经中的陀罗尼(Dhāraṇī)也专门嵌入布施者的名字[10];

---

[1] v. HINÜBER 1983: 50-51.

[2] FUSSMAN 2004: 130.

[3] v. HINÜBER 1983: 51, 注 13。而 FUSSMAN 2004: 130 误作 *Prātityasamutpādahṛdayakārikā*。

[4] v. HINÜBER 1981b: 163-171 和 FUSSMAN 2004: 131。v. HINÜBER 2014 又作了重新修订。

[5] 季羡林 2000: 67-87; 王邦维 1995: 66-88。《大唐西域记》(T 2087, 884b21-23)只记载了认定为大勃律的钵露罗国,言其“文字大同印度,言語異於諸國。伽藍數百所,僧徒數千人,學無專習,戒行多濫。”玄奘所经过的克什米尔地区倒是有大乘僧人与说一切有部僧人共修的记载。见《大慈恩寺三藏法师传》T 2053, 231b12-14。

[6] 比如吉尔吉特本《长阿含》的题记。参见 §0.3 注 104。

[7] v. HINÜBER 1980b: 49-82.

[8] 参见 §0.3 中对吉尔吉特本《长阿含》的描述。

[9] 比如 *Saṃghātasūtra*——《僧伽吒经》(用吉尔吉特圆形字体写就的)早期写本中,就穿插有(较前者晚出的)原始舍罗陀字体的增订。参见 v. HINÜBER 1983: 53, 注 17 与 65, 注 54。

[10] v. HINÜBER 1981b: 169 和 FUSSMAN 2004: 131。

某些大乘经会有意汇集在一起(可能是为了便于集中诵读)[1]。这表明了大乘经典确是用于日常宗教实践的,而小乘经典则只是用来备查。因为此地的律藏为(根本)说一切有部,所以我们将吉尔吉特地区佛教的部派归属定为(根本)说一切有部。或许当时此地的僧人也会因为律藏的继承关系而如此称自己的派系,然而,他们对待大小乘经典截然不同的态度又确定无疑地显示了当地的大乘倾向。无独有偶,藏地从印度求法活动与吉尔吉特写本属同时代,其原则就是:大乘为主体,小乘加以甄别地部分引入,且只取根本说一切有部的经典;义净也为"意在大教"的"神州赤县"取回了在北印度大行其道的《根本说一切有部毘奈耶》[2]。总而言之,在当时,小乘三藏,尤其是律藏的属性已经无法决定一地或一寺的大小乘归属。即使我们(或者当年的僧人)非将该地的佛教冠以小乘(根本)说一切有部之名不可,那也仅是徒具其表的。

封兴伯(v. HINÜBER 1983: 51－66 和 1988b: 40－48)通过《僧伽吒经》的语言特色、陀罗尼和题记中的人名[3],发现了吉尔吉特与中亚尤其是于阗的特殊联系。该经在两地非同寻常的流行程度和两地必经之路上随处可见的摩崖石刻[4]也验证了这一点。

在写本中留下了达官贵人——特别是国王的名字,封兴伯(v. HINÜBER 1983: 61－64)从中发现了些许历史印迹。比如,该地曾一度臣属于克什米尔,后来才获得独立。他还将写本中的两位国王梵文名与《新唐书》中大勃律的两位王名对应起来,并认为大小勃律在(相当于)开元年间已经合并。这显然与开元年间小勃律王和大勃律王(分别)先后亲自或遣使来朝的史实不符[5]。

---

〔1〕 比如抄本中,《药师经》紧跟着《金刚经》(*Vajracchedikā*)之后。参见 FUSSMAN 2004: 131 起。

〔2〕 见《南海寄归内法传》T 2125, 205b6－c20。即使是义净所羁留的那烂陀(Nālanda)寺,素以大乘闻名,也奉持根本说一切有部的戒律。

〔3〕 其中似乎还有中国人。

〔4〕 FUSSMAN 2004: 131, 注 54。不过福斯曼认为是克什米尔的画师前往中亚谋生;而封兴伯认为是于阗的抄手前来吉尔吉特写经。

〔5〕 沙畹 2004: 138－139。

如前所述,大部分学者倾向于认为,这个开启出大量写本的建筑物 C 是一个两层(夏斯特里除外)的佛塔[1]——按照印度的形制,佛塔是带半圆形的穹顶的。该佛塔是一个图书馆,所藏经文是历经数个世纪抄写、装筴而成的。后出于对末法时代或者外敌入侵(主要是穆斯林)的担忧而有计划地将其密封[2]。福斯曼对以上诸点均表示了异议。

首先,与大部分学者的观点不同,福斯曼赞同夏斯特里的看法,认为该建筑物应有三层,而且带一平顶,他认为这才符合当地建筑的一般风格[3]。其次,他并不认为 C 和 A、B、D 一样是塔,应是一位阿阇梨(Ācārya)或者上师的禅房,即兼具修行和住宿功能的建筑。既然是住所,何以解释考古现场找不到入口?他的解释是,入口在二层,以室外的木梯出入。这和当地用作防御的碉楼结构相似[4]。另外,当地也有一些建筑的门槛很高,可以设想,1931 年还残存的二楼入口恰是门槛部分,所以还是没留下入口的痕迹[5]。根据福斯曼的推算,最上层的层高不足以住人,那位高僧就生活在二层,当然经像应也在那里。前文提到的那些用于仪轨的(大乘)佛经,也证明了二层曾是做小型法事的场所。藏传佛教流传之地至今仍是如此[6]。虽然其中的书种类可算齐全,且极有可能是分门别类按序排列的[7],但鉴于其藏书规模(规格)[8]和作起居之用,与其称为“图书馆”,不如称为“小寺院”。此外,他也不承认这些经书是历经数个世纪才逐步完成抄写,并装入经筴的[9]。最后,他也不认为该建筑

---

〔1〕 封兴伯(1983:48,注 3a)尚存疑问,他对随后付梓的耶特玛的论文表示期待。而后者(JETTMAR 1981:317 起)以“明白”(klar)一词将该建筑物判定为塔。

〔2〕 V. HINÜBER 1983:65.

〔3〕 FUSSMAN 2004:118 起。

〔4〕 同上。

〔5〕 同上:143 的附录中补入。

〔6〕 同上:121 及 134 起。

〔7〕 同上:123。福斯曼也认为阿含(Āgama)和论(Abhidharma)可能最先为村民发现而遭毁损,参见同上:130。由此或许可推测,所藏经书原来按照先小乘三藏、再大乘经典的顺序安放的。2007 年,哈特曼在慕尼黑大学印度藏学系的一次研讨会上(口头)提出,每一类别下的经卷或许是按照经题的字母顺序排列的。

〔8〕 福斯曼(FUSSMAN 2004:134)认为,施经者皆非国王本人,因此吉尔吉特写本并非王家寺院所藏之经书。

〔9〕 同上:123,尤其是注 32。

毁于战火，而是由于这位高僧的去世和教派的分崩离析使得该寺院被遗弃，无人打扫的积雪压塌了屋顶[1]。

福斯曼的解释有过多的巧合，而且事件的发生全部集中在公元八世纪内的数十年间，似乎不太能令人信服。

根据福斯曼所述，1998 年，德国学者豪普特曼(Harald HAUPTMANN)在当地巴扎见过三部写本，其中就有下文将阐述的吉尔吉特本《长阿含》[2]。据说，这些写本并非在建筑物 C 中发现，而是发现于喀尔加赫佛上方的高地。而那高不可及的地方，用福斯曼的话来讲，或许会是与平地上这座孤零零的“小寺院”相配套的别院[3]。

§0.2. *Dīrghāgama*“长阿含”

§0.2.1.《长部》和《长阿含》[4]

佛陀涅槃之后，或者经过一个至几个世纪之后，出现了以 *buddhavacana*“佛言”为名义的佛教典籍。依佛教的传统，这些典籍是通过佛弟子对佛陀的言论一次至数次的结集而形成的。“佛言”先是以口耳相传的形式记录并流传，直到公元前一世纪才开始以书面形式记载下来[5]。不过，对于这些结集的次数、时间、地点、参与人数及规模，以至集会的内容[6]，无论从众说纷纭的各种佛经，还是从历史记载、考证与发掘，都无法得出一个相对确定的结论[7]。保守地说，这段时期产生的佛教典籍只是日后所称的佛教“三藏”(Tripiṭaka)的原始形态：教法(Dharma)为经

---

[1] FUSSMAN 2004：134.

[2] 同上：104，注 8。

[3] 同上：121，注 28。

[4] 该小节还参考了 HARTMANN 2004b 和刘震 2007。

[5] 只是依据南传上座部(Theravāda)的传统对该部派的经典而言。其他部派的经典何时书面化，尚不得而知。尽管公元前一世纪这个断代源于南传上座部的史传，但西方学界普遍认为其可信。参见 HARTMANN 1992：5，注 12。

[6] 斯基林(SKILLING 1997：102，注 46)认为前两次结集——王舍城(Rājagṛha)和毘舍离(Vaiśālī)——是“泛佛教”(pan-Buddhist)大会，即为所有已知的部派所接受。而以后的结集只是限于个别的部派，不为其他部派所接受——甚至可能不为其所知，因为部派的形成，地域是一个关键因素。笔者认为，如果我们承认前两次结集也是一段后加的佛教历史的话，那么这段历史也是那些沙汰下来的部派所书写的历史，而所谓的“泛佛教”大会也不应成立。

[7] 通过文献研究，西方学界一直质疑佛教结集以及佛经结集的历史真实性，这些研究及其观点的集大成者莫过于拉莫特(LAMOTTE 1958：143－154)。

(Sūtra)的原始形态,波罗提木叉(Pratimokṣa)为律(Vinaya)的原始形态[1]。经和律,加上论(Abhidharma)构成了我们所熟知的"三藏"。"三藏"这个概念产生得比较晚[2],起初,"佛言"以其形式和内容被划分成三、四、九甚或十二种不等的 Aṅga"支",然后才有经、律、论"三藏"之说。这个概念既将所集合之佛教典籍划分成佛陀之教法——经、僧团之法则——律、教法之明示——论三个部分,也取代了原来"佛言"一称,成为佛教典籍新的代名词。

在经藏的内部,又分成数个 Nikāya"部"或 Āgama"阿含"、"阿笈摩"。佛教的部派也称为 Nikāya,而后者 Āgama 意为"所传之教、圣典",有时也不专指经藏[3]。在划分经藏中,Nikāya 一词为南传上座部所特有,但并非专有;其他部派则偏好使用 Āgama 一词,但南传上座部也并不避讳该词[4]。

经藏用"部"或"阿含"划分为如下几个部分:

1. *Dīghanikāya*"长(篇)经文集":《长部》——*Dīrghāgama*:《长阿含》
2. *Majjhmanikāya*"中(篇)经文集":《中部》——*Madhyamāgama*:《中阿含》
3. *Saṃyuttanikāya*"相关联的经文集":《相应部》——*Saṃyuktāgama*:《杂阿含》或《相应阿含》
4. *Aṅguttara*-或 *Ekuttara-nikāya*"(含)递增项目的经文集":《增支部》——*Ekottarāgama*:《增一阿含》
5. *Khuddakanikāya*"小经文集":《小部》或《杂部》——*Kṣudrakāgama* 或 *Kṣudrakapiṭaka*:《小阿含》或《小藏》

众所周知,僧团因所持的律不同而分裂为部派,但各个部派的经藏也大相径庭。这种差异表现为:有些部派不承认这经藏的第五部分,有些虽

[1] LAMOTTE 1958: 154.

[2] 在一个断代为公元前二世纪的碑铭中,发现了该词的派生形式——*peṭakin*"持有三藏之人",这也是迄今为止所发现的有关"三藏"一词的最早记录。"三藏"这个词(巴利语:Tipiṭaka)本身则要晚至公元五世纪,在觉音(Buddhaghosa)对巴利语佛经所作的注释中才出现。目前为大众所接受的对"三藏"的具体定义也从此开始。参见同上: 163–167。

[3] 参见 MELZER 2006: 5, 注 22。

[4] V. HINÜBER 1994: §47.

承认但将之划入三藏之外的第四藏[1];各部或各阿含在不同部派中的序列不一[2];甚至一个部或一个阿含中经文的名称、种类、数量和内容也因部派的不同而不同[3]。

虽说这些“部”或者“阿含”按照各部派的传统有多种排序方式,但以《长部》或者《长阿含》为首的排序法还是略占上风。这多少也说明了长篇的经文和长篇的经文集合在佛教经典中的地位,以常识推理,经文篇幅越长,所含的教理和情节就越丰富。同样依常理,长篇之下即是中篇,“长(篇经)集”之下即是“中(篇经)集”,然而一个界定“长”与“中”的标准却从未在佛教文献中出现过:何谓长篇佛经? 多少篇幅算长篇? 缘何故将一部经归入“长(篇经)集”,而另一部归入“中(篇经)集”。通过下文,我们可以看到这样的遴选标准即便不是随意的,也是含混不清的,并且因部派而异。

目前存世的共有三种“长(篇经)集”,两全一残。两全者,为巴利文的《长部》——*Dīghanikāya*(下文作 DN)和 *Dīrghāgama* 的汉译本——《长阿含经》[4](下文作 $D\bar{A}^{C}$)。DN 属于南传上座部无疑;而 $D\bar{A}^{C}$ 的原本,学界多认为属于法藏部(Dharmaguptaka)所有[5],他们这部《长阿含》还是以一种中古印度语而非梵语记录的。DN 分成三品(*vagga*),即 *Sīlakkhandhavagga*“戒蕴品”、*Mahāvagga*“大品”和 *Pāṭikavagga*“波梨子品”,共有 34 经;而 $D\bar{A}^{C}$ 只是用数字分成一至四品,共有 30 经。DN 和 $D\bar{A}^{C}$ 之间有 27 部经重合[6]。余下的一种不完整的“长(篇经)集”就是发现自中亚和巴基斯坦吉尔吉特地区的(根本)说一切有部的《长阿含》写本残卷,其所用的语言为梵语。此外,在中亚还有从 $D\bar{A}^{C}$ 节译的回鹘

---

〔1〕 LAMOTTE 1958: 166 – 167.

〔2〕 同上: 170。

〔3〕 同上: 142,171 中就谈到了,在 Nikāya 和 Āgama 中,同一经文之序分(*nidāna*),其所述佛陀说法之处却各不相同;可参见 DĀ 20.1.1。关于其他的不同点,§0.2.2 将以《长部》及《长阿含》为例详细阐述。

〔4〕 T 1, 1a1 – 149c24.

〔5〕 参见 MAYEDA 1985: 97; WALDSCHMIDT 1968: 232 – 245; WALDSCHMIDT 1979: 162 – 169。

〔6〕 参见 AKANUMA 1929,“长阿含经”及“Dīgha-Nikāya”两个部分。所谓“重合”指的是文本的内容大致相同,以至于可认为同一部经名下的两个或数个异文。

语《长阿含》[1]。

根据佛经记载，佛教的经藏和律藏，甚至论藏，皆是在第一次结集就基本完成的。也就是说，其部类、次第，当然也包括具体包含的经文，都已经决定，以后的结集只是在此基础上做些调整。这种观点，即：佛教经集是一次性完成的，与其说是历史真实，还不如说是宗教传说。不过直至上世纪初仍有学者承袭类似的观点。巴利文《长部》的德译者弗朗克（Otto FRANKE）虽然不承认 DN 是佛陀五十年来的言论汇集，但他认为 DN 是由一某位作者所编写的一部完整的作品[2]。其实，不用依赖新材料和新方法，略加梳理眼前的佛教经典就足以证明其观点是站不住脚的。大而言之，从整个佛藏来看，就有前述三藏或者四藏之分；小而言之，单从这“长（篇经）集”来看，DN 和 $D\bar{A}^C$无论品数、品名、总经数、经的排序、经类，还是经的具体内容、所用的语言等皆不相同，这证明了佛教经典以及佛教经集的形成必然经过了漫长的发展演变过程，并且从无一个“泛佛教”名下的统一编纂佛藏、厘定体例的活动，而是以地域和部派为单位，看似各自为政，实则相互交流。

通过更加微观的文献对勘研究更能验证上述观点。然而，毕竟 DN 和 $D\bar{A}^C$一个为巴利原典，一个为汉文译本，两相很难直接比照。梵本《长阿含》的发现为该项研究注入了新的生命力。

§0.2.2. 中亚所发现的梵本《长阿含》[3]

十九世纪与二十世纪之交，英、法、德、俄等西方列强均向中亚，特别是我国新疆派遣了探险队。在他们所掠之物中，写本占很大比重。作为研究当地及周边的历史文化最直接的证物，各种语言文字的写本受到以德国为首的上述诸国的很大重视。就德国所藏的中亚写本而言，梵语的占了最大份额[4]。

---

〔1〕 耿世民 2003：61 也提到过。有关回鹘文的《长阿含》研究文献，参见 HARTMANN 1992：7，注 7。

〔2〕 FRANKE 1913：X.

〔3〕 此处至§0.3 的内容，亦可见，刘震 2011。

〔4〕 根据桑德（Lore SANDER）女士于 2006 年 8 月在柏林开办的“丝绸之路上粟特人和突厥人的语言”（Sprachen der Sogder und Türken an der Seidenstraße）暑期班中所作之报告。关于德藏梵文写本的考古发现综述，参见斯氏 1968：7－24。

在以吕德斯夫妇(Heinrich LÜDERS 和 Else LÜDERS)、瓦尔特施密特(Ernst WALDSCHMIDT)及其学生们为代表的三代学者的不懈努力之下，那些支离破碎的写本残片逐渐被缀合成文，并从中解读出了相当数量的文献。其中就有一些经文可在 DN 或 DĀ^{C}中找到对应。虽然当时还不能确定是单本经文，还是来自选集或者总集中的某些经文，但由于在同样的地区所发现的律，可以确定为说一切有部的律，因此，经文的部派属性也被确定。这种情况下，一个猜想也呼之欲出：是否说一切有部也有三藏，而经藏中也有以《长阿含》为首的四阿含？

如前所述，不少部派在其文献(特别是律)中提到过自己的四部、四阿含或者五阿含，但仅仅列出部或者阿含的名称还不足以证明一个部派是否确实拥有(过)独具自身特色的具体的经及经部〔1〕。就本书的研究焦点——(根本)说一切有部的《长阿含》来说，有如下三类证据可以证明其确实存在〔2〕：

一、在(根本)说一切有部三藏中的互相征引。

如前所述，在吉尔吉特地区发现的部分律藏被确认为(根本)说一切有部的律。在其中的梵本 *Bhaiṣajyavastu*“药事”中有：*vistareṇa Mahāsudarśanasūtre dīrghāgame ṣaṭsūtrakanipāte*“广如《长阿含·六经集·大善见经》说”这样的文句〔3〕。这是佛经中常用的一种征引方法，以此可以省略与旁经重合的段落，节约篇幅。这一征引不仅说明了该部派在律藏之外还有诸如《长阿含》之类的经藏，还揭示了此《长阿含》具有与 DN 和 DĀ^{C}不同的分类或经文〔4〕，更表明了其经部在律部之前这一次第。

与此对应，义净所译之《根本说一切有部毘奈耶》中也有对《长阿含》等经部的征引，作为对两位前辈的补充，列《长阿含》之征引文句如下〔5〕：

---

〔1〕 比如，对很多部派来说，能证明其专有的经文至今未现一丝痕迹；而说一切有部和根本说一切有部的《长阿含》，在下文中被证明基本属于同一种文本。

〔2〕 也同样适用于该部派的其他阿含。此处不作赘述。

〔3〕 这段在 GBM 中发现的文句出处，见 WALDSCHMIDT 1979：140 及 HARTMANN 1992：18，注 66。

〔4〕 DĀ^{C}中无此经。

〔5〕 见 DE JONG 1968：400，401。

《根本说一切有部毘奈耶药事》中有两处：

T 1448, 35a3,“广如《长阿笈・摩戒蕴品》中说于庵婆娑婆罗门事。”[1]

T 1448, 57a26 – 27,“于《长阿笈摩・六十三品》[2]中,已广分别说。”

《根本说一切有部杂事》中有一处：

T 1451, 413a22 – 23,“又于《长阿笈摩・戒蕴品》处说。”

二、在(根本)说一切有部注疏(即续藏)中的征引。

北传的佛教注疏文学中,不仅所参照的母本就是(根本)说一切有部的经典,而且不少注疏家也是出自该部派。其中,止天(Śamathadeva)所作之 *Abhidharmakośaṭīkopāyikā*“阿毘达摩俱舍注疏必须”就指出很多来自《长阿含》的引文。梵本《长阿含》下分的三个部分,他都有所提及,特别是他引了 *Śīlaskandhanipāta*“戒蕴集”中的一段摄颂(*uddāna*)[3],其中便包含了一连串经名。

三、归属其他阿含的可能性的排除。

如前所述,入选“长(篇经)集”的标准并不明晰,由此,那些篇幅介于中篇与长篇之间的佛经,极有可能在“长(篇经)集”和“中(篇经)集”间的交互流动。DN 中就有若干经文在 $D\bar{A}^C$ 中找不到对应,却在汉译 *Madhyamāgama*——《中阿含经》(下文作 $M\bar{A}^C$)中找到对应。虽然(根本)说一切有部的《长阿含》没有留下任何形式的一个足本,但 $M\bar{A}^C$ 却被认为属于该部派[4]。这样就可以推断,如果一个梵文残经(经推测其原

---

〔1〕 所征引的经为 DĀ 35。律部的藏译本没有这种以缩略重复文句为目的的征引,狄庸(DE JONG 1968：400)认为,藏译所依之律本为晚期,已经不采用征引阿含部的简约方式;另外,藏文甘珠尔(Kanjur)没有阿含部,可能也是导致其舍弃征引的一个原因——根据赤松德赞(Khri-srong-lde-btsan)时期的经录,曾有一部 *Ekottarāgama*“增一阿含”的藏译,但已佚,参见 LALOU 1953：第 274 经。此外,DN 和 $D\bar{A}^C$ 中的“一品”(*vagga*：*varga*)相当于(根本)说一切有部的《长阿含》中的“一集”(*nipāta*),而后者中的“品”(*varga*)其实为“集”中的一个下级划分单位。义净显然将“集”视作 $D\bar{A}^C$ 中的“品”。

〔2〕 根据下文,梵本《长阿含》并无该品(集)。非常有可能的是,义净不识“六经集(品)”,从而将写本中的 *ṣaṭsūtrakanipāte* 误读作 *trayaḥṣaṣṭi*(*ka*)°,甚或 *ṣaṣṭitraya*°,并解为“六十三”。

〔3〕 根据 CPD 和 BHSD s. v. *uddāna*,摄颂指的是将一系列名相、标题、经题等的串联在一起,尤指写成偈颂的目录和摘要。

〔4〕 研究文献参见 HARTMANN 1992：10, 注 35。

文篇幅较长）在 $MĀ^C$ 找到了对应，那么它基本不会再属于梵本《长阿含》；反之则很有可能属于后者。事实证明，有些被认定为属于梵本《长阿含》的经文，在 DN、$DĀ^C$、$MĀ^C$ 中都找不到对应，却在巴利文 *Majjhimanikāya*“中部”（以下称 MN）中找到对应[1]。

哈特曼正是以上述三点为指南，利用了英、德、法、俄所藏的中亚梵文残卷[2]，还原了梵本《长阿含》的大致结构和内容。为和吉尔吉特发现的《长阿含》（以下称 DĀ）表示区别，这个由哈特曼还原的、由 168 个写本残卷缀合成的中亚本《长阿含》，简称为 DĀ（U. H.）。DĀ 的发现，使得 DĀ（U. H.）中很多闪耀着作者智慧的猜想被证实、被补充，有些也免不了被更新。在以下的介绍中，重复下一小节的部分将不作赘述，那些体现作者敏锐的学术洞察力和预知力的地方将着重介绍。

由于当时并非直面一部比较完整的经集，而是依靠那些来自新疆各地现又分藏世界各国的零星碎片以及其他文献的间接提示推理梵本《长阿含》的全貌，DĀ（U. H.）所列经文只有 37 篇，且全部的次第还无法确定。不过他已经发现了该《长阿含》共分三个部分：分别是 *Śīlaskandhikā*“戒蕴”、*Ṣaṭsūtrakanipāta*“六经集”[3]和一个不知名的“品”或“集”。当然，在当时也无法对这三个部分的排序作定论。

在“戒蕴”中，哈特曼依靠前述之止天的引文、两个梵本残片（SHT III 978 和 SHT V 1290）以及一些吐火罗语、梵语双语的写本残片[4]确定了

〔1〕 参见本书 §0.3 的表格。

〔2〕 有关其所编辑的写本情况，参见 HARTMANN 1992：§1.7 和 §1.9。因为多年来德国学者的出色工作，德藏（分藏柏林与哥廷根两处）梵文写本（SHT）多已编成单经出版，所剩部分在 DĀ（U. H.）中利用不多。在其作品中新编订的，多为英藏（India Office Library, London）霍恩勒（Hoernle）和法藏（Bibliothèque Nationale, Paris）伯希和（Pelliot）写本。俄藏圣彼得堡（St. Petersburg）的写本由于当时的政治原因，只是按照需要转引了一些。

〔3〕 这两集的名称在前文律藏的征引文句中已可读到。

〔4〕 这些双语残片在德国共藏有 16 个，包含了不少经文题记。其中六个于 1921 年为西格（Emil SIEG）与西格林（Wilhelm SIEGLING）在 *Tocharische Sprachreste* 第一册（Berlin/Leipzig）刊布。1967 年库弗尔（Walter COUVREUR）将其中的五个残片重新拼合（Sanskrit-Tochaarse en Sanskrit-Koetsjische Trefwoordenlijsten van de Dīrghāgama（Dīghanikāya），*Orientalia Gandensia* 4：151－165）。1989 年哈特曼赴东德，终于得见其余的 9 个残片，并对前人的解读再度作了修整。

Tridaṇḍi“三杖经”、*Piṅgalātri*“黄三经”等九部经的名称[1]和排序。值得注意的是，DN 开篇第一经 *Brahmajāla*“梵网经”在 DĀ(U. H.)的“戒蕴(集)”中是最后一经。这一集的名称是唯一一个能在别的“长(篇经)集”中找到对应的：DN 也有一品名为“戒蕴”。梵本残片还还原出 *Kāśyapasiṃhanāda*“迦叶狮吼经”等另外五部经，皆对应 DN 的“戒蕴”。因此，哈特曼将它们也暂时归入 DĀ(U. H.)的“戒蕴”。

在新疆发现的写本中，有些经文名下，被发现和被认定的写本数量相当多，客观上使得它们的整理研究工作相对便利些。以瓦尔特施密特为首的德国学者就是通过编辑这些经文将中亚梵本研究推向了顶峰。这些经文有：讲述佛陀证道后转法轮及僧团发展的 *Catuṣparśatsūtra*“四众经”(以下称 CPS)[2]、讲述过去佛毘婆尸如来(Vipaśyin)生平的 *Mahāvadānasūtra*“大本经”(以下称 MAv)[3]、讲述佛陀涅槃的 *Mahāparinirvāṇasūtra*“大般涅槃经”(以下称 MPS)、讲述佛教概念的 *Daśottarasūtra*“十上经”(以下称 Daśo)和 *Saṅgītisūtra*“众集经”(以下称 Saṅg)[4]。止天在其 *Abhidharmakośaṭīkopāyikā* 中、梵本《药事》中皆提到过“六经集”这个集名，另外后者还提到过 *Mahāsudarśanasūtra*“大善见经”——根据 DN 可知，其内容相当于 MPS 中间的一个插话。这些让瓦尔特施密特在 1951 年就受到启发，认为那三部与佛传有关的经文加上 *Mahāsudarśanasūtra* 皆应属“六经集”[5]。Daśo 和 Saṅg 的编者又发现这两部经也在该集之内，但施林洛甫(Dieter SCHLINGLOFF)在其所编

---

〔1〕 第五部不能定名。

〔2〕 这部经在别处找不到第二个类似的文本，根据哈特曼(HARTMANN 1992: 26－27)的分析，此经应由多部佛经的素材重构而成。

〔3〕 根据佛教传统，包括释迦牟尼佛在内的所有佛的生平均近于同一种模式，只是略有微调(*mutatis mutandis*)。

〔4〕 这两部经的区别在于：Daśo 的概念(法)分十组，每组的概念数以 1×10、2×10 至 10×10 递增，而皆以“成”、“修”、“觉”、“灭”……“证”的模式排列，即“一成法”、“一修法”至“一证法”、“二成法”至“二证法”……直至“十证法”；Saṅg 的概念排列相对自由，虽亦分十组——从包含若干单个概念的第一组、包含成对概念的第二组到包含每十个为一单位的第十组，但组内的概念单位数没有严格限制，即在第九、十组只有两个概念单位，而在第三、四组竟有五十个。

〔5〕 参见 MPS 前言。

Daśo 之残片从拣出一些虽与佛教概念有关而不属于上述两经的部分。1989 年哈特曼发现其名为 *Arthavistrarasūtra*“广义法门经”，并定位于 Daśo 和 Saṅg 之间[1]。再根据止天对上述经文的征引（他有时也会附带说明某经为“六经集”中的第几经）[2]，定出如此的次第：Daśo、*Arthavistarasūtra*、Saṅg、CPS、MAv 和包含 *Mahāsudarśanasūtra* 的 MPS[3]。根据内容，也根据讲述者[4]，这六部经自然地分成两个部分：前三经与佛教概念有关——可视为阿毘达摩的原始形态，后三经与佛陀生平有关——构成了佛陀生平的插叙结构（Rahmenhandlung）。哈特曼认为，“六经集”是一个有意为之的佛经精选集（Brevier），是（根本）说一切有部《长阿含》中一个较晚编纂的部分，可说是该部派的一个特色。编纂此选本的目的，就是方便佛教徒迅速了解佛教教义和佛陀生平[5]。这也就不难理解为何属于这一集的写本数量特别多了——由于其流行性，“六经集”常被单独抄写。有一个吐火罗语的题记[6]恰能证明此推断[7]。

值得一提的是，尽管（根本）说一切有部的宗风备受义净推崇[8]，但他似乎对其阿含部不甚了解。从他所译之律部中征引的“戒蕴品（集）”来看，他只是忠实翻译了这段话，而不去细究早已在汉地传世的 $DĀ^{C}$ 并无该集。至于那个以介绍佛教为目的的精选本——“六经集”，他更是一无所知，因此将其误译成“六十三品”。

DĀ（U. H.）尚无法对剩下的一集定名，其名下的经文只能依靠写本残卷所提供的线索来排序[9]。值得注意的是，该集有不少经文只能在

---

〔1〕 HARTMANN 1989：41 起。DĀ（U. H.）的第三部分对该经作了详细编订。与前后两经相比，该经的概念排列功能性甚于系统性，内容更集中于证道成佛这一主题。

〔2〕 参见 DĀ（U. H.）中相应佛经的“定位”（Stellung）部分。

〔3〕 虽然 *Mahāsudarśanasūtra*（巴利文：*Mahāsudassanasutta*）在 DN 中单成一经（DN XVII），但 $DĀ^{C}$ 中也是包含在“游行经”（即 MPS）之内的。

〔4〕 前三经均由舍利弗（Śāriputra）讲述。

〔5〕 具有类似功能的选本还有于阗语的《赞巴斯塔书》（*Zambasta*）和拉施特（Rashīd al-Dīn）的《印度史》。

〔6〕 *Tocharische Sprachreste* 331a2：“与儿子 Laläkkoṃpe 一起，我们抄写了 ṣaṭsūtra（*ṣaṭsuträ postäk*）。”

〔7〕 本段落还参考了 HARTMANN 1994。

〔8〕 可参见其《南海寄归内法传》之序，T 2125，204c6－206c4。

〔9〕 因此，DĀ（U. H.）中经文按照西文字母顺序排列。

MN 中找到对应。另有一经——*Māyājālasūtra*“幻网经”,在巴利藏经和汉文译本中皆找不到对应。

中亚所发现的梵本《长阿含》的载体为纸张[1],字体为断代为公元五世纪的突厥斯坦笈多型(turkistanischer Gupta-Typ)和断代为六世纪的北突厥斯坦婆罗米(nordturkistanische Brāhmī)[2]。由此可知,五世纪时至少这部《长阿含》已经不单单只有口传一种传播方式了。确切地说,它所用的语言是佛教混合梵语。从这些时间跨度为一、二世纪的写本来看,这种语言正经历着中古印度语成分逐步消减,经典梵语成分逐步增长的过程。中亚写本的佛教梵语与后来在吉尔吉特所发现写本的有着很多区别,这些区别如此鲜明,以至于一度被认为是说一切有部与根本说一切有部的标志性差别之一[3]。那些《长阿含》写本存在着大量的笔误,由此哈特曼认为,如果中亚存在着一部完整的《长阿含》,那么它也是被分批书写的。此外,有的笔误复又被他人在行间修正,说明了《长阿含》不止为印度本土之外的佛教徒所供奉,还为人研读和校对过。吐火罗-梵语、回鹘-梵语的双语写本也证明了这一点。

通过梵本《长阿含》与 DN 和 $D\bar{A}^{C}$对照可知,它们所包括经文的排列顺序并无一个统一的模式;除却语言层面的差异,它们的具体文句还各不相同。这两点验证了佛教经典是逐渐形成的史实。

最后,在本节的末尾谈谈如何看待佛教梵语的问题。作为佛教写本研究的先驱者之一,瓦尔特施密特在编辑 MPS 时,对眼前残破不堪的写本和心目中的理想文本之间的距离感一定远甚于他的后辈。这样自然会促使编者将此作为首要任务,即:以尽可能多的残本汇集成一个标准文本。如果我们考虑到这一学科初创时材料的匮乏和理论的不成熟,那么他的作品无疑是树立在后人面前伟岸的丰碑。不过值得商榷的是:一、他没有对原始材料本身作筛选和分类,从而忽略了这样一种可能性

〔1〕 因这些写本形态各异,又多残缺不全,所以对其外观在此不作一一描述。
〔2〕 SANDER 1968 的图表部分(Tafelteil)有具体展示。
〔3〕 HARTMANN 1992: 40-41; BECHERT 1985-1987 的相关文章。

的存在：或许它们导向的不是一个标准文本，而是一个以上的通行文本。二、他将“标准文本”等同于“以标准梵文的语法规则写就的正确文本”，常常将文本缺漏以标准梵语补入，而将有语法变异的部分标准梵语化。后一种情况引起了颇有些“泛佛教梵语化”倾向（即：有时将写本中的笔误也当作佛教梵语）的爱哲顿（Franklin EDGERTON）与之频繁的论战〔1〕。至于前一种情况，松村恒（Hisashi MATSUMURA）在其《〈大善见譬喻〉和〈大善见经〉》（*The Mahāsudarśanāvadāna and the Mahāsudarśanasūtra*）中采用的对策为：将手中所有的中亚写本分为两组，每组选出一个“主体文本”，然后其他的残片围绕该“主体文本”以注释的形式作补充。哈特曼并没有轻易采用这样的矫枉过正的方法〔2〕。对目标文本〔3〕和佛教梵语的特殊现象〔4〕，他以尽量客观反映所有写本实际情况为主旨，谨慎处置，同时也为此后新发现写本的加入留下一个开放性的体系。他的这一思想方法在 *Arthavistarasūtra* 的编订中得到完美的体现。

§0.3. 吉尔吉特《长阿含》

虽然有着千丝万缕的关系，长期以来，说一切有部和根本说一切有部一直被认为是两个部派。尽管后者的名称要晚至公元七、八世纪才为义净正式提出，但学界一直对两者孰先孰后观点不一〔5〕。随着中亚写本和吉尔吉特写本的现世，对于以瓦尔特施密特为首的研究者来说，写本的部

---

〔1〕 MPS、MAv 和 CPS 三部作品问世期间，爱哲顿与瓦尔特施密特以这样的方式交流意见：前者对后者的上一部作品作书评，后者又在下一步作品的序言中作反驳。

〔2〕 具体理由见 HARTMANN 1992：44。

〔3〕 他的“文本编辑”（Textbearbeitung）部分类似于藏文文本编辑，即在正文中同时兼顾十几个本子。

〔4〕 他对 Sandhi（连声规则）尽量保持原样的处理方式，已经得到了当今学界的普遍认可，笔者也不例外，具体说明参见本书引言 §5. B。此外，有些词汇被认为独具中亚和吉尔吉特写本特色，对于它们在写本编辑中的作用，他也持保留态度。参见 DĀ（U. H.），*Arthavistarasūtra*，引言 3. 1. 5。本书中也遇到了此类问题，参见引言 §5. D. 2。

〔5〕 有以弗劳瓦尔纳（FRAUWALLNER 1956：24 起，194 起）、巴罗（BAREAU 1955：154）、尼奥利（Saṅghabh I，XIX 起）等人为代表的根本说一切有部先有说；也有以拉莫特（LAMOTTE 1958：196 起）、狄庸（DE JONG 1968：400 起）、岩本裕（Yutaka IWAMOTO，出处见 SCHMITHAUSEN 1987：379，注 341）等人为代表的说一切有部先有说，此说还认为根本说一切有部是从说一切有部分枝出来的。

派判别成为一个无法回避的问题[1]。到了上世纪八十年代,对这两个部派前后关联的争论逐渐转变为学者们在各自领域为一个统一的目的而进行的研究。这个目的就是利用文献学的分析方法,判定具体文本的部派归属,以及找出两个部派的区别。秉着这一宗旨,贝歇特(Heinz BECHERT 1985-87)于1982年结集了一次名为"小乘文献的部派归属"的系列研究[2]。不过,他也承认,这两个部派最大的区别在于律藏,论藏次之,至于经藏只有文句上的细微差别[3]。两部派说一直持续到了2000年,榎本文雄(Fumio ENOMOTO)撰文《"根本说一切有部"和"说一切有部"》,认为两者实为同一部派,从而将两个部派在名称上合二为一[4]。此后学界逐渐接受两部派归一说。并将过去所认为的归因于两部派间的区别,转而归因于地域以及时间的差别。如此处理不仅更趋近历史真实,也方便了相关的研究工作[5]。兴起于本世纪的吉尔吉特《长阿含》写本研究就是贯彻了这一思路。可以说,榎本文雄的文章发表得恰逢其时。近日,魏查理(Charles WILLEMEN 2008:37-83)又将(根本)说一切有部内各派的演变及相互关系作了更为明晰、透彻的梳理。他的观点大致为:起初说一切有部只有经量部(Sautrāntika),在公元二世纪的迦腻色迦王(Kaniṣka)大会之后才有克什米尔的正统派——毘婆娑师(Vaibhāṣika)和其余各地的经量部之分;五世纪后,前者逐渐消失,到了七世纪,整个部派皆称为根本说一切有部。

在上世纪九十年代末,伴随着阿富汗局势的动荡,国际古玩市场上有一批写本现身。其中一部经或经集的写本篇幅最为巨大,足有234叶之多。从末尾(原本所标叶码为454)[6]的题记可读到 *dīrghāgama* 字样,由

〔1〕 参见SWTF第一分册由希姆森(Georg V. SIMSON)所撰的导言(Einführung)第VIII-IX页,以及第八分册由贝歇特所撰的引言(Einleitung des Herausgebers)第XIV页。

〔2〕 其主要研究对象就是(根本)说一切有部。参见BECHERT 1985-87前言第六节。

〔3〕 SWTF第八分册第XIV页。

〔4〕 斯氏也曾为两部派说的支持者,并以区分两部派为目的,做了汉译名与中古印度语的对照研究。参见ENOMOTO 1985:19-30。

〔5〕 目前,"(根本)说一切有部"这一提法的意义已经从"两个部派并提或两选其一"转为"同举一个部派的两种称呼"了。

〔6〕 根据页码和实际所有的叶数可知,目前发现的只占整部经的百分之五十强。

此可知此为梵本《长阿含》[1]。

同绝大部分吉尔吉特写本一样，这一写本的材料为桦树皮[2]，每叶长 50 cm，宽 30 cm。每面通常写八行，字体被定为原始舍罗陀的晚期形式或称为吉尔吉特/巴米扬第 II 型[3]，这是一种公元七、八世纪在西北印度非常流行的字体。加之以对材料进行的碳 14 检测，断定此写本不会晚于公元八世纪后半叶。经叶的正面左边缘编有叶码。在经叶的左边约三分之一处，钻有一个小孔，小孔周围留有矩形的空白。这是印度贝叶经书（*pustaka*）的标准模式，小孔原用于穿线，但小孔周围没有丝毫磨损痕迹。另外，与中亚写本以及吉尔吉特的某些其他写本[4]不同，该经本虽有大量的笔误，却几乎没有抄手以外的人作事后修订，似乎抄写完毕后再无读者。可见佛教传出国的书写文化在传入国内有时仅徒具其形而已。

虽然该写本的发现源头只能追溯到交易市场，其真实出土地无从稽考，但定方晟（Akira SADAKATA）与哈特曼都认为它应出土自吉尔吉特，即与 1931 年和 1938 年大量发现的写本为同一批[5]。根据福斯曼（FUSSMANN 2004：104，注 8）的报告推测，梵本《长阿含》就是 1998 年在吉尔吉特附近的瑙坡发现并被售卖到当地巴扎的三个写本之一[6]。此外，曾在该地发现的（根本）说一切有部律与其在书写形制上非常接近。种种迹象表明，这部《长阿含》可以定名为吉尔吉特本《长阿含》（DĀ）。和 DĀ（U. H.）一样[7]，DĀ 也没有明确指明其部派的文句，但根据其与（根本）说一切有部律的近缘关系，同理可定其部派为（根本）说一切有

---

〔1〕 *samāptaś ca dīrghā(ga) maḥ*。参见 HARTMANN 2000：360 – 361 及 HARTMANN 2002b：133，注 2。

〔2〕 经过鞣制的桦树皮有很强的韧性，材质类似于牛皮纸；但年代久远之后容易粘连卷曲，并变脆，给写本的修复和研读带来相当大的困难。它和中亚的纸张代之以印度的贝叶，反映了佛教传入地区所发生的因地制宜、就地取材的现象。

〔3〕 前者为梅尔策（MELZER 2006：2）所用，后者为桑德（SANDER 1968：138 – 161；SANDER 1983：115，注 16）所用。

〔4〕 参见 §0.1 注 13。

〔5〕 SADAKATA 1999a：30 – 35；SADAKATA 1999b：55 – 74. HARTMANN 2000：360，注 4。

〔6〕 另两个据说是一个陀罗尼（Dhāraṇī）和一个《僧伽吒经》的写本。

〔7〕 HARTMANN 1992：7.

部,即与 DĀ(U. H.)为不同地域和时期的同一部派。

目前美国人亚当斯(Rick ADAMS)于巴尔的摩(Baltimore)、日本人平山郁夫(Ikuo HIRAYAMA)于镰仓和挪威人斯格延(Martin SCHØYEN)于奥斯陆(Oslo),以私人名义收藏了 DĀ 的大部分。此外,日本京都的佛教大学以及日本古董商栗田功(Isao KURITA)等人还保存了零星的几叶或几片。至于理论上推定存在的另两百多叶或许再无可能出现在现实中了。佛教大学和平山所藏的经叶被精心修复,笔者先后得到的两批照片也如实反映了这项工作的进展情况[1]。在美国所藏的为最大的一部分,但保存状况堪忧[2]。

由于上述写本所有者的大力协助,使得 DĀ 的研究迅速得以开展。定方晟首先发布了栗田所藏的两个残片,并确定为 *Mahāgovindasūtra*“大典尊经”。但他仅仅认为这是一个独立的单经写本[3]。首先将这整部写本确定为 DĀ 的是哈特曼[4]。通过一系列报告和文章,他还借助于 DĀ 中的摄颂还原出整个(根本)说一切有部《长阿含》的结构[5]。不仅如此,他还亲赴美国扫描了那一部分写本,使得后续的研究得以顺利进行。目前 DĀ 中已有相当一部分经文以单经或者单品的形式被发布[6]。

正如前文所提到的,与 DN 及 DĀ^{C}直接由 *vagga* 和 *varga*“品”划分不同,DĀ 或者 DĀ(U. H.)先由 *nipāta*“集”划分成三部分,然后再下分若干个 *varga*“品”。因此这里的“品”与另外两个“长(篇经)集”的“品”并非平级单位。划分 *nipāta* 以及 *varga* 的工具——或者说标志是 *uddāna*“摄颂”。每个 *varga* 理应包含十部经,但常常会少于这个数目——六到八个不等。

---

〔1〕 笔者所得的第一批照片应该就是梅尔策当时所依的那批写本照片,很多经叶表面扭曲,还有其他叶码上的碎片粘附其上。从第二批的照片可见,这些叶面已经平整,碎片已经基本复位。平山郁夫(1930—2009)去世之后,在平山夫人的支持之下,玉井達士完成了平山郁夫所藏梵语、犍陀罗语和大夏语写本的摩真本出版工作。见 TAMAI 2016。其中,《长阿含》部分为平山所藏的 330—363 叶,367—384 叶(TAMAI 2016: 1 - 52);而 363—366 则藏于佛教大学,未收入此书。

〔2〕 粘连的经叶和附着的碎片没有被剥离,而且所有的经叶都被一一密封于软质的塑料薄膜里,很容易因弯折而再度受损。至少在 2005 年,弗吉尼亚所藏部分的保存状况即是如此。参见 HARTMANN, & WELLE 2014: 138 和 145。

〔3〕 参见前页,注〔5〕。

〔4〕 参见前页,注〔1〕。

〔5〕 HARTMANN 2000; 2002b; 2004a.

〔6〕 详细研究情况见下表。

(根本)说一切有部《长阿含》经目[1]

经 题[2]	叶 码	DĀ^{C}	DN	MN	发布情况
I. * Ṣaṭsūtrakanipāta[3]					
1. * Daśottara	? -? [6, 7, 11, 14]	10. 十上	34. Dasuttara		
2. * Arthavistara	? -?	—	—		
3. * Saṅgīti	? -?	9. 众集	33. Saṅgīti		
4. * Catuṣpariṣat	? -[72 等]-88r8				
5. * Mahāvadāna	88r8 - 111v	1. 大本	14. Mahāpadāna 17. Mahāsudassana		吹田隆道(Takamichi FUKITA)在研
6. * Mahāparinirvāṇa	111v -?	2. 游行	16. Mahāparinibbāna		Klaus WILLE 在研
II. Yuganipāta					
7. Apannaka	? -?			60. Aapaṇṇaka(?)	

〔1〕 根据 HARTMANN 2004a: 121、MELZER 2006: 7 - 8 与 HARTMANN, & WELLE 2014: 139 - 141。
〔2〕 根据摄颂、旁经征引、经中文句和咒语(Mantra)得出,为方便阅读,这里不再一一列出处。有关信息可参见 MELZER 2006 原表。
〔3〕 * 表示推断成立。

续 表

经 题	叶 码	DĀ^{C}	DN	MN	发布情况
8. Sarveka(?)	? –?				
9. Bhārgava	? –?	15. 阿㝹夷	24. Pāṭika		
10. Śalya	? –?			105. Sunakkhatta	
11. Bhayabhairava	? –?			4. Bhayabherava	
12. Romaharṣana	? –?			12. Mahāsīhanāda	
13. Jinayabha(中亚: Jinarṣabha)	? –?	4. 阇尼沙	18. Janavasabha		
14. (Mahā)govinda	(266)–274v5	3. 典尊	19. Mahāgovinda		SADAKATA 1999ab, 2006
15. Prāsādika	274v5–290r4	17. 清净	29. Pāsādika		DISIMONE 2016
16. Prasādanīya	290r5–299v2	18. 自欢喜	28. Sampasādanīya		DISIMONE 2016
uddāna	299v2–3				
17. Pañcatraya	299v3–306r5			102. Pañcattaya	NOBLE 2016

续　表

经　题	叶　码	$D\bar{A}^{C}$	DN	MN	发布情况
18. Māyājāla	306r5 – 317v5				Gleb SHARYGIN（慕尼黑大学在研博士论文）
19. Kāmaṭhika	317v5 – 329r4			95. Caṅkī	HARTMANN 2002a
20. Kāyabhāvanā	329r4 – 340r2			36. Mahāsaccaka[1]	LIU 2008
21. Bodha	340r2 – 344v4			85. Bodhirājakumāra	HARTMANN 2004a SILVERLOCK 2009
22. Śaṃkara(ka)	344v4 – 348r8			100. Saṅgārava	ZHANG 2004
23. Āṭānāṭīya（中亚：Āṭāṇāṭika）	348v1 – 354r4		32. Āṭānāṭiya		Lore SANDER & Siglinde DIETZ 在研
24. Mahāsamāja	354r5 – 358r1	19. 大会	20. Mahāsamaya		
uddāna	358r1 – 2				
Yuganipāta 题记	358r2				

〔1〕 DĀ 20 的结尾对应的是 MN 35. *Cūḷasaccaka*。

续 表

经 题	叶 码	DĀ^{C}	DN	MN	发布情况
Mahāsamāja 续	358r2 – 360v1				
Mahāsamāja 咒语题记	360v1				
III. Śīlaskandhanipāta					
uddāna	360v1 – 2				
25. Tṛdaṇḍin	360v2 – 367r3				Matsuda 2006 Choi 2016
26. Piṅgalātreya（中亚：Piṅgalātri）	367r4 – 369r5				Matsuda 2006 Peipina 2008
27. Lohitya I（中亚：Lokecca）	369r5 – 382r6	29. 露遮	12. Lohicca		Choi 2016
28. Lohitya II（中亚：Lokecca）	382r6 – 386v1				
29. Kaivartin（中亚：Kevarta/Kevartin）	386v1 – 390v1	24. 坚固	11. Kevaddha		Zhou 2008
30. Maṇḍīśa I	390v1 – 391v6		7. Jāliya		

续　表

经　题	叶　码	DĀ^{C}	DN	MN	发布情况
31. Maṇḍīśa II	391v6 – 8				
32. Mahallin	391v8 – 395v6		6. Mahāli		
33. Śroṇatāṇḍya（中亚：Śoṇatāṇḍya / Śoṇatāṇṭhya）	395v6 – 401r1	22. 种德	4. Soṇadaṇḍa		
34. Kūṭatāṇḍya（中亚：Kūṭatāṇḍya / Kūṭatāṇṭhya）	401r2 – 409v8	23. 究罗檀头	5. Kūṭadanta		v. CRIEGERN 2002
uddāna	410r1 – 2				
35. Ambāṣṭha（中亚：Ambāṣṭa）	410r2 – 416r3，442 – 444	20. 阿摩昼	3. Ambaṭṭha		MELZER 2006（DĀ 36：STUART 2013）
36. Pṛṣṭhapāla（中亚：Pṛṣṭapād/la）	416r3 – 424r4	28. 布吒婆楼	9. Poṭṭhapāda		
37. Kāraṇavādin	424r4 – 424v3				

续 表

经题	叶码	DĀ^{C}	DN	MN	发布情况
38. Pudgala	424v3－426v1			51. Kandaraka AN II 205－211 Pp 56－61	MELZER 2006（DĀ 36：STUART 2013）
39. Śruta	426v1－427v5				
40. Mahalla	427v6－430r7				
41. Anyatama	430r7				
uddāna	430r8				
42. Śuka	430r8－433r2		10. Subha		
43. Jīvaka	433r2－435r5			55. Jīvaka	
44. Rājan	435r5－441，446－447v2（442－444 属于 Ambāṣṭha；445 属于 Brahmajāla）	27. 沙门果	2. Sāmaññaphala		OLADE 2019

续　表

经　题	叶　　码	$DĀ^{C}$	DN	MN	发布情况
45. Vāsiṣṭha	447v2 – 451r1	26. 三明	13. Tevijja		Olade 2019
46. Kāśyapa	451r2 – v8	25. 倮形梵志	8. Kassapasīhanāda		
47. Brahmajāla	445, 452r1 – 454v2	21. 梵动	1. Brahmajāla		
本 *varga* 的 *uddāna*	454v2 – 3				
Śīlaskandhanipāta 的 *uddāna*	454v3 – 5				
Śīlaskandhanipāta 题记	454v5				
Dīrghāgama 题记	454v5 – 6				

(续表)他处译本[1]

经　　题	汉　　译	藏　　译[2]
2. * Arthavistara	T 97《广义法门经》 T 98《普法义经》	Q 984 *'phags-pa don rgyas-pa shes-bya-ba'i chos-kyi rnam-grangs*
17. Pañcatraya		Q 960 *Mdo chen-po lnga gsum-pa shes-bya-ba*
18. Māyājāla		Q 954 *Mdo chen-po rgyu-ma'i dra-ba shes-bya-ba*
23. Āṭānāṭīya	T 1245《佛说毘沙门天王经》	Q 333 = 687 *Mdo chen-po kun-tu-rgyu-ba-dang kun-tu-rgyu-ba-ma-yin-pa-dang mthun-pa'i mdo shes-bya-ba*
24. Mahāsamāja		Q 332 = 688 *Mdo chen-po 'dus-pa chen-po'i mdo shes-bya-ba*
47. Brahmajāla		Q 1021 *Tshangs-pa'i dra-ba'i mdo* Q 5595 *Chos-mngon-pa'i mdzod-kyi 'grel-bshad nye-bar mkho-ba she-bya-ba* (*Abhidharmakośaṭīkopāyikā*) 中 162b7 - 177b2 的全经摘引

DĀ 的第一个 *nipāta*——*Ṣaṭsūtrakanipāta*“六经集”如 § 0.2.2 所述，是佛教徒最常用的六部佛经的汇集。第二个 *nipāta*——*Yuganipāta*“双集”，就是 DĀ(U. H.) 中那个不知名的 *nipāta*，意指其中的 18 部经，在内容、人物、经题上每两部多少有些关联[3]。这 18 部经被一个摄颂分成了前十部后八部的两个 *varga*。第三个 *nipāta*——*Śīlaskandhanipāta*“戒蕴集”包含了数量最多的经文，但总篇幅最小[4]。这一 *nipāta* 共有三个 *varga*，分别包含十部、七部、六部经。该 *nipāta* 的“戒蕴”指的是以 *śīla*

---

〔1〕“他处译本”一栏只罗列藏译和 DĀ^{C}、DN、MN 无对应本时的汉译这两种完整译本，其余汉译可查阅 AKANUMA 1929。

〔2〕在藏地，虽然小乘的经藏没有像汉地那样系统地被翻译，但伴随着律藏和论藏的引进，有一部分小乘经典也被零星译成藏文并编入甘珠尔，其中有些被称为 *mdo chen po*——*mahāsūtra*“大经”。具体介绍可参见 SKILLING 1997：9 - 17。

〔3〕但似乎也不尽然，比如 DĀ 20 与其配对的 DĀ 19 关系并不如 DĀ 21 - 22 密切。参见 § 1。

〔4〕当然要考虑到有过多的重复部分通过征引而省略了。参见 MELZER 2006：15 - 22。

“戒”为首的，加上 *samādhi* 或 *dhyāna*“定”与 *abhijñā*“慧”的三学。三学涵盖了从初发心到最终成佛的整个过程，即佛教教义的主干，并借佛陀之口成为佛教概念的一种模式化的罗列和阐述。这种以佛陀为名的说教模式为大量的佛经所套用，被弗朗克称为“如来说法”（Tathāgata-Predigt）[1]。此后，在研究与“戒定慧”有关的模式化的说教时，“如来说法”这个概念一直被西方学界所沿用。顾名思义，纳入该 *nipāta* 的经文多少应包含有“如来说法”的内容。但事实上，有些经没有全部囊括“三学”，有些通过征引他经来省略，有些干脆无缘无故地缺省[2]。这也反映了 DĀ 编纂工作的草率。我们看到，DN 的“戒蕴品”中的经文的确都仅仅包含“如来说法”的“戒”这一部分，而 DĀ 的“戒蕴集”中的经文却（至少理论上）包含了整个“戒定慧”。梅尔策（MELZER 2006：24）认为后者的定名欠妥。但我们也同样看到，DN 的最后一品“波梨子品”是以该品之内的第一部经 *Pāṭikasuttanta*“波梨子经”命名的，而品名与后面所有的经名均无关系。因此 DĀ 的最后一 *nipāta* 也采用了类似 DN 第三品的命名方式，得到了与 DN 第一品相重合的名字，也算合理。

DĀ 的语言为相对标准的梵语，较之中亚的《长阿含》，其所包含的中古印度语成分大大减少，为佛教语言梵语化的晚期形态。当然它的语言还时而反映了与中亚不同的吉尔吉特的地域特色[3]。和同一地发现的（根本）说一切有部的律一样，DĀ 也具有大量的错漏。这些错处中，几乎没有施林洛甫所谓的字体转换间的誊写错误[4]，最常见的错误是遗漏。这种遗漏小到一个元音或辅音标志、一个字符，大到数页[5]，甚至整部经（DĀ 16）。这或许一方面因为 DĀ 的母本原就有诸多纰漏，另一方面也

---

〔1〕 FRANKE 1913：XIV－XVI.

〔2〕 参见 MELZER 2006：15－22。

〔3〕 具体描述可见 §5。

〔4〕 参见 YL 13。在晚期的中亚婆罗迷字体写就的写本中，有些字母外形大相径庭，但经常错置，施林洛甫认为可归咎于用早期印度笈多字体写就的母本。因为在那种笈多字体里，这几个字母非常相似。类似的情况也发生在吉尔吉特的《僧伽吒经》中。通过研究发现，早期的、用圆形吉尔吉特字体写就的母本，后来以原始舍罗陀字体誊写，也出现了个别字母的误识。参见 V. HINÜBER 1983：52－53。

〔5〕 后又跳过数十叶重新出现，指第 442－445 叶。

与其逐页拷贝的流水线工作方式有关。

梅尔策对 DĀ 作的书写研究意义重大,它不仅是继胡海燕(Haiyan HU-VON HINÜBER 1994: 37-40)之后再次对吉尔吉特写本的字体作专门的系统研究[1],也是印度学界首次对抄经人作详细研究。通过对羽毛笔的粗细、墨迹的浓淡、惯用的字母形式以及最为重要的笔迹的分析,她认为整部经集由五到七个抄手集体完成。虽然这些抄经人没有留下姓名——即使留下姓名也无从稽考其生平,但梅尔策根据每个人的书写特点,将他们代称为 A-F,并以冷静的技术分析这种特殊方式来为他们"立传":将这些抄手留在人世的唯一痕迹作细致的笔迹描述,互相之间的横向对照,以及梳理出 DĀ 中各个书写风格相异部分,并一一归入各人名下[2]。有意思的是,整个工程的分工并非按照经为单位,也不完全按照叶数来分割。有时某抄手的工作在一面完成后告一段落,有时甚至在行间(多为空洞处)结束。其中,抄手 C 和 D 共同负责一段(大致为第 278-284 叶),一人抄完正面,另一人则完成了反面。唯抄手 E 在经叶的右下角另外以小字编号,似乎仅为其个人计件所用[3]。与前人不同,单就 DĀ 而言,梅尔策认为,抄手的梵语水平和是否印度人很难考证,因此不能作为写本中的错误百出的主要原因。她将出错的原因归于 DĀ 的抄写方式,认为:"借此,即使对文本最熟悉的人也会因为字符外形的相近而混淆文句,当他与别人频繁地逐页互换时。"整部经的编码应是在抄手们分别完成各自的部分之后才开始的,这也导致了原应紧跟在 416 叶之后的部分误窜入第 442-445 叶。

---

[1] 她的字体表是迄今为止罗列该种字体各种组合和变体最为详尽的表格,见 MELZER 2006: 60-62。她还发现了吉尔吉特地区所用的第二个数字书写系统,见同上: 64-68。

[2] 其中被称为"抄手 B"所负责的那部分并不一定是一个抄手单独所为,另外还有一部分经页(327r-341r?)似乎由 A-F 之外的一位或多位抄手所为。

[3] 根据桑德于 2006 年 8 月"丝绸之路上粟特人和突厥人的语言"暑期班中所作之报告,为便于对每个抄手计件和统一管理,有可能每叶都曾有这种编号,但在经叶整体排序和编码之后被擦去。而对原来分别编号的统计失误,造成了最后总排页的错误。

引　　言

§1. 文本定位[1]

该文本——DĀ 20 *Kāyabhāvanā*(《长阿含·修身经》,以下称 DĀ 20),占据了经叶的 329r4 – 340r2。对该经而言,唯有其首叶(第 329 叶)存于一美国收藏家的私人藏品之中,其他的经叶皆为日本著名画家平山郁夫(Ikuo HIRAYAMA)所收藏。

由于该写本中美国所藏的部分保存欠妥,即使扫描的图片质量非常出色[2],也仍有两处(329r7 和 v2)的解读存疑,即后面所编辑文本的 20.6 – 7 和 20.10 – 12。其余存于日本的部分虽然进行了非常理想的修复工作,但笔者所得到的扫描图片分辨率仍嫌不足,由此亦造成了一些文句的识读困难(20.135, 194, 196, 204)[3]。此外,该写本原抄写者的马虎和随意(§4.4),使得写本的很多部分存在理解上的混乱(20.73 – 148)。

---

〔1〕 本节参考了 MELZER(2006: 1 – 10)的引言部分。以下则不再另行指明出处。关于 DĀ 的概述,同样可见该文,以及 HARTMANN 2000: 359 – 367,2002a: 133 – 150。

〔2〕 美国所藏的 DĀ 相关经叶的扫描工作由笔者的博士生导师,哈特曼教授(Jens-Uwe HARTMANN)亲自完成。

〔3〕 TAMAI 2016 的写本照片仍然存在这一问题。

下面所要编辑的文本位于DĀ的第二部分(*Yuganipāta*)〔1〕的第二品(*varga*)。正如其名,*Yuganipāta* 中的经两两相对,或者说理应成为一对。依照次序,DĀ 19 *Kāmaṭhika* 和20应属于一对经〔2〕。但是DĀ 20,21 *Bodha* 和22 *Śaṃkara* 却更像是一个三重组,因为此三经共有一大段有关佛陀苦行经历的文本与20.42-183对应〔3〕。

这一大段落中,有一节关于自我折磨的描述〔4〕,而行此道者在有些经文中是某些苦行者和婆罗门,有些经文中则是觉悟之前的佛陀自己〔5〕。在DĀ 20的巴利语文本——MN 36 *Mahāsaccakasutta*(以下称MN 36)〔6〕中,这一描述只到中间部分为止,即每一个月进食一次〔7〕。

在巴利经典中我们发现如下的情况:MN 12 *Mahāsīhanādasutta*〔8〕排列在MN 36之前,前经包含了对各种苦行方式的完整描述,由此MN 36

〔1〕 试译为:双集。

〔2〕 如果非要找出这两部经配成一对的理由,那或许只能是,DĀ 19同样讲述了一名外道,原准备找佛陀辩论,后来皈依佛陀的故事。

〔3〕 后两经中这部分内容被缩减了。DĀ 21直接援引DĀ 20。参见342r7:*vistareṇa yathā kāyabhāva(nāsūtre)* "正如《修身经》中所展开的";在DĀ 22中,此段更缩减为:*vistareṇa yāvad yat tan* (348r5)"和彼处一样展开"。

〔4〕 这段描述的汉译可参见诸如T 187《方广大庄严经》,580c22-581a26:所謂:或有執器巡乞,行而食之;或有唯一搠食,以濟一日;或不乞食,任彼來施;或有不受求請,須自往乞,以求解脫;或有恒食草木根莖,枝葉花果、蓮藕、狩糞、糠汁、米泔、油滓;或有不食沙糖、蘇油、石蜜、淳酒、甜酢種種美味,以求解脫;或有乞一家食,若二,若三……乃至七家;或有一日一食,二日一食……乃至半月、一月一度而食,以求解脫;或有所食漸頓多少,隨月增減;或有日食一撮……乃至七撮;或有日食一麥、一麻、一米;或有唯飲淨水,以求解脫;或有名稱神所,自餓而死,謂隨己意,生天人中;或有紡績鵂鶹毛羽以為衣服;或著樹皮;或著牛羊皮革、糞掃毯氍;或著一衣……乃至七衣;或黑或赤,以為衣服;或復露形;或手提三杖;或貫髑髏,以求解脫;或一日一浴,一日二浴……乃至七浴;或常不浴;或有塗灰;或有塗墨;或坌糞土;或帶萎花;或五熱炙身,以煙熏鼻,自墜高巖,常翹一足,仰觀日月;或臥編椽棘刺,灰糞瓦石,板杵之上,以求解脫;或作"唵"聲、"婆娑"聲、"蘇陀"聲、"娑婆訶"聲,受持呪術、諷誦、韋陀,以求解脫;或依諸梵王、帝釋、摩醯首羅、突伽、那羅延、拘摩羅、迦旃延、摩致履伽、八婆蘇、二阿水那、毘沙門、婆婁那、阿履致、旃陀羅、乾闥婆、阿修羅、迦婁羅、摩睺羅伽、夜叉、步多、鳩槃茶,諸天鬼神,以求解脫;或有歸依地、水、火、風、空,山川、河池、溪壑、大海、林樹、蔓草、塚墓、四衢、養牛之處及壇肆間;或事刀、劍、輪、矟一切兵器,以求解脫。

〔5〕 对于该节的巴利文、梵文和藏文的相关文本的列举,参见MELZER 2006:298-303。而本书的附表I中则部分列举了汉译本中的对应。

〔6〕 经题试译为:大萨遮经。

〔7〕 枚举这些苦行方式时,也正好被佛陀的问话——"如今他们……仍依如此少而存养否?"(20.17)——所打断。

〔8〕 经题试译为:大狮吼经。该经的汉文对应大致为T 757《佛说身毛喜竖经》,591c11-600b2;其诸种苦行的描述段落位于:597a13-b12。《增一阿含经·无息禅经》被赤沼智善(AKANUMA 1929 s. v. MN 12;以及T 125,670c2中对经号之注解)认为是该经的汉文对应,实则谬也。具体分析见§3.3.5。

的经文作者可能会认为再次重复整个段落颇为累赘。与此相应，*Yuganipāta* 中有两部经在DĀ 20 之前——DĀ 7 *Apannaka* 和 DĀ 12 *Romaharṣaṇa*。虽然这两部经并没有完整的文本留存下来，但种种迹象表明，DĀ 7 *Apannaka* 或许对应巴利文经典的 MN 60 *Apaṇṇakasutta*，而 DĀ 12 *Romaharṣaṇa* 对应的是 MN 12 *Mahāsīhanādasutta*[1]。假如位置在前的这两部经中，至少有一部同巴利语经文一样，已经包含了对各种苦行的详尽描述[2]，那么可以想见，随后的 DĀ 20 中再出现重复同样会显得多此一举。

当然，即便 DĀ 20 曾有过这样的文句节略，但也没有留下伴随节略应有的诸如 *vistareṇa yathā* ...，或者 *vistareṇa yāvad yat tan* 之类的援引标志。无独有偶，在后一 *nipāta*，*Śīlaskandhanipāta*[3]，"如来说法(Tathāgata-Predigt)"有时也作同样处理，即省略节略段落中的援引标志[4]。同理可推，本经中诸种苦行的描述被了无痕迹地节略，也属正常处理方式。

根据梅尔策(MELZER 2006：77)的研究，记载 DĀ 20 的经叶由一位陌生[5]的写手所抄录(§7)。

§2. 经文内容

下列经文讲述了佛陀和一位名为 Sātyaki(巴利文：Saccaka[6]，以下以其汉译名"萨遮"[7]称之)的耆那教信徒(§4.1)谈论有关 *kāya-* 和

〔1〕 关于 DĀ 12 和 MN 12 的对等，参见 HARTMANN 2004a：126，MELZER 2006：7－8 以及 MN I 77.28－78.22。而 DĀ 7 和 MN 60 的一致尚且存在于假设层面，关于这一点参见 HARTMANN 2000：365，注 20，彼处他提及了岩松浅夫(Asao IWAMATSU)的同样的论断。

〔2〕 MN 60 中描述诸种苦行的段落被节略，并征引了 MN 51 *Kandarakasutta* 的相关段落。参见 MN I 412.5 起：*yathā Kandarakasuttantaṃ tathā vitthāro*。而该被征引的段落位于 MN I 342.23－343.20。

〔3〕 试译为：戒蕴集。

〔4〕 MELZER 2006：19－22。亦可见 §9。

〔5〕 这里所谓的"陌生"，指的是该抄写者没有触及其他部分的经叶，也还没有被梅尔策系统研究过。

〔6〕 有两部巴利经文，*Cūḷa-* 和 *Mahāsaccakasutta*(MN 35 和 MN 36)以这位佛陀的论战者命名。这两经也组成了 DĀ 20 的唯一完整对应。前者的经题试译为：小萨遮经。

〔7〕 关于其汉文译名，参见下文之 §3.4。

cittabhāvanā,“修身”和“修心”的问题[1]。这两个依主释(Tatpuruṣa)复合词词义的重心落在后半部分,*bhāvanā* 上,而该词是有关佛教禅定的极为常用的专用名词[2]。

经文以萨遮关于“修身”的论述开始,当涉及“修心”的问题时,他则无法作答。在经文的第二部分,也就是文本的主体部分中,插入了佛陀传记的一个片段,即佛陀在成道前的苦行经历——也具有“修身”的意味,这同样点明了梵文的经题。

在经文的编译部分中,文本的分段和编号依照了梅尔策的系统[3]。即,每段有两个号码,之间以“.”号分隔。位置在前的那个编号表示该经在梵本《长阿含》中的经号,即该经在此梵文写本中的自然序列号;位于“.”号之后的那个编号为该经之内的段落号,即文本的自然段落序列号。

---

〔1〕 在巴利语经典中,这两个概念或归属于三个单位的 *bhāvanā* 概念组(再加上“修慧”),或归属于四个单位的 *bhāvanā* 概念组(再加上“修戒”和“修慧”)。如,DN III 219. 15 (*Saṅgītisutta*): *Tisso bhāvanā: kāya-bhāvanā, citta-bhāvanā, paññā-bhāvanā*; Peṭ 191. 14: *Tattha aṭṭaṅgikena maggena catubbidhā bhāvanā pi labbhati: sīlabhāvanā kāyabhāvanā cittabhāvanā paññābhāvanā ca*。在(根本)说一切有部的经典中,这两个概念被 *samādhibhāvanā* “修定”所替代。参见 T 1536, 388c19 (SaṅgP[C]), Saṅg III. 42(依据 SaṅgP[C] 而还原)以及 SWTF s. v. *Prajñābhāvanā* (此词条下 SHT IV. 623 Bl. 29 R6 起: *tisro bhāvanāḥ śīlabhāva[n]ā sa[m]ādhibhāvanā praj(ñ)ābhāvanā* | 可以明显读出)。

在对 MN 36 的注疏 *Majjhimanikāyaṭṭhakathā* (*Papañcasūdanī*,以下作 Ps) 中, *kāya-* 和 *cittabhāvanā* 被解释为只在高层次的修行中才会有。Ps I 285. 1: *Kāyabhāvanā ti pana vipassanā vuccati. Tāya cittavikkhepaŋ pāpuṇanto nāma n' atthi*。“*kāyabhāvanā* 则被称为‘观’。因此‘达到内心迷乱者’无有[真正的 *kāyabhāvanā*]。”对 *cittabhāvanā* 的评注也同样如此。Ps I 285. 3: *Cittabhāvanā ti pi samatho vuccati*。“*cittabhāvanā* 亦被称为‘内心寂止’。”

值得注意的是在中间摄颂(Antaroddāna)里(20. 208. 4), *bhāvanā* 是复数形式。尽管在佛教梵语里,双数有时候以复数形式出现(BHSG §5.6),但本经作者在彼处指的是两个还是多个 *bhāvanā* 却不得而知。

〔2〕 对这一概念的思想史研究可以从对 *bhāvanā* 一词的各种阐释中得出。这些阐释出自从巴利经典直到莲花戒(Kamalaśīla)的作品的诸多文献: GETHIN 1992: 73 和 74,注 24 (引用 DN 和 AN), BW s. v. (引用 Vism), EncBuddh s. v. 和 s. v. MEDITATION (但没有给出所引巴利文献的具体出处)以及 ADAM 2006: 71 – 90 (引用 *Abhidharmakośa* 和 Kamalaśīla),特别是 71 和 75 – 77。以上的各种阐释,总的来说,不外乎在“一般意义上的禅定”和“渐修”这两个概念之间摇摆。本书的德文原本采用了 YL 29,注 5 所释的译法,即以“Entfaltung”对应它的名词形式,即 *bhāvanā* 一词,“entfalten”对应其动词形式,即文中所出现的、从语干 *bhāvaya-* 派生的动词或其分词,比如 *bhāvita*。这个译法既可以接近其词源学上的本意,也可以用一个相对中性的含义来统一这一特殊词汇在整个文本中的翻译。当然在这个汉语译本中,笔者采用了汉译佛经中最常用(参见 BWDJT, s. v. *bhāvanā* 及 *bhāvita*)的对应——“修(习)”来贯彻对该词的翻译。

〔3〕 MELZER 2006: 85.

比如,"20.19"表示《修身经》的第十九段。当然,段落的划分由文本的编辑者决定。

§2.1. 萨遮见佛陀

A. 佛陀住于毘舍离(Vaiśālī)〔1〕。在外出乞食的时候,他遇见了一个耆那教的信徒——萨遮,而后者恰好前来找佛陀论战(20.1－7)。

B. 萨遮持如下观点:有些苦行者和婆罗门奉行修身,[而]不修心。另有一些苦行者和婆罗门,他们奉行修心,[而]不修身。对此,他分别举例为证,并认为诸比丘属于后一种类型(20.8－14)。

C. 当佛陀问起,萨遮理解的是何种修身,他讲述了外道们〔2〕的生活方式(20.15－18)。

D. 当佛陀问起,萨遮自己理解的是何种修心,他便沉默不语(20.19－20)〔3〕。

E. 佛陀讲述了何为身、心皆未修者,何为身、心皆已修者(20.21－33)。

F. 萨遮仍然心有疑惑,佛陀及其弟子是否真的是身、心皆已修者(20.34－40)。

§2.2. 佛陀传记

为了让萨遮信服,佛陀讲述了自己在成道觉悟前的那段经历。

A. 菩萨〔4〕在年轻的时候就离家出走,寻求解脱之道(20.41－44)。

B. 他在歌罗罗仙(Ārāḍa Kālāma)处修行,得无想定(*ākiṃcanyāyatana*),

---

〔1〕 和 DĀ 17－18,21,28,30－40,43 和 46 一样,本经既没有以经典的方式——*evaṃ mayā śrutam ekasmiṃ samaye*"如是我闻,一时",也没有以它的简化形式——*ekasmiṃ samaye*"一时"——开头,而是用了根本没有导引句的开头方式。由于梅尔策(MELZER 2006:24,注 84)的疏忽,她将 DĀ 20 的开头方式归于第二组,即以 *ekasmiṃ samaye* 开头的简化方式。

〔2〕 "外道"这种称呼并未出现在经文中。参见 §4.1。

〔3〕 他和 Ambāṣṭha(Ambaṭṭha)"阿摩昼"两人,皆在拒不回答佛陀的提问时,为金刚手(Vajrapāṇi)所催逼。参见 ZIN 2006:13,注 43。而萨遮为金刚手所迫的情节,已经提到了另一部《萨遮经》——*Cūḷasaccakasutta*"小萨遮经"里去了。

〔4〕 在 DĀ 20 和 MN 36(以及 MN 26)中,佛陀传记是以第一人称的方式来叙述的,而其他的文本中皆称成道前的佛陀为"菩萨"。

但他发现仍然不足以成就其目的——无上正等正觉(20.45–56)[1]。

C. 他在水獭端正仙子(Udraka Rāmaputra)处修行,得非非想定(*naivasaṃjñānāsaṃjñāyatana*)但他发现也仍然不足以成就其目的——无上正等正觉(20.57–68)。

D. 他到了尼连禅河(Nairañjanā)边,开始独自修行(*prahāṇa*)(20.69–71)。

E. 他修习胀满定(*ādhmātakāni dhyānāni*)。当他如此逼迫其身时,他感受到了痛苦,正如下列比喻所描述的(20.72–112)[2]:

a. 一个力士压捺、考责一个极羸弱之人(20.72–76),

b. 一力士以锋利的铁剑尖刺一个极羸弱人之头顶(20.77–82),

c. 风从铁匠鼓胀的、带有两根管子的皮囊中,猛烈地吹出(20.83–88),

d. 铁匠鼓胀的皮囊被猛烈地吹胀(20.89–94),

e. 一力士以皮带缠绕一个极羸弱人的头颅(20.95–100),

f. 一熟练的屠牛人或屠牛人的学徒以一把锋利的屠牛剪将牛腹剖开(20.101–106),

g. 两个力士抓住一极羸弱人的双臂,令[其]俯身于炭火之上(20.107–113)。

F. 他回绝了诸天的食物供奉,进食极为少量的食物(20.114–117)。

G[3]. 他进食如此之少,因此变得消瘦和憔悴(20.118),以至于

a. 他的肢体像阿斯陀伽藤的枝节或者迦梨加树叶一样(20.119–120),

b. 他的头皮像枯萎的葫芦的皮(20.121–122),

---

[1] §2.2中人名和专用名词的汉译,依从或者参考了义净所译之T 1450《根本说一切有部毘奈耶破僧事》。具体出处对照,见本书之"文本编译"中的SBV^{C}部分。

[2] 参见§4.2。

[3] 关于G段的平行文本,见附表Ⅰ。此外,MN 12中还有一个平行文本,参见第45页注[9]。

c. 他的双目像井中的水星[1](20.124－125),

d. 他的肋骨像旧草棚上的椽子(20.127－128),

e. 他的脊椎像一串念珠,双臀像骆驼蹄子(20.130),

f. 当他要起身或者坐下来时,他便倒在地上(20.131),

g. 当他抓身体的一面时,便触到另一面(20.131),

h. 他体毛的根部腐烂了(20.131)。

H. 三位天人谈论其肤色(20.132－135)。

I. 他想起了三种譬喻(*upamā*),从而他意识到,让身心远离爱欲,比像那些苦行者和婆罗门一样让自己感受痛苦,更为重要(20.136－148)。

J. 他认识到了足以成就觉悟的道路——被迪图瓦(DUTOIT 1905：1)称为"一种自然的生活方式(eine natürliche Lebensweise)",并随意处之(20.149－155)。

K. 菩萨成道觉悟之路,即枚举了"如来说法"中后两段的内容(20.156－181)。

在 DĀ 中的 *Śīlaskandhanipāta* 内,梅尔策(MELZER 2006：12－24)对"如来说法"做了新的研究。自从弗朗克(FRANKE 1913：XIV－XVI)将有关解脱之路的教法称作"如来说法(Tathāgata-Predigt)"以来,人们将该教法分为三个部分:戒(*śīla*)、定(*samādhi* 或 *dhyāna*)、慧[2](*abhijñā*)。这套教法,在经部中时而完整地,时而部分或简约地出现,已经为很多学者所研究[3]。梅尔策旋又将"如来说法"的那三个大部分划分成很多小节,并且编上号码[4]。在本经——DĀ 20 中,有如下部分与 *Śīlaskandhanipāta* 中由梅尔策划分的小节及其编号相对应[5]:

---

[1] 有关于"水星"的阐释见 20.124.4。
[2] 这里的"慧"指的是神通之智。
[3] 关于这个课题的研究的历史和现状,以及相关的研究文献,参见 MELZER 2006：13。
[4] 关于其编码和相应的小节大意,参见同上:15－19。
[5] 关于对"如来说法"的不完整性作出的原因分析,参见同上:23 及注解 80－82。

2.〔1〕定(*samādhi* 或 *dhyāna*)

2.1. 具足戒蕴(*śīlaskandha*)之后,他感到安乐,(c) 独自端坐于一隅并且(d) 将五盖断除:20.156(简约的)。

2.3. 断除了五盖之后,他得到了自思量中产生的喜乐——离贪欲及不善因、与思量和伺察相关联的第一禅:20.157(完整的"如来说法"还有譬喻,此处无)。

2.4. 他得到了自禅定中产生的喜乐——无思量、无伺察的第二禅:20.160(完整的"如来说法"还有譬喻,此处无)。

2.5. 他得到了无乐受的第三禅:20.163(完整的"如来说法"还有譬喻,此处无)。

2.6. 他得到了——非苦非乐、用平等心来清净的第四禅:20.166(完整的"如来说法"还有譬喻,此处无)。

3. 证得六种神通智力(*abhijñā*)。

3.4. 宿命智(*pūrvanivāsānusmṛtijñāna*)。他了知过去诸世:20.169-171("如来说法"中的详细描述,此处以 *yāvat* 来节略,且无譬喻)。

3.5. 生死智(*cyutyupapādajñāna*)。他以天眼了知众生由于各自业报在何处转世:20.173-175("如来说法"中的详细描述,此处以 *yāvat* 来节略,且无譬喻)。

3.6. 漏尽智(*āsravakṣayajñāna*)。他了知四圣谛而漏尽:20.177-180("如来说法"中的详细描述,此处以 *yāvat* 来节略,且无譬喻)〔2〕。

---

〔1〕 DĀ 20 中没有包含第一部分——戒(*śīla*)。

〔2〕 因为 DĀ 20 的主题是苦行,"如来说法"中有关"戒"的部分可能因此变得可有可无。对于有关六种"慧"中前三个的节略,可在 CRANGLE(1994: 152)处找到原因:"……这些步骤(在 GRANGLE 文中为第149页起,表I中的J-N,在 MELZER 2006 处对应的是3.1-3)要么对于智慧的修炼显得毫无必要,要么在佛教禅修过程中看上去处于次要地位。这就是说,那些有关成道之路上步骤的经常重复的描写节略了这五个项目(... these stages appear to be either unnecessary training for the development of insight or side-tracks on the Buddhist meditative course. That is to say, the often repeated description of the stages leading to enlightenment lacks these five items.)。"

§2.3. 萨遮对佛陀的信受

A. 佛陀让萨遮了知,何为"痴暗者"(*saṃmūḍha*),何为"非痴暗者"(*asaṃmūḍha*)(20.182－191)。

B. 佛陀如此说法:言语本身并非佛陀的教法(20.192－196)[1]。

C. 萨遮承认,他不应以言语冒犯佛陀,并且信受了佛、法、僧三宝(20.197－207)。

§3. 平行文本

直接对应此经的有一个巴利语文本(§3.1)[2]和五个新疆写本。对应经文尾部的有两个汉译文本(§3.4)。鉴于在"文本编译"中,DĀ 20 的每一个段落之后皆附有上述文本的相应篇章,这里就不再赘列各文本的逐段对照了。

经文中的佛陀传记部分或多或少地与三个巴利文本(§3.3.1)、一个梵语文本(§3.3.2)以及各两个藏语和汉语文本(§3.3.2－3)对应,另外还有一些关系较远的近似文本(§3.3.4－5)。除了其中的三个文本(§3.3.2－3),其他文本只会在必要的时候才被引用和阐释。

§3.1. 巴利文献

DĀ 20 本身就证明了哈特曼(HARTMANN 1992: 261)假设的正确性,即:(根本)说一切有部的《长阿含》中,《修身经》由对应巴利文《中部》(MN)[3]的两部经——*Cūḷa-* 和 *Mahāsaccakasutta*(《小萨遮经》和《大萨遮经》)缀合而成。

在 *Cūḷasaccakasutta*(下文作 MN 35)中,为了能驳倒佛陀五蕴无常和无我的教法,论师萨遮与诸离车族人(Licchavi)至佛陀处。当他被佛陀战胜之后,他款待了佛陀。

哈特曼指出了两经合并的缘由:两个相邻的皈依故事未能写出

[1] 因为决定该段文义的关键词汇中的几个字符未能留存,所以此处的意思不甚明了。关于对此的试解,参见§4.5。

[2] 此处"一个"或"这个巴利文本"表明了一个由两部巴利经文合二为一的假想文本(Hypo-Text)。参见§3.1 和 HARTMANN 1992: 261 起。

[3] MN 35 和36。在 PTS(Pali Text Society,巴利圣典学会)版中,为 MN I 227.15－237.3 和237.5－251.10。

同一个人物萨遮的“完全的信服(recht zu überzeugen)”〔1〕,再者,*Mahāsaccakasutta* 的结尾比较“苍白(blaß bleibt)”,因此被比较“讨人喜欢(gefällig gestaltet)”的 *Cūḷasaccakasutta* 的结尾,在“框型情节(Rahmenhandlung)”中所替换〔2〕。尽管如此,本经中有一句(20.205),“我们……还要第二次来到……”〔3〕暗示了另有一部《小萨遮经》* *Kṣudrasātyakasūtra*〔4〕存在于(根本)说一切有部的经部中,在那部经里萨遮曾初次找佛陀来辩论(§3.4)。

与 DĀ 20 相较,巴利语的文本编修质量上乘,在句法和语法上错误很少,几乎没有不可理解的地方,特别是 20.12 - 13,20.71,20.116,20.138,20.142,20.146 - 149, 20.188 - 196 这些地方。只有在 20.142 和 146 上的巴利文对应反映出各个版本间的不一致性〔5〕。

巴利语文本的叙述顺序也是值得注意的地方。在菩萨修习无义的禅定和断食的时候,文中运用了很多比喻。这些比喻在巴利文本中的次序与 DĀ 20 中大相径庭。即便可以将诸如此类的相异看作细枝末节,但我们仍不可以忽视那三个譬喻〔6〕的位移——它们在巴利文本中被置于菩萨苦行(*duṣkaracaryā*)〔7〕之前(§4.3)。

§3.2. 新疆残卷

迄今为止,有六个发现自我国新疆的残片——共计五个写本,可作为该经的中亚文本:SHT III 931 Fragm. a, SHT III 997〔8〕, Pelliot Sanskrit

---

〔1〕 在 MN 35 中,萨遮已经用一连串的譬喻表明自己服输(参照 20.200 - 204 所对应的巴利文本)并设宴招待佛陀,但是 MN 36 中,萨遮再次找佛陀辩论,并且在第二次失败之后并没有很多认输的言辞,更没有表示皈依三宝。而很多其他外道,会在经文末尾成为佛教徒。

〔2〕 HARTMANN 1992: 261.

〔3〕 *dvir apy upasaṃkrame‹ma›*(根据上下文补充)。

〔4〕 也有可能是 * *Kṣudrasātyakisūtra*,因为佛陀的论战对手的名字在巴利文中是 *saccaka*,但在梵语中是 *sātyaki*。关于这两者的交替,见 §4.1。

〔5〕 参见 DĀ 20.142.4 和 20.146.2。

〔6〕 参见 DĀ 20.132 - 148。

〔7〕 这一情节的命名借用了 LV 的第十七章的标题——*duṣkaracaryāparivata*,另外,汉译本 T 187 中相应的标题为“苦行品”。

〔8〕 SHT III 931 Fragm. a 和 SHT III 997 的转写与黑白照片,可见 SHT III;彩色照片,可见国际敦煌项目:丝绸之路在线(International Dunhuang Project: Die Seidenstraße online)以及德国柏林布兰登堡科学院(Berlin-Brandenburgische Akademie der Wissenschaften)的网页(http://idp.bbaw.de/)。SHT III 997 的补充信息,可见 SHT VII: 273 和 SHT X: 418。

Numéro bleu 18,4 + 81[1], St. Petersburg SI B/14 Fragm. I[2] 及 Or. 15003/24 (Hoernle 156 unnumbered)[3]。

如果忽略了 Sandhi(连声变化形式)和出自抄写者的笔误,那么这两种文献——DĀ 20 和新疆写本,文句尚有如下些许差别:

	DĀ	新疆写本
20.23	*paridevate*	*paridevati*
20.29	*śrutavān tv agniveśyāyana āryaśrāvakaḥ*	*śrutavāṃs tv āryaśrāvakaḥ*
20.144	*pratibhātā*	/// (*pra*) *tibh*(*āt*) *i*
20.151	*tasya mamaitad abhavad*	/// (*agniv*) *vaiśyāyana etad abha*(*vad*) ///
20.153	*durbalenālpasthāmnā*	/// (*durbalenālpa*) *sthāmena*
20.200	*utkṣiptāsikaṃ vardhaka*(*pu*) *ruṣam āsādya*	/// (*utkṣiptāsi*) *k*(*aṃ*) *pu*(*ru*) *ṣam āsādya*
20.202	*āśīviṣaṃ ghoraviṣaṃ kṛṣṇasarpam āsādya*	/// (*āsīvi/ghoravi*) *ṣam āsādya*
20.205	*apy upasaṃkrame‹ma› yad uta vādārthino*	/// (*ap*) *y upasaṃkramāmo yad uta vā*(*dārthī*).
20.206[4]	*nirgranthīputro buddhe 'bhiprasanno*	/// (*nirgra*) *nthiputro buddhe abhiprasaṃno*
20.207	此处无对应	/// *padau śirasā vanditvā*
20.208	中间摄颂流传的形式各异[5]	

---

〔1〕 DĀ(U. H.) 中的 Fragment(残片)148;这两个残片可以拼合在一起,实属于同一经叶。参见 HARTMANN 1992:262。

〔2〕 即 NFHSū 和 BoSū(BoL)。

〔3〕 WILLE 2006: 72.

〔4〕 关于对吉尔吉特与新疆写本之间长短元音的差异的观察,参见 MELZER 2006: 84。

〔5〕 参见 DĀ 20.207 和 208。

§3.3. 在“苦行家族(*duṣkaracaryā*-Familie)”范畴之内的文献

据弗莱贝尔格(FREIBERGER 2006: 235 – 242)所研究,在佛教文学中经常出现三种苦行方式:菩萨(证道之前的)苦行[1]、外道们的苦行以及头陀行(*Dhutaṅga/Dhutaguṇa*)。本文就主要涉及了第一种苦行——也被称为“菩萨苦行(*duṣkaracaryā*)”;同时,第二种则在经中被节略为一种“迷你形式”(§1)。第三种形式的苦行尽管受到了僧团内部的批判,但仍在现实中为一些僧人所修习。当然本文并无有关这种头陀行的任何词句。

麦克奎因(MACQUEEN 1988: 11)引入了“文本家族(text family)”一词,用以麇集《沙门果经》——*Śrāmaṇyaphalasūtra* 范畴内的所有文献。以此为范例,在本经的研究中也仿造了一个术语——“苦行家族(*duṣkaracaryā*-Familie)”,以此来网罗所有包含佛陀传记中的这一段情节以及文句相似的文献。

佛陀传记中的这一段——从其在两位外道亲教师处的修习,一直到他停止了无义的苦行为止,即佛陀成道觉悟前的一刻——正好对应了 *Lalitavistara*(下文作: LV)三个章节: 16. 频婆娑罗王劝受俗利品(*bimbisāropasaṃkramaṇaparivarta*)、17. 苦行品(*duṣkaracaryāparivarta*)和18. 往尼连河品(*nairañjanāparivarta*)[2]。诚然,这些篇章的重心仍落在其苦行——*duṣkaracaryā* 上[3]。

从§3.1至§3.3.3的文本都属于“苦行家族”。这些文本都具有菩萨苦行的情节,且文句差异不大,因此可以视作 DĀ 20 中那段佛陀传记的文献对应。由于在§3.3.4和 §3.3.5中的文本都具有内容或文句上的重大差异,所以只能算作“家族”的“远亲”。

在各种文本中还存有如下一些情节未被§2.2所包罗:

---

[1] 根据 BRONKHORST(1986: 10起,26和29起),这种苦修以及禅定并非如弗莱贝尔格所认为的——是一种宗教(佛教)内部独立发展的产物,而是从耆那教移植过来的。根据 NAKAMURA(2000: 182),关于这种苦行的描述并非在编纂经文的时候一次成形的,而是在文献演变进程中通过不断吸收各种文献来源逐步产生的。

[2] 汉译标题参考了 T 187 的相应章节。

[3] 在两位外道的亲教师处修习亦可视作其苦行的一分子。参见 DUTOIT 1905: 94。关于菩萨苦行持续年限在文献中的不同记载,参见 NAKAMURA 2000: 170。

α. 与频婆娑罗王(Bimbisāra)相遇,β. 与诸仙人(Ṛṣi)的交谈[1], γ. 得到五位随从,δ. 自我折磨的描述,ε. 诸天谈论菩萨是否已死,ζ. 劫比罗城(Kapilavastu)的反应,η. 更进一步的苦行——更严格的断食,θ. 村野童子的戏弄,ι. 魔王(Māra)的诱惑,等等[2]。

§3.3.1. 巴利语文本

MN 26 *Ariyapariyesanasutta*(下文作:MN 26)[3]所包含的苦行故事只至菩萨到尼连禅河畔为止[4],继而连接成佛之道的内容。在汉译《中阿含》(*Madhyamāgama*,下文作:$M\bar{A}^C$)[5]中的第 204 经《罗摩经》(***Rāmasūtra*)[6],是其汉文对应(下文作:$M\bar{A}^C$ 204)。

在 MN 85 *Bodhirājakumārasutta*(对应 DĀ 21)中,以及 MN 100 *Saṅgāravasutta*(对应 DĀ 22)中,可见和 MN 36 中一样的苦行。但是在 PTS 版中这一段在上述两部经内被省略[7]。

另外在 MN 12[8]中还有一个段落[9]和 MN 36(对应 §2.2. G)的那段在语句上面有重叠。

§3.3.2. *Saṅghabhedavastu*[10]

根本说一切有部的 *Saṅghabhedavastu*(下文作:SBV)[11]是一部篇幅

〔1〕 根据 SCHLINGLOFF (1983: 144),在根本说一切有部律(*Mūlasarvāstivādavinaya*)的传承之外,迄今为止未见对应此情节的文献。

〔2〕 这样的模式化的内容提要,自然是采取了一种以文本对照为目的的折衷方式。在一个或几个文本中,尚另有一些细小的插入成分。为便于文献比较,这些情节就不在此罗列了。此外,A-J 和 α-ι 中的同一个情节,尽管给予的代号和内容提要相同,但在各个文本中,具体来看也存在着细微的差别。

〔3〕 MN I 160.16-175.11。经题试译为"圣勤求经"。

〔4〕 正如 PTS 版一样,DĀ 20.42-71 的巴利语对应摘引自 MN 26。

〔5〕 T 26,421a3-809c14.

〔6〕 T 26,775c7-778c8.

〔7〕 MN II 93.19-24 和 212.1-20。前者经题试译为"菩提王子经",后者经题试译为"僧伽罗婆经"或"令乐经"。

〔8〕 关于 MN 12 的汉文对应,参见第 34 页,注释〔7〕。

〔9〕 MN I 80.1-81.30,当菩萨轮换进食的种类行节食时,经文用同样的文句对其消瘦的身体进行重复描述。

〔10〕 经题的汉译可参照下文提到的 T 1450《根本说一切有部毘奈耶破僧事》。

〔11〕 有关在吉尔吉特发现该梵语写本的信息,参见 Saṅghbh XIV-XV,以及 PANGLUNG 1981: 84-125。有关律藏的更多的信息,可见 MELZER(2006: 2 起,以及注解 11)的总结。

巨大的佛陀传记，讲述了从释迦族(Śākya)的祖先直到提婆达多(Devadatta)对僧团的破坏，其间不断插入相应的戒律和有关佛陀前生的众多因缘故事。

从这部佛陀传记中抽取的一部分，其内容直到菩萨苦行为止，其篇幅对应的是尼奥利(Raniero GNOLI)所编订的发现自吉尔吉特的梵文本(下文作：Saṅghabh)的 I 97.4 – 108.10(Saṅghabh 写本 378v3 – 382v3)[1]，而与 DĀ 20 中的佛传部分则几乎字字对应。其中也有一些情节排除在外，那些主要是菩萨苦行期间在劫比罗城所发生的事件。这些事件和 DĀ 20 的修身和修心主题没有任何关系[2]。由于在这部律中，整个佛传皆经佛陀的弟子——目犍连(Maudgalyāyana)的口中说出[3]，所以这些故事必然和其整部律中的形式一样，以第三人称的口吻讲述。在菩萨修习无义的禅定时，此处的譬喻数量较少——缺少了第二、三、四个譬喻，而且在第一个譬喻之后，其他譬喻均以 *tasyaitad abhavad yanv ahaṃ bhūyasyā mātrayā* ...“于是我生起此念：‘好吧，我要加倍……’”这样表示递进意义的句子开头(20.95 中相应文本)；再者，其排列顺序和 DĀ 20 的也相同(附表Ⅱ)。尼奥利在对照了藏文本之后指出，这是一处文本缺漏(Saṅghabh I 101)。当然他所指的地方或许略有偏差(附表Ⅱ，注 2)。Saṅghabh 的抄写者一定对包含这些譬喻的段落所具有的相同的开头和结尾感到迷惑，而误将后面的段落当作前面的，以至于漏抄了数段。

值得注意的是佛陀第一位亲教师的名字——Ārāḍa Kālāma(20.45 – 56)，在 Saṅghabh 写本中毫无例外地写作 *arāḍa kālāma*[4]。

---

[1] 他成道觉悟的过程对应的是 Saṅghabh Ⅱ 241.1 – 251.13 中“如来说法”的段落。

[2] 参见附表Ⅰ。

[3] Saṅghabh Ⅰ 6.18 – 7.10.

[4] 参见 Saṅghabh 写本 378v3 起。尼奥利(Saṅghabh Ⅰ 97.5 起)将此异文当作笔误，并且在不作任何说明的情况下随手将 *arāḍa* 改作 *ārāḍa*。瓦尔特施密特(CPS 写本 97.5)同样作此改动，但他在注解中却作了说明。事实上，这两种写法皆见诸文献，且非常普遍。参见 BHSD s. v. *Arāḍa* 以及 SWTF s. v. *Ārāḍa*。

如此的写法同样见于 DĀ 20 正文(20.47, 49, 55)和随后的中间摄颂(20.208)。

此外,在描述菩萨在其第一位亲教师歌罗罗仙处修习时,DĀ 20, 331v4 有个惯用句法:*acirād eva tān dharmmān sākṣād akārṣat* (20.50)[1],与 Saṅghabh I 97.18 中的 *acirād eva tān dharmān sākṣād akārṣīt* 几乎完全一致。但是当描述菩萨在其第二位亲教师水獭端正仙子处修习时,其情节和词句差不多重复前段,理应同样重复的那个惯用句法在 DĀ 20.62 却变成了:*acirād eva tān dharmmān svayam abhijñayā sākṣād akārṣaṃ*[2]。然而 Saṅghabh I 98.17 仍作:*acirād eva tān dharmān sākṣād akārṣīt*。这一奇特之处表明:在菩萨苦行故事内,Saṅghabh 和 DĀ 20 也只是部分地共有一个传承源泉;而后者似乎还与南传上座部的文献在流传上有些联系[3]。

SBV 有一个汉译。该译本由义净译于公元八世纪[4]——《根本说一切有部毘奈耶破僧事》(下文作:SBV^{C})。SBV 还有一个藏文译本。该译本由一切智天(Sarvajñadeva)等人译于公元八世纪末至公元九世纪初之间——*dGe 'dun gyi dbyen gyi gzhi* (下文作:SBV^{T})[5]。汉译对应 DĀ 20 菩萨苦行的部分在 T 1450, 119b2 - 121b30;藏译的对应在 Q 1030, 16r2 - 24v2[6]。

---

〔1〕 代之以 *akārṣat*,此处应作 *akārṣīt*。究竟出于何种缘故在写本中未见其正确的不定过去式形式?可能是因为叠加字符 *kṣ* 头上的 *ī* 在母本中已经非常不清晰,变成类似于-*t* 中的 Anusvāra;而后便被本写本的抄写者误识,并随手舍去这一元音字符,从而形成现在的 *akārṣat*。这似乎也由此使得文本中的第三人称变为第一人称的可能性不大(该词的不定过去式第一人称单数为:*akārṣam*)。经部中佛陀多用第一人称,而律部中多用第三人称(§ 3.3.4)。

〔2〕 这句反而与巴利文本中的句子对应。参见 DĀ 20.50.1。

〔3〕 SKILLING(1981a)分析了"苦行家族"文本中菩萨拜师部分的时态和人称的异同,梳理了各文本形成的先后次序,并认为,有一位已故的罗摩(Rāma)仙人为水獭端正仙子的老师。

〔4〕 为便于各语言文本间的横向比较,本文统一采用公元纪年的断代方式。

〔5〕 有关这两部文献的文本定位,参见 YUYAMA 1979: 30。有关藏文译者们的姓名,参见同前以及 PANGLUNG 1981: XVIII 和 SKILLING 1997: 134 起,与 270。更进一步的细节,可参考 OBERLIES 2003: § 5.1。

〔6〕 汉文译本采用了《大正藏》本(缩写为:T);藏文则只采用了《北京版大藏经》本(缩写为:Q)。斯基林(SKILLING)在校注 *Bimbisārapratyudgamanasūtra*(试译为:频婆娑罗王来迎经)时,该经对应 SBV^{T} 的部分,他指出了包括北京版在内的九个甘珠尔版本,参见 SKILLING 1997: 269。这也权可作为本文所选段落在那九个甘珠尔中位置所在的非直接的参照。

在菩萨苦行的范畴内,这四个文本——SBV^C、Saṅghabh、SBV^T以及DĀ 20在大部分地方基本一一对应。然而,与Saṅghabh以及SBV^T相比较,在SBV^C中有很多情节排列混乱,另外忍辱仙人(Kṣāntivādin)的故事竟然遗漏未述〔1〕。正如狄庸(DE JONG)和佐々木閑(SASAKI)所认为的,SBV^C的底本应是最古老之文本。然后是Saṅghabh,最后是SBV^T的底本〔2〕。后两个本子应是从SBV^C的底本发展而来〔3〕。Saṅghabh与SBV^T不仅在文句上,而且在整个*vastu*(事)的结构上,都比与SBV^C的相近之处来得多〔4〕。

值得一提的还有,在三个地方(§4.2, §4.4.1和3)SBV^C显示出与DĀ 20极近的传承渊源。

在下文的"文本编译"部分,将逐段依次罗列Saṅghabh、SBV^C、SBV^T的相应文句。尼奥利所编辑的Saṅghabh,其对写本望文生义、擅作修改之处过多,因此笔者将直接转录吉尔吉特写本,只在必要的时候引述尼奥利版本中有价值的意见。后两个文本,SBV^C以《大正藏》为基础,SBV^T以北京版藏文大藏经为底本,它们之中个别词句的校订,将在对照其他文本之后,以注解的形式作出。

§3.3.3. *Abhiniṣkramaṇasūtra*〔5〕和 * *Sammatamahārājasūtra*〔6〕

SBV的第一部分——从世界成立到僧团成长,另外还有两个文本存世,与之对应。

这两个文本为:一部*Abhiniṣkramaṇasūtra*(下文作:ANK)的藏文译本——*mNgon par 'byung ba'i mdo*(下文作:ANK^T),由仁钦桑布(Rin chen bzang po,958–1055)等人〔7〕译出; * *Sammatamahārājasūtra*(下文

〔1〕 MATSUMURA 1989–90: 240。关于Saṅghabh和SBV^T的出处指示,参见PANGLUNG 1981: 92起。

〔2〕 DE JONG 1968: 400以及SASAKI 1985: 25。

〔3〕 SASAKI,同上。

〔4〕 吉尔吉特的梵文写本一般会与藏文本比较接近,而与汉文本的关系较疏远。关于类似现象的发现,亦可参见LIU(2005: 6和8)和MELZER(2006: 109)。

〔5〕 参照Q本之汉文经题,试译为:出家经。

〔6〕 汉译经题为:T 191《众许摩诃帝经》。

〔7〕 参见TUCCI 1933: 41, SKILLING 1997: 131。

作:SMR)[1]的汉文译本——《众许摩诃帝经》(下文作:SMR^{C}),由法贤(*Dharmabhadra)[2]于公元十世纪译出[3]。

难道 ANK^{T}真的只是像斯基林在其 *Bimbisārapratyudgamana-nāma-mahāsūtra* 的校注[4]中所说,"与"SBV^{T}"相应的章节一致(identical with the corresponding sections)",并且两者的差异实际上只是"偶尔书写上的变异(odd scribal vagary)"吗[5]?

如果仔细浏览 ANK^{T},可以发现,SBV^{T}的段落被逐字逐句地移植到 ANK^{T}中去,并且后者的文本本身在一种文学体裁的名义——*abhiniṣkramaṇa*"出家"(§3.3.4)之下改头换面。为了迎合读者的阅读习惯,这个以菩萨出家为中心的文本将原本在 SBV 中居后的佛陀传记部分(4r3 - 111r4)移至第一部分,而将原本居前的释迦族谱(111r5 - 131r1)移至第二部分。*abhiniṣkramaṇa* 也可看作是佛陀家族——释迦族的剃度"出家",因此现为 ANK^{T}的第一部分止于释迦族的集体出家以及附属的天河护仙人(Gaṅgāpāla)的故事。

除了在总体结构上有重大差别,ANK^{T}与 SBV 之间尚存在诸多细部上的不同:在 ANK^{T}第一部分之前有一个外加的引导偈颂(1r1 - 4r3);在第一、第二部分之间又有佛陀与提婆达多之间的对话(111r4 - r5)作为衔接——但 SBV[6] 并无对应;在第一部分末尾有大地的六种震动:

---

〔1〕 该经的梵文经题在 Hôbôgirin(《法宝义林》), Rép: 31 中还原作 *Mahāsammatarājasūtra*,并附以问号表示存疑。按照汉文经名,"摩诃"(*mahā*)二字既非修饰"众许"(*sammata*),亦非修饰"经"(*sūtra*),而是修饰"帝"(*rāja*)字。因此弗格(VOGEL 1970: IX)将经名还原作 *Saṃmatamahārājasūtra*。

〔2〕 该经的译者出生于克什米尔,求学于中印度,而后从彼处前往中国,并由宋太宗赐名法贤。他的原名应为天息灾(*Devaśāntika),而非原来公认的法天(*Dharmadeva)。参见 JAN(1961: 98 - 99; 1966: 34 - 36, 147)以及独立作出同样结论的何梅(1996: 136 与 166)。此外,天息灾的梵名还原参考了 SEN 2002: 34,有关此人的生平可见沈丹森(SEN 2002: 44 - 45)的综述。

〔3〕 ANK^{T}位于 Q 967,1r1 - 131r1 而 SMR^{C}位于 T 191,932a25 - 975c16。关于 ANK^{T}在另外十一部甘珠尔的位置,参见 SKILLING 1994: 59。

〔4〕 由于 SBV^{T} 中有对应该经的部分,那么 ANK^{T} 中自然也包含这部分的对应。斯基林就以 ANK^{T} 的校注本,而非 SBV^{T},作为 *Bimbisārapratyudgamana-nāma-mahāsūtra* 的参照文本。

〔5〕 SKILLING 1997: 131 起,以及 288,注解 89。

〔6〕 参见 Saṅghabh I 211.3 - 6, SBV^{C} 147b20 - 22 和 SBV^{T} 104v5 - v6。

ṣaḍvikārah pṛthivīkampaḥ(111r2 –4)——在 SBV 中同样找不到对应[1];以及在净饭王(Śuddhodana)的统治之下的国泰民安的景象(130v5 – 6),同 SBV^T 一致[2],但 SBV^C 和 Saṅghabh 中的描述并没有那么详细[3]。

通过上述的观察可见,ANK^T或者 ANK 并非是对 SBV^T或者 SBV 的简单抄写,而是将"切割"自 SBV^T或者 SBV 的各个章节再次"拼合"。在若干段落的"截面"上,该经的作者或者译者"涂抹"了新撰写的语句,将其作为"粘合剂"。当然这些都不可能掩饰 SBV^T或者 SBV 曾经是 ANK^T或者 ANK 的母本这一事实。

在该经的末尾,下列文句暴露了 ANK^T的插叙结构:

byang chub sems dpa' dga' ldan gyi gnas na bzhugs pa na 'jig rten la gzigs pa lngas gzigs par mdzad do | rigs la gzigs pa dang | yul la gzigs pa dang | dus la gzigs pa dang | rgyud la gzigs pa dang bud med la gzigs pa ste | rgya cher mdo snga ma dang sbyor ro | mngon par 'byung ba'i mdo rdzog‹s› s. ho(130v7 –8).

"菩萨在睹史多天,有五法观察世间:一者观察生处;二者观察国土,三者观察时节,四者观察种族,五者观察所生母,于经首广说。*Abhiniṣkramaṇasūtra*(《出家经》)竟。"

最后第二句大致可对应梵语的 *vistareṇa yathā pūrvaṃ*,指向了文本的开头部分,即佛陀传记。所省略"广说"的部分则位于 SBV 中释迦族谱和佛陀传记之间的连接处[4]。

在 ANK^T经首由一句与此相应的话引导出了佛陀传记:

'dzam bu'i gling du 'jug par mdzad pa na rigs dang yul dang dus dang rgyud dang bud med de gzigs pa rnam pa lngas gzigs par mdzad

---

〔1〕 同前页注〔6〕。
〔2〕 SBV^T 258r3 –5.
〔3〕 SBV^C 106b2 –3 与 Saṅghabh I 36.1 –3。
〔4〕 Saṅghabh I 36.5 –7,SBV^C 106b6 –9 和 SBV^T 258r6 –7。

do (4r4 – 5).

"进入赡部洲之时,[菩萨]作五种观察:生处、国土、时节、种族、所生母。"

这两句话,一在经首,一在经尾,遥相呼应,构成了故事的框型结构。

下面将详细研究 ANK^T 中对应 DĀ 20 的部分,以此检验该经是否被作者或者译者作过增订。

这部分文本始于 35v4,止于 42v6。它的情节大致与 SBV 相同(附表Ⅰ)。但值得注意的是,有三个情节 ζ、η 和 θ(§ 3.3)被插在 G 和 H 之间(§ 2.2),这与 SBV 完全不同。这个变动无疑是该经的作者或者译者有意所为(§ 4.3)。

在 SBV 中,情节 γ 位于菩萨求学于水獭端正仙子(§ 2.2. C)与到达尼连禅河畔(§ 2.2. D)这两个情节之间。情节 γ 指的是:当菩萨的父亲净饭王和宗亲天示城王(Suprabuddha)送去五百释迦童子时,菩萨只于母宗亲中留两人,于父宗亲中留三人——这五位侍从后来就成为其首批弟子(附表Ⅰ)。前文(§ 3.3)已经说过,在 DĀ 20 中并无情节 γ;但令人惊奇的是,ANK^T 也删去了这一情节。填补此处空缺的是如下的句子(37r5 – 6):

de nas sgyu rtsal shes kyi bu ring 'phur gyi 'khor gsum dang | rangs byed kyi bu lhag spyod kyi 'khor nyis te drang srong lnga byang chub sems dpa'i rjes su 'brangs so.

"于是五位仙人(*drang srong*)[1]——三位来自歌罗罗仙的随从,两位来自水獭端正仙子的随从——跟随菩萨。"

这样的陈述在佛陀传记中并非独一无二。这个句子至少让人联想起

[1] 对其五位未来弟子特别的称呼 *drang srong* 会让人联想起该经下文(ANK^T 42v7 及 59r5)出现的一个词——*drang srong smra ba*(梵文 *ṛṣivadana* 或 *ṛṣipatana*,其汉译为"仙人堕处"),即佛陀成道之处。但这里 *drang srong*(仙人)一称是否因此而产生,尚不得而知。不过在 T 190《佛本行集经》(§ 3.3.4)此名称——"五仙人"亦见用于其五位侍从身上。这是否与作者或译者以"细节上的补漏(justification du détail,该术语参见 § 3.3.4,特别是第 57 页的注解[1]。)"为名的文本修订有关,对此尚缺乏足够的证据。

如下两个场景：第一个场景是在 SBV 以及 SMR^{C}中，菩萨“于母宗亲中而留两人。于父宗亲中而留三人”作为其侍者〔1〕。第二个场景是在 LV 中，五位世家子弟(fünf Jungen aus guten Familien)〔2〕离开其师水獭端正仙子〔3〕(Rudraka Rāmaputra〔4〕)转而承事菩萨，并跟随其从王舍城(Rājagṛha)往摩羯陀(Magadha)而去〔5〕。

在 DĀ 20 和 MN 36 中，菩萨的五位未来弟子消失得了无痕迹(参见 DĀ 20.69 及其对应文本)；与此不同，在 ANK^{T}中的相应段落以此句开头：“于是，菩萨与五人一起，前往……”(37r6)〔6〕；而在 SBV 中为：“于是，菩萨由五位侍者围绕，前往……”〔7〕〔8〕

和 SBV 以及其他佛陀传记一样，ANK 或 ANK^{T}也不可避免地要在下文遇到这样一个至关重要的情节，即佛陀在成道觉悟之后会再次见到这五位侍者(59r2 起)〔9〕。所以，必须事先有所交代。我们可以看出，ANK

〔1〕 Saṇghabh I 99. 10 – 11：*tena mātṛpakṣād dvau gṛhītau pitṛpakṣāt trayaḥ te tasyopasthānaṃ kurvanti*，SBV^{C} 119c23 – 25：於母宗親中而留兩人，於父宗親中而留三人，而此五人承事菩薩，SBV^{T} 17v5 – 6：*des yum gyi phyogs las gnyis | yab kyi phyogs nas gsum khrid de | de rnams kyis de'i rim gro byed do*，SMR^{C} 948c9：唯留伯叔舅氏五人。

〔2〕 这是对 *bhadravargīya* 一词的意译。当然，该词条亦有其他的含义。参见 BHSD s. v. 以及 SWTF s. v. *bhadra-vargika*。

〔3〕 在 LV 的汉文本，T 187《方广大庄严经》中(580a23 – 24)，其名作“摩罗之子名乌特迦”。当然，这应是“罗摩之子……”的笔误。

〔4〕 在 DĀ 20 和 Saṅghabh 其名为 Udraka Rāmaputra(在 LV 的汉文本 T 187 中，似乎也如此，见前注)。这两种写法，Udraka 和 Rudraka，都可以在佛教文献中得见。参见 BHSD s. v. *Udraka Rāmaputra* 及 *Rudraka Rāmaputra*，亦可见 MELZER(2006：302)。此外，在 CPS 写本 98.1 中有 *rudraka* 一词，后被 WALDSCHMIDT(CPS 9.7 及注解 1)在其文本编辑部分内改为 *udraka*。当然，在中亚写本(CPS 发现自我国新疆)中 *u* 和 *ru* 的写法非常相似。

〔5〕 LV 245.21 起：*evaṃ vimṛṣya pañcakā bhadravargīyā rudrakarāmaputrasakāsād apakramya bodhisattvam avabadhnan. iti hi bhikṣavo bodhisattvo yathābhipretaṃ rājagṛhe vihṛtya magadheṣu cārikāṃ prakramat sārdhaṃ pañcakair bhadravargīyaiḥ*，T 187，580b20 起：作是念已，即捨仙人，還從菩薩。爾時，菩薩出王舍城，與五跋陀羅次第遊歷，Q 763，139v8 起：*de ltar d{e}pyad nas lnga sde bzang po rangs byed kyi bu lhag spyod kyi drung nas dong ste | byang chub sems dpa'i phyi bzhin 'brang ngo | dge slong dag de ltar byang chub sems dpa' ji srid dga' ba'i bar du rgyal po'i khab du | gnas nas lnga sde bzang po dang lhan cig tu yul ma ga dhar yul rgyu zhing song s‹ong› ngo*。

〔6〕 *de nas byang chub sems dpa' lnga po dang lhan cig gang gā'i lho phyogs na lteng rgyas 'od srungs gi sde'i grong rdal gang na ba der rgyu zhing gshegs te.*

〔7〕 SBV^{T} 17v6：*de nas byang chub sems dpa' rim gro pa lngas yong su bskor te ga yi'i lho phyogs na lteng rgyas 'od srung gi sde'i grong rdal gang na ba der rgyu zhing gshegs te.* SBV^{C} 119c26 和 Saṅghabh I 99.11 中的文句与此相同。

〔8〕 有关对佛陀的这五位未来弟子的各种称呼，将在下文(§ 3.3.4)继续讨论。

〔9〕 Saṅghabh I 131.14 起，SBV^{C} 127a9 起，以及 SBV^{T} 38v2 起。

或者 ANK^T^的作者或者译者并没有套用 SBV 的情节和文句,而是采用了一种折衷了 SBV 同 LV(甚至有可能包括 MN 36 或者 DĀ 20)的叙事方法。我们不应忘记,在 ANK^T^之外,LV 的藏译本——Q 763 *rGya-cher rol-pa shes-bya-ba theg-pa chen-po'i mdo*(下文作:LV^T^)毕竟是唯一一部译成藏语的散文体佛陀传记。

那些对应 DĀ 20.88, 20.94, 20.100, 20.106, 20.112 的段落[1]皆被节略,而代之以一个固定的句式——*shes bya ba la sogs pa ni snga ma bzhin no*(38r6,38v2 起,38v7,39r3 及 39r7),还原为梵语就是 *iti yathā pūrvaṃ*"如前[所述]"。值得一提的是,对应 DĀ 20.82(位置在后)的那段藏文具有完整的文句[2];但是对应 DĀ 20.76(位置在首)的那段藏文却早就被 *sogs pa ni snga ma bzhin no*(37v5)"等等如前"所节略。

尽管迄今为止尚未对 ANK^T^进行一番全面、彻底的研究[3],但是仅仅通过有选择的比较,我们已经可以发现,ANK 或者 ANK^T^一方面在每个情节上基本能做到字句一一对应地翻译,另一方面这些情节并没有依照 SBV 那样构架在一起。

反观 SMR^C^,它由和 ANK^T^一样的文本材料组成。他从由众比丘引发的释迦族谱的叙述开始,到天河护仙人(Gaṅgāpāla)[4]的因缘故事为止。也就是行文次序分毫未改的 SBV 的前半部分。对应菩萨苦行文本的是 T 191,948b10－949b15 的部分[5]。

可以推测,SMR 曾几乎字字对应 SBV。诚然,SMR^C^说不上是 SMR 的忠实的译本,以至于在 SMR 佚失的情况下,无法将 SMR^C^拿来作一份

---

〔1〕 ANK^T^ 38r1 起(具体文句略有不同),SBV^T^ 18r6 起,18v3 起,18v8 起,19r5 起,19v2 起,19v7 起,以及 20r5 起:*lus ma sbyangs pa ma yin gyi sbyangs pa yin | rmugs pa ma yin gyi dran pa nye bar gzhag pa yin te | sems rtse gcig tu mnyam par bzhag pa yin no | byang chub sems dpa' sdug bsngal mi bzad pa rtsub pa tsha ba yid du mi 'ong ba'i tshor ba de lta bu nyams su myong yang 'di ltar sku bsgoms pa yin pa'i phyir thugs yongs su gtugs te mi gnas so* |。

〔2〕 参见前注。

〔3〕 SKILLING 1997: 132。

〔4〕 SMR^C^ 中作"殑誐波罗"。

〔5〕 关于各个情节在该文本中的位置,参见附表 I。

理想的材料以用于文献比较。该文本在文义上通篇含混不清(ist durch die begriffliche Unklarheit geprägt),这也是晚期汉译佛经的通病[1]。对这个译本的解读还经常为无缘无故的情节、段落或文句的脱漏所扰。只有依靠 ANK^{T}与 SBV 的相应情节、段落或文句,才能揣摩出其梵语底本——SMR 的本来面目。

和 ANK^{T}的译者仁钦桑布相反,SMR^{C}的译者法贤显然对 SBV 或者 SBV^{C},以及 SBV 和 SMR 两个文本之间的关系一无所知。他根本就没有参考其先辈——义净的早已存世两百年的可称权威的译本。当然,还有一点和 ANK^{T}不同,SMR^{C}中的情节线索没有改动——前提是我们认为从 SBV 到 ANK^{T}的变化是在翻译梵本 ANK 的时候发生的,而 SMR 和 ANK 原本是异名的相同文本的话。从这种意义上来说,SMR^{C}是一个内容相对忠实的译本。

下面将阐述上述文本的撰写和翻译情况。为此我们先观察如下几点:

1. SBV 与 SMR 及 ANK 共有一部分文本。
2. SBV、SMR、ANK 出自两个地区:西北印度和中印度[2]。SBV 译本目前公认的断代是公元八至九世纪,SMR^{C}以及 ANK^{T}为公元十至十一世纪[3]。
3. 克什米尔(罽宾)之外的说一切有部,改名为根本说一切有部,于

---

〔1〕 维勒(WELLER 1966: 207)对宋代译经的看法如是。关于对宋译综合评价,以及造成译经质量低下的原因分析,参见 SEN 2002: 27-80。

〔2〕 鉴于没有更多的资料可得,我们只能假设一部文献的产生之地与其考古发掘的地点或者译者(多半和取经或送经人为同一人)的故乡以及居留地等同。

SBV^{C}:义净在所撰之《大唐西域求法高僧传》中提到,自己曾经"住那烂陀寺十载求经"。参见 T 2066,8b9-10。

Saṅghbh:有关发掘之地,见 Saṅghbh XIII 起,PANGLUNG 1981: XIII 起,MELZER 2006: 2 起以及注释。

SBV^{T}:一切智天为克什米尔人。参见 NAUDOU 1968: 83-90,PANLUNG 1981: XVIII 和 SKILLING 1997: 134。

SMR:法贤来自中印度,参见第 49 页注释〔2〕。

ANK:仁钦桑布在十七年间两入克什米尔,一次到中印度游学。参见 TUCCI 1933: 58-62 和 HOFFMANN 1956: 111。

〔3〕 很难断定 SMR 与 ANK 的断代孰前孰后。

公元七至九世纪，在第 2 点提到的两个地区占绝对优势〔1〕。

综上所述，这三个（种）文本的谱系图如下：

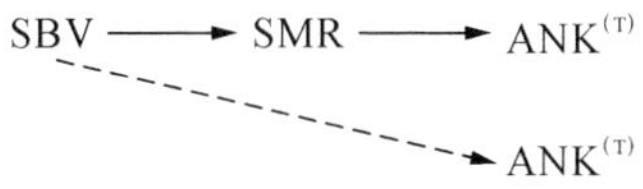

即使在根本说一切有部的繁盛期过后，小乘佛教在西北印度，甚至在中印度的影响力日渐式微时〔2〕，该部派的律仍然有着绝对的权威〔3〕。从律部中抽取的一段文本转化成一部类似于 SMR 那样的独立的经。对这样的经而言，其故事性远胜于宗教的说教功能〔4〕。

仁钦桑布一定曾纂修过于前弘期所译的律〔5〕。他应该知道 SBV 与 ANK 这两部文献的共同之处，并将所纂修的律中的段落移植到他的新作——ANK^{T}中去。因此他或可称为 ANK 的译者，或为 ANK^{T}的作者。

再者，如果我们假设，ANK 或许是一部模仿 SMR 的作品，甚至连一个梵本 ANK 都没有存在过，那么我们就可以认为，仁钦桑布不只是一位译师，更“创作”了 ANK^{T}。在第二种假设之下，ANK^{T}就可以视作仁钦桑布的一个本土“组装”的文本。由此，在段落“拼合”的“接缝处”出现那些让人感觉突兀的语句就不足为怪了。

最后，鉴于 ANK^{T}的文句与 SBV^{T}大同小异，而 SMR^{C}又不堪成为对

---

〔1〕 WILLEMEN 等人 1998：125 以及 T 2125，205b4－6。

〔2〕 NAUDOU 1968：109－112.

〔3〕 对此，下面两个事件可作证明：朗达玛（Glang dar ma）在藏地灭佛之后，国王耶协沃（Ye shes ’od）为重振佛教，从东印度延请一位律师——班智达法护（Dharmapāla）经由克什米尔赴藏。参见 TUCCI 1933：29 和 HOFFMANN 1956：111；作为后弘期的大译师，仁钦桑布翻译了许多与律有关的经文，参见 SKILLING 1997：132。以上两事均在公元十世纪发端的藏地佛教后弘期发生，可见律（藏地只传根本说一切有部的律）的地位之重要。

〔4〕 同样道理，未来佛弥勒的传记也转变成了佛教戏剧的素材。参见 KLIMKEIT 1990：42 起。

〔5〕 正如斯基林所说（SKILLING 1997：132）：“众所周知，后［弘］期的译者们曾经参考了前［弘］期的译本，并且在合适的场合借鉴它们。如此的［借鉴］可能在本文（指 ANK^{T}）中运用。（我不知道这是否［与 ANK^{T}］有关，仁钦桑布参与了一部波罗提木叉（*Prātimokṣa*）的注解……和五部因缘经（*Avadāna*）……［的翻译］工作，这些都和律部文献有关）。（Later translators are known to have consulted earlier translations and borrowed from them if suitable, and such may apply in the present case. （I do not know whether it is relevant that Rin chen bzaṅ po worked on a *Prātimokṣa* commentary ... and five *Avadāna*s ... , which are related to the Vinaya literature.））”

比的素材，在下文的“文本编译”部分将不专门罗列这两个文本的相应段落。只在必要的时候于注解中摘引个别文句。

§3.3.4. 作为一种文学体裁的 *Abhiniṣkramaṇasūtra*“出家经”

拉莫特（Étienne LAMOTTE）将那些有关佛陀传记的文献划分为五个“相继的阶段（états successifs）”[1]。DĀ 20、MN 26，36 或可依此划归第一类，而 SBV 归第四类。

而第三类文献也恰好可以归入一种佛教文学体裁，即 *Abhiniṣkramaṇasūtra*“出家经”[2]。这类佛陀传记以菩萨出家为中心，但也绝不仅囿于此[3]。

在巴利律藏的 *Mahāvagga*“大品”中，有一部始于其成道觉悟的、情节连贯的佛陀传记。它一方面可说对后世其他部派的律藏以及撰写一种讲述其较长时间段内生平的佛传起了示范作用[4]。另一方面，我们可以看到，*Mahāvagga* 对佛陀成佛前并无任何记述，而那些归入第一“阶段（état）”的早期经部文献所记述的佛陀生平是如此的粗略和残缺不全，以

---

〔1〕 LAMOTTE 1958：718：“1. 收入早期经部中的佛传片段；2. 引入律部中的佛传或佛传片段；3. 在公元后产生于不同部派的、各自独立但不完整的‘生平’；4. 在根本说一切有部律及其相关文献中所嵌入的一部完整的佛传，断代为约四世纪；5. 僧伽罗的注疏者们在公元五世纪所著之《因缘论说》（*Nidānakathā*）和一部史传的轮廓。（1. des fragments de biographie incorporés dans les vieux Sūtra；2. des biographies ou fragments de biographie introduits dans les Vinaya；3. des «Vies» autonomes，mais incomplètes，élaborées dans diverses écoles bouddhiques au début de notre ère；4. une biographie complète insérée dans le *Vinaya des Mūlasarvāstivādin* et des textes apparentés，datant des environs du IVe siècle；5. la *Nidānakathā* et une ébauche d'annales compilées au Ve siècle par des commentateurs singhalais.）”

〔2〕 有关该文体的定义以及其所包含的经文，参见 EncBuddh s. v。然而 SMR^{C} 却为 EncBudh 所遗漏；无独有偶，LAMOTTE（1958：724）将 ANK^{T} 忽略在其第三“阶段（état）”之外。综上所述，这些 *Abhiniṣkramaṇasūtra* 包括 T 184《修行本起经》、T 185《佛说太子瑞应本起经》、T 186《佛说普曜经》、T 187《方广大庄严经》、T 188《異出菩萨本起经》、T 189《过去现在因果经》、T 190《佛本行集经》、T 191《佛说众许摩诃帝经》（即 SMR^{C}）、T 195《佛说十二游经》、T 196《中本起经》这些汉文经典，梵语的 LV 和 Mvu，藏语的 LV^{T} 与 ANK^{T}，共计十四部经典。

〔3〕 这些经无论哪一部都有一个“大团圆”的结尾——僧团的成长。它们被拉莫特（LAMOTTE 1958：同上）按照结尾的着落之处分成五个小组。这种文学体裁因为其结尾着落之处而与另一种文体——*Buddhacarita*“佛陀所行”——不同。正如杜德（DURT 2004：61－62）所定义的，*Buddhacarita* 类型的经典讲述的是佛陀的整个一生，并且多少以韵文的形式撰写。除了马鸣（Aśvaghoṣa）所撰的著名的 *Buddhacarita*（汉译经题为：T 192《佛所行赞》），T 193《佛本行经》和 T 194《僧伽罗刹所集经》也可纳入此范畴。

〔4〕 Vin I. XLVII 起，以及 FRAUWALLNER 1956：68 起。

至佛教徒们在创造一部佛陀成佛之前的长篇故事时，可以发挥巨大的想象力。佛教徒们对了解本宗教创始人的完整生平（特别是其同他们自身一样尚未成佛时的生平）的愿望日益强烈，这也是成就这部故事的动因。这亦可视作佛陀传记中最大的“细节上的补漏（justification du détail）”[1]。这段“佛陀前传”既可以与现有的生平合二为一，也可以独立成章。这些 *Abhiniṣkramaṇasūtra* 名义下的经文虽在严格意义上未收入经藏，但是也获得了相当的权威[2]。

第三“阶段”的时间跨度为公元二世纪至十一世纪。在此期间共有十四部文献存世[3]。其中最后两部经显然晚于 SBV 成立：它们完全以根本说一切有部的律事（*vinayavastu*）为基础而创作，而后者是属于第四“阶段”的。此外，人们也无从知晓，究竟是属于第三“阶段”的 *Abhiniṣkramaṇasūtra* 的其余十二部经影响了属于第二“阶段”的化地部（Mahīśāsaka）的律（T 1421）和法藏部（Dharmaguptaka）的律（T 1428）[4]，还是反过来，那两部律影响了这十二部经。由此可见，以“阶段”为名，将这些文献划分、归类并非完美无缺，因为这样不能完全反映出诸文献的时间和传承上的先后顺序与关系。有鉴于此，施耐德（Ulrich SCHNEIDER）提出了“［文献］来源范围（Quellenbereich）”以取代拉莫特的“阶段”概念。他将那些同样的文本划归五个“［文献］来源范围”，即从 a）到 e），每个“范围”的内容与拉莫特从“阶段”划分上确定的内容略有出入[5]。总之，“阶段”一说主要体现文献年代先后的排列，而“［文献］来源范围”一

---

〔1〕 拉莫特（LAMOTTE 1958：733－736）创造并阐述此概念道：“倘若所给出的一份原始资料与一种广为接受的传统在个别细节上有所矛盾，那些早期的传记作者们却不曾感到过困惑，他们便创造一个新的故事来解释那个矛盾的地方。（Lorsqu 'une source donnée est, sur un point de détail, en contradiction avec une tradition universellement admise, les vieux biographes, jamais pris de court, inventent une nouvelle histoire pour expliquer la contradiction.）”随后他又举了一些例子来说明这个概念在佛传中的运用。克林姆凯特（KLIMKEIT 1990：48）又将此概念作更广泛的运用。

〔2〕 以巴利三藏为例，它的经藏只包含五“部（Nikāya）”之内的经典，而被拉莫特划入第五“阶段”的巴利文佛传皆排除在五“部”之外；而这类 *Abhiniṣkramaṇasūtra* 在汉、藏文的大藏经中，均可收入“经部”。

〔3〕 参见上页注解〔2〕。

〔4〕 两者皆在公元五世纪译成汉语。

〔5〕 SCHNEIDER（1980：50 起）。

说则是着眼于文献的体裁种类。这两种归类法各有利弊：有些文献很难断代；而有些文献却很难在文学体裁上定性。

Abhiniṣkramaṇasūtra 这种文体名下包括了很多部派的作品。各个部派的作品在内容、语言，甚至经题上都有很大的差异。在一部译于公元六世纪的 *Abhiniṣkramaṇasūtra* 集经——T 190《佛本行集經》(下文作：FBJ)〔1〕的末尾提到了五个部派对这类佛传的五种名称〔2〕。但是我们并不能就此认定，目前存世的两部梵本 *Abhiniṣkramaṇasūtra* (Mvu 和 LV) 确为 FBJ 中所提到的 *Mahāvastu* 和 *Mahālalitavistara*。更加难以判断的是，*Buddhajātakanidāna* 和 *Śākyamunibuddhacarita* 中的 *nidāna* 或者 *carita* 到底对应的是诸多"本行"或"本起"经中〔3〕的哪一部，还有，在 T 1421〔4〕中的佛传是否为 FBJ 中所指的化地部(尼沙塞師)的律的原型。通过文本比较可推测，与其说 LV、T 187《方广大庄严经》(下文作：LV^{C2}) 和 LV^{T}是从 FBJ 中所提到那部 *Lalitavistarasūtra* 而来，不如说 T 186《普曜经》(下文作：LV^{C1}) 可能与这部 *Lalitavistarasūtra* 的关系更密切〔5〕。而其余的那三个文本在内容上非常一致，并且带有显著的大乘色彩〔6〕。

---

〔1〕 经题或可还原梵文 *Buddhapūrvacaryasaṅgrahasūtra* 。参见 EncBuddh s. v. *Abhiniṣkramaṇasūtra*。

〔2〕 T 190, 932a17 起：摩訶僧祇師。名為"大事"；薩婆多師，名此經為"大莊嚴"；迦葉維師，名為"佛生因緣"；曇無德師，名為"釋迦牟尼佛本行"；尼沙塞師，名為"毘尼藏根本"。拉莫特(LAMOTTE 1958：195)的法译中还将相关的专用名还原成梵语："Comment ce sūtra (T 190) s'appelle-t-il? Les maîtres Mahāsāṃghika l'appellent *Mahāvastu*; les Sarvāstivādin, *Mahālalitavistara*; les Kāśyapīya, *Buddhajātakanidāna*; les Dharmaguptaka, *Śākyamunibuddhacarita*; les Mahīśasaka, *Vinayapiṭakamūla*." 比尔(BEAL 1875：v－vi 以及 386－387)在其 FBJ 的英译本中，以及 EncBuddh s. v. *Abhiniṣkramaṇasūtra* 中并没有将所有专用名词的音译还原成梵语。

〔3〕 指 T 184－185、T 188 和 T 196。

〔4〕 T 1421, 101a13－110c6.

〔5〕 LV^{C1} 译于公元四世纪初。*Mahālalitavistara* 或者 *Lalitavistarasūtra* 曾经有过四个所谓的"同经异译"本。LV^{C1} 和 LV^{C2} 指代的是目前仅存的两个译本。关于这些译本的存世状况，参见 T 2154, 628c16－17、T 2157, 962b20－21 等等，福柯(FOUCAUX 1848：XVI)和温特内茨(WINTERNITZ 1912：241 起)提到，这是儒莲(Stanislas JULIEN)查阅汉文资料所得。

〔6〕 LV^{C1} 和译于公元七世纪下半叶的 LV^{C2}，自公元八世纪起就被认为是同一部经的两个汉译本。参见 T 2154, 519b5－9 和 563c12－13。LV^{T} 在上文已经提到，为 Q 763 *rGya-cher rol-pa shes-bya-ba theg-pa chen-po'i mdo*。关于这三个文本的大乘色彩，可见 LV(444.18)的题记：*śrīlalitavistaro nāma mahāyānasūtraṃ ratnarājaṃ parisamāptaṃ*"名为'吉祥庄严'的宝王大乘经竟"；LV^{T}经题中就有 *theg-pa chen-po*"大乘"字样；LV^{C2}以"方广"(*vipula*)为题。关于 LV 的经题，也可参见 WINTERNITZ 1920：194 起。

这种文体中只有五部经：Mvu、LV（以及其汉、藏各一个译本——LV^{C2}和LV^{T}）和FBJ，与“苦行家族”有亲缘关系[1]。

这种文体的原始素材来自拉莫特所谓的第一类的经（Sūtra或Sutta）和第二类的早期犍度（*skandhaka*）。在经中，当佛陀说法之时，有时候他会讲述其早年的生平，这段支离破碎的回忆由第一人称叙述。与此相对的是，犍度[2]中的佛传则以第三人称流传。

两部梵语文本——LV和Mvu以经和律为基础编写而成。一方面，文本中*bhikṣu*“比丘”的复数呼格形式*bhikṣavaḥ*、代词和动词的第一人称形式使人联想到第一类——经部的成分。另一方面，文本中同时具有的代词和动词的第三人称形式又折射出律的叙事风格。在LV中，段落之间的代词的人称转换没有任何前兆[3]。由此，在文本中的很多地方，动词和名词的形式并不统一[4]。尽管Mvu由释迦牟尼佛以第一人称形式叙述，但动词以第三人称变位的情况也同时存在[5]。

由于FBJ[6]是多个部派的*Abhiniṣkramaṇasūtra*的集合，它自然也包含了与Mvu和LV类似的故事素材。在那些属于“苦行家族”的情节之间，还插入了许多陌生的情节。它们在“家族”内部显得太过突兀，因此在文本对比中将以注解的形式另作说明（附表Ⅰ）。

另外值得注意的是，在ANK^{T}（§3.3.3）之外，只有在FBJ中菩萨的五位侍者才被称为“仙人（Ṛṣi）”[7]。佛教文献中，这五人在菩萨成佛之

---

〔1〕 巴罗（BAREAU 1995：155）将T 1421和1428也计算在内，但这不完全准确。迪图瓦（DUTOIT 1905：16－31）在*duṣkaracaryā*“苦行”范畴中比较了Mvu和LV。

〔2〕 关于此定义，参见FRAUWALLNER 1956：68起和149起。

〔3〕 比如，LV 250.21：*atha khalu bhikṣavo bodhisattvo* ... “于是，诸比丘啊，菩萨就……”，而后（251.6）直接紧跟一段以如下句子开始：*tato me bhikṣavo* ... “于是，诸比丘啊，于我……”。

〔4〕 温迪许（WINDISCH 1895：254，注解2）和奥登贝尔格（OLDENBERG 1882：116）指出了这类文法错误。

〔5〕 迪图瓦（DUTOIT 1905：18）指出了此类错误。

〔6〕 比尔（BEAL 1875）的英译本只能说是一个节译本，很多关键的细节被略去了。庄士敦（JOHNSTON 1936：163－165）列出了一张对照表，枚举*Buddhacarita*中的诗句在FBJ中的对应。但是这些几乎未见于比尔的译本。有关对FBJ的最新研究，参见DURT 2004：55－68。

〔7〕 FBJ 771a22和28。比尔（BEAL 1875：192）译作“Rishi”。

后方以 *pañcakā bhikṣavaḥ*(巴利文 *pañcavaggiyā bhikkhū*)"五比丘"的称号出现[1]。在 Vin 和 MN 26 中这就是这五位即将剃度出家的僧人的首次登台亮相。我们已知,佛陀成道觉悟之前,有关这五人的故事都是后来的创作。在这些以说明这五人来历为目的的增补情节[2]中,又会增添一个新的问题:在他们出家前,如何称呼他们?对于那两次增补的现身,在 FBJ 中他们被称作"仙人",在 LV 中被称为 *bhadravargīyāḥ* ,而在 SBV 中被称为 *upasthāyakāḥ*[3]。这也可以视作"细节上的补漏"。

另外,*Nidānakathā* 中的巴利文对应也与"苦行家族"有关[4]。*Nidānakathā* 叙述了一部完整的佛传,直到其涅槃。

拉莫特在其最后一类——"僧伽罗注疏者所编的文献"中所列举的 *Nidānakathā*[5]可以看成是注疏文学的一个副产品,而前文所讨论的 ANK^T则可以说是纂修工作的产物。

§3.3.5.《增壹阿含经》中的《无息禅经》

Ekottarikāgama 的汉译 T 125《增壹阿含经》(下文作:$EĀ^C$)[6]为昙摩难提(Dharmanandin)或者瞿昙僧伽提婆(Gautama Saṅghadeva)于公元四世纪译出[7]。麦克奎因(MacQueen 1986: 25-29)总结了学界现有的研究成果,认为为稳妥起见,该经的部派归属仍应定为"未知"。

$EĀ^C$的第 31 品——增上品(* *Uttaravarga*)[8]——中的第八经名为

[1] 参见 Vin I 8.4-5, MN I 170.27, Saṅghabh I 131.15-16(以及 SBV^T 38v3: *dge slong*)。

[2] 关于此情节在各个文本中的位置,见附表 I 。此外,紧接着附表 I 中的情节 J,这五人被第二次提到。

[3] 参见 LV 245.16 和 264.17(以及 LV^{c2} 580b15 和 583a19: 跋陀罗,LV^T 139v5 和 149v1: *bzang po*);Saṅghabh I 99.7, 108.11(以及 SBV^C 119c23 和 121c1: 侍者,SBV^T 17v4 和 24v2: *rim gro ba*)。

[4] Jā I 2.1-94.28. 关于此经的介绍,参见 Winternitz 1920: 149-152, Lamotte 1958: 731 起, Klimkeit 1990: 40 起,以及 v. Hinüber 1996: 55。

[5] 这一类里应该还有一些文本。克林姆凯特(Klimkeit 1990: 40)补充了拉莫特(Lamotte 1958: 731)未提及的一些文本。

[6] T 125, 549a1-830b26.

[7] 参见在 T 2145, 64a29-c2 和 T 125, 549a2-b6 中的 $EĀ^C$ 的经序;MacQueen 1988: 17 以及水野弘元 1956: 41-85。

[8] 该品(*varga/vagga*)在 AN 找不到对应。

“无息禅经”[1](下文作:EĀ^{C} 31.8)[2]。经中讲述了佛传中从菩萨苦行到成道觉悟的那段故事。

依照布隆克霍斯特(BRONKHORST 1986: 9)的观点,此经拥有一个与 MN 36 相似的文献来源。除了另行引入的四法[3]之外,所有在 MN 36 中的 §2.2. E 至 J,外加 δ(自我折磨的描述)[4]和 ε(诸天谈论菩萨是否已死)的情节皆以简略的形式现身于此(附表I),但没有 §2.2. I(三个譬喻)[5]。这些现有的元素构成了菩萨无果苦行的程式化的描写,尽管它们的内容过于简略,排序不合逻辑[6],但是已经足以让人引发如下的思考:是否从 EĀ^{C}31.8 之中产生了“苦行家族”核心文本的原始形态,并且逐渐发展成 MN 36 中现在的样子?

§3.4. **Kṣudrasātyaka/isūtra*“小萨遮经”的两部汉译[7]

**Kṣudrasātyaka/isūtra*“小萨遮经”(巴利语:*Cūḷasaccakasutta*)有两个汉文译本,一个在 *Saṃyuktāgama*(下文作:SĀ)的篇幅较长的那个汉译本——T 99《杂阿含经》(下文作:SĀ^{C})[8]中,另一个在 EĀ^{C}中。

§3.4.1. SĀ^{C}中的译本

SĀ^{C}由求那跋陀罗(Guṇabhadra)于公元五世纪译出[9]。根据稪本文

---

〔1〕 该经的经题可以在该品的摄颂(Uddāna)中读到,参见 T 125, 673c12:增上. 坐. 行跡 無常. 園觀池 無漏. 無息. 禪 四槃. 無諍訟。但《大正藏》对“无息禅”三字的句读明显有误。其巴利语的对应大概是 *appānakaṃ jhānaṃ*。

〔2〕 T 125, 670c2 - 672b2. 布隆克霍斯特(BRONKHORST 1986: 7 起)发现了此经与 MN 36 内容上的关联之处,并将此经译成英语。

〔3〕 T 125, 671c23 - 24: 賢聖戒律、賢聖三昧、賢聖智慧、賢聖解脱(*āryaśīla, āryasamādhi, āryaprajñā, āryavimukti*)。

〔4〕 前文笔者认为,在 MN 36 以及 DĀ 20(20.16)中的情节 δ 托萨遮(Sātyaki/ Saccaka)之口说出,所以形制简略(参见 §1)。但 EĀ^{C} 31.8 并无萨遮的踪影,不知是 MN 36 影响了此经,还是反之。

〔5〕 布隆克霍斯特(BRONKHORST 1986: 12)认为,MN 36 中的三个譬喻是后来加入的。

〔6〕 BRONKHORST 1986: 9,彼处他把此经的文序描述为“荒唐事(an absurdity)”。

〔7〕 ALĀYANO(2011: 231,注 136)指出,《法句譬喻经》另有一则萨遮的故事。其中,萨遮的身份为长老婆罗门,名“萨遮尼犍”,率五百弟子前往佛陀处问“何谓为”“道”、“智”、“长老”等。得到了满意的回答后,率众皈依了佛教。见 T 211, 597a5 - b19,其英译见 WILLEMEN 1999: 151 - 153。

〔8〕 T 99, 1a6 - 373b17.

〔9〕《高僧法显传》中提到:法显住此国(指狮子国,即今斯里兰卡)二年,更求得弥沙塞律藏本,得《长阿含》、《杂阿含》,复得一部《杂藏》,此悉汉土所无者。参见 T 2145, 112a25 起,T 2085, 865c24 起。可见法显曾自己或让人抄写一部 SĀ,并携回中国。但此部 SĀ 是否仅存之 SĀ^{C} 的底本,仍存疑问。学界对此研究的汇总,可见 DE JONG 1981: 108。在已问世的《法显传》最新的西文译本中,对此也没有超越前人的新观点。参见 DEEG 2005: 571 起,注解 2512。

雄(ENOMOTO 1986：23 与 2000：239－250)和魏查理(WILLEMEN 1998：125)的观点，SĀ 是属于克什米尔之外的非正统的说一切有部——在他们更名为根本说一切有部之前[1]。

* *Kṣudrasātyaka/isūtra* 的汉译在 $SĀ^C$ 的第 110 经，位于 $SĀ^C$ 的第五章/品[2]。$SĀ^C$ 110 没有经题。但是在本章/品的末尾有一摄颂[3]，其中可读到"萨遮"两字。于是即能推测，该经应名为(*Kṣudra*) *Sātyaka/isūtra*"(小)萨遮经"[4]。"萨遮"就是 Sātyaka/i 的汉文音写。此外他又被称作"火种居士"——火之种姓的在家信徒，即 Agniveśyāyana 的汉文意译。

除了一些细小的区别，$SĀ^C$110 与 MN 35 基本一致。那些细微的差别并不会使经文的主题发生变动。例如，和 DĀ 20 中一样，佛陀在 $SĀ^C$ 110 中也是住于毘舍离猕猴池(Markaṭahrada)侧[5]；在 MN 35 中，没有对萨遮辩论能力的比喻[6]，也没有对五蕴(*skandha*)的比喻[7]，也没有突目佉(Durmukha；巴利文：Dummukha)所言的头两个譬喻[8]，也没有萨遮所枚举的支提(Caitya)的名字[9]，还没有临近经文末尾萨遮的佛赞[10]。相应地，在 $SĀ^C$ 110 中，当佛陀谈论五蕴以国王为例时，并没有出

---

[1] 榎本(ENOMOTO 2000：239－250)和魏查理(WILLEMEN 2008：37－83)又分别发展了各自原有的观点(ENOMOTO 1986：23 和 WILLEMEN 1998：125)，详见楔子 §0.3。关于对四部汉译阿含(Āgama)的部派归属问题在日本的研究状况概览，参见 MAYEDA 1985：94－103。

[2] T 99，35a17－37b25，下文作 $SĀ^C$ 110。

[3] 同前页，为四句诗：彼多羅十問差摩. 焰. 仙尼阿㝹羅. 長者 西. 毛端. 薩遮。

[4] 赤沼智善(AKANUMA 1929：32)称此经为"萨遮"。

[5] 参见 DĀ 20.1。马拉拉塞凯拉(G. P. MALALASEKERA)认为，南传经文里提到佛住于毘舍离时，会说他在大林精舍(Mahāvana)，而北传经文会说他在猕猴池畔。参见 DPPN s. v. *Kūṭāgārasālā*。

[6] T 99，35a23 起和 36b18 起。

[7] 同上，35b4 起，c13 起以及 c22 起。

[8] 同上，36b28－c3。

[9] 同上，37a15 起。

[10] 同上，37b7 起：於諸大會中，奉火爲其最；闈陀經典中，婆毘諦爲最；人中王爲最，諸河海爲最；諸星月爲最，諸明日爲最；十方天人中，等正覺爲最。斯基林(SKILLING 2003：647)指出，这首诗译自一首以 *agnihotramukhā yajñāḥ* 开头的、经常在佛经中出现的梵文原诗。关于该诗在佛教文献中的分布，见同上：637－667 以及 MELZER 2006：DĀ 35.134.2。值得注意的是，与 DĀ 20 结成一个 *yuga*"对子"的另一部经——DĀ 19，以及 DĀ 20 所处的那个"三重组"(§1)中的其中一部经——DĀ 21，都同样包含这首诗。

现他们的名字[1]。当萨遮想象在论战中战胜佛陀,并自吹自擂时,所运用的比喻在这两个文本中数量相同而内容不同[2]。值得关注的是,当萨遮向佛陀承认其失败时所用的譬喻在 SĀ^{C} 110 和 DĀ 20 中数量和内容一致,但是排列顺序不同;而在 MN 35 中数量则少于前两者[3]。当然,这些譬喻在 DĀ 20 中的表达比 MN 35 和 SĀ^{C} 110 中来得繁复冗长。

另外值得一提的是 SĀ^{C}110 的语言特点[4]。"萨遮"这个音译的名字,中古汉语为 *sat ca*,与其说是梵语 Sātyaka/i 的音写,不如说是一个中古印度的词汇——比如犍陀罗语的 * Sacaka 或者巴利语的 Saccaka 的音写[5]。经中所出现的那位比丘,名为"阿湿波誓(Aśvajit)",意译作"马胜"[6]。该词的中古汉语为 *a t'ʌp pua dzjei*。在 MĀ^{C}中,它被译作"阿摄贝",或可还原成犍陀罗语 * Aśpa'i[7]。"阿湿波誓"与此十分相似,也可认为是音译自一个类似于犍陀罗语、而非巴利语的中古印度语的词语[8]。

当然,即使这两个专用名词确实为犍陀罗语,也不能因此完全排除 SĀ^{C}的底本是在斯里兰卡所抄的巴利语本的可能性,更不能就此否认其底本是梵本。SĀ^{C}中能确认原为梵语的专用名词的译音毕竟占大多数,这暂且不论。另外,我们可以设想,倘若在当时的译场中,宣读梵本(或者一种印度语言的本子)的外国僧人在念某些专用名词时带有自己的地方口音,那么笔录者就极有可能因此"忠实"地音写了这变异了的专用名。这样的译文流传至今,就有可能误导我们以为整部原本是以那个外

---

〔1〕 MN I 231.4 起,对应 T 99, 36a6 起。

〔2〕 MN I 228.29 起,对应 T 99, 35b13 起。参见 ALĀYANO 2011:230 的表格。

〔3〕 参见 DĀ 20.200 -204。

〔4〕 狄庸(DE JONG 1981:108)列举了 SĀ^{C} 中一些专用名词的音译,认为它们都是梵文名的音写,以此来证明 SĀ^{C} 的底本原是梵文——这些专用名词"明显指向一个梵文原本(clearly point to a Sanskrit original)"。但是就其所举的例证来看,就有两词——Īśvara 和 Mithilā 毋宁说更像中古印度语名词的音写。关于 Mithilā 的音译,参见 ENOMOTO 1986:26,注 9。

〔5〕 事实上只有对应 *satya* 的 *saca* 可以读到。参见 BROUGH 1967:Index(索引)s. v. *saca*。

〔6〕 在 EĀ^{C} 中那一个译本中作"马师"。出处见 § 3.4.2。

〔7〕 ENOMOTO 1986:20.

〔8〕 只有 *aśpa* 一词真实存在,参见 BROUGH 1967:Index s. v. *aśpa-veka*。

国僧人的家乡语言写就的。

诚然,考察音译的专用名是追溯底本语言原貌的重要手段;但这一重要手段却并不完全可靠〔1〕。

在 DĀ 中也似曾暗示了在同一部派的另一部阿含中有一部 * *Kṣudrasātyaka/isūtra* 存在(§3.1)。

§3.4.2. EĀ^{C}中的译本

EĀ^{C}的第 37 品(Varga)——"六重品"(* *Ṣaḍdharmavarga*)〔2〕中第十经为 MN 35 的另一部对应文本〔3〕。

EĀ^{C} 37.10 的经文主题与 MN 35 和 SĀ^{C} 110 中一致;有些地方与其他本子略有出入。萨遮自吹自擂时的第一个比喻〔4〕以及头摩童子(Durmukha;SĀ^{C}110 中译作"突目佉")所言的一些譬喻〔5〕与 MN 35 中的相同。萨遮皈依时的信受三宝的固定句式,唯有 DĀ 20.206 与之对应〔6〕。那个 SĀ^{C} 110 中以 *agnihotramukhā yajñāḥ* 为开头的诗歌〔7〕同样也见于此。

但是该经有两个明显的不同之处:一是在 MN 35 和 SĀ^{C} 110 中,佛陀问萨遮,他能否随意自在改变身形〔8〕;而在 EĀ^{C} 37.10 中,佛陀问萨遮,转轮圣王是否会变老〔9〕。二是在经文的末尾,萨遮为其弟子所

〔1〕 哈特曼在其《博士论文鉴定》(2008 年 6 月 2 日)中就曾一针见血地指出:"如果是我,我或许会在汉译 *Saṃyuktāgama*(《杂阿含》)的部派归属的结论上采取谨慎态度;我们对深藏在底层的部派发展的认知就是支离破碎的,不允许我们作进一步的断言。例如,一个类似于'萨遮'的音译可以归因为印度译者的方言和口音,而与其是否面对梵语的文本无关。这可以用一个例子来说明:设若一个汉堡人和一个上巴伐利亚人朗读一个高地德语文本中巴伐州首府的名字,恐怕由于方言的不同会导致截然不同的汉字音译,从而不可能反推出该德语词的原貌。"在此对他的教诲深表感谢。不过,辛嶋(KARASHIMA 2017)经过其长年研究和语料搜集,认为:汉语《长阿含经》和《中阿含经》所依的底本经历了中古印度语梵语化过程,但还是留有很多中古印度语的残余。

〔2〕 在 EĀ^{C} 中的这一品对应的是 AN VI. I *Āhuneyya-Vaggo*,不过其中并没有 *Cūḷasaccakasutta*。参见 AKANUMA 1929: 142 和 316。

〔3〕 T 125, 715a28 - 717b8,下文作:EĀ^{C} 37.10。

〔4〕 T 125, 715b20 - 23,对应 MN I 29 - 32。

〔5〕 T 125, 716b10 - b14,对应 MN I 234.7 - 18。

〔6〕 参见 DĀ 20.206.1。

〔7〕 T 125, 717a6 起,关于出处,参见 SKILLING 2003: 651。

〔8〕 MN I 231.17 起,和 T 99, 36a10 起。

〔9〕 T 125, 716a4 起。

打杀[1]。

§4. 一些专题的讨论

§4.1. 萨遮(Sātyaki)之名

在 DĀ 20 中那位外道的全称为 Sātyaki Nirgranthīputra “萨遮——耆那女尼之子”。另外他还有一个族名[2]——Agniveśyāyana[3]“火种居士”。对应的巴利文为 Saccaka Nigaṇṭhaputta“萨遮——耆那僧人之子”[4]以及 Aggivessana。在新疆写本中写作(Nirgra)nthiputra[5]和 Agnivaiśyāyana。

在 MN 的注疏(Ps)中,补入了一个有关萨遮的前传。该前传为萨遮的两种别称——Nirgranthīputra 和 Nirgranthaputra(巴利文:Nigaṇṭhaputta)都作了正名。这个前传显然是后来才插入 Ps 的。它讲述了萨遮的父母、萨遮的四位姐姐,以及萨遮自己[6]。他的父母是两个耆那教徒[7],一个是耆那僧人——Nigaṇṭho,另外一个是耆那女尼——Nigaṇṭhī[8]。于是可知,他的梵语别名来自于其母,而巴利文的别名源自其父。

Ps 中的前传故事大意如下:

> 萨遮的父母都是耆那教徒,也是非常厉害的辩论师。因为他们两个都不能将对方辩倒,所以在离车族人的提议下结为夫妇。离车族人让他们留了下来。他们生了四个女儿,即萨遮的四位姐姐。她们去找舍利弗(Sāriputta)论战,但皆为其所败。在皈依佛教并出家之

---

〔1〕 T125, 717a18 起。

〔2〕 参见 DPPN s. v. *Aggivessana*, BASHAM 1951: 57 起。在 SĀ^{C} 中也如此翻译(§3.4.1)。

〔3〕 有时候作 Agnivaiśyāyana(20.17, 20.55)。在 DĀ 20 的汉译中虽然没有体现出这两种写法的差别,但必须说明的是经文仍以 Agniveśyāyana 这种写法为准。因为这种写法出现的频率远高于另外那种;当然,在写本上这两种写法非常相似。

〔4〕 在 PTS 版的底本中,有两个写本作 Nigaṇṭhiputto(写本 C 的全部和写本 A 的部分)。参见 MN I 549.4 和 550.7。霍纳(HORNER 1954: 280,注 1)指出了这个变异,并且采取“耆那教徒之子(the son of Jains)”这样的中性译法。

〔5〕 他名字的第一部分在写本中佚失。

〔6〕 相关文本见 Ps II 268.7 起 s. v. *Saccako Nigaṇṭhaputto*。

〔7〕 菲特(VETTER 2000: 116,注 35)引霍纳的怀疑(没有指明其观点的出处),即萨遮的家庭并非耆那教出家众,而只是过去供养过耆那教。

〔8〕 Ps II 268.7 起: *pubbe kira eko Nigaṇṭho ca Nigaṇṭhī ca . . .* 。

后,她们成了阿罗汉[1]。

萨遮(俗语:Saccai),在一部耆那经文中也曾出现过。该经中,他乃是一名未来的“作津者”(Tīrthaṅkara),即耆那教意义上的阿罗汉,并且只称作“耆那女尼之子”[2]。在耆那教经典 *Āvaśyaka*[3] 的两个注疏 *Āvaśyaka-Cūrṇi* 和 *-Ṭīkā*[4](下文作:ĀvaṬ)中,对萨遮的别称作了如下解释(以第二个注疏 ĀvaṬ 为详):

> 萨遮的母亲名叫 Sujeṭṭhā[5],是一位耆那教的女尼。有一位名叫 Peḍhālaga 游方僧,其知识圆满而无尽。他用幻术迷奸了 Sujeṭṭhā,使其怀孕,从而生下了萨遮[6]。

这个解释听上去远比佛教文献中所述的可信。因此,即使这两部耆那教注疏可能年代不如 Ps 久远[7],但并不能就此否认,在口传的形式之下,这个有关萨遮身世故事的出现早于 Ps 的成书之时。如果认为佛经中的解释源自耆那教传说,或许更合乎逻辑。

当问及“修身”这个概念时,萨遮在 MN 36 和 DĀ 20 (20.16)中均提到三个苦行者的名字:Nanda Vatsa、Kṛkin[8] Saṅkṛkin、Maskarin Gośālīputra (巴利语 Nanda Vaccha、Kisa Saṅkicca、Makkhali Gosāla)[9]。这些人都是邪命者(Ājīvika)[10]。尽管如此,萨遮更像是一名耆那教信

---

[1] 该综述参考了 DPPN s. v. *Saccaka* 中的对萨遮家族故事的英语概要。

[2] 参见 TULASI: 1976, *Anga Suttāni I Ṭhāṇaṃ*, 786: *bhāvititthagara-padaṃ ... saccaī ṇiyaṃṭhīputte*, ... “[敬礼]未来作津者之足,萨遮——耆那女尼之子……”。本论文的另一位导师,梅塔教授(Adelheid METTE)给予了笔者许多非常宝贵的建议,特别是在耆那教文献方面的指点。在此表示由衷的感激。

[3] 试译为:律仪要书。

[4] 试译为:律仪要书子注和律仪要书译疏。

[5] 试译为:善胜。

[6] PPN II s. v. 1. *Saccai* 以及 2. *Mahissara*。亦可参见 ĀvaṬ 685b6 起: *tasseva ceḍagassa dhūyā sujeṭṭhā veraggā pavvaiyā, sā uvassayassaṃto āyāvei, io ya peḍhālago nāma parivvāyao vijjāsiddho vijjāu dāukāmo purisaṃ maggai, jai vaṃbhacāriṇīe putto hojjā to samattho hejjā, taṃ āyāveṃtīṃ daṭṭhūṇaṃ dhūmigāvāmohaṃ kāūṇa vijjāvivajjāso tattha serittu kāle jāe gabbhe* ... 关于耆那教中萨遮的完整故事,可参见 JAIN 1947: 218,注 196 中的概述。

[7] 关于断代,参见 BALBIR 1993: 81-83。

[8] 在写本中,这几个字符无法完全读出。参见 DĀ 20.16.3。

[9] 中文译名参见 20.16。

[10] Ps. II 285.18 起,BASHAM 1951: 37 起,以及 HORNER 1954: 292,注解 4。

徒,而非邪命者[1]。

正如DĀ 21的主人公名字Bodha,在MN 85作Bodhi一样,萨遮的名字Sātyaki和Sātyaka(巴利语: Saccaka)中的-*i*和-*a*可以互换。除此之外,Nirgranthīputra和Nirgranthiputra中长短音*i*的互换又可以归因于抄写时的笔误。如果母本上的这个元音符号写得不是很清楚,就容易造成或长或短的误识[2]。

最后在此引述一段Ps中"萨遮"(*Saccako Nigaṇṭhaputto*)条目下注释的结尾,看看一个漫游在MN 36及DĀ 20背景之外的人物是如何走入我们的故事的:

> *Ayaŋ Saccako tāsaŋ catunnam pi kaniṭṭhabhātiko; tāhi catūhi pi uttaritarapañño. Mātāpitunnaŋ santikā vādasahassaŋ, tato bahutarañ ca bāhirasamayaŋ uggaṇhitvā katthaci agantvā rājadārake sippaŋ sikkhāpento tatth' eva Vesāliyaŋ vasati. Paññāya atipūritattā kucchi me bhijjeyyā ti bhīto ayapaṭṭena kucchiŋ parikkhipitvā carati.*

"这个萨遮是那四个[女儿]的最小的弟弟。他具有比那四位[合在一起还要]高的智慧。从其父母那边攫取了千种教法以及更多的外道之法以后,他任何地方也没去,住于毘舍离,教授王子手工艺。'我的肚子被智慧填得太饱了,快要爆裂了。'如此担心着,他将肚子用铁箍箍住,经行着。"[3]

§4.2. *ādhmātakāni dhyānāni* (20.83-113)[4]

在阐明本小节标题的时候,产生了一个问题:该词组是一个用来表示一种禅定方式的专用术语(*terminus technicus*),还是一个纯粹的笔误? 下

---

[1] BOLLÉE 1971: 70-92,特别是70,以及BRONKHORST 1986: 11。然而巴沙姆BASHAM(1951: 57)和菲特(VETTER 2000: 116,注35)有不同的观点。

[2] NORMAN 2006: 372.

[3] Ps. II 270.16-21。在DĀ 20.3, 20.205中,萨遮的另有一个名称——"辩论师"(*vādārthin*),该称号的出典从这一段也可以找到。DPPN s. v. *Saccaka*中的那个一概述却没有提到这部分的内容。根据耆那教的传说,他与其生父(参见上页的注解[6])一样拥有很多知识,其中有一种名为*mahārohiṇi vijjā*(梵语: * *mahārohiṇī vidyā*)"大毕宿"的知识。参见ĀvaṬ 686a3: *vijjāo sikkhāvio, mahārohiṇiṃ ca sāhei*。正如ANĀLAYO(2011: 231,注136)指出,汉文中的类似描述,可见,T 211, 597a5-7,其英译见,WILLEMEN 1999: 151。

[4] §4.2-4.4的论述,另可见,刘震2012。

面的表格罗列了所有相关文本中表达这种无果禅定的词汇(§3),菩萨曾想以这样的禅定达到解脱。

DĀ 20	20.77: *adhyātmakāni dhyānāni*	20.83 起: *ādhmātakāni dhyānāni*
MN 36	243.18 起: *appānakaṃ jhānaṃ*〔1〕	
Saṅghbh	I 100.16 起: *vyādhmātakāni dhyānāni*	
SBV^{C}	120a24: [令气]内拥入于禅定 = **adhyātmakāni* (?)	120a29 起: 胀满而入禅定,或: 胀满定 = **ādhmātakāni*
SBV^{T}〔2〕	18r8 起: *bsam gtan dag la snyoms pa*	
SMR^{C}	只有 948c18 一处: 复修别观	
LV	250.14 起: *āsphānakaṃ dhyānaṃ*	
LV^{C2}	581b4 起: 制出入息	
LV^{T}	143v4 起: *mkha' khyab la bsam gtan*	
Mvu	II 121 起: *āsphānakaṃ dhyānaṃ*	
FBJ	766b29 - 767a2: 不动三昧 = **āniñjyaprāpta-samādhi*〔3〕	
EĀ^{C} 31.8	671a12 - 13: 无息禅	

按照这一概念的表达方式在印度原典中的发展过程,它可分为如下的四个阶段,这也与目前普遍接受的以上文本的断代相符合。

1. 巴利文本中的 *appānakaṃ jhānaṃ*。

2. 早期梵语文献中的 *āsphānakaṃ dhyānaṃ*。

3. 根本说一切有部律中的 *vyādhmātakāni dhyānāni*。

〔1〕 另一个写法 *appāṇakaṃ* 也见诸于一个写本。参见 MN I 550。
〔2〕 ANK^{T}中与此相同。
〔3〕 根据 MEISIG(1987: 395 s. v. 三昧和 396 s. v. 不動)还原。

4. DĀ 中的 *ādhmātakāni dhyānāni*。

前两个表达方式以及它们之间的联系已经为迪图瓦[1]用整整一章——“Āsphānaka 的神迷(Die Āsphānaka-Ekstase)”来作详细分析。“北传的编纂者不清楚这个‘appānakaṃ’的意思,就用 āsphānakaṃ 来替代。他把如何定义这个词的问题,遗留给了他的后继者们。”[2] LV 的作者为 *āsphānakadhyāna* 补充了一段评论[3],但这段评论本身和所释的对象一样令人费解,汉译(LV^{C2})或许就因此将它略去不译了。尽管根据 MN 的注疏(Ps),*appānaka* 可解释为“无息”[4],并且迪图瓦还试图以词源学的方式进一步分析该词[5],但这个词于此语境(即在 § 3 提到的巴利文本)之外,对整个巴利三藏来说都是陌生的,无论如何都不能摆脱其为生造词的嫌疑[6]。与此相反,*ānāpāna*“吸气出气,入出息”,或者 *ānāpānasati*“入出息念,念吸气出气”[7],经常在有关一般的佛教禅修的文献中出现[8]。对于这些文献来说,DN 22 *Satipaṭṭhānasutta* 就是一个很好的例子[9]。

在 Ps[10] 和 LV[11] 中叙述了菩萨行极端苦行的意图(§ 4.3)。然而 LV 的作者旋又劝阻大家不要依此修行,或许他也知道这样苦行存在极

---

[1] DUTOIT 1905: 98 - 99.

[2] 同上:„Dies ‚appānakaṃ' war dem nordbuddhistischen Bearbeiter nicht klar und er ersetzte es durch āsphānakaṃ. Er überließ es seinen Nachfolgern, diesem Wort einen Sinn zu geben."

[3] LV 250.14 - 20,该评论的译文见 DUTOIT 1905,同上;藏译见 LV^{T} 243r1 - 4;但在 LV^{C2} 中却找不到汉语对应。

[4] Ps II 289.7: *Appāṇakan ti nirassāsakaŋ.*

[5] DUTOIT 1905: 99.

[6] 参见 CPD s. v. *appānaka*。布隆克霍斯特(BRONKHORST 1986: 10 起, 26 和 29 起)指出,这个词的意思可以通过耆那教文献中的句型 *āṇāpāṇaniroham karei* 来解释;因此在 MN 36 和 $EĀ^{C}$ 31.8 中的这种禅定就是在现实中为人所修习的耆那教禅定。但是依笔者之见,“苦行家族”文献中的夸张手法和文学性很强的描述,本身就表明了这样的禅定只是一种纯属虚构的修行。

[7] 这两个词亦经常音译为“安般,阿那波那”和“安般念,阿那波那念”。

[8] 参见 CPD s. v. *ānāpāna* 和 *ānāpāna-(s)sati*。

[9] DN II 290 - 315.

[10] Ps II 288.14 - 36. 但阁那摩利和菩提(ÑĀṆAMOLI/BODHI 2001: 1229,注 387)称此评注为“令人迷惑的(puzzling)”。

[11] LV 250.3 - 14 和 256.13 - 17。译文见 DUTOIT 1905: 60 - 62。关于此段在 LV^{T} 和 LV^{C2} 中的位置,参见附表 I。

大的危险[1]。也有可能 MN 36 的作者同样考虑到了这种危险，所以他不用那些与禅定有关的寻常词汇，转而专门针对该经，生造了这么一个让人感觉突兀的词汇[2]。

第一、二个概念可说具有褒义。虽然这种极端形式的禅定为其他众生无法达到，但这仍不失为菩萨所创造的一个奇迹，并且对他人是一种激励。但在概念三、四中对此禅定的评判却不再积极。除了在 Saṅghabh 中，*vyādhmātaka*[3]（巴利语：*uddhumātaka*）只用来描述腐烂膨胀的尸体[4]。在描述禅定时，这个词用于修不净观（*aśubhādiprayoga*）中观想尸体的逐步腐烂[5]。SMR^{C}中的“复修别观”更加强了这一猜测，即为了替换 *āsphānaka* 一词，SBV 的作者[6]在一个有关禅定或观想的文本中找到了一个贬义词——*vyādhmātaka*，以此来表现菩萨所修之禅定的无效果。设若 SBV^{T}的译者熟知这个词的内涵，他或许不会像 LV^{T} 那般去中性地翻译它了。

在 DĀ 20 和 SBV^{C} 这两个文本中，还都出现过另外一个词汇——*adhyātmakāni*，并且各自只有唯一一次。此后 *ādhmātakāni* 一词便一贯到底。该词前面的组成部分——*ādhmāta*，也表示“膨胀[的死者]”[7]。当添加了词尾-*ka* 之后，*ādhmātaka* 便成为一个独立的词汇，就像其前身 *appānaka* 与 *āsphānaka* 一样。因为上述五个词（包括 *adhyātmaka*）皆具有

---

〔1〕 LV 250. 12 起：*na sa kaścit sattvaḥ sattvanikāye saṃvidyate | manuṣyo vā amanuṣyo vā yaḥ samarthas tathārūpaṃ duṣkaraṃ carituṃ | anyatra caram abhavikād bodhisattvādya āsphānakadhyānaṃ samāpadyate sma | ... na ca tad dhyānaṃ jātu kenacit samāpannaṃ pūrvaṃ śaiṣyeṇa vā aśaiṣyeṇa vā pratyekabuddhena vā caryāpratipannena vā bodhisattvena.* DUTOIT 1905：61 和 98：“芸芸众生中没有一个，人或者非人，能行如此形状的苦行，除了未来的菩萨，他达到了 Āsphānaka 禅定（译文作“神迷”）。……这种禅定对所有其他人来说，都无法达到，即使是一位辟支佛或者另一个菩萨（Es existiert kein Wesen in der Menge der Wesen, kein Mensch und kein Nichtmensch, der imstande ist, solchen Wandel in schweren Werken zu führen, außer dem zukünftigen Bodhisattva, der die Āsphānaka-Ekstase erreichte. ... sie ist unerreichbar für alle anderen, selbst für einen Pratyekabuddha oder einen anderen Bodhisattva.）。”

〔2〕 “生造”一词表明，这个概念最早的形式也只能追溯到 *appānaka* 这个词。

〔3〕 带有词尾-*ka* 和没有词尾-*ka* 的形式都有文献为证。

〔4〕 参见 CPD s. v. 和 SAKAMOTO-GOTO 1985：172。

〔5〕 参见 YL 59，注 2。彼处也引述了 DN 22。

〔6〕 有关 SMR 和 SBV 之间的关系，参见前文 § 3. 3. 3。

〔7〕 SAKAMOTO-GOTO 1985：172.

同样的词尾-*ka*，这就不能仅仅视为一个偶然现象了——通过该词尾有意造成一个专用术语并非不可能[1]。

这四个专用术语指的应是同一种禅修方式，但后两者的侧重点更在于表明修习者的身体膨胀。那么问题在于，究竟在现实生活中是否真的存在过这样的修行？在 DĀ 20 和 SBV 中对闭气修行的描述尚不成系统，[2]而在 FBJ 中却次第清晰：从鼻至口、头顶、两耳，直到内心的闭息[3]。此处的描写类似于一种指导，似乎人们确实可依据它来仿效菩萨实修。FBJ 中还有一词——"顶喘息"[4]，让人联想起一个梵语词 *mūrdhacchidra*"头部的开口"。该词汇不仅见诸于一部发现自新疆的佛教梵语写本——《瑜伽指南》(*Ein Buddhistisches Yogalehrbuch*，下文作：YL)[5]，在佛教造像中也常有实际运用发现——很多展现禅定的佛像头顶均开有一孔[6]。YL 中，在有关 *mūrdhacchidra* 的禅定阶段，各种观想场景在额前和眉间进出[7]。

描述禅定中所使用的那些譬喻，在另外四个文本[8]中又同样用于对病症的描述。在某种意义上来说，它们是被任意选取并排序的。因此在很大程度上，这些譬喻的出现是文本的创作和传承[9]使然，而与佛教徒的修行实践没有多大关系(附表Ⅱ)。

---

〔1〕 这与语法规则并不冲突。参见 AIG II, 1 §45. f。

〔2〕 DĀ 20.79－81; Saṅghabh I 100.19－24，*śiras* 取代了 *mūrdhan*；SBV^{C} 120b6－8；SBV^{T} 18v1－3。

〔3〕 FBJ 948c15－29.

〔4〕 FBJ 776c16.

〔5〕 该写本由施林洛甫教授(Dieter SCHLINGLOFF)编译。原经题已佚失，当时由编者命名。这是迄今发现的唯一一部梵语的佛教禅修"技术手册"。其部派归属定为(根本)说一切有部，但其中的观想练习包含了很多大乘的理念，可视为当地佛教由小乘过渡到大乘时期的作品。*mūrdhacchidra* 一词在 YL 中，有时候以复合词形式，有时候以两个分离的单词的形式：*murdha*（笔误，应作 *mūrdha*）和 *chidra* 出现过，参见 SWTF s. v. *chidra*。

〔6〕 SCHLINGLOFF 2003：109－124.

〔7〕 同上，注 55－66 转引出自 YL 的文句。

〔8〕 布隆克霍斯特(BRONKHORST 1986：15)只举出了三个文本：MN II 193.1－23；SN IV 56.17－57.5；AN III 379.21－380.20。此外还有 MN III 259.10，彼处引用了 MN 97 的相关部分。四个文本中的每一个都罗列了那四个比喻——它们同时也为"苦行家族"所用。然而，这些比喻放在描述病症的上下文中似乎更加妥帖。

〔9〕 在各个文本中，这些比喻只是内容相同，但具体文句各异。

尽管不可否认,这种极端的禅修在艺术上有所表现,在文学上有所暗示,但仍缺乏直接的证据证明其曾经真实存在。

§4.3. 三个譬喻(*upamā*)内容上的变异和在文本中的位置(20.136－148)[1]

在菩萨寻求解脱的过程中,他想到了三个譬喻,从而让他发觉了至此为止所进行的尝试中的错误之处以及找寻新路径的必要性。

这三个譬喻为:

- 湿润的浸于水中的木头:比作身心皆受爱欲的染著的人。
- 湿润的木头置于干地:比作身虽离欲、心尤爱染的人。
- 干木置于干地:比作身心均离爱欲的人。

在"苦行家族"内部,这三个譬喻的文句有所变异。各文本之间大部分的区别已经随处罗列在"文本编译"部分(20.136－148)了。此外还有:在 FBJ 的第一和第三个譬喻中,求火之人用(牛)粪而非燧木取火——在第一个譬喻中他用的是湿粪,第三个是干粪,而第二个譬喻中仍用的是木头[2];在 SMR^{C}中,这三个譬喻明显被误解,并概述如下:"譬如湿柴,体虽滋润,若遇火然,必生炽焰。又如婆罗门家,虽行欲,心无所著,亦得解脱。"[3]

此外,干湿两种木头的譬喻还在其他文本中出现,其文句与我们这些文本中的相类似。在 MN 126 *Bhūmijasutta* "浮弥经"[4]中,湿木比作邪见,干木比作正见,求火之人比作修行求果的苦行者和婆罗

[1] 布隆克霍斯特(BRONKHORST 1986: 12)将这三个譬喻归入菩萨在其两位老师那里修习的章节,并且还认为它们出现在 MN 36 中并不合适。由此却产生了一个疑问,依照布隆克霍斯特如此之解,那将如何解释为何在一部更适合它们的经中,即 MN 26(§3.3.1),反而找不到这三个譬喻呢?

[2] T 190, 764c10－765a22.

[3] T 191, 949a22 起。

[4] 汉文对应 MĀ^{C} 173, T 26, 709c22－711b16。

门[1]。这一对譬喻在后世的佛教经论中更得到了广泛的应用，并用“湿木(*shing rlon pa*)”二字简称[2]。总之，在譬喻中湿木带有消极的含义，而干木则带有积极的含义。

然而值得注意的是，在 MN 119 *Kāyagatāsattisutta* “念身经”[3]中，这两个譬喻的含义竟然互换了过来。彼处干木比作不修念身、不使其增长的人，而湿木则相反；另外，火比作魔王的诱惑[4]。

由此可见，这一系列譬喻流传时间相当之长，也早已为受众所熟知，

---

〔1〕 MN III 141.32 起：*Seyyathāpi, Bhūmija, puriso aggitthiko aggigavesī aggipariyesanañ caramāno allaṃ kaṭṭhaṃ sasnehaṃ uttarāraṇiṃ ādāya abhimattheyya, . . . abhabbo aggissa adhigamāya*；以及 143.33 起：*Seyyathāpi, Bhūmija, puriso aggitthiko aggigavesī aggipariyesanañ caramāno sukkaṃ kaṭṭhaṃ koḷāpaṃ uttarāraṇiṃ ādāya abhimattheyya, bhabbo aggissa adhigamāya*. 汉文对应见 T 26, 711a18－b9：猶如有人欲得火者，以濕木作火母，以濕鑽鑽，必不得火。無願、願無願、非有願非無願，人欲得火，以濕木作火母，以濕鑽鑽，必不得火。所以者何？以邪求火，謂鑽濕木也。如是，浮彌！若有沙門、梵志，邪見、邪見定，彼作願行，行邪梵行，必不得果。無願、願無願、非有願非無願，行邪梵行，必不得果。所以者何？以邪求果，謂無道也。浮彌！若有沙門、梵志，正見、正見定，彼作願行，行正梵行，彼必得果。無願、願無願、非有願非無願，行正梵行，彼必得果。所以者何？以正求果，謂有道也。浮彌！猶如有人，欲得火者，以燥木作火母，以燥鑽鑽，彼必得火。無願、願無願、非有願非無願，人欲得火，以燥木作火母，以燥鑽鑽，彼必得火。所以者何？以正求火，謂鑽燥木也。如是，浮彌！若有沙門、梵志，正見、正見定，彼作願行，行正梵行，彼必得果。無願、願無願、非有願非無願，行正梵行，彼必得果。所以者何？以正求果，謂有道也。

〔2〕 比如，在鳩摩罗什所译之 T 614《坐禅三昧经》，285c5－6；在两部大乘的 *Mahāparinirvāṇasūtra* 汉译本《大般涅槃经》，T 374，515c1－3 和 T 375，759c6－9；在 *Yogācārabhūmi*“瑜伽师地论”（此段只有汉藏译本中可得）中，关于文句位置，参见 YOKOYAMA & HIROSAWA 1996：s. v. 湿木。另外，在中国本土的论著中也经常使用这两个譬喻，比如 T 1848，322c19－21 和 370c21－371a1；T 2814，1146b12 等等。

〔3〕 汉文对应 MĀ[C] 81，T 26，544c10－557c16。

〔4〕 MN III 95.3 起：*Seyyathāpi, bhikkhave, sukkhaṃ kaṭṭhaṃ koḷāpaṃ, atha puriso āgaccheyya uttarāraṇiṃ ādāya: Aggiṃ abhinibbattessāmi tejo pātukarissāmīti*; . . . *Evam eva kho, bhikkhave, yassa kassaci kāyagatā sati abhāvitā abahulīkatā, labhati tassa Māro otāraṃ, labhati tassa Māro ārammaṇaṃ*. 95.30 起：*Seyyathāpi, bhikkhave, allaṃ kaṭṭhaṃ sasnehaṃ, atha puriso āgaccheyya uttarāraṇiṃ ādāya: Aggiṃ abhinibbattessāmi tejo pātukarissāmīti*; . . . *Evam eva kho, bhikkhave, yassa kassaci kāyagatā sati bhāvitā bahulīkatā, na tassa labhati Māro otāraṃ, na tassa labhati Māro ārammaṇaṃ*. 其汉文对应见 T 26，557a19－b8：“若有沙門、梵志不正立念身、遊行少心者，彼為魔波旬伺求其便，必能得也。所以者何？彼沙門、梵志空無念身故。猶人求火，以槁木為母，以燥鑽鑽，於比丘意云何？彼人如是，為得火不？”比丘答曰：“得也，世尊。”“所以者何？彼以燥鑽，鑽於槁木，是故必得。如是，若有沙門、梵志，不正立念身、遊行少心者，彼為魔波旬伺求其便，必能得也。所以者何？彼沙門、梵志空無念身故。”“若有沙門、梵志正立念身、遊行無量心者，彼為魔波旬伺求其便，終不能得。所以者何？彼沙門、梵志不空有念身故。猶人求火，以濕木為母，以濕鑽鑽，於比丘意云何？彼人如是，為得火不？”比丘答曰：“不也，世尊。”“所以者何？彼以濕鑽，鑽於濕木，是故不得。如是，若有沙門、梵志，正立念身、遊行無量心者，彼為魔波旬伺求其便，終不能得。”

是以一个喻体——或干木或湿木,与一个本体——或积极的或消极的,可以任意组合。这也解释了为什么在上述诸文本中,类似的譬喻会出现多种变异,并引发歧义。

在"苦行家族"及其相关文本中,这三个譬喻所出现的位置,有如下三种情况:

1. 在 MN 36 中,位于 D 和 E 之间,
2. 在 LV、LV^{C2}、LV^{T}、Mvu 和 FBJ 中,位于 C 和 D 之间,但无论如何在菩萨无果苦行之前,
3. 在 SBV、SMR^{C}、ANK^{T}和 DĀ 20 中,位于 H 和 J 之间,即在菩萨无果苦行之后、放弃苦行恢复自然生活方式之前。

巴罗(BAREAU 1963: 43)发现了在 MN 36 与 SBV^{C}内的位置区别,迪图瓦(DUTOIT 1905: 36)发现了 MN 36 与 LV,以及 Mvu 内的差别,而斯基林(SKILLING 1981b: 110)罗列了 MN 36 与 LV、Mvu 和 SBV^{T}、ANK^{T}之间的位置差别。阇那摩利(ÑĀṆAMOLI)与菩提(BODHI)两人推测,这三个譬喻的位置起初并未在菩萨苦行之前,而是在其之后[1]。

这三个譬喻具有如下的功能:它们构成了两个段落之间的转折点,即在 C 和 E,或者 H 和 J 之间。该转折点否定了前面菩萨的行事,引入了一个更高的发展阶段,即其极端的苦行以及选择自然的生活方式。每部经文的作者或者注疏者用这三个譬喻判定菩萨的何种行事更有价值。

在头两组的文献中,这三个譬喻的位置基本相同;只是第二组的文献将尼连禅河畔的风景描写(D)也划入 *prahāṇa/duṣkaracaryā*(修行/苦行)之中了。因此可得知,第一、二组经文的作者或者注疏者认为苦行的意义是胜过菩萨在此时间段内的任何其他行为的。

Ps 的作者自问,菩萨的苦行有无意义,为何佛陀作此修行。他又自答道,原因有二。其一,菩萨向世界展示自己的精进,因为世界将会为他

[1] ÑĀṆAMOLI/BODHI 2001: 1229,注 387。

高兴。其二,菩萨哀悯后世,以此激励他们去灭尽生、老、死[1]。

LV 中评注部分则提到,佛陀想以"一种如此过度的苦行(ein solches Übermaß von Askese)"来战胜在歧路上寻求解脱的"一切对手(alle die Gegner)"[2]。尽管作者作了这样一番努力,但增补的这段解释仍无法和整个文本有机地协调起来[3]。

可以看出,这样的解释或者想法对 Mvu 和 FBJ 的作者仍然可信,但对 SBV、ANK$^{(T)}$、DĀ 等经的作者则不再如此。

在第一、二组文献中,只有菩萨两位先师的教法遭到贬抑,而极端的苦行就在三个譬喻之后开始,因此它显然得到了褒扬。在最后一组文献中,菩萨两位先师的教法和极端的苦行被置于同一层次,并为这三个譬喻一并贬抑。对于这些文献来说,苦行并非是通向正等正觉(*samyaksaṃbodhi*)之路的一个进阶。三个譬喻只是作为错误修行之后的转折点,ANK^{T}甚至在这三个譬喻之后,不经过渡,直接进行菩萨放弃苦行、恢复常人生活的描述(附表 I)。

所以,DĀ 20、SBV、ANK^{T}情节 J 的第一句话(20.149)——它重复了从三个譬喻得出的结论,远比第一、二组文献中的短。

§4.4. 否定词和否定句

在 DĀ 20 中有很多地方,否定词 *na* 或缺少或多余[4]。

很明显,大多数地方可以视为写本中的笔误。值得讨论的是有关苦

---

〔1〕 Ps II 288.15: *Kiŋ pana Bhagavā dukkaraŋ akatvā Buddho bhavituŋ na samattho ti? Katvā pi akatvā pi samattho va. Atha kasmā akāsī ti? Sadevakassa lokassa attano parakkamaŋ dassessāmi*; *so ca maŋ viriyanimmathanaguṇo hāsessatī ti.* 288.30: *Api ca pacchimaŋ janataŋ anukampamāno pi akāsi yeva. ... evaŋ sante khippam eva jāti-jarāmaraṇassa antaŋ karissatī ti pacchimaŋ janataŋ anukampanto akāsi yeva.* 类似的理由也曾借大迦叶(Mahākāśyapa,巴利文:Mahākassapa)之口说出,而他是以行头陀苦行著称的。参见 SN II 202.29 – 203.14。弗莱贝尔格(FREIBERGER 2006: 245)也曾引述过。

〔2〕 关于原文及译文,参见 DUTOIT 1905: 60 – 62。

〔3〕 就和后来的类似于因缘故事(Avadāna)的佛经为早已存在的菩萨的六年苦行故事增补理由(HARA 1997: 249 – 260)一样,弗莱贝尔格(FREIBERGER 2006: 247)指出:"作者想为菩萨苦行提供一个积极的理由,我们可认为,这是让此修行合法化的尝试(The authors wished to provide a positive reason for the Bodhisattva's ascetic practice, and we may consider this an attempt to legitimize such practice)。"

〔4〕 根据此段的观点而定义为多余的 *na*,参见 §6.1.5.2 和 6.8;错漏的 *na*,见 §6.2.6.2。

行描述的部分中,多一个或者少一个 *na* 可能会产生两种截然不同的解释。这些情况可以分成如下三类:

1. 在无义的禅定和断食中的固定句型 *evaṃrūpām ... duḥkhāṃ tīvrāṃ kharāṃ kaṭukām amanāpāṃ vedanāṃ vedayamānasya cittaṃ -**na**-paryādāya tiṣṭhati* 中, *na* 的缺省(§2.2. E 和 G,以及 20.72-112,20.118-131)。

这两部分苦行描述中共有六处无 *na*(20.76, 82, 106, 112, 126, 129),而只有四处有 *na*(20.88, 94, 100, 123)。倘若后一种情况因其出现频度低而被视为笔误并作修正的话,那么这一固定句式将通篇被改成肯定句。由此文义就变成:菩萨在苦行中感受到了痛苦,并且这种痛苦制服其心。

这样菩萨的苦行就被理解为一种毫无意义的自我折磨,显然非但不能使其心得到解脱,反而损害其心。这种论断将会同几乎所有的"苦行家族"相关文本产生冲突。那些文本中没有一处不作否定句式,即几乎所有的文本一致表达了如下意思:尽管苦行无义,但它所引起的感受并没有制服菩萨的心,因为菩萨的身心已经修习完成。他的心不为苦行的痛苦所触,至少不会对他的成佛之路造成阻碍。

不过,"苦行家族"中有唯一一部文本——SBV^C,它的表述恰与其他所有文本对立。其固定句式通篇为"不能安於正定"[1],可还原成没有 *na* 的那种表达方式,即 *vedanāṃ vedayamānasya cittaṃ paryādāya tiṣṭhati*。

2. 在第三个譬喻(§2.2. I,即 20.146-147)中固定句式 *kāmeṣu kāyena vyapakṛṣṭā viharanti -**na**- cittena* 内多余的 *na*。

梵语短语 *vyapakṛṣṭā (na) viharanti* 对应的是巴利语*(a)vūpakaṭṭhā viharanti*。否定前缀 *a-*,因只有区区一个音节,极易被忽略。在"苦行家族"相关文献中,*na* 和 *a-*,构成了与 DĀ 20.142-147(最后两个譬喻)对

---

〔1〕 SBV^C 120a14 起。

应文句的多种异文。其中，SBV^{C}中“身虽离欲心犹爱染”[1]或可还原成 DĀ 20 写本中的[2] *kāmeṣu kāyena vyapakṛṣṭā viharanti na cittena*[3]。

3. 在第三个譬喻(§ 2. 2. I，即 20. 147)中固定句式 ***-na-*** *alaṃ jñānāya* ***-na*** *- alaṃ darśanāya* ***-na-*** *alam anuttarāyai samyaksaṃbodhaye* 内多余的 *na*。

DĀ 20 写本中，那三个譬喻的结论部分，也就是整个菩萨苦行的结论部分，其文句为：*nālaṃ jñānāya nālaṃ darśanāya nālam anuttarāyai samyaksaṃbodhaye*[4]，“不足以成就智慧、不足以成就[正]见、不足以成就无上正等正觉”。与此相应的正是 SBV^{C}中的“非正智，非正见，不能得于无上正道”[5]。

上述三种情况中，第一种情况 DĀ 20 写本与 SBV^{C}时而对应，时而相反；而后两种情况，DĀ 20 写本竟也唯与 SBV^{C}完全一致。如果我们先将这种可能搁置在一边，即 DĀ 20 所出现有关的 *na* 的异文纯属笔误，而与 SBV^{C}的一致又纯属巧合，那么就可以推测：鉴于这些段落的一致，SBV 汉译者义净很有可能拿到了一个与 DĀ 20 相似的文本；或者更严格地来说，一个做过与 DĀ 20 类似修订的文本。当然，倘若这个所谓“经过修订”的文本也具有与 DĀ 20 相似的异文(特别是情况之一)的话，那它的质量也不敢恭维。然而问题的关键是，义净在翻译中做了什么工作。假如其底本上也有 DĀ 20 写本中的第一种情况，那么那些 *na* 确实已被义净统统略去不作翻译；对于后两种情况，他则又将 *na* 字作了翻译。如此一来，SBV^{C}在整个文义上完全统一，但也具有了独特的意思——与此对立的是“苦行家族”相关的所有其他文本。

义净对梵文底本作出这番独立的阐释并非没有理论依据，在经部和

---

[1] SBV^{C} 121a14.

[2] DĀ 20，336v1 和 336v3。当然在“文本编译”部分则根据绝大部分文本的意思做了改动(20. 146 – 147)。

[3] 有关第二个譬喻中的异文，见 20. 142 的注释。

[4] DĀ 20，336v2.

[5] SBV^{C} 121a15.

律藏都可以找到共鸣之处。

“受”(*vedanā*)在下面经部中的概念说明了,SBV^{C}中的上述文句接近了经部中对苦受与解脱之间关系的看法:“知受、集、灭、味、过、出要,以平等观无余解脱,故名如来。”[1]此外,*saṃjñāvedayitanirodha/saññāvedayitanirodha* 一词,“想与受的休止”,对(根本)说一切有部和晚期的上座部来说等同于涅槃[2]。义净翻译了《根本说一切有部毘奈耶》中很多文献,并对该部戒律有深入研究,他一定受到了这一学说的影响,并同样将“受”的休止看作佛教修行的最后一个阶段,从而认为在觉悟前“受”一定会制服其心的。

在义净所译的《根本説一切有部毘奈耶雜事》中有一条戒律[3]并尸林比丘(Śmāśānika)黑喜(Kālananda)的故事,表明了在僧团之外行头陀行(Dhutaṅga/Dhutaguṇa)[4]的僧人,在僧团内部会遭到批评[5]。

> 時此城中,有賣香童子,有好毛緂,極生愛樂,不同餘物。……由於毛緂生重愛故,捨命之後,生大瘦鬼中。……毛緂纏尸,送至林處。……彼(黑喜)便疾往詣屍林所,取其毛緂。……黑喜愛著,共鬼相爭……佛作是念:“看此非人深生愛著,若不得緂,必歐熱血,因即命終。”告阿難陀曰:“汝即宜去,報彼黑喜,還非人緂,若不與者,歐血而死。”……黑喜聞已,告阿難陀曰:“如佛所教,不敢違越。”即報鬼曰:“愛毛緂者,可在前行。”至林遣臥,隨言即臥,以緂蓋上。時,彼非人便以脚踏黑喜苾芻。黑喜有大力,僅得免死。苾芻白佛。佛言:“苾芻不應隨宜輒取屍林處衣,亦復不應作如是與。……苾芻

---

〔1〕 菲特(VETTER 2000: 23)在其对 Vedanā (受)这个概念的引言中引用了经常在巴利三藏出现的有关经文,比如 DN I 17.2,22.5,24.18,28.12,29.29, 等等:... *vedanānaṃ samudayañ ca atthagamañ ca assādañ ca ādīnavañ ca nissaraṇañ ca yathā-bhūtaṃ viditvā anupādā vimutto, bhikkhave, Tathāgato*。中译对应引自《长阿含·梵动经》,T 1, 90b13 起。

〔2〕 SCHMITHAUSEN 1981: 219,注 67;此处他以晚期上座部的 *Visuddhimagga*(《清净道论》)和(根本)说一切有部的 *Abhidharmakośa*(《阿毘达磨俱舍论》)为据。

〔3〕 T 1451, 282a12 - 283a8. 关于此戒律在藏文译本中的位置和相应的英译,参见 SCHOPEN 2006: 340, 注 46。

〔4〕 尸林比丘着粪扫衣(*pāṃśukūla*),也是一种头陀行。参见 FREIBERGER 2006: 243 - 245。

〔5〕 SCHOPEN 2006: 339 - 346. 藏译本中这个故事的英译亦见于此。

當知，屍林處衣有五過失。云何為五？一惡彩色，二臭氣，三無力，四多虱，五藥叉所持。……屍林苾芻，不依教者，得越法罪。”

如果考虑到这一点，那么义净对菩萨成道前苦行的消极态度也不足为奇了。

尽管如此，在“文本编译”部分对于此处的校订，笔者仍不会跟从 SBV^C，而是依据其他所有的本子——由于它们的统一性。与这些文本相对，虽然依照以上的推理，DĀ 20 写本和 SBV^C 的异文并非毫无意义的笔误，而是另外隐含了一段文本的编纂历史，但是其他所有文本在上面的三种情况下都保持了高度的一致，而且它们的数量也占绝对优势，最后更重要的是，它们也真实反映了文本的原初形态。

§4.5. 试解 DĀ 20.192 – 196

DĀ 20 中的段落 20.192 – 196 构成了一个显然与上下文毫无关联的插入部分。无独有偶，MN 36 中[1]与之对应的那些段落，也被 MN 的注疏者视为文本中的一个陌生成分，他写道：“[在整部经中]这是一个独立的主题[2]。”[3]

在 DĀ 20 的上下文中，虽然 20.192 – 193 难以理解，但是 MN 36 的注疏(Ps)或许可以帮助我们理解：“此耆那教徒实则想：‘我向沙门乔达摩提了一个问题。沙门乔达摩只对我说“复次，火种居士啊，……”，[一再]对我说“复次，火种居士啊，……”，没有示现[其话语]的结尾。他现在恐怕被激怒了吗？’”[4]

由此，DĀ 20 中的这段文句可作如下解释：佛陀立即用一系列的反问(20.15 – 33)驳回了萨遮的第一个提问(20.11)，对他的其他问题(20.34，36)则用一个很长的开示来回答(20.37 – 191)。这场由萨遮精

---

〔1〕 MN I 249.23 – 32.

〔2〕 该词的翻译，参照了 CPD s. v. *anusandhi* 和 *ekānusandhika*。

〔3〕 Ps II 291.32 – 33.：. . . *ayaŋ pāṭiyekko anusandhi.*

〔4〕 Ps II 291.34 – 36.：*Nigaṇṭho kira cintesi: Ahaŋ samaṇaŋ Gotamaŋ ekaŋ pañhaŋ pucchiŋ. Samaṇo Gotamo, aparā pi maŋ, Aggivessana, aparā pi maŋ, Aggivessanā ti pariyosānaŋ adassento katheti yeva. Kupito nu kho ti?*

心策划的论战却转化成佛陀独自一人的说法,即,佛陀将他的提问化为乌有了[1]。所以萨遮会误认为,当佛陀如此长时间地“喋喋不休”时,他一定是被自己的提问所激怒了。

接下来的段落 20.194－196 似乎更是以 Ps 的下列文句为基础而衍生出来的:“于是世尊开始说法,他开示道:‘火种居士啊,当如来为数百大众说法,并未有一人说:“沙门乔达摩被激怒了”;如来为其他人说法,他们以觉悟为目的、以彻底理解为目的。’……如此说道:‘对其他人的开示即是如来说法的目的。因此他就不为一人说法;有多少知解的人,他就为所有这些人说法。’……于是世尊为了[向他]示现,对他如此说道:‘火种居士啊,如来不行取悦大众之道,而是为如铁围山般围坐的大众说法。不污、不染,独处一处,勤求到达空性之果。’”[2]

总之,上面所引的 MN 36 的段落、针对这些段落的注释和 DĀ 20.195的文句似乎都在讨论同一个问题,即面对佛陀同样的说法,不同的三类人群会有三种反应:对寻求与佛陀论战的外道来说,佛陀的说法是一位发怒者激烈的驳斥[3];对凡夫俗子来说,佛陀的说法是仅仅针对其一个人的专门教授;对阿罗汉来说,佛陀的说法是普度一切众生的平等教授。

由此可见,DĀ 20.194 以及 196 也能够试解如下:“复次对他们而言,所得的是:如来的[说法]应[是]名身、句身和文身。当他们[自己的]言说[只是]由那些不能导致解脱的文句结合而成,[对他们而言同样如此:似乎]一个与之相应的言说[也会从我[4]口中]产生。”

---

[1] 参见 DĀ 20.192.2。

[2] Ps II 291.36 起:*Atha Bhagavā, Aggivessana, Tathāgate anekasatāya parisāya dhammaŋ desente, kupito samaṇo Gotamo ti eko pi vattā n' atthi, paresaŋ bodhanatthāya paṭivijjhanatthāya Tathāgato dhammaŋ desetī ti dassento imaŋ desanaŋ ārabhi. ... Idaŋ vuttaŋ hoti: Paresaŋ viññāpanam eva Tathāgatassa dhammadesanāya payojanaŋ. Tasmā na ekass' eva deseti; yattakā viññātāro atthi, sabbesaŋ desetī ti. ... Ath' assa Bhagavā, na, Aggivessana, Tathāgato parisaŋ rañjento vicarati, cakkavāḷapariyantāya pi parisāya Tathāgato dhammaŋ deseti, asallitto anupalitto, ekantaŋ ekavihārī, suññatāphalasamāpattiŋ anuyutto ti dassetuŋ evam āha.*

[3] 参见 DĀ 20.198 以及 MN I 250.26－30。

[4] 指佛陀自己。

另外,段落20.194－196与四依(*pratisaraṇa*)[1]有关,“[这四种所依包括]意义是依,而非文句;智慧是依,而非心识;了义[经]是依,而非不了义[经];法是依,而非[说法之]人”[2],[3]特别是第一和第四“依”:“在此,菩萨作为一名寻求意义之人,于他人处听法;[而]不作为一名寻求堆砌辞藻之人。听法之菩萨为寻求意义之人,[而]非寻求辞藻之人,以意义为依,恭敬听法,即使[法]是以鄙俗的言辞说出的。……他并非以人为依:‘这些法是由一名被认为是上座的人,或是由如来,或是由僧伽所说。’如此他以正理为依,[而]不以人为依,不脱离真实之义。”[4]

§4.6. 对苦行评价转变的一些标志

如前所述,《修身经》(*Kāyabhāvanāsūtra*)的主题就是菩萨成道觉悟前的苦行。通过对各个文本的比较,我们可以发现,其中对苦行的观点各不相同,而随着时间的推移,人们对苦行的评价愈来愈消极。这种现象在如下三个方面特别突出:

· 菩萨所修禅定的不同名称(§4.2)

---

〔1〕 梵文出处见BHSD s. v. *pratisaraṇa*(四依的顺序依不同的经文而异);彼处援引了德拉瓦雷·普桑(DE LA VALLÉE POUSSIN)的Abhk(VP) III 246,注2,他论述了“四种权威”(quatre autorités)或者称作“所依点”(points d'appui),彼处给出的文献出处比BHSD的还要完备,可作为后者的补充。有关汉语的出处参见Mochizuki s. v. 四依。

〔2〕 *arthapratiśaraṇatā na vyaṃjanapratiśaraṇatā/ jñānapratiśaraṇatā na vijñānapratiśaraṇatā/ nītārthapratiśaraṇatā na neyārthapratiśaraṇatā/ dharmapratiśaraṇatā na pudgalapratiśaraṇatā.* 其最新的西文翻译见克拉默的德译(KRAMER 2005: 121, 注102)。彼处她还详细地罗列了西方学者对“四依”的阐述,其中拉莫特(LAMOTTE 1988: 11－27)认为这个系列的概念的形成可以追溯到巴利经部。鉴于DĀ与巴利经部的密切关系,他的观点不容忽视。

〔3〕 T 1579《瑜伽师地论》,346b14－16中就有汉译对应:一法是依,非補特伽羅。二義是依,非文。三了義經是依,非不了義。四智是依,非識。但四依的次序与梵语有所不同。

〔4〕 BoBh 256. 24起: *iha bodhisattvaḥ arthārthī parato dharmaṃ śṛṇoti na vyaṃjanābhisaṃskārārthī. saḥ arthārthī dharmaṃ śṛṇvaṃ na vyaṃjanārthī prākṛtayā 'pi vācā dharmaṃ deśyamānam artha-pratisaraṇo bodhisattvaḥ satkṛtya śṛṇoti. ... na sthavireṇābhijñātena vā pudgalena tathāgatena vā saṃghena vā ime dharmā bhāṣitā iti pudgala-pratisaraṇo bhavati. sa evaṃ yukti-pratisaraṇo na pudgala-pratisaraṇaḥ tattvārthān na vicalati.* 对应的汉译为第一和第二“依”,见T 1579, 539a8－16:“謂諸菩薩,為求義故,從他聽法,不為求世藻飾文詞。菩薩求義,不為求文。而聽法時,雖遇常流言音說法,但依於義,恭敬聽受。又諸菩薩,如實了知,聞(《大正藏》本舍“聞”字取“闇”字,对照梵本可知其谬误。故此处取“聞”字。)說大說,如實知已,以理為依,不由耆長,眾所知識,補特伽羅。若佛、若僧,所說法故,即便信受。是故不依補特伽羅。如是菩薩,以理為依,補特伽羅,非所依故。於真實義,心不動搖,於正法中,他緣匪奪。”因现存汉译多处含义不明,故据梵本重译之。

在巴利文献和早期的梵语文献中，这种禅定被赋予中性或者褒义的名称，而在晚期的梵语文献中，它明显被降格了。

· 在“苦行家族”相关文本中三个譬喻的位置变化(§4.3)

这些譬喻形成了两个部分之间的转折点——否定前面的部分，引入后面的部分。这也表明了经文的作者或者注疏者扬后抑前的立场。对于早期文献来说，佛陀的极端苦行可视为通向解脱的一个进阶；而对于晚期文献来说，这只是一段歧途。

· 对苦行描述的变化(§4.4)

几乎所有的文本都显示了：苦行并不能对菩萨之心造成障碍。与此相反，在文本被有意修改之后，SBV^C中苦行遭到了贬抑。

这样的例子有很多处，可划分为三种(即§4.4所举的三类文句)。在所有这些地方，SBV^C单独对立于其他文本，唯DĀ 20有与之对应的异文。这些异文都将苦行置于一种尴尬的地位。

最后，这种可能性也不可完全排除：DĀ 20就已包含了一次以贬抑菩萨苦行为意图的文本修订。

§5. 语言和拼写特色

正如内特(NÄTHER 1975: 15-16)、维勒(WILLE 1990: 35-38)、胡海燕(HU-VON HINÜBER 1994: 45-49)、山極伸之(YAMAGIWA 2001: 19-25)、梅尔策(MELZER 2006: 55-58)所描述的吉尔吉特写本一样，吉尔吉特DĀ的语言是一种源自中古印度语的发展成熟的佛教梵语。这种语言具有一系列的特色，它们反映了写本的断代、地域，有可能还有部派归属。我们也可以从一些语言特点体会到佛教梵语在当时、当地运用中的真实的发音情况，这是目前在理论上所定义的佛教梵语的“规则”所未能涵盖的。

因为这里的文本编辑只囿于区区一部经，所以前人所列举的那些语言和拼写特色不可能一一在此出现。虽然总的来说，这些特色纷繁复杂，但有两个在DĀ 20内部也形成了规律，即：在所有的吉尔吉特写本中，辅音*b*为*v*所代替，以及在叠加字符*ttva*中，其中一个辅音*t*脱落，变成了

tva[1]。Avagraha（省略首音 *a* 的表示符号）在吉尔吉特写本中还未出现。其余的特别之处为：

A. 拼写特色：

1. Anusvāra 取代词尾的鼻音：*saṃ* 取代 *san*（20.67）；*cāśvāsapraśvāsāṃ* 取代 *cāśvāsapraśvāsān*（20.78，84，96）；*syāṃ mithyā* 取代 *syān mithyā*（20.116）；*abhūvaṃ* 取代 *abhūvan*（20.119－120）；*śirastvaṃ mlānam* 取代 *śirastvaṅ mlānam*（20.121－122）；*smṛtimāṃ* 取代 *smṛtimān*（20.163）。

2. Anusvāra 取代词中的鼻音

2.1. Anusvāra 取代 *ṅ*：*saṃghe* 取代 *saṅghe*（20.4－5，206）；*evākāṅkṣasi* 取代 *evākāṃkṣasi*（20.9）；*ubhayāṃgenotpannā* 取代 *ubhayāṅgenotpannā*（20.26，32）；*aṃgāra(ka)rṣ(v)ām* 取代 *aṅgāra(ka)rṣ(v)ām*（20.110）；*aṃgapratyaṃgāni* 取代 *aṅga-pratyaṅgāni*（20.119－120）；*anaṃgaṇe* 取代 *anaṅgaṇe*（20.169，173，177）。

2.2. Anusvāra 取代 *ñ*：*saṃraṃjanīṃ* 取代 *saṃrañjanīṃ*（20.7）；*bhuṃjate* 取代 *bhuñjate*（20.18）；*evākiṃcanyāyatanaṃ* 取代 *evākiñcanyāyatanaṃ*（20.48－49，51－53）；*naiva-saṃjñānāsaṃjñāyatanaṃ* 取代 *naivasañjñānāsañjñāyatanaṃ*（20.60－61，63－65）；*nairaṃjanāṃ* 取代 *nairañjanāṃ*（20.70－71）*paṃcanivaraṇāni* 取代 *pañcanivaraṇāni*（20.157）；*āniṃjyaprāpte* 取代 *āniñjyaprāpte*（20.169，173，177）；°*vyaṃ-jana*° 取代 °*vyañjana*°（20.194，196）；*sapaṃcamaṃ* 取代 *sa-pañcamaṃ*（20.208）。

2.3. Anusvāra 取代 *n*：*snehay̱aṃty* 取代 *snehay̱anty*（20.18）；*iyaṃto* 取代 *iyanto*（20.51）；*abhimathnaṃ bhavyo* 取代 *abhimathnan*

[1] 这两个规律贯穿了整部 DĀ。参见 MELZER 2006：55。

bhavyo (20. 145)。

2. 4. Anusvāra 取代 *m: saṃmukhaṃ* 取代 *sammukhaṃ* (20. 7); *saṃmlānaṃ* 取代 *sammlānaṃ* (20. 119, 121); *saṃmūdhaṃ* 取代 *sammūḍhaṃ* (20. 188)。

3. 词中的鼻音取代 Anusvāra:

3. 1. *n* 取代 Anusvāra: *ahan te* 取代 *ahaṃ te* (20. 57); *teṣān dharmāṇāṃm* 取代 *teṣāṃ dharmāṇāṃm* (20. 62)。

3. 2. *m* 取代 Anusvāra: *evaṃrūpām me* 取代 *evaṃrūpāṃ me* (20. 100, 106)。

4. 冗余的鼻音变成 Anusvāra: *saṃmmoham* 取代 *sammoham* (20. 29); *saṃmaye* 取代 *samaye* (20. 42); *kālāmaṃm* 取代 *kālāmam* (20. 51); *dharmāṇāṃm* 取代 *dharmāṇām* (20. 62); *kaṭukāṃm* 取代 *kaṭukām* (20. 76); *mudgayūṣeṃṇa* 取代 *mudgayūṣeṇa* (20. 117); *cittaṃn* 取代 *cittan* (20. 123); *ekāgraṃm* 取代 *ekāgram* (20. 129); *kaṭukāṃm* 取代 *kaṭukām* (20. 139); *sukaraṃm* 取代 *sukaram* (20. 153); *mātaṃṅgaja* 取代 *mātaṅgaja* (20. 204)。

5. *r*-之后的辅音重复: *varttate* 取代 *vartate* (20. 12); *dharmmā‹ḥ›* 取代 *dharmā‹ḥ›* (20. 47, 49, 52); *dharmmān* 取代 *dharmān* (20. 50, 61); *varttante* 取代 *vartante* (20. 79－81, 97, 99, 103, 105, 109, 111); *vartterann* 取代 *varterann* (20. 98, 104, 110); *gokarttanyā* 取代 *gokartanyā* (20. 104); *vartta‹nā›veṇī* 取代 *varta‹nā›veṇī* (20. 130)。

6. *ṛ* 取代 *ri*, 以及 *ri* 取代 *ṛ*: *sākṣātkṛyāyai* (20. 50) 对应 *sākṣātkriyāyai* (20. 62); *triṇāny* 对应 *tṛṇasaṃstarakaṃ* (20. 156); *rijubhūte* 取代 *ṛjubhūte* (20. 177)。

7. 三个连续的辅音变为两个: *yanv ahaṃ* (20. 77, 95, 101, 107, 114, 154) 对应 *yan nv ahaṃ* (20. 83, 89)。

B. Sandhi：

1，2 和 3.2 这三种情况出现过于频繁，因此这里不再一一罗列。1 和2两种情况并不能严格区分，因为对于是否可作为一个相对独立的意义单元，不是总能作出明晰的判断的。

1. 在两个句子或者两个相对独立的意义单元之间没有产生 Sandhi，比如：*avocat* * ⁞ *ayaṃ* 取代 *avocad* | *ayaṃ* (20.4)。

2. 尽管不能认为是一个相对独立的意义单元，但句子内并无 Sandhi，比如：*śramaṇabrāhmaṇāḥ cittabhāvanāyogam* 取代 *śramaṇabrāhmaṇāś cittabhāvanāyogam* (20.10)。

3. Sandhi 的特例：

3.1. 在相应的地方偶尔使用 Jihvāmūlīya（出现在清咝音前的 Visarga）和 Upadhmānīya（出现在清唇音前的 Visarga），比如：*asyotpannāḥ kāyikā* (20.12) 对应 *tadrūpāḫ kāyikā* (20.12)；*anyatamaḥ puruṣaḥ* (20.13) 对应 *ālokaḫ prādurbhūto* (20.271)[1]。

3.2. 在下列咝音前，Visarga 同化为相应的咝音：*āharatas sarvāṇy* 取代 *āharataḥ sarvāṇy* (20.119)；*smṛtas saṃprajāno* 取代 *smṛtaḥ saṃprajāno* (20.163)。

4. 元音重叠（Hiatus）里作为 Sandhi 辅音的 *m*[2]：*abhigṛhṇato-m-abhinipīḍayataḥ* (20.75)；*oja-m-upasaṃharāmas* (20.115)。

5. 从-*aḥ* 至-*o* 的错误 Sandhi，其可能反映了中古印度语的原始形态：*madgubhūto srastaskandho* 取代 *madgubhūtaḥ srastaskandho* (20.20)；*ubhayato karṇasrotasoḥ* 取代 *ubhayataḫ karṇasrotasoḥ* (20.85)；*nato uttare‹ṇa›* 取代 *nāta uttare‹ṇa›* (20.149)；*saṃprajāno sukhaṃ* 取代 *saṃprajānaḥ sukhaṃ* (20.163)；*'dhigato ātmano* 取代 *'dhigata ātmano* (20.164)。

---

〔1〕 在 DĀ 20 中只有此处使用了 Upadhmānīya。
〔2〕 参见 BHSG §4.59。

C. 语法上的特色：

1. 词性的变换，阴性取代中性：*aparitasanāyai*（20.158）对应 *paritasana*（BHSD s. v.）；中性取代阴性：*śirastvaṃ mlānaṃ*（20.121，122）对应 *śirastvak mlānā*（Saṅghabh）。
2. *mūrdhan* 的变格：单数业格 *mūrdhnānam*（20.79－81）以及在复合词 *mūrdhnavedanā*（20.79－81）中，对应单数依格 *mūrdhni*（20.79－81）。
3. 动词：*spṛśyanty*（20.13）[1]；*jehresi*（20.115）对应 *jehrīyate*（BHSD s. v.）。
4. 非主题（athematisch）动词，但以主题（thematisch）动词的规则变位：*āśvasāmi yathāsukhaṃ praśvasāmi*（20.155）。
5. 其他不规则形式：*āśva̱syimi yathā sukha(ṃ) praśvasyimi*（20.154）。

D. 词汇上的特色：

1. 迄今为止辞典中没有收录的词汇：*ādhmātaka-*（20.83，89，95，101，107，208）；*śiromreḍaka-*（20.98）；*vidhānta-*（20.171，175，180）。
2. 体现地域特色的词汇：*ayaskāra°*（20.86）对应 *karmāra°*（20.92）；*odanakulmāsaṃ*（20.154－155）；*par(ṣa)daḥ*（20.195）。

§6. 勘误表

和（根本）说一切有部律（*Vinayavastu*）的写本一样，DĀ 也具有大量的错漏[2]。通过在"苦行家族"范畴内的 DĀ 20 和 Saṅghabh 的文本比较，可以发现，在 DĀ 20 中的错误比在后者中明显要多得多[3]。那些没有归入"语言和拼写特色"（§5）一节的非正常书写形式，也将被视为书写错误：

---

〔1〕 关于"具有主动含义的似为被动的形式，并且通常带有主动的词尾（seemingly passive forms with active meaning, and usually active endings）"这一形式，参见 BHSG §37.22－23 和 28.29－30。

〔2〕 MELZER 2006：57。

〔3〕 倘若不将 Saṅghabh（I 100－101）中那一大段脱漏（§3.3.2）计算在内的话。

1. 多余的成分：

1.1. 多余的 Anusvāra: *agniveśyāṃyana* 取代 *agniveśyāyana* (20. 27); *ātāṃpī* 取代 *ātāpī* (20. 50); *dhyāyeṃyam* 取代 *dhyāyeyam* (20. 95); *udaṃkatārakā* 对应 *udakatārakā* (20. 124); *evaṃ* 取代 *eva* (20. 131); *duḥkhanirodhagāminīṃ* 取代 *duḥkhanirodhagāminī* (20. 178)。

1.2. 多余的元音符号：*mā/odayanty* 取代 *medayanty*[1] (20. 18); *iham* 取代 *aham* (20. 49); *yāvān mama tāvāt tava yāvāt tava tāvān* 取代 *yāvan mama tāvat tava yāvat tava tāvan* (20. 54); *ākhyāyikeyaiva* 取代 *ākhyāyikayaiva* (20. 124); *āśvāsyimi* 取代 *āśvasyimi* (20. 154); *dhvāṅkṣoś* 取代 *dhvāṅkṣāś* (20. 205); *tāvatāthā* 取代 *tāvatātha* (20. 208); *devetā* 取代 *devatā* (20. 208)。

1.3. 多余的辅音符号：*ervaṃrūpā(ṃ)* 取代 *evaṃrūpā(ṃ)* (20. 168); *svastirbhāvo* 取代 *svastibhāvo* (20. 200)[2]。

1.4. 多余的音节：

1.4.1. 重复书写 (Dittographie): *saṃgrāmāvavacaraṃ* 取代 *saṃgrāmāvacaraṃ* (20. 204)。

1.4.2. 其他情况：*manasikuruta* 取代 *manasikuru* (20. 22)[3]; *rudantāmukhānāṃ* 取代 *rudanmukhānāṃ* (20. 42); *aguru* 取代 *guru* (20. 58); *tāluvani* 取代 *tāluni* (20. 72); *sanniruṇaddheṣu* 取代 *sanniruddheṣu* (20. 85); *divyarūpam* 取代 *divyam* (20. 116); *āmālābū* 取代 *ālābu* (20. 121); *paraśukāntarāṇy* 取代 *parśukāntarāṇy* (20. 127); *anākābhāsagatikā* 取代 *anābhāsagatikā* (20. 189)。

---

[1] 此处是否可视为笔误，尚不能完全肯定。参见 DĀ 20. 18. 1。
[2] 关于此书写变化，参见 DĀ 20. 200. 1。
[3] 该情况亦可归入 §6. 6。

1.5. 多余的词：

1.5.1. 重复书写：*āyuṣmata āyuṣmata ānandasya* 取代 *āyuṣmata ānandasya* (20.6)；*dṛḍhena vā vāratrakeṇa* 取代 *dṛḍhena vāratrakeṇa* (20.98)；*tadyathā tadyathā* 取代 *tadyathā* (20.119)；*sasnehaṃ sasnehaṃ* 取代 *sasnehaṃ* (20.141)；*āniṃjyaprāpte te cyutyupapādajñānasākṣātkriyāyām* 取代 *āniṃjyaprāpte cyutyupapādajñānasākṣātkriyāyām* (20.173)。

1.5.2. 其他情况：*anuprāptaḥ* ⁞ *vāk kāyāc* 取代 *anuprāptaḥ* ⁞ *kāyāc* (20.12)；*brāhmaṇāḥ* + + *ṇyām evaṃrūpām* 取代 *brāhmaṇāḥ evaṃrūpām* (20.139)；*viharanti na cittena* 取代 *viharanti cittena* (20.146, 147)[1]；*nālaṃ jñānāya nālaṃ darśanāya nālam anuttarāyai* 取代 *alaṃ jñānāya alaṃ darśanāya alam anuttarāyai* (20.147)[2]。

1.6. 多余的句子成分（重复书写）：*agniveśyāyana tasmin samaye agniveśyāyana tasmin samaye* 取代 *agniveśyāyana tasmin samaye* (20.148)。

1.7. 多余的句子（重复书写）：*audārikam āhāram āhār(e)yam aud(ā)rikaṃ cāhāram āhā(reyam)* 取代 *audārikam cāhāram āhār(eyam)* (20.154)。

2. 脱漏：

2.1. 词尾的 Visarga、Anusvāra 或者辅音的遗漏：

这些情况经常在词尾发生，因此亦可视作语言上的一种特色。但是它们又不能完全同笔误区分开来。

2.1.1. Visarga 的遗漏：*vedanā* 取代 *vedanāś* (20.12)；*vedanāyā* 取代*vedanāyāḥ* (20.24, 30)；*dharmā* 取代 *dharmāḥ* (20.47,

[1] 是否可将此情况归入书写错误，还有争议。参见 §4.4。

[2] 是否将此情况视为书写错误，还有争议。参见 §4.4。

51 - 53, 59, 65); *sākṣātkṛtā* 取代 *sākṣātkṛtāḥ* (20.59); *vāyu* 取代 *vāyur* (20.79, 81); *ubhayanāḍikāyā* 取代 *ubhayanāḍikāyāḥ* (20.86); *evaṃrūpāyā śubhāyā* 取代 *evaṃrūpāyāḥ śubhāyāḥ* (20.135); *aśrutapūrvā tisra̱ ‹u›pamā* 取代 *aśrutapūrvās tisra̱ ‹u›pamāḥ* (20.136); *kāmaniyanti* 取代 *kāmaniyantiḥ* (20.138, 142); *'paryādattacitta* 取代 *'paryādattacittaḥ* (20.182); *svastibhāva* 取代 *svastibhāvaḥ* (20.200); *oja* 取代 *ojaḥ* (20.208); *svast‹i›* 取代 *svast‹i›ḥ* (20.208)。

2.1.2. 词尾辅音以及 Anusvāra 的遗漏：*vaiśālī* 取代 *vaiśālīṃ* (20.2); *'bhiprasīde* 取代 *'bhiprasīded* (20.5); *evaṃrūpā* 取代 *evaṃrūpāṃ* (20.76, 82, 126); *apīdānī* 取代 *apīdānīṃ* (20.131); *ārā* 取代 *ārāt* (20.137); *aha* 取代 *ahaṃ* (20.154); *abhidhyā* 取代 *abhidhyāṃ* (20.156)。

2.2. 词内 Anusvāra 的脱漏：*samlānāni* 取代 *saṃmlānāni* (20.119 - 120); *samlānaṃ* 取代 *saṃmlānaṃ* (20.121)。

2.3. 元音或者元音的一部分的遗漏：*kāyika* 取代 *kāyikī* (20.26); *abhāvitakayaṃ* 取代 *abhāvitakāyaṃ* (20.26); *kāyasya bhāvitatvāt* 取代 *kāyasyābhāvitatvāt* (20.27); *ārāḍa gu(ru)* 取代 *ārāḍāgu(ru)* (20.45); *āyuṣman* 取代 *āyuṣmān* (20.46, 58); *rāmaputra me* 取代 *rāmaputro me* (20.67)[1]; *smṛtar* 取代 *smṛtir* (20.76); *bhūyasya* 取代 *bhūyasyā* (20.83); *agnigaveṣa* 取代 *agnigaveṣī* (20.137); *imam* 取代 *imām* (20.143); *dṛṣṭadharmasukhaviharo* 取代 *dṛṣṭadharmasukhavihāro* (20.161); *vedayamanasya* 取代 *vedayamānasya* (20.172); *sukhaduḥkhabhyām* 取代 *sukhaduḥkhābhyām* (20.182); *gautamā* 取代 *gautamo* (20.184);

〔1〕 在遗漏 Sandhi 和 Visarga 的地方常有此情况。

prahaṇā 取代 *prahīṇā* (20.189); *lābheva* 取代 *lābhaiva* (20.194, 196); *svastikā* 取代 *svastiko* (20.208); *svasta* 取代 *svasti* (20.208)。

2.4. 辅音符号的遗漏：*mānam* 取代 *mlānam* (20.121); *vyavakṛṣṭenāpramatenātāpinā* 取代 *vyavakṛṣṭenāpramattenātāpinā* (20.164)。

2.5. 音节的脱漏：

2.5.1. 漏写(Haplographie)：*nāsikāyāśvāsapraśvāseṣu* 取代 *nāsikāyāś cāśvāsapraśvāseṣu* (20.79)[1]; *śira śiromreḍakaṃ* 取代 *śirasi śiromreḍakaṃ* (20.98)[2]; *upasaṃkrame* 取代 *upasaṃkramema* (20.205)[3]。

2.5.2. 其他情况：*(s)y(a)* 取代 *nanda(s)y(a)* (20.16); *ardhaparyāyeṇāhāram* 取代 *ardhamāsaparyāyeṇāhāram* (20.16); *bhāvitatvāt tasyotpannā* 取代 *bhāvitatvāc cittasyotpannā* (20.27); *āṣmann* 取代 *āyuṣmann* (20.65); *vācārya* 取代 *pūrvācārya* (20.67); *prahāṇerthī* 取代 *prahāṇenārthī* (20.71); *agniveśyāna* 取代 *agniveśyāyana* (20.94); *bhūt* 取代 *abhūt* (20.122); *gambhīrānugate* 取代 *gambhīre dūrānugate* (20.125); *kaṭum* 取代 *kaṭukām* (20.129); *varttaveṇī* 取代 *varttanāveṇī* (20.130); *madgucchaviḥ* 取代 *madguracchaviḥ* (20.134); *bhavyo* 取代 *abhavyo* (20.137); *kāyenāpakṛṣṭā* 取代 *kāyenāvyapakṛṣṭā* (20.138); *m̲eṣu* 取代 *kām̲eṣu* (20.138); *uttarāyai* 取代 *anuttarāyai* (20.143); *uttarenāto* 取代 *uttareṇa nāto* (20.149); *kuleṣu* 取代 *kuśaleṣu* (20.156); *bahulaṃ* 取代 *tadbahulaṃ* (20.156); *sukhavihārī* 取代 *sukhavihārīti*

[1] 叠加字符 *śvā* 和 *ścā* 在该字体中很相似。
[2] 参见 §6.3.12。
[3] 这种情况亦可归入 §6.6。

(20.163)；*upekṣāpariśuddhaṃ* 取代 *upekṣāsmṛtipariśuddhaṃ* (20.166)；*prasraḫ* 取代 *prasrabdhaḫ*(20.181)；*jānāti* 取代 *abhijānāti* (20.184)；*(jānām)y* 取代 *abhi(jānām)y* (20.185)；*im atraike* 取代 *idam atraike* (20.186)；*jātijarāmaraṇīyās* 取代 *ajātijarāmaraṇīyās* (20.191)；*tatraikeṣām* 取代 *tatraikaikeṣām* (20.195)。

2.6. 遗漏的词：

2.6.1. 漏写：*mithyā mithyādṛṣṭipratyayaṃ* 取代 *mithyā dṛṣṭiḥ* | *mithyādṛṣṭipratyayaṃ* (20.116)；*bhāvitakāyasya mamālpaṃ* 取代 *bhāvitakāyasya tasya mamālpaṃ* (20.130)；*amanāpāṃ vedayante* 取代 *amanāpāṃ vedanāṃ vedayante* (20.143)。

2.6.2. 其他情况：*api citte* 取代 *apy āpannaś citte* (20.12)；*adhārmikībhūtā̱ punas* 取代 *adhārmikībhūtā̱ yat punas* (20.21)；*kaṭukābhiḥ prāṇahāriṇībhiḥ* 取代 *kaṭukābhiḥ amanāpābhiḥ prāṇahāriṇībhiḥ* (20.23)；*uras tāḍayati sammoham* 取代 *uras tāḍayati krandati sammoham* (20.23)；缺省的 *na* (20.31–33, 49, 57, 61, 69, 76, 82, 106, 112, 126, 129, 165, 168, 172)[1]；*vedanā caitasikī* 取代 *vedanā utpannā caitasikī* (20.39)；*dharmān ārāḍaḫ* 取代 *dharmān yenārāḍaḫ*(20.51)；*haritaśādvalā nānāvṛkṣopaśobhitā* 取代 *haritaśādvalā vistīrṇakūlā nānāvṛkṣopaśobhitā* (20.71)；*ca vīryaṃ* 取代 *ca me vīryaṃ* (20.82)；*evaṃrūpām agniveśyā‹ya›na* 取代 *evaṃrūpām me agniveśyā‹ya›na* (20.94)；*śramaṇā brāhmaṇāḥ* 取代 *śramaṇā vā brāhmaṇāḥ vā* (20.139)；*teṣāṃ paryādāya* 取代 *teṣāṃ cittaṃ paryādāya* (20.142)；*cāpi im‹ā›m* 取代 *cāpi te im‹ā›m* (20.143)；*śuṣkaṃ koṭaraṃ*

[1] 当然所有 *na* 的脱漏也并非都可以毫无疑问地视为书写错误。参见 §4.4。

取代 *śuṣkaṃ kāṣṭhaṃ koṭaraṃ* (20.145); *cittena teṣāṃ* 取代 *cittena ca teṣāṃ* (20.146); *ekāgrarūpāṃ* 取代 *ekāgram | evaṃrūpāṃ* (20.159); *bhāvitakāyasya* 取代 *bhāvitakāyasya bhāvitacittasya* (20.165); *evaṃ agniveśyāyanaikākinā* 取代 *evaṃ me agniveśyāyanaikākinā* (20.175); *viharatā t(ṛ)tīyā* 取代 *viharatā iyaṃ t(ṛ)tīyā* (20.180); *āsravāḥ paunarbhavikāḥ* 取代 *āsravāḥ sāṃkleśikāḥ paunarbhavikāḥ* (20.190); *prahīṇāḥ parijñātā* 取代 *prahīṇāḥ bhavanti parijñātā* (20.190－191)。

2.7. 遗漏的句子成分：

2.7.1. 漏写：*hetor bhāvitatvāc cittasyotpannā* 取代 *hetor bhāvitatvād agniveśyāyana kāyasya bhāvitatvāc cittasya ca tasyotpannā* (20.33)。

2.7.2. 其他情况：*bhāvitakāyo bhavati* 取代 *bhāvitakāyo bhavati bhāvitacittaś ca* (20.28); *dharmmān sākṣād* 取代 *dharmmān svayam abhijñayā sākṣād*[1](20.50); *evam ā‹yu›ṣmann* 取代 *evam vadāmi | mamāpy ā‹yu›ṣmann* (20.65); *brahmacaryaṃ nāparam* 取代 *brahmacaryaṃ kṛtaṃ karaṇīyaṃ nāparam* (20.179)。

2.8. 遗漏的句子：

2.8.1. 漏写：*vedanā utpannā* 取代 *vedanā ⁞ utpannā caitasikī duḥkhā vedanā ⁞ utpannā* (20.25); *so 'ham mukhato* 取代 *so 'haṃ bhūyasyā mātrayā mukhato nāsikāyāś cāśvāsapraśvāsān sanniruṇadhmi tasya mama mukhato* (20.90－91)。

2.8.2. 其他情况：*nirvāṇasya | e{r}vaṃrūpā(ṃ)* 取代 *nirvāṇasya | ārabdhaṃ ca me vīryaṃ bhavaty asaṃlīnaṃ prasrabdhaḥ kāyo*

〔1〕 倘若此段结合 Saṅghabh，可能就不能视为笔误。参见 DĀ 20.50.1。

bhavaty asaṃrabdha upasthitā sthimṛtir bhavaty asaṃmūḍhā samāhitaṃ cittaṃ bhavaty ekāgraṃ | *e{r}vaṃrūpā(ṃ)* (20.168); *vidyā evaṃrūpāṃ* 取代 *vidyā* | *ārabdhaṃ ca me vīryaṃ bhavaty asaṃlīnaṃ prasrabdhaḥ kāyo bhavaty asaṃrabdha upasthitā sthimṛtir bhavaty asaṃmūḍhā samāhitaṃ cittaṃ bhavaty ekāgraṃ* | *evaṃrūpāṃ* (20.176)。

3. 混淆或者笔误：

3.1. *ū* 与 *u*：*ā{mā}lābū* 取代 *ā{mā}lābu*（20.121）；*ūcyamānā* 取代 *ucyamānā*（20.198）。

3.2. *-oṃ* 与*-aṃ/-āṃ*（字体所决定）：*bhavantoṃ* 取代 *bhavantaṃ*（20.200）。

3.3. *-o* 与*-aṃ/āṃ*（字体所决定）：*ādhicaitasikāṃ* 取代 *ādhicaitasiko*（20.164）。

3.4. *ka* 与 *ya*：*snehakaṃty* 取代 *snehayaṃty*（20.18）。

3.5. *n* 与 *d*：*nivāsvapnaṃ* 取代 *divāsvapnaṃ*（20.184）。

3.6. *na* 与 *ma*：*upapadyamānām api* 取代 *upapadyamānān api*（20.174）。

3.7. *pa* 与 *va*：*tāpatā* 取代 *tāvatā*（20.17）。

3.8. *m* 与 *s*（字体所决定）：*abhijānāmi* 取代 *abhijānāsi*（20.197）。

3.9. *y* 与 *m*：*‹kā›yeṣu* 取代*‹kā›meṣu*（20.138）。

3.10. *r* 与 *y*：*tvarā* 取代 *tvayā*（20.187）。

3.11. *ś*与 *g*（字体所决定）：*ubhayāṃśenotpannā* 取代 *ubhayāṃgenotpannā*（20.32）；*śoghātako* 取代 *goghātako*（20.104）；*śiriguhāgatam* 取代 *giriguhāgatam*（20.203）。

3.12. *ś* 与 *s*（字体所决定）：*śiraśi* 取代 *śirasi*（20.97）。

3.13. *pya* 与 *tya*：*apy apagate* 取代 *atyapagate*（20.125）。

3.14. *nma* 与 *nnva*：*yan mahaṃ* 取代 *yan nv ahaṃ*（20.117）。

3.15. *cca* 与 *nva*：*kāyāc c(a)y(aṃ)* 取代*kāyānv(a)y(aṃ)*（20.12）。

3.16. *bhya* 与 *bdha*：*prasrabhyaḥ* 取代 *prasrabdhaḥ*（20.76）。

3.17. *msa* 与 *mya*：*dhamsamānā* 取代 *dhamyamānā*（20.92）。

3.18. *n* 与 *ṃ* 的混淆和笔误：*vaiśālyā**n** viharati* 取代 *vaiśālyā**ṃ** viharati*（20.1），或许由于前面的 *bhagavān vaiśālyān* 所导致。

4. 音节或词的互换：*tamasmin saye* 取代 *tasmin samaye*（20.75）；*asaṃlīnaṃ saṃrabdhaḥ kāyo bhavaty (a)pratiprasrabdhaḥ* 取代 *asaṃlīnaṃ prasrabdhaḥ kāyo bhavaty (a) saṃrabdhaḥ*（20.112）；*pratiṣṭhāpyābhidhūmann* 取代 *pratiṣṭhāpyābhimathnann*[1]（20.137）。

5. 词的混淆或者歪曲：（*ū*）*raskandam* 取代（*ū*）*ruskhambham*（20.13）；*vedīdaṃjāyā* 取代 *vedanāyāḥ*（20.24）；*ahaṃ* 取代 *aparaṃ*（20.141）；*sthitir* 取代 *smṛtir*（20.165）；*āśādyośāmya* 取代 *āsādyāsādya*（20.199）。

6. 错误的变位：*audārikeṇa* 取代 *audārikāṇi*（20.18）；*adhārmikībhūtaḥ* 取代 *adhārmikībhūtā*（20.21）；*vedanāś* 取代 *vedanā*（20.25）；*āyuṣmad* 取代 *āyuṣman*（20.46，54）；*evāyuṣmatā gautamaḥ* 取代 *evāyuṣman gautama*（20.48）；*akārṣat* 取代 *akārṣam*（20.50）；*gautamaḥ* 取代 *gautama*（20.52，64）；*ārāḍaḥ* 取代 *ārāḍa*（20.53）；*nāsikāyāṃś cāśvāsapraśvāsāṃ* 取代 *nāsikāyāś cāśvāsapraśvāsāṃ*（20.78）；*unnatāvanatāv* 取代 *unnatāvanatāny*（20.128）；*kṛṣṇaṃ* 取代 *kṛṣṇaḥ*（20.132）；*pratiṣṭhāpyābhithnamaḥ* 取代 *pratiṣṭhāpyābhithnamann*（20.137）。

7. 错误的 Sandhi：*audārikāni* 取代 *audārikāṇi*（20.18）；*udrakena* 取代 *udrakeṇa*（20.59）；*aṃgapratyaṃgāṇi* 取代 *aṃgapratyaṃgāni*（20.119）；*śyāmo api* 取代 *śyāmo 'pi*（20.134）；*tisropamā‹ḥ›* 取代 *tisra upamā‹ḥ›*（20.136）；*gayāyār dakṣiṇena* 取代 *gayāyā dakṣiṇena*（20.208）。

8. 词语、词句中成分的混淆：*apagatā bhavanty anupagatā* 取代

[1] 关于为何将该词归入此类别的原因，参见 DĀ 20.137.4。

apagatā bhavanty atyapagatā gambhīre dūrānugatā (20.124); *anavanatāny abhūvan yan anavanatāny abhūvaṃ* 取代 *unnatāvanatāny abhūvan* (20.127)。

§7. 书写研究[1]

梅尔策(MELZER 2006: 59)将 DĀ 的字体定名为"原始舍罗陀字体的发展形式"(eine entwickelte Form der Proto-Śāradā)[2]。根据她细致入微的研究可知,这整个写本乃经由多人抄写完成。由她所发现的六位抄写者,被指代为抄写者 A 到 F;他们各自的书写风格也被她一一罗列和描述。除此之外,还有第七位抄写者——"最后还应显示出一位抄写者的笔迹(schließlich sei noch auf den Schriftduktus eines Schreibers hingewiesen)"。此人应曾负责抄写经叶 327r－341r[3]。这些由他所书的经叶恰巧集中在 DĀ 20(329r4－340r2)之内。

梅尔策如此描述其书写风格"这不规则的字体的特点是:长而纤细的线条,带有很多衬线,看上去有些倾斜"。(Die ungleichmäßige Schrift zeichnet sich durch lange und schmale Linienführung aus mit vielen Serifen und erscheint leicht kursiv.)[4]她所说的"不规则"一方面应指该抄写者具有 DĀ 中其他抄手的很多特点,另一方面指他的一些特点却并没有在其所书的全部经叶中一贯到底。

梅尔策枚举了一系列最能代表书写者特点的字母或字符,并以此比较了上述六位抄写者的风格。有鉴于此,这里也列示同样的字母或字符,并作一些研究和描述。对梅尔策女士卓越的研究工作,谨以此表达谢意。

i: 有两种形式的 *i*。

---

〔1〕 该章节参考了梅尔策的(MELZER 2006: 59－77)"书写研究(Paläographisches)"一章。

〔2〕 关于研究现状,参见 MELZER 2006: 59,注 216。

〔3〕 梅尔策(MELZER 2006: 77)在经页 341r 后加了一个问号以表示怀疑,但 341v 之后的笔迹明显有别于前页,就是说这个抄写 DĀ 20 的人只工作到 341r 为止。

〔4〕 MELZER 2006: 77.

: 在多数情况下，下面的那条线会写成尖端向右拖行的一点。

: 下面水平的横线垂直折下，并以一向上的小勾收笔。: 另外，下面的横线也可能向左上方弯成半圆形的弧度。当然，第二种形式的两种写法在 DĀ 20 都很少出现。

-i: 在多数情况下，*-i* 有两种写法。

那条垂直线很短，且向左倾斜，最后多以一个右倾的棱角收笔，比如 *ki*、*ci*、*hi*、*dhmi* 和 *rdhni*；该垂直线起笔为一个尖角，达到基字符长度的三分之二处，或者直到基字符的底端，甚至超过基字符的长度，以一个朝辅音字母方向内拐的尖头收笔，例如 *ci*、*ṇi*、*ti*、*bhi* 和 *si*。此外，还偶尔写作一个弓形的 *-i*，例如 *ti*。

-ī, *kī*、*ṇī*、*tī*、*nthī*、*nthī*、*pī*、*rī*: 这个 *-ī* 有时候只停留在上部，不超过基字符的宽度；有时候带有一个向下的弧形，直到基字符长度的三分之二处；有时候则超过基字符的长度，并以一个极为纤细的外撇作为收笔，这个外撇逆向辅音字母，向右弯转。和抄写者 A 不同，这里没有此规律，即：在行末的 *-ī* 的收笔会尽力拉长，直至叶边。

e :右边的棱角倾斜，水平和垂直的两条相交的线很粗。

ka :字母中间圈出的那块三角形的留白很大。该三角形顶端的横线弯曲。

-cha，比如 *ccha*：*-cha* 中间的那条横隔线只是轻微倾斜，甚或几乎水平。

ṭā :元音符号 *-ā* 向下而不是向上弯曲。

-ṭha，*ṣṭha* 中的 *-ṭha* 和 *-dha* 很像，如 *ddha*、*ndha*、*vdha*。和 *-va* 也很像，比如 *gva*、*tva*、*dva*、*nva*、*ntva*、*lvā*、*śvā*、*sva* 和 *hvā*，它们的区别只在于那根斜线，*-va* 中略呈弧形，前两者几乎没有区别。

tpa :此处，*-pa* 顶上几乎没有横线。

ta 和 *bha* :在收笔处有一倒钩。

ya:没有使用过旧体的 *ya*。

-ya,比如 *khyā*、*cya*、*cye*、*jya*、*tya*、*thya*、*dya*、*rya*、*sya*:这里的-*ya* 常常以一条向左靠拢的细线来收口,但有时候也作开口状。

lpa:此处的 *lpa* 有时候带有字头横线,有时候却没有。

sā:表示 -*ā* 的元音符号向右撇去。

ha:*ha* 总是写作旧体。

hma:*ma* 写时带有字头,而 *ha* 写作旧体。

Virāma:只有 *n*-Virāma 写时带有一条长斜线。除了常规形式之外,*t*-Virāma 更多地写作旧体。在 DĀ 20 中,总共只有一个 *m*-Virāma,且写作旧体。

经叶 329r－329v 每行写有大约 65 个字符,330r－340r 中,除 331v8 外,每行却有大约 75 个字符[1]。这样的情况可能是由所复制的母本决定的。

该抄写者的特点如此之多,以至于此处只能列举一二,此处的工作也权当今后进一步研究的准备。

〔1〕 具体理由,参见 106 页注〔2〕。关于 DĀ 为一复本的论断,参见 MELZER 2006:63 起。

§8. 符号说明

§8.1. 转写部分所用的符号说明

abc 一个字符(Akṣara)或部分字符在相邻经叶上的镜像(与原字符正好相反)

.. 不可识读的字符

. 一个字符中不可识读或佚失的部分

+ 佚失的字符

[abc] 受损或识读困难的字符

{{abc}} 为抄写者所勾销的字符

‹‹abc›› 为抄写者在行间所补入的字符

* Virāma(句子停顿处、句尾和单个的词末没有元音的辅音的表示符号)

· 停顿符号,经常出现在Daṇḍa(解释见下)的位置

| Daṇḍa(梵语书面文学中表示句子停顿的常规符号)

◇ 文句并无脱漏,但两个字符间有空白间隔

= 文本的载体受污损而无法书写的部分

○ 经叶上所打的孔洞(原来印土贝叶经上是用来穿线成书的,但印度本土之外在其他文本载体——比如本经所用的桦树皮——之上打孔,只是为了模仿贝叶经的形制,而无实际功能)

● 335v6中为墨水所覆盖的一个字符

/ 表"或者"之意,用于并存的两种识读可能

§8.2. 文本编译部分所用的符号说明

(...)　　对文本脱漏部分的补充

{...}　　对多余字符的删除

‹...›　　在无文本脱漏情况下的补充

...　　对写本中显而易见的笔误当场做的修改，并在改动后的字母下划线标识

..　　不可识读的字符

.　　一个字符中不可识读或佚失的部分

*　　Virāma

·　　停顿符号，经常出现在 Daṇḍa 的位置

⁞　　该处应有的 Sandhi（句内连声）缺失，以此表示句子的停顿，所以此处不再用括号补充 Daṇḍa

|　　Daṇḍa

/　　表“或者”之意，用于并存的两种识读可能

///　　经叶中残损的一行的头部或尾部，且其佚失字符的数目不明

§9. 关于文本编译的一些说明

整个文本将被分成若干相对独立的小段。这些小段将根据梅尔策（MELZER 2006: 85）的系统编号。每个段落具有两个号码：第一个号码代表经号，第二个表示段落号。

每个段落之后紧跟的是对应的汉译，而后是巴利语文本、新疆写本和 * *Kṣudra*-和 *Mahāsātyaka/isūtra* 的汉译——两部《萨遮经》，另外，还有 *Saṅghabhedavastu* 的三个本子——Saṅghabh、SBV^{C}（所依的《大正藏》底本作了重新断句）、SBV^{T}，只要这些文本有与 DĀ 20 对应之处。

此文本编辑将尽最大努力，客观展示文句的本来面目，那些在“§5. 语言和拼写特色”中所出现的字词将同转写部分中一样，在此处保持原样、不作更改；其他与经典梵语不一致的地方，则会作出修正。那些 Avagraha 将作补充，但不用括号标识；那些标点符号——圆点和 Daṇḍa，也保

留写本中的原状,而不作人为的统一;如果在两个句子之间缺省标点符号,那么将补充一个 Daṇḍa;如果存在了一个标点符号,但并不是位于两个句子或者两个意义单元之间,则该标点符号将被删除。

即使在梵语文本中使用了现在时态,在译文中将尽力以过去时态表示,尽管汉语中也很难表示出时态来。如果一段同样的文本在两个或两个以上的段落重复,那么该段文本将只在首次出现时作翻译,其余的重复段落将不再作翻译,而只是指出前段的译文所处位置。

在引述时,原文明显有误或存疑之处,将以 *sic!*(原文如此)记号标出。那些由于不同转写系统而造成的字符差异,比如 *ṁ* 而非 *ṃ*,或者 *â* 而非 *ā*,将统一成现有的转写字符。表示 Sandhi 的"="之类将不再在此使用。同样,方括号也不在此出现。

巴利文本以 PTS 本为基础。因为这个本子里,MN 36 有一段文字被节略,而引述了 MN 26 中的出处,所以此处将直接引述 MN 26 的相关段落。那些直接根据巴利文本的修正和补充,将不在段落下面的注解中另行说明来源。但是除此之外的其他情况则会专门作出说明。

在引述新疆写本的相关文句时,将采纳前人的编辑,亦即 V 和 R 表示 *Vorderseite*"正面"和 *Rückseite*"反面"。在 DĀ 的文本编辑中则以 r 和 v 表示 *recto*"正面"和 *verso*"反面"。这样的标记也同样用于 Saṅghabh 写本编辑和 SBV^{T} 的转写中。SBV^{C} 中以 a、b、c 表示页面的上、中、下三部分。

在必要时,修正建议将出现在注解中。

转　写

329r

4 vrāhmaṇaś caiva abhijñā pratipat tathā ‖ ‖ bhagavān vaiśā○lyān viharati markaṭahradatīre kūṭāgāraśālāyāṃ atha bhagavān pūrvāhṇe nivāsya pātracīvaram ādāya vaiśālī piṇḍāya prāvikṣa[t* ā]

5 yuṣmatānandena paścācchramaṇena tena khalu samayena sātya○kir nirgranthīputro vaiśālyāṃ niryāti bhagavato ntikaṃ bhagavantaṃ darśanāya yad uta vādārthī vādapariṣkārāya adrākṣīd āyuṣmā n ā[nan]. ḥ .. +

6 kiṃ nirgranthīputraṃ dūrād eva dṛṣṭ[vā] ca punar bhagavāntam idam avocat* ○ ayaṃ bhadanta sātyakir nirgranthīputro na buddhe bhiprasanno na dharme na saṃghe bhiprasannaḥ sādhu bhagavān sātya . e . i .. . ī [p]. + + + + + + + + + +

7 sātyakir nirgranthīputro bud[dh]e [bh]iprasīde dharme saṃghe bhiprasīded adhivāsayati bhagavān āyuṣmata āyuṣmata ānandasya tūṣṇīmbhāve + + + + + + + rgā d. [pa] +

8 *utth.* [*y*].[1] yena bhagavāṃs ten[o]pasaṃkrānta upasaṃkramya bhagavatā

〔1〕页边上有三个字符的镜像，但不属于写本 DĀ 20。

sārdhaṃ saṃmukhaṃ sammodanīṃ saṃraṃjānīṃ vividhāṃ kathāṃ vyatisā[ryai] kānte [niṣaṇ.] .. .. .. +

329v

1 kaṃcid eva pradeśaṃ saced avakāśaṃ kuryāt praśnasya vyākaraṇāya I pṛ[cch] āgniveśyāyana yad yad evākāṃkṣasi · santi bh. +

2 nāyogam anuyukt[ā] ḥ santi tv eke śrama[ṇa] brāhma[ṇā] ḥ ye citta[bhāva] nāyogam anuyuktā viharanti na kāyabhāvanāyo + + + + + + [y]. [bh/t]. + + + + + + + + + + + + + + + + + + +

3 tadrūpāḥ kāyikā duḥkhā vedanā yadrūpā asyotpannāḥ ○ kāyikā duḥkhā vedanā cittaṃ paryādāya tiṣṭhanti · bhūtapūrvaṃ bho gautama anyatam. pur. .. + .. + + + + + + + + + +

4 duḥkhābhis tīvrābhiḥ kharābhiḥ kaṭukābhir amanāpābhiḥ ○ prāṇahāriṇībhiḥ unmādam apy āpannaḥ sammoham api citte vikṣepam api anuprāptaḥ vāk kāyāc c. y. bho[ge] .. + + +

5 n samaye puruṣasya cittaṃ bhavati kāyaniśṛtaṃ kāyaprati ○ vaddhaṃ kāyaṃ niśṛtya varttate spṛśyanty eva bho gautama ekatyasya tadrūpāś caitasikā duḥkhā vedanā yadrūpā asyotpannāś caitasi ..

6 [d. khā] . edanāś cittaṃ paryādāya tiṣṭhati I bhūtapūrvaṃ bho gau ○ tama anyatamaḥ puruṣaḥ spṛṣṭaḥ caitasikābhir vedanābhiḥ duḥkhābhis tīvrābhiḥ kharābhiḥ kaṭukābhir amanāpābhiḥ prāṇahāri

7 + + + raskandam apy āpannaḥ hṛdayam apy asya sphalitaṃ uṣṇaṃ cāsya śoṇitaṃ mukhād āgataṃ cittānvayo bho gautama [ta]smin samaye puruṣasya kāyo bhavati cittaniśritaś cittaprativaddhaḥ cittaṃ niśritya vartate ·

8 + + + + bho gautama etad abhavat * bhikṣavaḥ kāyabhāvanāyogam

anuyuktā viharanti na cittabhāvanā[yo]gam anuyuktāḥ ‖ kā ca te agniveśyāśana kāyabhāvanā matā । yad uta bho ◇〔1〕gautama

330r

1 .[y]. .[v]. .. . y. . ṛ [k]. [ṇ]. .. [s]. [kṛk] iṇ. .. [sk]. . i [ṇo] gośālīputrasya ta eka iha ekāhaparyā[ye] + . y. [h]. [r]. .. h. .. [n] t[i] dvis tri[ḥ] [sa] .. .. [pa] ryāyeṇāhāram āharanti ardhaparyāyeṇāhāram āharanti māsaparyā

2 .. . āpy āhāram āharanti । kin nu te agnivaiśyāyana tāpatā yāpayanti । no bho gautama । te ekad[ā] audārikeṇa khādyakāni [khā] danti audārikāṇi bhojanāni bh[u] ṃjate । audārikāni pānakāni pivanti

3 imam eva kāyaṃ [sne]hakaṃty api prīṇayanty api vṛṃha[ya]nty api mā/o○dayanty api utpādayanty api · kā ca te agnivaiśyā[ya] na cittabhāva-[n]. .. . [ā] · cittabhāvanāṃ sā[t] y[ak] i .. [r] granthīp[u] tro bhagavatā praśnaṃ pṛṣṭaḥ

4 tūṣṇībhūto madgubhūto srastaskandho dhomukho niṣpratibhaḥ pra○dhyānaparamasthitaḥ atha bhagavān [sā] tyakiṃ nirgranthī .. tram idam avocat* yā ca te agniveśyāya[na] kāyabhāvanā matā s[ā bhāṣ]. tāryadha

5 rmavinaye adhārmikībhūtaḥ punas tāṃ cittabhāvanāṃ jñāsyasi । ○ vā drakṣyasi vā nedaṃ sthānaṃ vidyate । api tv agnive[śy]. .. na yathā abhāvitakāyo bhavaty abhāvitacittaś ca bhāvitakāyo bhavati bhāvitacitta

6 ś ca tac chṛṇu sādhu ca suṣṭhu ca manasikuruta bhāṣiṣye । vāla a○[gn] iveśyāyana aśrutavān pṛthagjanaḥ spṛṣṭaḥ śār. rikābhir vedanābhir duḥkhābhis tīvrābhiḥ kharābhiḥ ka[ṭu] kābhiḥ prāṇahāriṇībhiḥ śo

7 cati klāmyati paridevate uras tāḍayati · sammoham āpadyate · tasya duḥkhāyā vedanāyā nirodhād utpadyate sukhā veda[n] ā sa sukhāyā vedī · [da] ṃjāyā spṛṣṭaḥ sukhasaṃrāgī ca bhava[ti] sukhasaṃ .. gapratisaṃvedī ca

8 tasya sukhasaṃrāgiṇaḥ sukhasaṃrāgaprati[saṃved]inaḥ [u] .. [nn] ā

〔1〕 留有大约四个字符的空白,参见 112 页,注〔1〕。

. āyi[kī] duḫkhā vedanāś cittaṃ paryādāya tiṣṭḫati · utpannā kā[y]ikī sukhā vedanā utpannā caitasikī sukhā vedanā ci[tta]ṃ paryādāya tiṣṭhati I yasya

330v

1 kasyacid agniveśyāyana evam ubhayāṃgenotpannā kāyika d[u]ḥkhā vedanā «cittaṃ» paryādāya tiṣṭhati · utpannā kāyikī sukhā vedanā utpannā caitasikī duḥkhā vedanā utpannā caitasikī su[khā] vedanā cittaṃ paryā

2 dāya tiṣṭhati · tam aham abhāvitakayaṃ vadāmy abhāvitacittaṃ ca tat kasya hetor abhāvitatvād agniveśyāyana kāyasya bhāvitatvāt tasyotpannā kāyikī duḥkhā vedanā cittaṃ paryādāya tiṣṭhati · u[tpa]nnā kāyikī su

3 khā vedanā utpannā caitasikī duḥkhā vedanā utpannā caita○sikī sukhā vedanā cittaṃ paryādāya tiṣṭhati I iyatā agniveśyāṃyana abhāvitakāyaś ca bhavati abhāvitacittaś ca I kiyatāgniveśyā

4 yana bhāvitakāyo bhavati I śrutavān tv agniveśyāyana āryaśrā○vakaḥ spṛṣṭaḥ [ś]ārīrikābhir vedanābhir duḥkhābhis tīvrābhiḥ kharābhiḥ kaṭukābhir amanāpābhiḥ prāṇahāriṇībhiḥ na śocati na klāmya

5 ti na paridevate noras [t]āḍayati na krandati na saṃmmoha○m āpadyate I tasya duḥkhāyā vedanāyā nirodhād utpadya[te s]ukhā vedanā sa sukhāyā vedanāyā spṛṣṭo na sukhasaṃrāgī bha[vat]i na sukhasaṃrāga

6 pratisaṃvedī I tasya na sukhasa. rāgiṇo na sukhasaṃrāgaprati○saṃvedina utpannā kāyikī duḥkhā vedanā cittaṃ paryādāya tiṣṭhati utpannā kāyikī sukhā vedanā utpannā caitasikī duḥkhā vedanā utpa

7 nnā caitasikī duḥkhā vedanā cittaṃ paryādāya tiṣṭhati I yasya kasyacid agniveśyāyana evam ubhayāṃśenotpannā kāyikī duḥkhā vedanā cittaṃ paryādāya tiṣṭhati utpannā kāyikī sukhā vedanā utpannā caitasikī

8 [duḥ]khā vedanā utpannā caitasikī sukhā vedanā cittaṃ paryādāya tiṣṭhati · tam ahaṃ bhāvitakāyaṃ vadāmi bhāvitacittaṃ ca tat kasya hetor bhāvitatvāc cittasyotpannā kāyikī duḥkhā vedanā cittaṃ paryādāya tiṣṭhati I

331r

1 [utpa]nnā kāyikī sukhā vedanā utpannā caitasikī duḥkhā vedanā utpannā

caitasikī sukhā vedanā cittaṃ paryādāya tiṣṭhati · iyatāgniveśyāyana bhāvitakāyo bhavati bhāvitacittaś ca | kin nu bho gautama bhikṣavo

2 pi bhāvitakāyā viharanti bhāvitacittāś ca bhikṣavo nu te agniveśyāyana bhāvitakāyāś ca viharanti bhāvitacittāś ca kin nu bhavān api gautamo bhāvitakāyo bhavati bhāvitacittaś ca yat tad agniveśyāyana samyagva

3 danto vadeyur [bh]āvitakāy[o] bhāvitacittaḥ ubhayato bhāvanā○yogam anuyukta iti māṃ tat samyagvadanto vadeyus tat kasya hetor aham apy agniveśyāyana bhāvitakāyo bhāvitacitta ubhayato bhāvanāyoga

4 m anuyuktaḥ kin nu bhavato pi gautamasyotpannā kāyik[ī] duḥkhā ○ vedanā cittaṃ paryādāya tiṣṭhati | utpannā kāyikī sukhā vedanā utpannā caitasikī duḥkhā vedanā caitasikī sukhā ve[danā] cittaṃ paryādāya

5 tiṣṭhati · kim etad agniveśyāyanaivaṃ bhaviṣyati · abhijānā○my aham agniveśyāyana ekānnatriṃśatko vayasā abhikrīḍitavān kāmaiḥ so haṃ yasmin samaye krīḍāratiharṣamaṇḍanavibhūṣaṇasthānayuktena vi

6 har[ta]vyaṃ tasmin saṃmaye akāmakānāṃ jñātīnāṃ sā[śruka]ṇṭhānāṃ ○ [ru]dantā «mu»[1]khānāṃ keśaśmaśrv avatārya kāṣayāṇi vastrāṇy ācchādya samyag eva śraddhayā agārād anagārikāṃ pravrajitaḥ so ham evaṃ pravrajitaḥ

7 san kāyena saṃvṛto viharāmi vācā āj[ī]va[ṃ] ca pa[riś]odha[y]ā[m]i so ham idam evānuttaraṃ yogakṣemaṃ nirvāṇam abhiprārthayamānarūpo viharāmi yenārāḍaḥ kālāmas tenopasaṃkrāntaḥ upasaṃkramyārāḍa

8 kālāma{{ṃ}}m evaṃ vadāmi · sacet te ārāḍa gu .. [care]yam ahaṃ t[e]ntik[e] vrahmacaryaṃ sa evam āha na me āyuṣmad bho gautama guru viharatv āyuṣman gautamo yathāsukham eva tam enaṃ evaṃ vadāmi | kiyanto bhavatā arā

331v

1 ḍena dharmmā [sva]yam abhijñayā sākṣātkṛtāḥ sa evam āha | yā[va]d

---

[1] 叠加字符似可读作 nmu，但还包含一个元音 ā 的符号。可能一开始曾写作 tā 或 ntā 后又在 tā 底下补入一个 mu ——也就是说，ntā 中的 t 被改作 mu。

evāyuṣmatā gautamaḥ ākiṃcanyāyatanaṃ tasya mamaitad abhavat * arāḍasya kālāmasya śraddhā mamāpi śraddhā arāḍasya kālāmasya

2 vīryaṃ smṛtis samādhiḥ prajñā । ma[māpi vīryaṃ smṛt]i[s] samā[dh]i. [prajñā] । arāḍena kālāmena iyanto dharmmāḥ svayam abhijñayā sākṣātkṛtā yāvad evākiṃcanyāyatanaṃ । kasmād iham imān dharmāṃ sākṣātkuryām iti ।

3 so haṃ teṣām eva dharmāṇāṃ a [na] nuprāptānām anuprāptaye ○ anadhigatānām adhigamāya asākṣātkṛtānāṃ sākṣātkṛyāyai eko vyapakṛṣṭo pramattaḥ ā[t] . pī prahitātmā vyāhārṣaṃ [e] . [ovyapa] . [ṛ] ṣṭo

4 pramattaḥ ātāṃpī prahi[t] ātmā vihara[nn] aci[r] ād eva tān dharmmā○n sākṣād akārṣat sākṣātkṛtya ca punar ahaṃ tān dharm[ā] n ārāḍa ḥ kālāmas tenopasaṃkrāntaḥ upasaṃkramyārāḍaṃ kālāma {{ ṃ }} m evaṃ vadāmi [। na] nubha[va]

5 tā [ā]rāḍena iyaṃto dharm[ā] svayam abhi[j]ñayā sākṣātkṛtā ○ yāvad evākiṃcanyāyatanaṃ sa evam āha । tathyam āyuṣman gautamaḥ iyanto dharmmā svayam abhijñayā sākṣātkṛtāḥ yāvad evākiṃcanyāya

6 tanaṃ ta[m enam ev]aṃ v[ad]ā[m]i [mam]āpy āyuṣma[nn] ārāḍaḥ iya○nto dharmā svayam abhijñayā sākṣātkṛtā yāvad evākiṃcanyāyatanaṃ sa evam āha iti hy [ā]yuṣmad gautama yāvān mama tāvāt tava yāvāt tava

7 tāvān mama ubhāv apy āvā[m] a[sm] inn arthe [sama]sa[m] au [s]ā[m]ā[n] yaprāptā[v e] hy āvām ubhāv api bhūtvemaṃ gaṇam parikarṣāvaḥ sa tāvan me gnivaiśyāyana arāḍaḥ kālāmaḥ sa pūrvācārya eva san parayā mānanayā

8 mānitavān parayā pūjanayā pūjitavān para[m] eṣu ca m[e] pratyayeṣv āttamanāś cābhūd abhirāddhaś ca tasya mamaitad abhavad ayam api mārgo nālaṃ〔1〕jñānāya nālan darśanāya nālam anuttarāyai samyaksaṃvodhaye〔2〕

332r

1 so haṃ tanmārgam alam iti viditvā yenodrako rāmaputras te[n] opasaṃkrānta

---

〔1〕 叠加字符 *laṃ* 被很夸张地延展了。

〔2〕 在没有孔洞的情况下，每行应有大约 75 个字符（参见引言部分的 §7. 字体研究），但是该行却只有 63 个字符，就和带有孔洞的一行一样多。这可能表明了，在该页的某个地方须换页，由此抄写者就将该页的最后一行延展，以填补换行前的空白。

upasaṃkramyodrakaṃ rāmaputram evaṃ vadāmi sacet te udraka aguru careyam ahan te ntike vrahmacaryaṃ sa evam āha na me ā

2 yuṣman gautama ag[u]ru caratv āyuṣman gautamo yathāsukham a[ha]m evaṃ vadāmi · kiyanto bhavatā udrakena dharmā svayam abhijñayā sākṣātkṛtā sa evam āha | yāvad evāyuṣman gautama naivasaṃjñānāsaṃjñāyatanaṃ tasya

3 mamaitad [abhavat*] udrakasya rāmaputrasya śraddhā mamāpi ○ śraddhā udrakasya rāmaputrasya vīryaṃ smṛtiḥ samādhiḥ prajñā mamāpi śraddhā vīryaṃ smṛtis samādhiḥ prajñā | udrakena rāmaputr[e]ṇa iyanto

4 dharmāḥ [s]vayam abhijñayā sākṣātkṛtāḥ yāvad [e]va naivasaṃ○jñānāsaṃjñāyatanaṃ kas[m]ād aham apīmān dharmmān sākṣātkuryām iti | so haṃ teṣān dharmāṇāṃm aprāptānāṃ prāptaye anadhigatānām adhigamāya

5 asākṣātkṛtānāṃ sākṣāt[kr]iyāyai eko vyapakṛṣṭo pramatta ○ ātāpī prahitātmā vyāhārṣam eko vyapakṛṣṭo pramatta ātāpī prahitātmā viharann acirād eva tān dharmān svayam abhijñayā sākṣād a

6 kārṣaṃ sākṣātkṛtya ca punar ahaṃ tān dharmān yena udrakarāmapu○tras tenopasaṃkrāntaḥ upasaṃkramyodrakaṃ rāmaputram evaṃ vadāmi | nanu bhavatā udrakeṇa iyanto dharmāḥ svayam abhijñayā sākṣā[tkṛtā]

7 yāvad eva naivasaṃjñānāsaṃjñāyatanaṃ sa eva[m ā]ha | tathyam āyuṣman gautamaḥ iyanto mayā dharmāḥ svayam abhijñayā sākṣātkṛtā yāvad eva naivasaṃjñānāsaṃjñāyatanaṃ tam enam evam āṣmann udraka iyanto [dharmā] sva[yam a]

8 bhijñayā sākṣātkṛtā yāvad eva naivasaṃjñānā[sa]ṃjñāyatanaṃ s[a] [evam] āha iti hy āyuṣma[n] gautama yāvan mama tāvat tava yāvat tava tāvan mama ubhāv apy āvām asminn arthe samasamau sāmānyaprāptāv ehy āvām ubhāv api

332v

1 bhūtvemaṃ gaṇaṃ parikarṣāvaḥ sa [t]āvan me agniveśyāyana udrako rāmaputra me vācārya eva saṃ parayā mānanayā mānitavān parayā pūjanayā

pūjitavān parameṣu ca me pratyayeṣv āttamanāś cābhūd abhirā
2 ddhaś ca tasya mamaitad abhavad ayam api mār[g]o nālaṃ jñānāya nālan
dar[śa]nāya nālam anuttarāyai samyaksaṃvodhaye I so haṃ taṃ mārgam
alam iti viditvā dakṣiṇena gayāyāḥ prakrānto yenoruvilvā senāyanīg[ra] ..
3 kaḥ so haṃ tatrādrākṣaṃ rama[ṇ]īyaṃ pṛth[i]vīpradeśaṃ prāsādikaṃ ○ ca
vanaṣaṇḍaṃ nadīṃ ca nairaṃjanāṃ śītalāṃ syandanāṃ sasikatāṃ sūpatīrthāṃ
haritaśādvalāṃ vistīrṇakūlāṃ nānāvṛkṣopaśobhitāṃ ramaṇī
4 yāṃ dṛṣṭvā ca puna[r mamaitad abha]vad ramaṇīyo vatāyaṃ pṛ-
thi○vīpradeśaḥ prāsādikaś ca vanaṣaṇḍaṃ nadī ca nairaṃjanā śītalā syandanā
sasikatā sūpatīrthā haritaśādvalā nānāvṛkṣopaśo[bh]i[tā]
5 ramaṇī[y]ā a[laṃ] va[ta] prahāṇārthinā kulaputreṇemaṃ vana○ṣaṇḍam
upaniśṛtya prahāṇaṃ prahātum ahaṃ ca prahāṇerthī yan nv ayam aham imaṃ
vana{{ṃ}}ṣaṇḍaṃ niśṛtya prahāṇaṃ pradadhyām iti so haṃ taṃ vanaṣa
6 [ṇ]ḍam a[bh]yavag. [h]y[ānya]tarad v. kṣamūlaṃ niśṛtya niṣaṇṇaḥ par-
ya○ṅkām ābhujya ṛjuṃ kāyaṃ praṇidhāya pratimukhāṃ smṛtim upasthāpya
saha danteṣu dantān ādhāya jihvāgraṃ tāluvani pratiṣṭhāpya cetasā ci
7 ttam abhigṛhṇāmy abhi .. p. ḍa[yāmi] abh[i]sa[ṃ]tāpayāmi tasya mama
danteṣu dantān ādhāya jihvāgraṃ tāluni pratiṣṭhāpya cetasā cittam abhigṛhṇato
bhinipīḍayataḥ abhisaṃtāpayataḥ sarvaromakū[pe]bhyaḥ svedo
8 muk[tas ta]dyathā valavān puruṣo durvalataraṃ puruṣaṃ vāhubhyāṃ gṛhītvā
nigṛhṇīyād abhinipīḍayet tasya sarvaromakūpebhyaḥ svedo m[u]cyeta evam
eva tam asmin saye danteṣu dantān ādhāya jihvāgraṃ tāluni pratiṣṭhāpya

333r

1 ce[tasā ci]ttam abhigṛhṇato m abhinipīḍayataḥ abhisaṃtāpayataḥ
sarvaromakūpebhyaḥ svedo muktaḥ āravdhaṃ ca me vīryaṃ bhavaty
asaṃlīnaṃ prasrabhyaḥ kāyo bhavaty asaṃravdhaḥ upasthitā smṛtar bhavaty
asaṃmūḍhā samāhi
2 taṃ cittaṃ bhavaty ekāgraṃ evaṃ[rū]pā me agniveśyāyana duḥkhāṃ tīvrāṃ
kharāṃ katukā{{ṃ}}m amanāpāṃ vedanāṃ vedayamānasya cittaṃ paryādāya

tiṣṭhati · yathāpi tad bhāvitakāyasya tasya mamaitad abhavad yanv ahaṃ adhyātmakāni dhyānāni

3 dhyāyeyam iti [so ha]. [mu]kha[to] nāsikāyāṃś cāśvāsapraśvāsāṃ ○ sanniruṇadhmi tasya mama mukhato nāsikāyāśvāsapraśvāseṣu sanniruddheṣu sarvo vāyu mūrdhnānam abhihanti tasya mamātyarthaṃ mūrdhni mūrdhna

4 vedanā [va]rttant[e] I tadyathā valavān puruṣo durvalatarasya puru○ṣasya tīkṣṇenāyaḥśikharakena mūrdhnānam abhihanyāt* tasyātyarthaṃ mūrdhni mūrdhnavedanā varttante evam eva mama mukhato nāsikāyāś cāśvāsapra

5 śvāseṣu sanniruddheṣu [sa]rvo vāyu mūrdhnānam abhihanti tasya ma○mātyarthaṃ mūrdhni mūrdhnavedanā varttante āravdhaṃ ca vīryaṃ bhavaty asaṃlīnaṃ prasravdhaḥ kāyo bhavaty asaṃravdhaḥ upasthitā smṛtir bhavaty asaṃmūḍhā samā

6 hitaṃ cittaṃ bhavaty ekāgraṃ evaṃrūpā me agniveśyāyana duḥkhāṃ tī○vrāṃ kharāṃ kaṭukām amanāpāṃ vedanāṃ vedayamānasya cittaṃ paryādāya tiṣṭhati yathāpi tad bhāvitakāyasya tasya mamaitad abhavad ya[n]nv ahaṃ [bh]ū[ya]

7 sya mātrayā ādhmātakāni dhyānāni dhyāyeyam iti so haṃ bhūyasyā mātrayā mukhato nāsikāyāś cāśvāsapraśvāsāṃ sanniruṇadhmi · tasya mama mukhato nāsikāyāś cāśvāsapraśvāseṣu sanniruṇaddheṣu ubhayato [karṇa]

8 srotasoḥ vāyur vyatisaṃcarati I tadyathā aya[s]k[ā]rabhastrāyā dh[māyam]ānāyā ubhayanāḍikāyā srotasor vāyur vyatisaṃcarati I evam eva mama tasmin samaye mukhato nāsikāyāś cāśvāsapraśvāseṣu sanniruddhe[ṣu]

333v

1 ubhayoḥ karṇasrotasor vāyur vyatisaṃcarati I āravdhaṃ ca me vīryaṃ bhavaty asaṃlīnaṃ prasravdhaḥ kāyo bhavaty asaṃravdhaḥ upasthitā smṛtir bhavaty asaṃmūḍhā · samāhitaṃ cittaṃ bhavaty ekāgram evaṃrūpāṃ me agniveśyāyana

2 duḥkhāṃ tīvrāṃ kharāṃ kaṭukām amanāpāṃ vedanāṃ vedayamānasya cittaṃ na paryādāya tiṣṭhati yathāpi ta[d] bhāvi[ta]kāyasya tasya mamaitad abha-

vad yan nv ahaṃ bhūyasyā mātrayā ādhmātakāni dhyānāni dhyāyeyam iti so [haṃ mu] kha[to]

3 [n] āsikāyāś cāśvāsapraśvāseṣu sanniruddheṣu sarvo nta ḫkukṣi○[r vā] yunādhmato bhū[t s] vādhmātas tadyathā karmāragargarī dhamsamānā ādhmātā bhavati svādhmātā evam eva vata me tasmin samaye sarvo ku[kṣir ādhmāto]

4 bhūt svādhmāta āravdhaṃ ca me . ī .. [ṃ bhavaty a] saṃlīnaṃ prasravdhaḫ kāyo bha○vaty asaṃravdhaḥ upasthitā smṛtir bhavaty asaṃmūḍhā [sa] - māhitaṃ cittaṃ bhavaty ekāgraṃ evaṃrūpām agniveśyāna duḥkhāṃ tīvrāṃ kharāṃ kaṭukām a[ma]

5 [nāpāṃ] vedanāṃ veda[yamānasya] c[i] ttaṃ [na] paryādāya tiṣṭhati | ○ yath[ā]pi tad [bh]āvitakāya[s]ya tasya mamaitad abhavad yanv ahaṃ bhūyasyā mātrayādhmātakāni dhyānāni dhyāyeṃyam iti so haṃ mukhato nāsikā

6 .. [ś cāśvāsa] .. [śvāsāṃ sanniruṇadhmi ta] sya mama mukhato nā○sikāyāś cāśvāsapraśvāseṣu sanniruddheṣv atyarthaṃ śiraśi śi[r] o[v] edanā varttante ta[d]yathā valavān puruṣo durvalatarasya puruṣasya dṛ

7 [ḍh] ena vā vāratrake = [ṇa] «d.» mnā [śira śiro] mreḍakaṃ dadyāt tasyātyarthaṃ śirasi śirovedanā vartterann evam eva tasmin samaye mukhato nāsikāyāś cāśvāsapraśvāseṣu sanniruddheṣv atyarthaṃ śirasi śirovedanā varttante

8 ca ā[rav].aṃ ca me vīryaṃ bhavaty asaṃl[ī]naṃ prasravdhaḥ k[ā] yo bhavaty asaṃravdhaḥ upasthitā smṛtir bhavaty asaṃmūḍhā samāhita[ṃ] cittaṃ bhavaty ek[ā] gram evaṃrūpām me agniveśyāyana duḥkhāṃ tīvrāṃ kharāṃ kaṭukām amanāpāṃ

[3] 34r

1 vedanāṃ ve[da]yamānasya cittaṃ na paryādāya tiṣṭhati · yathāpi tad bhāvitakāyasya tasya mamaitad abhavad yanv ahaṃ bhūyasyā mātrayā ādhmātakāni dhyānāni dhyāyeyam iti | so haṃ mukhato nāsikāyāś cāśvāsa

2 praśvā[s]ān sanniruṇadh[m]i । tasya [mama] mukhato nāsikāyāś cāśvāsapraśvāseṣu sanniruddheṣv atyartham kukṣau kukṣivedanā varttante । tadyathā dakṣo śoghātako vā goghātakāntevāsī vā tīkṣṇayā gokarttanyā goḥ kukṣiṃ

3 [pari]pāṭayet tas[yā] . [y] . . [rth] . [ṃ] . [u] . [ṣ] . . [ukṣi] vedanā vartte-ra[n*] evam e○va mama mukhato nāsikāyā[ś] cāśvāsapraśvāseṣu sanniruddheṣv atyarthaṃ kukṣau kukṣivedanā varttante āravdhaṃ ca me vīryaṃ bhavaty asaṃlīnaṃ

4 pr. . r. .dh. [k]. [y]. [bh]. [v]. [ty]. [s]. [r]. [vdhaḥ u]pasthitā smṛtir bhavaty asaṃmū○ḍhā samāhitaṃ cittaṃ bhavaty ekāgram evaṃrūpām me agniveśyāyana duḥkhāṃ tīvrāṃ kharāṃ kaṭukām amanāpāṃ vedanāṃ vedayamānasya cittaṃ pa

5 ryādāya tiṣṭhati [yathāpi tad bh]āvitakāyasya । tasya mamai○tad abhavad yanv ahaṃ bhūyasyā mātrayā ādhmātakāni dhyānāni dhyāyeyam iti so haṃ mukhato nāsikāyāś cāśvāsapraśvāsān sanniruṇadhmi

6 tasya mama mukhato [nā]s[i]kāyāś cāśvāsapraśvāseṣu sa○nni[ru]ddheṣv at-yarthaṃ kāye kāyaparidāhā varttante tadyathā dvau valavattarau puruṣau durv-alataraṃ puruṣaṃ vāhubhyāṃ gṛhītvā aṃgā[ra] .. [rṣ].[ām upa]

7 [nāma]yetāṃ tasyātyarthaṃ kāye kāyaparidāhā vartterann evam eva mama ta[smin sa]maye mukhato nāsikā◇[1]yāś cāśvāsapraśvāseṣ[u] sannirud-dheṣv atyarthaṃ kāye kāyaparidāhā varttante । āravdhaṃ ca .. [v]. [ry]. [bh].

8 vaty asaṃlīnaṃ saṃravdhaḥ kāyo bhava[ty]. [prati]prasravdhaḥ upasthi[tā smṛtir] bhavaty asa[ṃ]mūḍh[ā] .. m [ā] hit. [citt]. ◇[2] bhavaty e[kā]graṃ [ev]. [rū]pām me agniveśyāyana duḥkhā[ṃ] tīvrāṃ kharāṃ kaṭukām amanā[pāṃ] ved. nāṃ veda ..

---

〔1〕 留有大约三个字符的空白，参见112页，注〔1〕。
〔2〕 同上。

334v

1 mānasya cittaṃ paryādāya tiṣṭhati yathāp[i tad bhā] vitakāyasya [tasya ma] maitad abhavad ayam api mārgo [nā] laṃ jñānāya nālaṃ darśanāya nālam anuttarāyai samyaksaṃvodhaye I tasya mamaitad abhavad yanv ahaṃ s. ..

2 ṇa sarvam anāhāratāṃ pratipadyeyeti I [atha s]. [v]. [hulā] d. vatā ye[nāha] ṃ t. nopasaṃkrāntā upa[sa] ṃ[kr]. my. ◇[1] mām idam avocan * sacet tvaṃ mārṣa mānuṣeṇāhāreṇa ritīyase jehresi vi[tar] asi vi

3 jugupsa[s]. va[ya] ṃ te sarvaromakūpeṣu divyam oja m upasaṃ○harāmas tat tvaṃ svīkuru · ◇ tasya mamāgniveśyāyanaitad abhavad ahaṃ cen manuṣyeṇānāhāratāṃ pratijānī + + va[tā][2]

4 ś ca .. ma sarvaromakū[p] e . u divyarūpam u[pasaṃhare] yus tac cāhaṃ ○ sv[ī]kuryāṃ tan mama syān mṛṣā yan mama syān mṛṣā tan mama syāṃ mithyā mithyādṛṣṭipratyayaṃ khalv ihaike satvā «ḥ» kāyasya bhedāt paraṃ maraṇād apāyadurga[ti]

5 . [inipātaṃ nara] . [eṣū] papadyante I yan m ahaṃ devatānāṃ vaca = naṃ ○ sarveṇa sarvaṃ pratyākhyāyālpaṃ stokaṃ katipayaṃ pa[r]ī . [t]. m āhāram āhareyaṃ I yadi vā mudgayūṣemṇa yadi vā kulatthayūṣeṇa yadi vā

6 [ha] .. . [ukāyū] .. .. [ti] .. [h]. [deva]tānāṃ vacanaṃ sarveṇa sa○rvaṃ pratyākhyāyālpaṃ [s] tokaṃ katipayaṃ parīttam āhāram āharāmi yadi vā mudgayūṣeṇa yadi vā kulatthayūṣeṇa yadi vā hareṇukāyūṣe

7 .. [tas] ya mamālpaṃ st[o] k. k. t. p. y. parīttam āhāram āharatas sarvāṇy aṃgapratyaṃgāṇi mlānāny abhūvaṃ samlānāni kṛśāny alpamāṃsāni tadyathā tadyathā asītakaparvāṇi vā kālakaparṇāni vā mlānāni bha

8 [vanti] .. ṃ m. ānāni kṛśāny alpamāṃsāni evam eva mama tasmin samaye alpaṃ stokaṃ katipayaṃ parīttam āhāram āharataḥ sarvāṇy aṃgapratyaṃgāni mlānāny abhūvaṃ samlānāni kṛśāny alpamāṃsāni tasya mamālpaṃ sto

---

[1] 此处留有大约七个字符的空白，虽然此处并无一个意义单元，但仍然看似为此而做标注。在下一行也作了同样的处理。

[2] 在写本修复之前，*deva[tā]* 这几个字符原在 333v3 上面。

转　写

[3]35r

1 .. [ṃ] .. . [i] . y. parīttam āhāram āharataḥ śirasi śirastvaṃ mānam abhūt saṃmlānaṃ saṃkucitaṃ saṃparpaṭakajātaṃ tadyathā āmālāvū vṛntāc chinnaṃ mlānaṃ bhavati samlānaṃ saṃkucitaṃ saṃparpaṭakajātaṃ evam eva mama tasmi

2 + maye śirasi . i .. s[t]. aṃ m[l]ānaṃ bhūt sammlānaṃ saṃkucitaṃ saṃparpaṭakajātaṃ āravdhaṃ ca me vīryaṃ bhavaty asaṃlīnaṃ prasravdhaḥ kāyo bhavaty asaṃravdhaḥ upasthitā smṛtir bhavaty asaṃmūḍhā samāhitaṃ cittaṃ bhavaty ekāgram e

3 + + + + + + + . [āy]. [na duḥkhāṃ] tīvrāṃ kharāṃ kaṭukām ama○nāpāṃ veda[n]āṃ ve[daya]mānasya ci ◇[1] ttaṃn na paryādāya tiṣṭhati yathāpi tad bhāvitakāyasya [tas]ya mamālpaṃ stokaṃ katipayaṃ pa

4 + . t. [m]. .. .. [m ā]harato kṣ[ṇ]o[r a]kṣitārake a[pa]gate abhū○tām atyapagate gambhīre dūrānugate ◇ [2] dūrānupraviṣṭe apīdānīm u[t]khāte iva khyāyete tadyathā grīṣm[ā]ṇe paścime māse gaṃbhīro

5 .. ke u[dap]. ne uda[k]. [uda]ṃkatārakā a[pa]gat[ā] bhavanty anu○pagatā dūrānupraviṣṭā apīdānīm ākhyāyikeyaiva śrūyante । evam eva mama tas[m]in samaye alpaṃ stokaṃ katipayaṃ parīttam āhāram ā

6 haratao kṣṇor akṣitārake apagate abhūtām apy apagate ○ gambhīrānugate dūrānupraviṣṭe apīdānīm utkhāte iva khyāyete āravdhaṃ ca me vīryaṃ bhavaty asaṃlīnaṃ prasravdhaḥ kāyo bhav[aty asaṃravdhaḥ] [3]

7 upasthitā smṛtir bhavaty asaṃmūḍhā samāhitaṃ cittaṃ bhavaty ekāgra[m] e[vaṃ]rūpā me agniveśyā[yana] duḥkhāṃ tīvrāṃ kharā[ṃ] kaṭukām amanāpā[ṃ] vedanāṃ vedayamānasya cittaṃ paryādāya tiṣṭhati · yathāpi tad bhā[vitakā]

8 yasya tasya mamālpa[ṃ] stokaṃ katipayaṃ parī[tta]m āhāram āharataḥ

---

[1] 留有大约三个字符的空白，参见 112 页，注[1]。
[2] 同上。
[3] 在写本修复之前，*bha[vaty asaṃravdhaḥ]* 这些字符能更容易地被识读出来。

paraśukāntarāṇy anavanatā[n]y abhū[va]n ya[n a]navanatāny abhūvaṃ tadyathā dvivarṣastrivarṣapracchannāyās tṛṇaśālāyāḥ gopānasya unnatāvanatā bha .. . [i]

335v

1 evam eva mama tasmin samaye alpaṃ stokaṃ katipayaṃ parī[tta]m āhāram āharataḥ parśukāntarāṇy unnatāvanatāv abhūvaṃ | āravdhaṃ ca me vīryaṃ bhavaty asaṃlīnaṃ prasravdhaḥ kāyo bhavaty asaṃravdhaḥ upasthitā smṛ[ti] .. .. ..

2 saṃmūḍhā | samāhitaṃ cittaṃ bhavaty ekāgraṃm evaṃrūpāṃ me agniveśyāyana duḥkhāṃ tīvrā[ṃ] kharāṃ kaṭum amanapāṃ vedanāṃ vedayamānasya cittaṃ paryādāya tiṣṭhati | yathāpi tad bhāvitakāyasya mamālpaṃ stokaṃ ka[ti]payaṃ pa .. ..

3 m āhāram āharataḥ pṛṣṭhavaṃśo bhūt tadyathā varttaveṇī ubhau vāni○[ṣā]dau tadyathā uṣṭrapadaṃ so ham ekadā utthāsy[ā]mīty avamū[rdha]kaḥ prapatāmi niṣatsyāmīty uttānakaḥ prapatāmi so ham adhari . [aṃ k] . [yaṃ] . [ṃ]

4 parigṛhya uparimaṃ kāyaṃ saṃsth[ā]payāmi uparimaṃ kāyaṃ saṃ○[pa]ri[gṛhyā]dharimaṃ kāyaṃ saṃs[thā]payāmi so ham imam evaṃ kāyaṃ samāśvāsayann ubhābhyāṃ pāṇibhyāṃ [āmār]. [i] parimārṣmi | apīdān[ī pū] .. ..

5 lā . [i] .. .. [ṇi] . [ṛthiv]yāṃ śīrṇāni | atha tisro devatā yenāhaṃ ○ te[nopa]sa[ṃkrā]ntā upa[saṃkr]. [my]aikā devatā e[vam] ā[ha kṛ]ṣṇaṃ śra[ma]ṇo gau[tama] iti | aparā devatā [evam āha | naiva kṛ]ṣṇo p[i] tu śyāmaḥ

6 + + + + + + .. [ti] | aparā devatā e[va]m āha | [n]aiṣa kṛṣṇo ○ [n]aiṣa śyā[mo] api tu madgu[cchav]iḥ .. .. ◇[1] śra .. ṇo gautama ● . [i | pa]śyāgni[ve]śyāyana yāvac ca me [tasmin sama]ye evaṃrūpāyā śubhāyā

[1] 留有大约三个字符的空白,参见112页,注[1]。

7　+ + + + + ... sar. e[ṇa sarva] m antardhānam abhūt tasya mama tasmin samaye aśruta ◇[1] pūrvā [t] isr[o] pamā pratibhā ◇[2] tās tadya .. .. [dr] aṃ kāṣṭhaṃ sasnehaṃ [ja] le upanikṣipta[ṃ] syād ārā [stha]lād atha puruṣa āgacche

8　+ .. rthī agni[ga] veṣa sa tatrādharāraṇyām uttarāraṇiṃ pratiṣṭhāpyābhidhūmaḥ bhavyo gniṃ saṃjanayituṃ tejaḥ prāviṣkartuṃ eva[m e] .. [ta] d agniveśyāyana bhavati yathāpi tad ārdrāt kāṣṭhāt sasnehād evam eva ye keci

336r

1　+ + .. [vā vrāh] .. .. vā yeṣu kāyenāpakṛṣṭā [v] iharanti cittena ca । teṣāṃ yaḥ kāmeṣu kāmacchandaḥ kāmasnehaḥ kāmapremaḥ kāmālayaḥ kāmaniyanti kāmavyāpādī tat teṣāṃ cittaṃ paryādāya tiṣṭhati । kiṃ cāpi te śramaṇā vrāhmaṇāḥ

2　+ + ṇ[y] ām evaṃ[rupāṃ a/ātmo] .. [k]. [am] i[kā] ṃ duḥkhāṃ tīvrāṃ kharāṃ kaṭukāṃm amanāpāṃ vedanāṃ vedayante atha ca punas te n[ā] laṃ jñānāya nālaṃ darśan. .. nālaṃ anuttarāy[ai] samyaksaṃvodhaye evam etad agniveśyāyana bhavati yathāpi ta

3　+ + + + + + + + + + [v]. haratā. [cittena ca] iyaṃ me [a] gn[i] ve○[ś] y[ā] .. na tasmin samaye prathamāśrutapūrvā upamā pratibhā[tā] . [unar aha] ṃ tadya [th] ā [ā] rdraṃ kāṣ[ṭh] aṃ [sa]snehaṃ sasnehaṃ stha[l]. .. [pan]. [kṣipta] ṃ syād ārāj jalād atha

4　.. + + [ā] .. . [ch]. [d]. . [nyarth]. [agni] gaveṣī sa tatrādhar. [raṇyā] m u[ttarā] raṇiṃ ○ pra[ti] .. . [y]. . [imathna] .. [bhavyo] gniṃ [sa] ṃ .. .. y[i] tuṃ tejaḥ [pr]. .. .. [rt]. m evam etad a[gniv]. śyā .. .. [bhava] =ti yathāpi = ta .. [r]. [ā] .. [ṣṭhā] t sa[sne] hād evam eva ye ke

5　cic chrama[ṇā] vā [vrāhma] ṇā v. kāmeṣu kāyena vyapakṛṣṭ. vihara○nti

〔1〕 留有大约两个字符的空白，参见 112 页，注〔1〕。
〔2〕 同上。

[na] ci[tt]. [n]. [|] te[ṣā]ṃ yaḫ kāme[ṣ] u [k]. macchandaḥ kāma . [n]. . [h]. k[ā] mapremaḥ kāmā .. yaḥ [k]āmaniyanti kāmā . [y]. .. .. .. te[ṣāṃ] pa[ryā]dāya tiṣṭhati |

6 kiṃ cāpi imam evaṃrūpām ātmopakramikāṃ duḫkhāṃ tīvrāṃ kharāṃ ka○[ṭukā]m ama[nāpāṃ ve]dayante atha ca punas [te nā] laṃ [jñānā] ya nālaṃ darśanāya nālam uttarāyai samya[k] s[a] ṃvodhaye evam etad a . [i] ve[śyā] yana .. + . i

7 yathāpi tat kāmeṣu kāyena vyavakṛtānāṃ viharatāṃ na cittena iyaṃ me agniveśyā[ya]na ta[smi]n samaye dvitīyāśrutapūrvā upamā pratibhātā || [p]unar aparaṃ tadyathā śuṣkaṃ koṭaraṃ sthale u[pa] nikṣiptaṃ syād ārāj ja . [ād atha pu] ..

8 ṣa āgacched agnyarthī agnigaveṣī sa tatrādha[r]. [ra] ṇyām u[tt]. ◇[1] rāraṇiṃ pratiṣṭhāpya abhimathnaṃ bhavyo gniṃ saṃ[ja] nayituṃ tejaḥ prāviṣkartum evam etad agniveśyāyana bhavati yathāpi tac chuṣkāt kāṣṭhāt koṭarād eva[m e] ..

336v

1 ye kecic chramaṇā vā vrāhmaṇā vā kāmeṣu kāyena vyapakṛ◇[2]ṣṭā viharanti na cittena teṣāṃ yaḫ k[ā] meṣu cchandaḥ kāmeṣu snehaḥ kāmapremaḥ kāmālayaḥ kāmaniyantiḥ kāmādhya[va] sānaṃ | tat teṣā[ṃ] cittaṃ na paryādāy. + +

2 ti | kiṃ cāpi te nemām evaṃrūpām ātmopakramikāṃ [d]. ḥkhāṃ[tī] ◇[3] vrāṃ kharāṃ kaṭukām amanāpāṃ vedanāṃ vedayante atha ca punas te [nā] laṃ jñānāya nālaṃ darśa[n] āya [n] ālam anuttarāyai samyaksa. vodhaye evam etad ag. iveśyāya .. ..

3 vati yathāpi tat kāmeṣu kāyena vyapakṛṣṭā viharanti na cittena ca ○ iyaṃ me agniveśyāyana tasmin sa[maye] agnive[śyāyana] tasmin samaye tritīyā

〔1〕 留有大约两个字符的空白,参见 112 页,注〔1〕。
〔2〕 同上。
〔3〕 同上。

aśrutapūrvā upamā pratibhātā tasya mam[ā] gniveśy. .. .. .. +

4 .. [va] d ye ke[cic chramaṇā] vā vrāhmaṇā vā duḥkhaprahāṇayośam a○nuyu[k]tā viharanti sarve te tāvan [n] ato uttarenāto [bhū] yas tasya mamaitad abhavad ayam api mārgo nālaṃ jñānāya nālaṃ darśanā[y] . [nāl] . .. . u .. + +

5 samya[ksaṃ] vo [dha] ye [k] . [t] . [m] . . [c] . [sau] [m] . [rga]ḥ [s] y[āt] k [atam] . [pratipat *] alaṃ ○ jñānāya alaṃ darśanāya alam anuttarāyai samyaksaṃ[vo] dhaye tasya mamaitad abha [vad a] bhijānāmy ahaṃ pituḥ śā[k] ya[s] ya śuddhodanasya [ka] rmāntān anusaṃyo

6 + + + + + + + + + + ... [m] air vivi[ktaṃ] [pāpak] air akuśalaiḥ ○ dharmaiḥ savitarkaṃ savicāraṃ vivekajaṃ prītisukhaṃ prathama[ṃ] dhyānam upasaṃpadya vihartuṃ [s] yāt s. [m] . . gaḥ sā pra = ti [pat *] alaṃ jñānāya alaṃ darśanāya

7 + + ... + + + + + .. + .. [ye sa] .. [y] . [t] . . [hi] [na] suka[raṃm utpā] dayituṃ yathāpi tat kṛśena durbalenālpasthāmnā yanv aha yathā[su] kham ā [śv] ā [syi] mi yathā [su] kha. praśvasyimi I audārikam āhāram ā[har] . yam au[d] . [ri] kaṃ [cā] hāram āh[ā]

8 + + + .. danaku . [m] . saṃ sa [r] p [i] stailābhyāṃ gātrāṇi mra[kṣ] . ye[ya] ṃ sukhodakena kāyaṃ pariṣiṃceyam iti I so haṃ yathāsukham āśvasāmi [ya] thā[sukha] ṃ [praśvasāmi] audārikaṃ [c] . hāram āharā[m] i odanakulmā[saṃ sarpistai]lā[bhyā] ṃ gātrā

337r

1 .. [ca m] . .. . [s] u [kho] dakena kāyaṃ pa [ri] ṣ[i] . cāmi · so ham [anu] pūrveṇa kāyasya sthāmaṃ ca valaṃ ca saṃjanya svastikayāvasikasy[ā] ntik[āt tri]ṇ [āny ā] dāya yena [vodhimūlan tenopa] saṃkrāntaḥ upasaṃkramya svayam e[va] tṛṇasaṃstarakaṃ

2 .. .. [dy] . [niṣaṇṇa] ḥ parya [ṅka] m ābhujya ṛjuṃ kāyaṃ praṇ[i] dhāya pratimukhāṃ smṛtim upasthāpya so ham abhidhyā loke prahāya vigatābhidhye[na cetasā] vahu[laṃ] viharāmi abhidhyāyā[ś] c[i] ttaṃ

pariśodhayāmi vyāpāda[styāna] m[iddha] m auddhatyakau

3 .. .. [ā] .. [tī] rṇakaṃkṣo bhavā [mi] tī[rṇa] vicikitso ○ kathaṃkathī kuleṣu dharmeṣu vicikitsāyāś c[ittaṃ] pariśodhayāmi so haṃ paṃcani[varaṇāni] prahāya cetasa upakleśakarā = ṇi vi[gh] ātapakṣyāṇy a

4 [nirvāṇasaṃv] . . [t] . [n] . [y] . ni v[i] vi[ktaṃ] kāmair yāvat prathamaṃ dhyānam u○pasaṃpadya viharāmy evaṃ me gniveśyāyanaikāki[n] ā vyapakṛṣṭenāpramattenāt. [p] . . [ā] prahitātmanā viharatā ayaṃ pra[tha] ma ādhicaitasi

5 k[o] dṛṣṭadharma .. .. [v] . hār[o dhiga] ta ātmano rataye aparita○sanāyai sparśavihā[r] āy[o] pakramaṇīyo nirvāṇa[s] ya ārav[dh] aṃ ca me vīryaṃ bhavaty a [s] . . ī [naṃ] prasravdhaḥ kāyo bhava [ty a] saṃravdhaḥ u[pa] sth[i] tā smṛtir bha[va]

6 . y. [s] . [mū] ḍhā samāhita[ṃ] cittaṃ bhavaty ekāgrarūpāṃ agniveśyāyana ○ śāntāṃ śubhāṃ kṛtsnāṃ vedanāṃ vedayamānasya cittaṃ [na pa] ryādāya tiṣṭhati · yathā[pi] tad bhāvitakāyasya bhāvitacittasya so haṃ vita[r] kavi[cā-rāṇāṃ]

7 [v] yupaśamā[d] adhyātmasaṃprasādāc cetasa ekotībhāvād avitarkam avicāraṃ samā [dhi] jaṃ prītisukhaṃ dvitīyaṃ [dhyānam upa] saṃ [padya viharāmy evaṃ] me a[gn] iveśyāyan[ai] kākinā vyavakṛṣṭenāpra[matt] e[n] ā-tāpi[nā prahit] . . [m] . ..

8 viharatā ayaṃ dvitīya ādhicaitasiko dṛ[ṣṭa] dharmasukhavihar [o] dhigata ātmano rataye apari .. sa [n] . yai sparśavihārāy[o] pakramaṇīyo nirvāṇa[s] ya I āravdhaṃ ca me vīryaṃ [bhavaty] . .. . [prasravdha]ḥ kāyo bha[va] ..

337v

1 saṃravdhaḥ upasthitā smṛtir bha[va] ty asaṃmūḍhā I samā [h] itaṃ cittaṃ bhavaty ekāgraṃ evaṃrūpāṃ me agniveśyāya [na] [ś] āntāṃ śubhā[ṃ] kṛtsnāṃ vedanāṃ vedayamānasya cittaṃ na paryādāya tiṣṭhati yathāpi tad

bhāvitakā[y]. [sya bh]. [vi] .. [citta]

2 sya so haṃ prīter virāgād upekṣako viharām[i smṛ] tas saṃprajāno sukhaṃ ca kāyena prati[s] aṃvedaye ya . [t]. d ā[ryā ā]cakṣate upekṣakaḥ smṛti[māṃ] sukhavihārī tṛtīyaṃ dhyānam upasaṃpadya viharāmy e [vaṃ] me [agniveśyāyana]

3 ekākinā [vyapak] ṛṣṭenāpramatenātāpinā prahitātmanā vi○haratā ayaṃ tṛtīya ādhicaitasikāṃ dṛṣṭadharma[su] khavihāro dhigato ātmano rataye a[pa] ritasanāyai sparśa[v] i[h]. [rā] yo[p]. kr. [m]. .. ..

4 . i .. .. [vdhaṃ] ca me vīryaṃ bhavaty asaṃlīnaṃ prasravdhaḥ kā○yo [bhavaty] asaṃravdhaḥ u[pas] thi[ta] sthitir bhavaty asaṃmū[ḍhā] samāhitaṃ cittaṃ bhavaty ekāgraṃ [e] .. [rūpāṃ] m. [agni] veśyāyana śāntāṃ [śu] bhāṃ [k] ṛtsanāṃ vedanāṃ v[e] da

5 [yam] ānasya ci[tt]. [paryādā] ya tiṣṭhati yathāpi tad bhāvitakāya○sya so haṃ sukhasya c. prahāṇ. [d] du[kh]. sya ca prahāṇāt pū[rva] m eva ca saumanasyadaurmanasya .. r [asta]. gamād a[du] ḥkhāsukham upekṣāpariśuddhaṃ caturthaṃ dhyāna[m upa]

6 .. ṃ .. .. . i .. .. gniveśyāyanaikākinā prakṛṣṭe○nā[tā] pinā pr. hitātmanā viharatā ayaṃ caturthaḥ [ā] dhicaitasiko dṛṣṭadharmasu[kh]. [v] ihāro dhigata ātmano rataye aparitasanāyai sparśa

7 [v] i [h]. [r]. [y]. [pakra] .. .. .. [ni] rvāṇasya | ervaṃrūpā. me agniveśyāyana śāntāṃ śubhāṃ kṛtsnāṃ vedan[ā]. [v]. dayamānas[y] a cittaṃ paryādāya tiṣṭhati | yathāpi tad bhāvitakāya[sya] .. vitacittasya so ham evaṃ samā[h] i[te c] itt[e] pariśuddhe

8 [parya] vadāte ana [ṃ] gaṇe vigatopakleśe ṛjubhūte karmaṇye sthite ān[i]ṃjyaprāpte pūrvanivāsān[usmṛ] tij[ñānasā] kṣātkriyāyāṃ vidyayāṃ ci[tta] m abhinirṇamayāmi so ha[m a] nekavidhaṃ pūrvenivāsaṃ sama[n] usmarāmi | tadyathā

338r

1 ek[ā] m api jātiṃ yāvad ihopapanna iti sākāraṃ sanidānaṃ soddeśam aneka-

vidhaṃ pūrve[n]ivāsaṃ samanusmarāmi evaṃ me agniveśyāyana ekākinā vyapakṛṣṭenāpramattenātāpinā prahi[tātma]nā viharatā i

2 yaṃ prathamā vidyādhigat[ā] ajñānaṃ vigataṃ jñānaṃ samutpannaṃ tamo vidhāntam ālokaḫ prādurbhūto vidyā viraktā vi[d]yā cotpannā yad uta pūrvani[vāsānusmṛ]tijñānasākṣāt[kr]iyā vidyā āravdaṃ ca me vīryaṃ bhavaty a[saṃlī]naṃ prasravdhaḥ

3 [kāyo bhavaty asaṃ] .. .. .. [p]. sth. tā smṛtir bhavaty asaṃmūḍhā samā○hitaṃ ci[tt]aṃ bhavaty ekāgram evaṃrūpāṃ me agniveśyāyana śāntāṃ śubhāṃ [kṛtsn]āṃ vedanā[ṃ] vedayamanasya cittaṃ paryādāya ti[ṣṭha]ti yathāpi tad bhā

4 vit. k. y. sy. [bhā]v[i]t[a] c[i]ttasya so ham evaṃ samāhite citte pa○[r]i[ś]uddhe paryavadāte naṃgaṇe vigatopakleśe ṛjubhūte karmaṇye sthite āniṃj[y]aprāpte te cyutyupapādajñānasākṣātkriyāyāṃ vidyāyāṃ cittam abhi

5 [n]irṇāmayāmi so haṃ divyena cakṣuṣā viśuddhenātikrāntamā○nuṣeṇa satvān pa[ś]yāmi cya[va]mā[n]ā[n ap]y upap[ad]ya[mānā]m api suvarṇ[ā]n api durvarṇān api hīnān api praṇītān api yāvad devamanuṣyeṣūpapadyanta i

6 [ti] evaṃ agniveśyāyanaikākinā vyapakṛṣṭenāpramattenātā○pi[nā p]rahitātmanā viharatā iyaṃ dvitīyā vidyā adhigatā ajñānaṃ vigataṃ jñānaṃ samu[tpanna]ṃ tamo vidhāntam ālokaḥ prādurbhūto vidyā vi[raktā]

7 vidyā cotpannā yad uta cyutyupapādajñānasākṣātkriyā vidyā evaṃrūpāṃ me agniveśyāyana [śā]ntāṃ śubhāṃ kṛtsnāṃ vedanāṃ ve[da]yamānasya cittaṃ na paryādāya tiṣṭhati yathāpi [tad] bhā[vita]kāyasya bh[ā]vitaci[ttas]ya so

8 ham evaṃ samāhite citte pariśuddhe paryava[dā]te anaṃgaṇe vigatopakle[ś]e rijubhūte [karma]ṇye sthite āniṃjyapr. [pt]. [ā]sravakṣayajñānasākṣātkriyāyāṃ vidyāyāṃ cittam abhinirṇāmayāmi so [ha]m [idaṃ]

338v

1 duḥkham āryasatyam iti yathābh[ū] .. ṃ .. jā .. . [i] .. .. [kh] . [s] . .. .. yam idaṃ duḫkhanirodham idaṃ duḥkhanirodhagāminīṃ pratipad ārya[s] . tyam iti yathābhūtaṃ prajānāmi tasya mamaivaṃ jānata evaṃ paśya[taḥ kā]

2 māsravāc cittaṃ vimucyate bhavāsravād av[i]dyāsra[vāc cittaṃ vimu]cyate vimuktasya vimuktam eva jñānadarśanaṃ bhavati kṣīṇā me [jā] tir uṣitaṃ vrahmacaryaṃ nāparam asmād bhavaṃ prajānāmi । iti evaṃ me agni-ve[śyāya] ..

3 kā[ki]nā vyapakṛṣṭe[nā] pramattenātāpinā prah[it]ātmanā vi○haratā [tṛ] tīyā vidyā adhigatā ajñāna [ṃ] v [igata] . [jñāṃn] . ṃ [sa]mutpannaṃ tamo vidhāntam ālokaḥ prādurbhūto vi[dyā] viraktā vidyā cotpannā ya[d] u .. .. ..

4 [vakṣayajñāna] .. [kṣātkri]yā [vi]dyā āravdhaṃ ca me vīryaṃ bhavaty asaṃ○l[īna] . [prasra]ḫ k[ā]yo bhavaty asaṃravdhaḥ upasthitā smṛ[tir bha] .. ty asaṃmūḍhā sa[mā]hitaṃ cittaṃ bhavaty ekāgram evaṃrūpāṃ me ag-niveśyāyana .. . [tā] ..

5 [bh] . [kṛtsnāṃ] anāsravā. vedanāṃ vedayamānasya cittaṃ na paryā○dāya tiṣṭhati yathāpi tad bhāvitakāyasya bhā . i .. . i[tta]sya ubhayato bhāvanāyogam anuyuktasya yat tad agniveśyāyana samyagvadanto

6 [vadeyu]r asa[mmoṣ] . .. .. [sa]tvo loka utpa[nna i]ti satva○sāraśreṣṭho paryādattacitta sukhaduḥkhabhyām i .. .. .. tat samya[gvada]nto vadeyus tat kasya hetor aham asmy agniveśyāyana asammoṣadha

7 rm[ā] .. . v. [lo]ka [utpanna]ḥ satvasāraśreṣṭho pary. .. ttacittaḥ sukhaduḥkhābhyām iti jānāti bhavān gautamā nivā[sva]pnaṃ [mu] .. .. y agniveśyāyana grīṣmāṇāṃ paścime māse muhūrtaṃ klamam ima traike sammoham ity ā

8 [hu]r āgamaya tvam agniveśyāyana tvarā [na] sukara . [ā]jñātuṃ [ya] .. . ṃmū[ḍho] bhavaty asaṃmūḍho vā yasya kasyacid agniveśyāyana [y] . [ā]sravāḥ [sā]ṃ[kle]śikāḥ paunarbhavikāḥ sajvarā duḫkhavipākāḥ āyatyāṃ jātijarāma

[3]39r

1 .. .. y. s te prahīṇā bhavanty aparijñātā[s tam a]haṃ saṃmūḍhaṃ [va]dāmi ॥ [ya] .. tu kasyacid agniveśyāyana ye āsra[vā]ḥ sāṃkleśikāḥ [paunarbhavikāḥ] sajvarā duḥkhavipākāḥ [ā]yatyāṃ jā[tijar]āmaraṇīyāḥ te prahaṇā bhavant[i]

2 [p]. . [i] [j].. t[ā]ḥ ucchinnam[ūl]ās tālamastakav[a]d anākābhā[sa]gatikā āyatyām anutpattidharmāṇas tam aham asaṃmūḍham iti vadāmi [। tath]ā-gatasyāgniveśyāyana ye āsravāḥ paunarbhavikāḥ sajvarāḥ duḥkha[v]i[p]ākā āyatyāṃ jā

3 .. .. r. .. [r]. [ṇīy]. [s te p]. h. ṇāḥ parijñātā u[cch]i[nna]mūlās tā○lamastakavad anābhāsagatikā āyatyām anu[tp]. [ttidharmā]ṇas tam aham asaṃmūḍham iti vadāmi । tathāgatasyāgniveśyāyana ye āsravāḥ sāṃ

4 [kleśikāḥ paunarbhavikās sa]jvarā d[u]ḥ[kha]vipākā āyatyāṃ jātija○rāmaraṇīyās te prahīṇāḥ parijñātā ucchinnamūlā[s tāla]mastaka[vad a]nābhāsagatikā āyatyāṃ jātijarāmaraṇīyās tasmād aham asaṃmūḍhaḥ

5 [k]i .. .. .. [t]. [gauta]m[ena] pratiyaty evāstīkṛtaṃ bhaviṣyati sace○n mā kaścid upasaṃkramyaivaṃ caivaṃ ca praśnaṃ pṛcchet tasyā[ham evaṃ] caivaṃ ca praśnaṃ pṛṣṭo vyākuryām iti । kim etad agniveśyāyanaivaṃ bhaviṣyaty api tu lābheva

6 [teṣāṃ t]. [th]. [g]. [t]. [nāma]k[ā] yapadakāyavyaṃjanakāyā teṣāṃ te○ṣ[ām]. v. .. [kt]. [pa]dānāṃ kathāsaṃprayoge sati ta[tprat]irūpā kathā saṃtiṣṭhate । abhijānāmy [aham a]gniveśyāyana anekaśatāyāḥ [par].. [daḥ]

7 purast[ā]d dharmaṃ deśayituṃ tatraikeṣām evaṃ bhavati mama [bha]ga-vāṃś cetasā cittam ājñāya ◇[1] dharmaṃ deśayati mama sugataś cetasā cit-tam ājñāya dharmaṃ deśayati kim etad agniveśyāyan[ai]vaṃ bhaviṣya[ti api tu] ..

---

〔1〕 留有大约三个字符的空白,参见112页,注〔1〕。

8 bheva tathāgato nāmakāyapadakā [yavyaṃja] na .. + + + [ṃ teṣām avi] m[u]ktipadānāṃ kathāsaṃprayoge sati tatpratirūpā kathā saṃtiṣṭhate | abhijānāmi [tvam a]gniveśyāyana itaḥ pūrvam anyān api śrama[ṇa] .. ..

339v

1 n evaṃrūpān praśnān praṣṭum ity abhijānā[m] i .. .. [śramaṇ] . + + ... [v] . ūcyamānā anyenānyaṃ pratisaranti vahirdhā kathām upanayanti kopaṃ ca dveṣaṃ ca mānaṃ ca [m] rakṣaṃ cā[ghā] taṃ cākṣāntiṃ cāpratyayaṃ ca . r. .. ..

2 bhavato gautamasyāśādyośāmya pratisa[ṃ] mantryamānasya anānulomikair vacanapa[th] air ucyamā[na] syāpratirūpeṣūpasaṃhāreṣūpasaṃhriyamāṇeṣu pariśudhyaty eva [m] ukhavarṇaḥ paryavadāta[ś] chaviva[rṇo] .. [thā] .. ..

3 [thā] .. .. [syārhataḥ sa] myaksaṃvuddhasya syāt khalu [bho] gautama utkṣiptāsi○kaṃ vardhaka .. [ruṣam ā] sādya puruṣasya svastir bhāvo na tv eva bhavantoṃ gautamam āsādya syāt puruṣasya svastibhāva syāt khalu bho gautamāgni[ṃ] pra[jv] . ..

4 [nta] .. .. sya svastibhāvo na tv eva bhavantaṃ gautamam āsādya ○ syāt puruṣasya svastibhāvaḥ syāt khalu bho gautama āśīviṣaṃ ghoraviṣaṃ kṛṣṇasarpam ā[sā] dya puruṣasya svastibhāvo na tv eva bhavantaṃ gautama .. .. . [y] .

5 [syā] .. .. [ṣasya sva] . i[bhā] vaḥ syāt khalu bho gau[tama] siṃhaṃ śiriguhā○gatam āsādya puruṣasya svastibhāv[o] na tv evaṃ bhavantaṃ gautamam āsādya syāt puruṣasya svastibhāvaḥ syāt [khalu] bho gautama rā . ñ. nāgaṃ mattaṃ mātaṃṅgaja

6 .. .. .. [sth] i . [a/ā] .. .. [m] ī . ā[da] ntaṃ gūḍhoraskaṃ saṃgrāmāv{{ā}}avacaraṃ[1]○ saṃgrāmagatam āsādya puruṣasya svastibhāvo na tv evaṃ bhavantaṃ gautamam āsādya syāt puruṣasya svastibhāvo nānyatra vayam eva gau-

---

〔1〕 按照词义，该勾销记号应该将整个 *vā* 划去；参见 DĀ 20.204。

tama

7 dhvā[ṅkṣoś ca mu]kharāś ca [pra] .. l[p]āś ca ye bhavantaṃ gautamaṃ dvir apy upasaṃkrame yad uta vādārthino vādapariṣkārāḥ ‖ tasmin khalu dharmapa[ryā]ye bhāṣyamāṇe sātyakir nirgranthīputro buddhe bhiprasanno dharme saṃghe bhiprasannaḥ |

8 [a] .. [sātya]kir nirgranthīputro bhaga[va]to bhāṣitam abhinandyānumodya bhagavato ntikāt prakrāntaḥ ‖ ◇ ‖ antaroddānam * ‖ eke spṛśanti nandasya kin nu te tāva t{{ā}}athā no tūṣṇībh[ūto] dvidhā kāyas tv abhijānā

340r

1 [m]y. ha tathā | arāḍo rāma[putrasya] gayāyār dakṣiṇena ca | ādhmātakāni dhyāyeyam ojastokena kārayet * devetā vrahmakāyikāś ca svastikā dhyānānīti tapasaś cāsaṃmohaḥ svap[n]a e[va] ca | kiṃ nv ito

2 vahu[r a]nyā[ś] ca sta . ā [m/s]e nānā sapaṃcamaṃ pramādaṃ caramaṃ kṛtvā kāyākhyā bhāvanāḥ smṛtāḥ ‖ ◇ ‖ bhagavān vatseṣu janapadeṣu cārikāṃ caraṃ śiśumāragirim anuprāptaḥ śiśumāragirau viharati bhīṣaṇi

文 本 编 译

20.1 (329r4) bhagavān vaiśālyāṃ viharati markaṭahradatīre kūṭāgāraśālāyāṃ[1] ‹|›

译文 世尊住于毘舍离猿猴池的岸边,在尖顶的讲堂中。

MN 36 [237.5] Evam - me sutaṃ. Ekaṃ samayaṃ Bhagavā Vesāliyaṃ viharati Mahāvane Kūṭāgārasālāyaṃ.

[1] 关于该专有名词的含义,一说此讲堂有多层,汉译佛经中即取此说,并译为“重阁讲堂”,参见 BWDJT s. v. *kūṭāgāra* 和 *kūṭāgāra - śālā*;一说此讲堂的顶是尖的,目前的研究文献多从此说,见 DPPN 与 Ps II 267 s. v. *Kūṭāgārasālā*;SWTF s. v. *kūṭāgāra* 和 *kūṭāgāra - śālā*,另见 YL 43,注 13;SKILLING 1997: 45,注 149 和 406 起,注 14 – 16。另外,DPPN 中 s. v. Kūṭāgārasālā, ANĀLAYO 2010: 42,注 7 和 2011: 223,注 95 所提到的 LAMOTTE 1958: 171、SKILLING 1997: 295 和 BINGENHEIMER 2008: 159,注 31 皆注意到了南北传部派佛教中,该讲堂坐落的地方并不一致。

20.2 atha bhagavān pūrvāhṇe nivāsya pātracīvaram ādāya vaiśālī‹ṃ› piṇḍāya prāvikṣat * ┊ ā(329r5)yuṣmatānandena paścācchramaṇena ‹|›

译文 于是世尊早晨着衣已,取[其]乞钵[与其]上衣已,与随从沙门——尊者阿难——共入毘舍离乞食。

MN 36 [237.6] Tena kho pana samayena Bhagavā pubbanhasamayaṃ sunivattho hoti pattacīvaraṃ ādāya Vesāliṃ piṇḍāya pavisitukāmo.

20.3 tena khalu samayena sātyakir nirgranthīputro vaisālyā{ṃ}[1] niryāti bhagavato 'ntikaṃ bhagavantaṃ darśanāya yad uta vādārthī vādapariṣkārāya ‹ | ›

译文 即彼时，萨遮——耆那女尼[2]之子——离开毘舍离，为见世尊，且作为辩论师来俨饰[3][其]学说。

MN 36 [237.8] Atha kho Saccako Nigaṇṭhaputto jaṅghāvihāraṃ anucaṅkamamāno anuvicaramāno yena Mahāvanaṃ Kūṭāgārasālā ten' upasaṅkami.

[1] 此处不应为依格，而应作从格。根据 §4.1，萨遮住在毘舍离。他离开此地去猿猴池亦合理。这一… *niryāti* … *yena bhagavāṃs tenopasaṃkrānta upasaṃkramya* 的惯用句型(MELZER 2006: 142)可见于 22.4.3 和 34.4.1。无独有偶，在写本上，这些地方均作依格。编辑本皆改作从格(V. CRIEGERN 2002: 29 & 40; ZHANG 2004: 9)。

[2] 关于其名字及称号参见引言 §4.1。

[3] 参照 DĀ 34, 405r2, r3: *yajñapariṣkārāṇāṃ* 和 DN I 138.11: *yaññassa parikkhārā*。*yajñapariṣkāra* 被冯·克里格恩(V. CRIEGERN 2002: 58)译作"祭祀之饰(Opferzierde)"。

20.4 adrākṣīd āyuvmān ānan(da)ḥ (sātya)(329r6)kiṃ nirgranthīputraṃ dūrād eva ‹ | › dṛṣṭvā ca punar bhagavantam idam avocat * ⁞ ayaṃ bhadanta sātyakir nirgranthīputro na buddhe 'bhiprasanno na dharme na saṃghe 'bhiprasannaḥ ‹ | ›

译文 从远处，尊者阿难已看见萨遮——耆那女尼之子。既见[彼]已，他又对世尊如此言道："此萨遮，大德啊，耆那女尼之子，不信受佛、不信受法[与]僧。"

MN 36 [237.11] Addasā kho āyasmā Ānando Saccakaṃ Nigaṇṭhaputtaṃ dūrato va āgacchantaṃ, disvāna Bhagavantaṃ etad - avoca: Ayaṃ bhante Saccako Nigaṇṭhaputto āgacchati bhassapavādiko paṇḍitavādo, sādhusammato bahujanassa. Eso kho bhante avaṇṇakāmo Buddhassa, avaṇṇakāmo dhammassa, avaṇṇakāmo saṅghassa.

20.5 sādhu bhagavān sātya(k)e(r n)i(rgranth)īp(utrasyānukampām upādadātu |) (329r7) sātyakir nirgranthīputro buddhe 'bhiprasīde‹d› dharme saṃghe 'bhiprasīded ‹ | ›

译文 "善哉，愿世尊于萨遮——耆那女尼之子——行哀悯。愿萨遮——耆那女尼之子——信受佛、信受法[与]僧。"

MN 36 [237.16] Sādhu bhante Bhagavā muhuttaṃ nisīdatu anukampaṃ upādāyāti.

20.6 adhivāsayati bhagavān āyuṣmata {āyuṣmata} ānandasya tūṣṇīmbhāve(na । tato bhagavān mā) rgād (a) p(akramya prajñapta evāsane niṣaṇṇaḥ ।)[1]

译文 世尊默受所请。于是世尊离开大路之后，坐敷如常座。

MN 36 [237.17] Nisīdi Bhagavā paññatte āsane.

[1] 参照 MSV（D）pts. 1.14：*tato bhagavān mārgād apakramya purastād bhikṣusaṃghasya prajñapta evāsane niṣaṇṇaḥ*. pts. 1.71：*adrākṣīd bhagavāṃs tān kārṣikān* ।（*sic!*）*dūrad eva dṛṣṭvā ca punar vinayāpekṣayā margād apakramya purastād bhikṣusaṃghasya prajñapta evāsane niṣaṇṇaḥ*。因为写本上并无足够空间将该固定用法的所有词句纳入，所以可以猜测，此处残缺部分当初也只包含了一个简略的表达方式。

20.7 (atha sātyakir nirgranthīputro)（329r8）yena bhagavāṃs tenopasaṃkrānta ⁞ upasaṃkramya bhagavatā sārdhaṃ saṃmukhaṃ sammodanīṃ saṃraṃjanīṃ vividhāṃ kathāṃ vyatisāryaikānte niṣaṇ(ṇaḥ । atha sātyakir nirgranthīputro bhagavantam etad avocad ।)

译文 于是萨遮——者那女尼之子——去往世尊那里。往诣已，他面对世尊，与其交换了各种令人愉悦、令人欢喜的话语，坐于一隅。而后，萨遮——者那女尼之子——向世尊如是说道：

MN 36 [237.18] Atha kho Saccako Nigaṇṭhaputto yena Bhagavā ten' upasaṅkami, upasaṅkamitvā Bhagavatā saddhiṃ sammodi, sammodanīyaṃ kathaṃ sārāṇīyaṃ vītisāretvā ekamantaṃ nisīdi. Ekamantaṃ nisinno kho Saccako Nigaṇṭhaputto Bhagavantaṃ etad - avoca：

20.8 (vayaṃ bhavantaṃ gautamaṃ pṛcchema)[1]（329v1）kaṃcid eva pradeśaṃ saced avakāśaṃ kuryāt praśnasya vyākaraṇāya ।

译文 "我们想向乔达摩先生请教某一事，倘若他能为解答问题给予许可的话。"

[1] 此处的第一人称复数指的是萨遮本人。参照20.205。

20.9 pṛcchāgniveśyāyana yad yad evākāṃkṣasi ·

译文 "问吧，火种居士啊，任何你悕求的！"

20.10 santi bh(o gautama eke śramaṇabrāhmaṇāḥ ye kāyabhāvanāyogam anuyuktā viharanti na cittabhāva)[1] (329v2) nāyogam anuyuktāḥ ‹ | › santi tv eke śramaṇabrāhmaṇāḥ ye cittabhāvanāyogam anuyuktā viharanti na kāyabhāvanāyo(gam |)

译文 "乔达摩先生,有一些苦行者和婆罗门,他们奉行修身,[而]不修心。然而,有一些苦行者和婆罗门,他们奉行修心,[而]不修身。"

MN 36 [237.23] Santi bho Gotama eke samaṇabrāhmaṇā kāyabhāvanānuyogam - anuyuttā viharanti no cittabhāvanaṃ.

[1]根据下句而补充。

20.11 (api tu kathaṃ kā) y(a) bh(āvanā cittabhāvanā ca |)[1]

译文 "然则何谓修身与修心?"

[1]根据20.19-22及20.28的含义而补充。

20.12 (spṛśyanty eva bho gautama ekatyasya) (329v3) tadrūpāḫ kāyikā duḥkhā vedanā yadrūpā asyotpannāḥ kāyikā duḫkhā vedanā‹ś› cittaṃ paryādāya tiṣṭhanti · bhūtapūrvaṃ bho gautama anyatam(aḥ) pur(uṣaḥ spṛṣṭaḥ kāyikābhir vedanābhiḥ)[1] (329v4) duḥkhābhis tīvrābhiḥ kharābhiḥ kaṭukābhir amanāpābhiḥ prāṇahāriṇībhiḥ unmādam apy āpannaḥ sammoham api ‹āpannaś›[2] citte vikṣepam api anuprāptaḥ ⁞ {vāk} kāyānv(a)y(aṃ)[3] bho gau(tama tasmi)(329v5)n samaye puruṣasya cittaṃ bhavati kāyaniśṛtaṃ kāyapratibaddhaṃ ‹ | › kāyaṃ niśṛtya varttate ‹ | ›

译文 “乔达摩先生啊，身体的痛苦的感受即如此形状地接触一个人：他有诸多所产生的身体的痛苦的感受，制服其心。昔时，乔达摩先生啊，有一人为诸多痛苦的、强烈的、粗恶的、辛楚的、不可意的[和]致命的感受所触，陷入癫狂、痴暗，达到了内心的错乱。隶属于身体，乔达摩先生啊，在其时，此人之心依附于其身体、受缚于其身体。依附于其身体，而有[其心]。”

MN 36 [237.24] Phusanti hi bho Gotama sārīrikaṃ dukkhaṃ vedanaṃ. Bhūtapubbaṃ bho Gotama sārīrikāya dukkhāya vedanāya phuṭṭhassa sato ūrukkhambho pi nāma bhavissati, hadayam - pi nāma phalissati, uṇham - pi lohitaṃ mukhato uggamissati, ummādam - pi pāpuṇissati cittakkhepaṃ. Tassa kho etaṃ bho Gotama kāyanvayaṃ cittaṃ hoti, kāyassa vasena vattati, taṃ kissa hetu: abhāvitattā cittassa.

[1] 根据 20.13 补充。
[2] 根据前半句而补充，*āpannaḥ sammoham*。
[3] 根据 20.13 修改并补充。

20.13 spṛśyanty eva bho gautama ekatyasya tadrūpāś caitasikā[1] duḥkhā vedanā yadrūpā asyotpannāś caitasi(kā) (329v6) d(uḥ)khā v(e)danāś cittaṃ paryādāya tiṣṭhanti । bhūtapūrvaṃ bho gautama anyatamaḥ puruṣaḥ spṛṣṭaḥ caitasikābhir vedanābhiḥ duḥkhābhis tīvrābhiḥ kharābhiḥ kaṭukābhir amanāpābhiḥ prāṇahāri(329v7)(ṇībhir ū)ruskanbham[2] apy āpannaḥ hṛdayam apy asya sphalitaṃ uṣṇaṃ cāsya śoṇitaṃ mukhād āgataṃ ‹।› cittānvayo bho gautama tasmin samaye puruṣasya kāyo bhavati cittaniśritaś cittapratibaddhaḥ ⁞ cittaṃ niśritya vartate ·

译文 "乔达摩先生啊,内心的痛苦的感受即如此形状地接触一个人:他有诸多所产生的内心的痛苦的感受,制服其心。昔时,乔达摩先生啊,有一人为诸多痛苦的、强烈的、粗恶的、辛楚的、不可意的[和]致命的内心感受所触,两股僵硬,其心破碎,热血从其口中出来。隶属于内心,乔达摩先生啊,在其时,此人之身依附于其心、受缚于其心。依附于其心,而有[其身]。"

MN 36 [238.1] Santi pana bho Gotama eke samaṇabrāhmaṇā cittabhāvanānuyogam - anuyuttā viharanti no kāyabhāvanam. Phusanti hi bho Gotama cetasikaṃ dukkhaṃ vedanaṃ. Bhūtapubbaṃ bho Gotama cetasikāya dukkhāya vedanāya phuṭṭhassa sato ūrukkhambho pi nāma bhavissati, hadayam - pi nāma phalissati, uṇham - pi lohitaṃ mukhato uggamissati, ummādam - pi pāpuṇissati cittakkhepaṃ. Tassa kho eso bho Gotama cittanvayo kāyo hoti, cittassa vasena vattati, taṃ kissa hetu: abhāvitattā kāyassa.

[1] 这两种形式,*caitasikā* 和 *caitasikī* 皆在文中出现过。

[2] 写本中的 *ūruskanda* 并未见于梵语辞典。或许这是一对巴利语的同义词 *ūrukkhambha* 和 *ūrutthaddhata* 的错误的梵语转化。参见 Ps II 284.28ff.: *Ūrukkhambho ti khambhagata - ūrubhāvo. Ūrutthaddhatā ti attho*。

20.14 (329v8) (tasya mama) bho gautama etad abhavat* ⁝ bhikṣavaḥ kāyabhāvanāyogam anuyuktā viharanti na cittabhāvanāyogam anuyuktāḥ ॥

译文 “于是,我生起此念:‘比丘们奉行修身,非修心。’”

MN 36 [238.9] Tassa mayhaṃ bho Gotama evaṃ hoti: Addhā bhoto Gotamassa sāvakā cittabhāvanānuyogam - anuyuttā viharanti no kāyabhāvanan - ti.

20.15 kā ca te agniveśyāyana kāyabhāvanā matā ।

译文 “那么,火种居士啊,你理解的是何种修身?”

MN 36 [238.12] Kinti pana te Aggivessana kāyabhāvanā sutā ti.

20.16 yad uta bho gautama (330r1) ‹nanda›(s)y(a)[1] v(atsas)y(a)[2] (k)ṛ.k(i)ṇ(aḥ)[3] sa(ṃ)kṛkiṇo (ma)ska(r)iṇo gośālīputrasya ta eka iha ekāhaparyāye(ṇāp)y (ā)h(ā)r(am ā)h(ara)nti dvis triḥ sa(ptāha)paryāyeṇāhāram āharanti ardha‹māsa›paryāyeṇāhāram āharanti māsaparyā(330r2)(yeṇ)āpy āhāram āharanti ।

译文 “即是,乔达摩先生啊,难陀犊子的、瘦三吉金的、普行牛舍男的:他们有些在一天过后进食;他们在两、三天或七天过后进食;他们在半月过后进食;他们在一月过后进食。”

MN 36 [238.12] Seyyathīdaṃ Nando Vaccho, Kiso Saṅkicco, Makkhali Gosālo, ete hi bho Gotama …[4] Ekāhikam - pi āhāraṃ āhārenti, dvīhikam - pi āhāraṃ āhārenti, sattāhikam - pi āhāraṃ āhārenti, iti evarūpaṃ addhamāsikam - pi pariyāyabhattabhojanānuyogam - anuyuttā viharantīti.

[1] 根据 MN 36 和 20.208.1 补充。

[2] 在写本中此处有一垂直线(类似于一个 - *i*,但它离开叠加字符. *ya* 过远。鉴于巴利词语 *vaccho*,此处只可能是叠加字符 *tsa*。

[3] 根据 PISCHEL (1900: 50) *kṛśa* 是 *kisa* 的梵语还原。但是第二个字符(Akṣara)中可读出一个 - *k* - ,或许是在叠加字符中的一个下加的 *k*。

[4] 在 MN 36 中紧接着还列举了各种苦行。关于其省略见引言 § 1。

20.17 kin nu te agnivaiśyāyana tāv̱atā yāpayanti ǀ

译文 “如今他们,火种居士啊,仍依如此少而存养否?”

MN 36 [238.28] Kiṃ pana te Aggivessana tāvataken’ eva yāpentīti.

20.18 no bho gautama ǀ te ekadā audārikā̱ṇi̱ khādyakāni khādanti audārikāṇi bhojanāni bhuṃjate ǀ audārikā̱ṇi pānakāni pibanti ⁞ (330r3) imam eva kāyaṃ snehay̱aṃty api prīṇayanty api vṛṃhayanty api me̱dayanty[1] api utpādayanty api ·

译文 “不,乔达摩先生啊。他们有时候咀嚼丰盛的嚼食,享用丰盛的软食,[并]饮用丰盛的饮料。他们确实爱惜其身,也使其身享乐,也强健其身,也使其身肥硕,也壮大其身[2]。”

MN 36 [238.29] No h’ idaṃ bho Gotama. App - ekadā bho Gotama uḷārāni uḷārāni khādaniyāni khādanti, uḷārāni uḷārāni bhojanāni bhuñjanti, uḷārāni uḷārāni sāyaniyāni sāyanti, uḷārāni uḷārāni pānāni pivanti; te imehi kāyaṃ balaṃ gāhenti nāma brūhenti nāma medenti nāmāti.

[1]尽管在写本中可以读为 *mādayanti* 或者 *modayanti*,但仍应改为 *medayanti* 方有意义。其原因在于在巴利文本中用了 *medenti* 一词。根据本土的巴利文工具书 Sadd(542.13: *Mida sinehane. Atra sineho nāma pīti. Medeti medayati.*),该巴利语词 *medenti* 首先可以转化为梵语 *medayanti*。由于 *medayanti* 在本文之外未见于佛教梵语,那么这个词可能被 DĀ 编纂者改为 *modayanti* 或者 *mādayanti*。$\sqrt{mid}$的致使动词形式只有在吠陀文学中才可见到。参见 Grassm, PW, pw, MW 及 EWAia s. v. *Mid*, 和 JAMISON 1983: 142 起,以及注 78。

[2]*utpādayanti* 字面意思为“产生”,然而根据上下文得出的含义应为“产生[肉],变肥胖”。

20.19 kā ca te agnivaiśyāyana cittabhāvan(ā mat)ā ·

译文 “那么,火种居士啊,你理解的是何种修心?”

MN 36 [238.34] Yaṃ kho te Aggivessana purimaṃ pahāya pacchā upacinanti, evaṃ imassa kāyassa ācayāpacayo hoti. Kinti pana te Aggivessana cittabhāvanā sutā ti.

20.20 cittabhāvanāṃ sātyaki(r ni)rgranthīputro bhagavatā praśnaṃ pṛṣṭaḥ (330r4) tūṣṇībhūto madgubhūto srastaskandho ’dhomukho niṣpratibhaḥ pradhyānaparamasthitaḥ ⁞

译文 当萨遮——耆那女尼之子——为世尊问及修心时，他默然不语地、郁郁不乐地、低头垂首地、面无光彩地、极度沉思地坐在那儿。

MN 36 [238.36] Cittabhāvanāya kho Saccako Nigaṇṭhaputto Bhagavatā puṭṭho samāno na sampāyāsi.

20.21 atha bhagavān sātyakiṃ nirgranthīputram idam avocat * ⁞ yā ca te agniveśyāyana kāyabhāvanā matā sā bhāṣitāryadha(330r5)rmavinaye adhārmikībhūtā̱ ‹ | yat › punas tāṃ cittabhāvanāṃ jñāsyasi {|} vā drakṣyasi vā nedaṃ sthānaṃ vidyate[1] |

译文 于是世尊对萨遮——耆那女尼之子——如此说道：“那么，火种居士啊，你理解的修身，于圣教与圣律，名为非法。复次，你欲知晓或知见此修心，无有是处。”

MN 36 [239.3] Atha kho Bhagavā Saccakaṃ Nigaṇṭhaputtaṃ etad - avoca: Yā pi kho te esā Aggivessana purimā kāyabhāvanā bhāsitā sā pi ariyassa vinaye no dhammikā kāyabhāvanā. Kāyabhāvanaṃ hi kho tvaṃ Aggivessana na aññāsi, kuto pana tvaṃ cittabhāvanaṃ jānissasi.

新疆写本 Pelliot Sanskrit Numéro bleu 18, 4 + 81 = DĀ (U. H.) Fragment 148：

(Va) /// .. ..[2]

[1] 参照 MN I 240. 10：*taṃ vata me uppannā vā sukhā vedanā cittaṃ pariyādāya ṭhassati, uppannā vā dukkhā vedanā cittaṃ pariyādāya ṭhassatīti* ***n’ etaṃ kho ṭhānaṃ vijjatīti***。

[2] 补充为(*vidyate*)。

20.22 api tv agniveśy(āya) na yathā abhāvitakāyo bhavaty abhāvitacittaś ca bhāvitakāyo bhavati bhāvitacitta(330r6)ś ca tac chṛṇu sādhu ca suṣṭhu ca manasikuru{ta}[1]‹ | › bhāṣiṣye |

译文 “然则，火种居士啊，何为未修身者、未修心者、已修身者、已修心者，谛听，谛听，善思念之。我[今]当说。”

MN 36 [239.7] Api ca Aggivessana yathā abhāvitakāyo ca hoti abhāvitacitto ca, bhāvitakāyo ca bhāvitacitto ca, taṃ suṇāhi, sādhukaṃ manasikarohi, bhāsissāmīti.[2]

新疆 DĀ(U. H.) Fragment 148：

写本 (Va) api (t) v (a) gnivaiśy(ā)y(ana) abhā(vitakā)y(aś ca bhavati) ///[3]

(Vb) /// ..[4]

[1] 此处应为命令式的第二人称单数，在写本上却代之以复数形式，这样的笔误并非鲜见（DĀ 34：403r3，DĀ 35.111）。佛陀向僧团说法时，当以此命令式第二人称复数发语。可能此场景一时窜入经文作者的脑海中，从而在表述中产生了错误。

[2] 下面的文句省略，因为在梵本中并无对应。

[3] 补充并修改作*api (t) v (a) gnivaiśy(ā) y(ana) abhā(vitakā) y(o bhavaty abhāvitacittaś) ///*。

[4] 补充为*/// (bhāṣiṣye)*。

20.23 bāla agniveśyāyana aśrutavān pṛthagjanaḥ spṛṣṭaḥ śār(ī)rikābhir vedanābhir duḥkhābhis tīvrābhiḥ kharābhiḥ kaṭukābhiḥ ‹amanāpābhiḥ›[1] prāṇahāriṇībhiḥ śo(330r7)cati klāmyati paridevate uras tāḍayati ‹krandati›[2] · sammoham āpadyate ·

译文 "愚者,火种居士啊,无闻的凡夫,其为诸多痛苦的、强烈的、粗恶的、辛楚的、不可意的[和]致命的身体的感受所触,悲戚、沮丧、哀号、捶胸、哭泣[与]迷闷。"

MN 36 [239.13] Idha Aggivessana assutavato puthujjanassa uppajjati sukhā vedanā, so sukhāya vedanāya phuṭṭho samāno sukhasārāgī ca hoti sukhasārāgitañ-ca āpajjati, tassa sā sukhā vedanā nirujjhati, sukhāya vedanāya nirodhā uppajjati dukkhā vedanā, so dukkhāya vedanāya phuṭṭho samāno socati kilamati paridevati, urattāḷiṃ kandati, sammohaṃ āpajjati.[3]

新疆写本 DĀ(U. H.) Fragment 148:

(Vb) (b)ālo gnivaiśyāyana aśruta(vān p)ṛth(a)gja(na)ḥ (sp)ṛ(ṣṭaḥ) .. .. gi[4] v(e)dan(ā)bhir duḥkhābhis tīvrābhiḥ kharābhi(ḥ kaṭukābhir amanāpābhiḥ prāṇahāriṇībhiḥ) ///

(Vc) /// (klām)y(a)ti paridevati uras tāḍ(a)yati krandati (sa)ṃmoham āpadyate

[1] 根据20.29补充。

[2] 根据20.29及DĀ(U. H.) Fragment 148 Vc补充。

[3] 内容与文句对应20.23–24,但是巴利文本中佛陀先谈 *sukhā vedanā*。

[4] 补充和修改作(*śārīrikā*) *bhi‹r›*。在北突厥斯坦婆罗迷字体(nordturkistanische Brāhmī)中 *gi* 和 *bhi* 非常容易混淆。

20.24	tasya duḥkhāyā vedanāyā nirodhād utpadyate sukhā vedanā ‹ । › sa sukhāyā vedanāyā‹ ḥ›[1] spṛṣṭaḥ sukhasaṃrāgī ca bhavati sukhasaṃ(rā) gapratisaṃvedī ca ‹ । ›
译文	"因其痛苦的感受坏灭,生起快乐的感受。他为快乐的感受所触,其贪爱快乐,并感受到对快乐的贪爱。"

新疆写本	DĀ(U. H.) Fragment 148:
	(Vc) tasya duḥkhāyā vedanāyā nirodhād utp(adyate sukhā vedanā) ///
	(Vd) /// (sukha) saṃrāgī ca bhavati sukha(saṃrā) gapratisaṃvedī ca ।
	Or. 150003/24 (Hoernle 156 unnumbered) :
	(r1) /// sukhāy(ā) ve ///[2]

[1] 根据 20.30 修改。关于此具格形式见 BHSG §9.42。
[2] 补充为/// *sukhāy(ā) ve(dāyāḥ)* ///。

20.25 (330r8) tasya sukhasaṃrāgiṇaḥ sukhasaṃrāgapratisaṃvedinaḥ u(tpa)nnā (k)āyikī duḥkhā vedanā{ś} cittaṃ paryādāya tiṣṭhati · utpannā kāyikī sukhā vedanā ‹utpannā caitasikī duḥkhā vedanā›[1] utpannā caitasikī sukhā vedanā cittaṃ paryādāya tiṣṭhati |

译文 "当他贪爱快乐,感受到对快乐的贪爱时,有生起的身体的苦受,制服其心。有生起的身体的乐受,生起的内心的苦受[与]生起的内心的乐受,制服其心。"

MN 36 [239.19] Tassa kho esā Aggivessana uppannā pi sukhā vedanā cittaṃ pariyādāya tiṭṭhati abhāvitattā kāyassa, uppannā pi dukkhā vedanā cittaṃ pariyādāya tiṭṭhati abhāvitattā cittassa.

新疆写本 DĀ(U. H.) Fragment 148:

(Vd) tasy(a su)kh(asaṃ)rāgi(ṇaḥ) | sukhasaṃrā(gap)rtisaṃ(ved)i-(naḥ) ///

(Ve) /// .. + + + ... + + + + + .. t. .. k. .. + + + ... + + + + + + ... ///[2]

Or. 150003/24 (Hoernle 156 unnumbered):

(r2) /// .. vedina u ///[3]

(r3) /// kā sukhā ///[4]

[1]根据下文补充。

[2]补充为/// (*utpannā kāyikī sukhā vedanā utpannā cai*)*t*(*asi*)*k*(*ī duḥkhā vedanā utpannā caitasikī sukhā vedanā cittaṃ*) ///。

[3]补充为/// (*sukhasaṃrāgapratisaṃ*)*vedina u*(*tpannā*) ///。

[4]补充为/// (*caitasi*)*kā sukhā* ///,此处维勒(WILLE 2006: 72)却将(*caitasi*)*kā* 改为(*caitasi*)*kī*。然而根据20.13,可见这两种阴性形式在此文本中并存。此外,倘若新疆写本和20.25一样,在抄写时就曾有同样的缺文,则维勒将 *sukhā* 改为 *duḥkhā* 并无必要。

20.26 yasya (330v1) kasyacid agniveśyāyana evam ubhayāṃgenotpannā kāyik‹ī› duḥkhā vedanā cittaṃ paryādāya tiṣṭhati · utpannā kāyikī sukhā vedanā utpannā caitasikī duḥkhā vedanā utpannā caitasikī sukhā vedanā cittaṃ paryā (330v2) dāya tiṣṭhati · tam aham abhāvitak‹ā› yaṃ vadāmy abhāvitacittaṃ ca ‹ | ›

译文 "只要何人,火种居士啊,有如此两个分支上生起的身体的苦受,制服其心,有生起的身体的乐受,生起的内心的苦受[与]生起的内心的乐受,制服其心,此人我就称之为未修身与未修心者。"

MN 36 [239.21] Yassa kassaci Aggivessana evaṃ ubhatopakkhaṃ uppannā pi sukhā vedanā cittaṃ pariyādāya tiṭṭhati abhāvitattā kāyassa, upannā pi dukkhā vedanā cittaṃ pariyādāya tiṭṭhati abhāvitattā cittassa, evaṃ kho Aggivessana abhāvitakāyo ca hoti abhāvitacitto ca.[1]

新疆写本 Or. 150003/24 (Hoernle 156 unnumbered):

(r4) /// danā u .. ///[2]

(r5) /// ya ti .. ///[3]

[1] 对应 20.26-27。

[2] 补充为/// *(ve) danā u(tpannā)* ///。

[3] 补充为/// *(paryādā) ya ti(ṣṭhati)* ///。

20.27 tat kasya hetor ‹ | › abhāvitatvād agniveśyāyana kāyasy‹ā›bhāvitatvā‹c ci›[1] ttasyotpannā kāyikī duḥkhā vedanā cittaṃ paryādāya tiṣṭhati · utpannā kāyikī su(330v3)khā vedanā utpannā caitasikī duḥkhā vedanā utpannā caitasikī sukhā vedanā cittaṃ paryādāya tiṣṭhati | iyatā agniveśyā{ṃ}yana abhāvitakāyaś ca bhavati abhāvitacittaś ca |

译文 "缘何故？因未修身故，火种居士啊，因未修心故，有生起的身体的苦受，制服其心。有生起的身体的乐受，生起的内心的苦受[与]生起的内心的乐受，制服其心。如许，火种居士啊，彼为未修身与未修心者。"

新疆写本 DĀ(U. H.) Fragment 148:

(Ra) /// .. .. .. khā v. .. + + + + + + + + .. + + + + + + + ... ///[1]

Or. 150003/24 (Hoernle 156 unnumbered):

(vv) /// .t kasmā(d) dh. ///[2]

(vw) /// .. danā utp. ///[3]

(vx) /// .. abhāvit. ///[4]

[1]根据20.33补充。补充为/// (*caitasikī su*)*khā v*(*edanā cittaṃ paryādāya tiṣṭhati* | *iyatā agniveśyāyana*) ///。
[2]补充为/// (*ta*)*t kasmā*(*d*) *dh*(*etor*) ///。
[3]补充为/// (*ve*)*danā utp*(*annā*) ///。
[4]补充为/// (*bhavati*) *abhāvit*(*acittaś*) ///。

20.28 kiyatāgniveśyā(330v4)yana bhāvitakāyo bhavati ‹bhāvitacittaś ca›[1] |

译文 "几许，火种居士啊，其为已修身与已修心者？"

MN 36 [239.26] Kathañ - ca Aggivessana bhāvitakāyo ca hoti bhāvitacitto ca:

新疆写本 DĀ(U. H.) Fragment 148:

(Rb) /// .. yatā[2] agniveśyāya(na bhāvi)takāyo bhavati bhā(vita)-cittaś ca

[1]根据20.22、巴利文本及DĀ(U. H.) Fragment 148 Rb补充。
[2]补充为(*ki*)*yatā*。

20.29 śrutavān tv agniveśyāyana āryaśrāvakaḥ spṛṣṭaḥ śārīrikābhir vedanābhir duḥkhābhis tīvrābhiḥ kharābhiḥ kaṭukābhir amanāpābhiḥ prāṇahāriṇībhiḥ na śocati na klāmya(330v5)ti na paridevate noras tāḍayati na krandati na saṃmmoham āpadyate |

译文 “贤圣弟子,然而,火种居士啊,声闻圣教者,其为诸多痛苦的、强烈的、粗恶的、辛楚的、不可意的[和]致命的身体的感受所触,不悲戚、不沮丧、不哀号、不捶胸、不哭泣[与]不迷闷。”

MN 36 [239.27] Idha Aggivessana sutavato ariyasāvakassa uppajjati sukhā vedanā, so sukhāya vedanāya phuṭṭho samāno no sukhasārāgī hoti na sukhasārāgitaṃ āpajjati, tassa sā sukhā vedanā nirujjhati, sukhāya vedanāya nirodhā upajjati dukkhā vedanā, so dukkhāya vedanāya phuṭṭho samāno na socati na kilamati na paridevati, na urattāḷiṃ kandati, na sammohaṃ āpajjati.[1]

新疆写本 DĀ(U. H.) Fragment 148:

(Rb) śrutavāṃs tv āryaśrāvakaḥ spṛṣṭaḥ .. ///[2]

(Rc) /// kaṭukābhir amanāpābhiḥ prāṇahāriṇī(bh)ir na śocati na klāmyati na paridevate na uras tāḍayati na (k)r(andati) ///

Or. 150003/24 (Hoernle 156 unnumbered):

(vy) /// ḥ spṛṣṭaḥ ///[3]

(vz) /// ti na parid. ///[4]

[1]参见20.23.3。

[2]补充为(*śārīrikābhir*) ///。

[3]补充为/// (*āryaśrāvaka*) *ḥ spṛṣṭaḥ* ///。

[4]补充为/// (*klāmya*) *ti na parid*(*evate*) ///。

---

20. 30 tasya duḥkhāyā vedanāyā nirodhād utpadyate sukhā vedanā ‹ | › sa sukhāyā vedanāyā‹ ḥ› spṛṣṭo na sukhasaṃrāgī bhavati na sukhasaṃrāga-(330v6) pratisaṃvedī |

译文 “因其痛苦的感受坏灭，生起快乐的感受。他为快乐的感受所触，未贪爱快乐，未感受到对快乐的贪爱。”

新疆写本 DĀ(U. H.) Fragment 148：
(Rd) /// (dukhāyā vedanā) yā nirodhād utpadyate sukh(āṃ v) e(dan) ā(ṃ) .. (su) kh(ā) yā[1] vedanāyāḥ spṛṣṭo na s(u) khasaṃrāgī bhavati na sukha (saṃrāgapratisaṃvedī) ///

[1] 补充并修改为 *sukh(ā v) e(dan) ā (sa su) kh(ā) yā*。

---

20. 31 tasya na sukhasa(ṃ) rāgiṇo na sukhasaṃrāgapratisaṃvedina utpannā kāyikī duḥkhā vedanā cittaṃ ‹na› paryādāya tiṣṭhati ⁝ utpannā kāyikī sukhā vedanā utpannā caitasikī duḥkhā vedanā utpa(330v7)nnā caitasikī sukhā vedanā cittaṃ ‹na› paryādāya tiṣṭhati |

译文 “当他未贪爱快乐，未感受到对快乐的贪爱时，有生起的身体的苦受，未制服其心。有生起的身体的乐受，生起的内心的苦受[与]生起的内心的乐受，未制服其心。”

MN 36 [239. 33] Tassa kho ekā Aggivessana uppannā pi sukhā vedanā cittaṃ na pariyādāya tiṭṭhati bhāvitattā kāyassa, uppannā pi dukkhā vedanā cittaṃ na pariyādāya tiṭṭhati bhāvitattā cittassa.

新疆写本 DĀ(U. H.) Fragment 148：
(Re) /// (asukhasaṃrāgapratisaṃ) vedin(aḥ) utpannā kāy(ikā duḥ) khā ve(danā) .. .. .. ///[1]

[1] 补充并修改为/// (*sukhasaṃrāgapratisaṃ*) *vedin(a) utpannā kāy(ikī duḥ) khā ve(danā cittaṃ na)* ///

20.32 yasya kasyacid agniveśyāyana evam ubhayāṃgenotpannā kāyikī duḥkhā vedanā cittaṃ ‹na› paryādāya tiṣṭhati ⁞ utpannā kāyikī sukhā vedanā utpannā caitasikī（330v8）duḥkhā vedanā utpannā caitasikī sukhā vedanā cittaṃ ‹na› paryādāya tiṣṭhati · tam ahaṃ bhāvitakāyaṃ vadāmi bhāvitacittaṃ ca ‹ | ›

译文 “只要何人，火种居士啊，有如此两个分支上生起的身体的苦受，未制服其心，有生起的身体的乐受，生起的内心的苦受[与]生起的内心的乐受，未制服其心，此人我就称之为已修身与已修心者。”

MN 36 [239.36] Yassa kassaci Aggivessana evaṃ ubhatopakkhaṃ uppannā pi sukhā vedanā cittaṃ na pariyādāya tiṭṭhati bhāvitattā kāyassa, uppannā pi dukkhā vedanā cittaṃ na pariyādāya tiṭṭhati bhāvitattā cittassa, evaṃ kho Aggivessana bhāvitakāyo ca hoti bhāvitacitto cāti.[1]

[1] 对应 20.32－33。

20.33 tat kasya hetor ‹ | bhāvitatvād agniveśyāyana kāyasya›[1] bhāvitatvāc cittasyotpannā kāyikī duḥkhā vedanā cittaṃ ‹na› paryādāya tiṣṭhati |（331r1）utpannā kāyikī sukhā vedanā utpannā caitasikī duḥkhā vedanā utpannā caitasikī sukhā vedanā cittaṃ ‹na› paryādāya tiṣṭhati · iyatāgniveśyāyana bhāvitakāyo bhavati bhāvitacittaś ca |

译文 “缘何故？因已修身故，火种居士啊，因已修心故，有生起的身体的苦受，未制服其心。有生起的身体的乐受，生起的内心的苦受[与]生起的内心的乐受，未制服其心。如许，火种居士啊，彼为已修身与已修心者。”

[1] 根据对 20.27 的分析而补充。

20.34 kin nu bho gautama bhikṣavo（331r2）'pi bhāvitakāyā viharanti bhāvitacittāś ca ‹ | ›

译文 “难道，乔达摩先生啊，诸比丘亦是已修身和已修心者否？”

20.35 bhikṣavo nu te agniveśyāyana bhāvitakāyāś ca viharanti bhāvitacittāś ca ‹ | ›

译文 “诸比丘今是,火种居士啊,已修身和已修心者。”

20.36 kin nu bhavān api gautamo bhāvitakāyo bhavati bhāvitacittaś ca ‹ | ›

译文 “难道,乔达摩先生亦是已修身和已修心者否?”

20.37 yat tad agniveśyāyana samyagva (331r3) danto vadeyur bhāvitakāyo bhāvitacittaḥ ubhayato bhāvanāyogam anuyukta ⁞ iti māṃ tat samyagvadanto vadeyus ‹ | ›

译文 “当,火种居士啊,诸正语者如此说道‘彼为已修身和已修心者,其在两个分支上奉行修习’,则诸正语者应在说我。”

20.38 tat kasya hetor ‹ | › aham apy agniveśyāyana bhāvitakāyo bhāvitacitta ubhayato bhāvanāyoga(331r4)m anuyuktaḥ ‹ | ›

译文 “缘何故? 我亦是,火种居士啊,已修身和已修心者,在两个分支上奉行修习。”

MN 36 [240.5] Evaṃ pasanno ahaṃ bhoto Gotamassa: bhavaṃ hi Gotamo bhāvitakāyo ca bhāvitacitto cāti.

20.39 kin nu bhavato 'pi gautamasyotpannā kāyikī duḥkhā vedanā cittaṃ paryādāya tiṣṭhati | utpannā kāyikī sukhā vedanā utpannā caitasikī duḥkhā vedanā ‹utpannā›[1] caitasikī sukhā vedanā cittaṃ paryādāya (331r5) tiṣṭhati ·

译文 “难道于乔达摩先生亦有生起的身体的苦受,制服其心? 有生起的身体的乐受,生起的内心的苦受[与]生起的内心的乐受,制服其心?”

MN 36 [240.12] Na ha nūna bhoto Gotamassa uppajjati tathārūpā sukhā vedanā yathārūpā uppannā sukhā vedanā cittaṃ pariyādāya tiṭṭheyya, na ha nūna bhoto Gotamassa uppajjati tathārūpā dukkhā vedanā yathārūpā uppannā dukkhā vedanā cittaṃ pariyādāya tiṭṭheyyāti.

[1] 根据20.32补充。

20.40 kim etad agniveśyāyanaivaṃ bhaviṣyati ·

译文 “火种居士啊,果将如此否?”

MN 36 [240.18] Kiṃ hi no siyā Aggivessana.

20.41 abhijānāmy aham agniveśyāyana ekānnatriṃśatko[1] vayasā abhikrīḍitavān kāmaiḥ ‹|›

译文 “我忆及,火种居士啊,盛年年二十九时,曾以爱欲娱乐。”

[1] 关于这样的构词法参见 WHITNEY §477. a. *ekonaviṅśatiḥ*; b. *ekayā na triṅśat*。AIG III §196. c 给出一词 *ekānnaviṃśatiḥ*。这个形式还可在同一部派的写本中得见:DĀ 22, 348r3-4, Avś I 231.7 及 Saṅghabh I 54.2。

20.42 so 'haṃ yasmin samaye krīḍāratiharṣamaṇḍanavibhūṣaṇasthānayuktena vi(331r6)hartavyaṃ tasmin saṃmaye akāmakānāṃ jñātīnāṃ sāśrukaṇṭhānāṃ rudan{tā}mukhānāṃ[1] keśaśmaśrv avatārya kāṣayāṇi vastrāṇy ācchādya samyag eva śraddhayā agārād anagārikāṃ pravrajitaḥ ‹|›[2]

译文 “尔时,人们应在游戏、欢娱、喜乐、俨饰和装点之中消磨时光,于彼时,当诸亲不乐、哽噎在喉、泪流满面时,我剃除须发、著袈裟衣、以至正之信离家而出家。”

MN26[3] [163.27] So kho ahaṃ Aggivessana aparena samayena daharo va samāno susu kāḷakeso bhadrena yobbanena samannāgato paṭhamena vayasā akāmakānaṃ mātāpitunnaṃ assumukhānaṃ rudantānaṃ kesamassuṃ ohāretvā kāsāyāni vatthāni acchādetvā agārasmā anagāriyaṃ pabbajiṃ.

[1] 根据 DĀ 21: 342r6 及 BHSD s. v. 而修改。
[2] 此段与 MĀ^{C}204, 776b1-5(参见引言 §3.3.1)的文句大致一致。
[3] 参见 MN I 240.26: “repeat from p. 163, l. 28 to p. 167, l. 8; for *bhikkhave* substitute *Aggivessana*(从第 163 页, 1.28 到第 167 页, 1.8 的重复;*bhikkhave* 代之以 *Aggivessana*)。”

20.43 so 'ham evaṃ pravrajitaḥ (331r7) san kāyena saṃvṛto viharāmi vācā ┆ ājīvaṃ ca pariśodhayāmi ‹ | ›[1]

译文 "如此出家已,守护身、语,及清净己命。"

MN 26 [163.31] So evaṃ pabbajito samāno kiṃkusalagavesī anuttaraṃ santivarapadaṃ pariyesamāno

[1]参照 DĀ 21: 342r7。一个类似的用法(只制约身、语,但不包括意)见 Dhsk: *tathā samāpannasya yat kāyasaṃvaro vāksaṃvaraḥ ājīvapariśuddhiḥ*。其具体出处见 SWTF s. v. *kāyasaṃvara*。根据 MĀ^{C} 204, 776b5: 护身命清净。护口. (sic!) 意命清净,其梵文原句大致为: *kāyena saṃvṛto viharāmi vācā cetasāpi ca | ājīvaṃ ca pariśodhayāmi*。

20.44 so 'ham idam evānuttaraṃ yogakṣemaṃ nirvāṇam abhiprārthayamānarūpo[1] viharāmi ‹ | ›

译文 "我即勤求这以涅槃[为体][2]的无上安乐。"

[1]关于 - *rūpa* 的构词和含义,参见 BHSD s. v. 及 MELZER 2006: DĀ 40.17.1。

[2]关于 *yogakṣema* 参见 Mvy 6401: *grub pa dang bde ba*。这里采纳了 KRAMER(2005: 109, 注 40)对 *anuttarayogakṣemanirvāṇa* 的翻译。关于该复合词与 *nirvāṇa* 的等价关系,参见 KUMOI 1997: 408 – 412 及 419。

20.45 yenārāḍaḥ kālāmas tenopasaṃkrāntaḥ upasaṃkramyārāḍa(ṃ) (331r8) kālāmam evaṃ vadāmi · sacet te ārāḍ‹ā› gu(ru) careyam ahaṃ te 'ntike brahmacaryaṃ ‹ | ›

译文 "我至歌罗罗仙处。既至彼处已,我对歌罗罗仙如此言道:'倘若于你,歌罗罗仙啊,未成累赘,我愿在你处修梵行。'"

MN 26 [163.33] yena Āḷāro Kālāmao ten' upasaṅkamiṃ, upasaṅkamitvā Āḷāraṃ Kālāmaṃ etad - avocaṃ: Icchām' ahaṃ āvuso Kālāma imasmiṃ dhammavinaye brahmacariyaṃ caritun - ti.

Saṅghabh (378v3) saṃ taṃ mārgaṃ nālam iti kṛtvā yenārāḍaḥ kālāmas tenopasaṃkrāntaḥ upasaṃkramya arāḍaṃ kālāmam idam avocat * | sacet te arāḍa aguru careyam ahaṃ bhavato 'ntike (v4) brahmacaryam iti

SBV^C [119b2] 詣[b3]歌羅羅仙所。既至彼已,合掌恭敬,相對而坐。[b4]問彼仙曰:"汝師[1]是誰?我欲共學梵行。"

SBV^T (16r1) lam de ni nus pa ma (r2) yin no snyam nas de sgyu rtsal shes kyi bu ring du 'phur gang na ba der gshegs te byon pa dang | skyu rtsal shes kyi bu ring du 'phur la 'di skad ces gsungs so | ring du 'phur gal te khyod la mi bde ba med na khyod kyi drung du kho bo tshangs par spyod pa spyad do |

[1] 根据其他文本可知,义净明显将 *aguru* 读作 *guru*,并进一步将后者作了误译。如果义净所得之梵本在此处类似于 DĀ 20 的写本,那么 331r8 的 *ārāḍa gu(ru)* 字样很容易造成他的误识。对应 20.57 的 SBV^C 部分也同样如此。

20.46	sa evam āha ‹ ǀ › na me āyuṣman̲ bho gautama guru viharatv āyuṣm‹ ā› n gautamo yathāsukham eva ‹ ǀ ›
译文	"他如此言道:'于我并无累赘,尊者乔达摩先生啊。愿尊者乔达摩完全随意处之!'"
MN 26	[163.36] Evaṃ vutte Aggivessana Āḷāro Kālāmo maṃ etad avoca: Viharat' āyasmā, tādiso ayaṃ dhammo yattha viññū puriso nacirass' eva sakaṃ ācariyakaṃ sayaṃ abhiññā sacchikatvā upasampajja vihareyyāti.
Saṅghabh	sa kathayati ‹ ǀ › na me āyuṣmaṃ gautamāguru vihāra tvaṃ yathāsukham iti ǀ
SBV^C	彼仙[b5]報曰:"仁者喬答摩! 我無尊者[1],汝欲學者,隨[b6]意無礙。"
SBV^T	(r3) des smras pa ǀ tshe dang ldan pa gau ta ma bdag la mi bde ba med kyis ǀ khyod ci bde ba kho na rab zhugs shig ǀ

[1] 义净这几个段落中均将 *āyuṣmat* 一词译为"仁者",而对应"尊者"的,似乎是 *guru*。这里不是对该词换了一种译法,就是将 *guru* 作了误译。对应 20.58 的 SBV^C 部分也同样如此。

20.47	tam enaṃ evaṃ vadāmi ǀ kiyanto bhavatā arā(331v1)ḍena[1] dharmmā‹ ḥ› svayam abhijñayā sākṣātkṛtāḥ ‹ ǀ ›
译文	"于是[我]如此说道:'歌罗罗先生以[其]神通智亲证诸法几许?'"
MN 26	[164.10] Atha khvāhaṃ Aggivessana yena Āḷāro Kālāmo ten' upasaṅkamiṃ, upasaṅkamitvā Āḷāraṃ Kālāmaṃ etad - avocaṃ: Kittāvatā no āvuso Kālāma imaṃ dhammaṃ sayaṃ abhiññā sacchikatvā upasampajja pavedesīti.
Saṅghabh	bodhisatvaḥ kathayati ‹ ǀ › kiyanto bhavatā arāḍena dharmā adhigatā‹ ḥ ǀ ›
SBV^C	菩薩問曰:"大仙得何法果?"
SBV^T	byang chub sems dpas gsungs pa ǀ ring du 'phur khyod kyis chos ji snyed cig rtogs par gyur ǀ

[1] 佛陀的第一位老师的名字,或称为 *ārāḍa*,或称为 *arāḍa*,且均在写本中存在,参见引言 §3.3.2。

20.48	sa evam āha ǀ yāvad evāyuṣmaṉ gautama{ḥ} ākiṃcanyāyatanaṃ ‹ ǀ ›
译文	“他如此说道：‘直至，尊者乔达摩啊，无想定。’”
MN 26	[164.14] Evaṃ vutte Aggivessana Āḷāro Kālāmo ākiñcaññāyatanaṃ pavedesi.
Saṅghabh	sa kathayati ‹ ǀ › yāvad evāyuṣmaṃ gautama ākiṃcanyāyatanam ‹ ǀ ›
SBV^{C}	仙人報曰：“[b7]仁者喬答摩！我得無想定。”
SBV^{T}	des gsol ba ǀ tshe dang ldan（r4）pa gau ta ma ci yang med pa’i skye mched kyi bar du’o ǀ

20.49 tasya mamaitad abhavat* ⁞ arāḍasya kālāmasya śraddhā mamāpi śraddhā ⁞ arāḍasya kālāmasya (331v2) vīryaṃ smṛtis samādhiḥ prajñā | mamāpi vīryaṃ smṛtis samādhi(ḥ) prajñā | arāḍena kālāmena iyanto dharmmāḥ svayam abhijñayā sākṣātkṛtā yāvad evākiṃcanyāyatanaṃ | kasmād aham[1] imān dharmāṃ‹na›[2] sākṣātkuryām iti |

译文 "由此,我生起此念:'歌罗罗仙有信心,我亦有信心。歌罗罗仙有精进、念、定、慧,我亦有精进、念、定、慧[3]。歌罗罗仙以[其]神通智亲证了诸法,直至此无想定。为何我未能证得诸法呢?'"

MN 26 [164.15] Tassa mayhaṃ Aggivessana etad - ahosi: Na kho Āḷārass' eva Kālāmassa atthi saddhā, mayhaṃ p' atthi saddhā; na kho Āḷārass' eva Kālāmassa atthi viriyaṃ, mayhaṃ p' atthi viriyaṃ; na kho Āḷārass' eva Kālāmassa atthi sati, mayhaṃ p' atthi sati; na kho Āḷārass' eva Kālāmassa atthi samādhi, mayhaṃ p' atthi samādhi; na kho Āḷārass' eva Kālāmassa atthi paññā, mayhaṃ p' atthi paññā; yan - nūnā haṃ yaṃ dhammaṃ Āḷāro Kālāmo: sayaṃ abhiññā sacchikatvā upasampajja viharāmīti pavedeti tassa dhammassa sacchikiriyāya padaheyyan - ti.

Saṅghabh atha bodhisatvasyai(v5)tad abhavat* ‹|› arāḍasyāpi k‹ā›lāmasya śraddhā mamāpi śraddhā ⁞ arāḍasyāpi k‹ā›lāmasya vīryaṃ smṛti‹ḥ› sam‹ā›dhiḥ prajñā mamāpi vīryaṃ smṛti‹ḥ› samādhiḥ prajñā ‹|› arāḍena kālāmena iyanto dharmā‹ḥ› sākṣātkṛtā yāvad evākiṃcanyāya(v6)tanaṃ ‹|› kasmād aham imān dharmān na sākṣātkariṣyāmīty ‹|›

SBV^C 菩薩聞此,私作是[b8]念:"羅羅信心,我亦信心;羅羅精進、有念、有善[b9]、有智,我亦有之。羅羅仙人見得如許多法乃[b10]至無想定,如是之法我豈不得?"

SBV^T de nas byang chub sems dpa' 'di snyam du dgongs te | sgyu rtsal shes kyi bu ring du'phur dad pa de la ni nga yang dad la | sgyu rtsal shes kyi bu ring du 'phur la brtson 'grus dang | dran pa dang | (r5) ting nge 'dzin dang | shes rab yod pa ltar bdag la yang brtson 'grus dang | dran pa dang | ding nge 'dzin dang shes rab yod pas sgyu rtsal shes kyi bu ring du 'phur gyis ci yang med pa'i skye mched gyi bar du chos de snyed mngon sum (r6) du byas na | ci'i phyir bdag gis kyang chos 'di dag mngon sum du mi bya snyam nas

[1]根据20.61和Saṅghabh I 97.14改正。
[2]根据Saṅghabh I 97.14补充。
[3]这里指的是"五根(*indriya*)"和"五力(*bala*)"。参见诸如EIMER 2006: §3.5。

20.50 (331v3) so 'haṃ teṣām eva dharmāṇāṃ ananuprāptānām anuprāptaye ⁞ anadhigatānām adhigamāya ⁞ asākṣātkṛtānāṃ sākṣātkṛyāyai ⁞ eko vyapakṛṣṭo 'pramattaḥ āt(ā)pī prahitātmā vyāhārṣaṃ e(k)o vyapa(k)ṛṣ-ṭo (331v4) 'pramattaḥ ātā{ṃ}pī prahitātmā viharann acirād eva tān dharmmān ‹svayam abhijñayā›[1] sākṣād akārṣam ‹|›[2]

译文 "正是这些教法,为了得到未得的、达到未达的、证得未证的,我单独、离群、不放逸、勤勇、一心而住。我单独、离群、不放逸、勤勇、一心而住,未久即以神通智亲证诸法。"

MN 26 [164.24] So kho ahaṃ Aggivessana nacirass' eva khippam - eva taṃ dhammaṃ sayaṃ abhiññā sacchikatvā upasampajja vihāsiṃ.

Saṅghabh atha bodhisatvas teṣām eva dharmāṇām aprāptānāṃ prāptaye ⁞ anadhigatānām adhigamāya {||} asākṣātkṛtānāṃ sākṣātkṛyāyai ⁞ eko vyapakṛṣṭo 'pramatta ātāpī prahitā(tmā) (v7) vyāhārṣīd ‹|› eko vyapakṛṣṭo 'pramatta ātāpī prahitātmā vihāra{t}‹n›n acirād eva tān dharmān sākṣād akārṣīt* ||

SBV^C 爾時菩薩,默[b11]然而去。念彼諸法,未得欲得,未證欲證,未見[b12]欲見。菩薩爾時,獨處閑林,專念此道,勤加精[b13]進。作是事已,不久之間,便得證見此法。

SBV^T de nas byang chub sems dpas chos de rnams kho na ma thob pa thob par bya ba'i phyir dang | ma rtogs pa rtogs par bya ba'i phyir dang | mngon sum (r7) du ma byas pa mngon sum du bya ba'i phyir gcig bu dben pa bag yod pa | rtun pa dang ldan pa | bdag nyid gtong bar gnas te gcig bu dben pa bag yod pa rtun pa dang ldan pa | bdag nyid gtong bar gnas pa na ring po ma thogs pa (r8) kho nar chos de dag mngon sum du mdzad par gyur to |

[1]根据20.62和MN 26补充。然而Saṅghabh I 97.18和98.17–18: *tān dharmān sākṣād akārṣīt*。
[2]Saṅghabh I 97.18: *akārṣīt*。关于写本中这两处差异的意义,见引言§3.3.2。

20.51 sākṣātkṛtya ca punar ahaṃ tān dharmā‹n ye›[1]nārāḍaẖ kālāmas tenopasaṃkrāntaḥ ⁞ upasaṃkramyārāḍaṃ kālāmam evaṃ vadāmi । nanu bhava(331v5)tā ārāḍena iyaṃto dharmā‹ḥ› svayam abhijñayā sākṣātkṛtā yāvad evākiṃcanyāyatanaṃ ‹।›

译文 "得诸法已,我还至歌罗罗仙处。至彼处已,如此对歌罗罗仙说道:'难道歌罗罗先生未以[其]神通智如许亲证诸法,直至无想定吗?'"

MN 26 [164.26] Atha khvāhaṃ Aggivessana yena Āḷāro Kālāmo ten' upasaṅkamiṃ, upasaṅkamitvā Āḷāraṃ Kālāmaṃ etad-avocaṃ: Ettāvatā no āvuso Kālāma imaṃ dhammaṃ sayaṃ abhiññā sacchikatvā upasampajja pavedesīti.

Saṅghabh sākṣātkṛtvā ca punas tān dharmān yena arāḍaḥ kālāmas tenopasaṃkrāntaḥ upasaṃkramya arāḍaṃ kālāmam idam avo(cat ।) (v8) nanu bhavatā arāḍena ime dharmā‹ḥ› svayam abhijñayā sākṣātkṛtā yāvad evākiṃcanyāyatana‹ṃ›:

SBV^C 得此[b14]法已,還乃至彼羅羅仙所。白羅羅曰:"今汝[b15]此法乃至無想定,豈自得耶?"

SBV^T chos de dag mngon sum du mdzad nas yang sgyu rtsal shes kyi bu ring du 'phur gang na ba der gshegs te byon nas sgyu rtsal shes kyi bu ring du 'phur la 'di skad ces gsungs so । ring (16v1) du 'phur khyod kyis ci yang med pa'i skye mched kyi bar gyi chos 'di dag rang gi mngon bar shes pas mngon sum du byas sam ।

[1]根据20.63补充。

20.52 sa evam āha | tathyam āyuṣman gautama{ḥ} iyanto dharmmā‹ḥ› svayam abhijñayā sākṣātkṛtāḥ yāvad evākiṃcanyāya(331v6)tanaṃ ‹|›

译文 “他如此说道：‘确实，尊者乔达摩啊，我已以［我之］神通智如许亲证诸法，直至无想定。’”

MN 26 ［164.30］Ettāvatā kho ahaṃ āvuso imaṃ dhammaṃ sayaṃ abhiññā sacchikatvā upasampajja pavedemīti.

Saṅghabh sa evam āha | tathya mayā gautama ime dharmā‹ḥ› sākṣātkṛtā yāvad ev‹ā› kiṃcanyā‹ya› tanaṃ ‹|›

SBV^{C} 彼仙報曰：“如是，［b16］喬答摩，乃至無想定，我自得之。”

SBV^{T} des 'di skad ces smras so | tshe dang ldan gau ta ma med de | bdag gis ci yang med pa 'i skye（v2）mched kyi bar gyi chos de dag mngon sum du byas so |

20.53 tam enam evaṃ vadāmi ‹|› mamāpy āyuṣmann ārāḍa{ḥ} iyanto dharmā‹ḥ› svayam abhijñayā sākṣātkṛtā yāvad evākiṃcanyāyatanaṃ ‹|›

译文 “于彼［我］如此道：‘尊者歌罗罗仙啊，我亦以［我之］神通智如许亲证诸法，直至无想定。’”

MN 26 ［164.35］Iti yāhaṃ dhammaṃ sayaṃ abhiññā sacchikatvā upasampajja pavedemi taṃ tvaṃ dhammaṃ sayaṃ abhiññā sacchikatvā upasampajja viharasi, yaṃ tvaṃ dhammaṃ sayaṃ abhiññā sacchikatvā upasampajja viharasi tam - ahaṃ dhammaṃ sayaṃ abhññā sacchikatvā upasampajja pavedemi. Iti yāhaṃ dhammaṃ jānāmi taṃ tvaṃ dhammaṃ jānāsi, yaṃ tvaṃ dhammaṃ jānāsi tam - ahaṃ dhammaṃ jānāmi.

Saṅghabh bodhisatvaḥ kathayati ‹|› mamāpy āyuṣmann arāḍa{nn}ime (dha)(v9)rmā‹ḥ› svayam abhijñayā sākṣātkṛtā yāvad evākiṃ‹ca›nyāyatanaṃ iti ·

SBV^{C} 菩薩報曰：“仁［b17］者！此等智慧，乃至無想定，我亦得之。”

SBV^{T} byang chub sems dpas gsungs pa | tshe dang ldan pa ring du 'phur bdag gis kyang ci yang med pa'i skye mched kyi bar gyi chos de dag rang gi mngon pas mngon sum（v3）du byas so |

20.54　sa evam āha ⁞ iti hy āyuṣman̲ gautama yāvan̲ mama tāvat̲ tava yāvat̲ tava (331v7) tāvan̲ mama ⁞ [1] ubhāv apy āvām asminn arthe samasamau sāmānyaprāptāv ‹ | › ehy āvām ubhāv api bhūtvemaṃ gaṇam parikarṣāvaḥ ‹ | ›

译文　“他如此道：‘正所谓，尊者乔达摩啊，我[证得诸法[2]]多少，你[证得]多少；你[证得诸法]多少，我[证得]多少。我俩甚至在此意趣上完全相同，达到了相同。来，[将来]让我们两人共同领导大众吧。’”

MN 26　[165.5] Iti yādiso ahaṃ tādiso tuvaṃ, yādiso tuvaṃ tādiso ahaṃ. Ehi dāni āvoso, ubho va santā imaṃ gaṇaṃ pariharāmāti.

Saṅghabh　hy āyuṣman gautama yāvat tava tāvan mama yāvan mama tāvat tava | ehy āvām ubhāv apīmaṃ gaṇam parikarṣāvaḥ asmiṃś cārthe āvāṃ samasamau sāmānyaprāptau ‹ | ›

SBV^{C}　彼仙報[b18]曰：“喬答摩！汝既得之，我亦得之，我既得之；汝[b19]亦得之。今我二人，此弟子眾，可共教授此法，[b20]義理一種得故。”

SBV^{T}　tshe dang ldan pa gau ta ma de lta ni khyod kyi ji tsam pa bdag gi yang de tsam la | bdag gi ji tsam pa khyod kyi yang de tsam pas don 'di la ‹'o› skol mtshungs shing mnyam ste 'dra bar thob kyis tshur spyon 'o skol gnyi gas 'khor (v4) 'di yong su drang par bgyi 'o |

[1] 根据 20.66 和 Saṅghabh I 97.25 修改。

[2] 尽管 SBV^{T} 16v3：*khyod kyi* ***ji tsam pa*** *bdag gi yang* ***de tsam*** *la* 和 SBV^{C} 119b17：汝既得之我亦得之，在其间“法” *dhamma* 这个词没有出现，但是 MN 26 164.35 起，和 SMR^{C} 948b18：所得之法，暗示了“法” *dhamma* 可以作为主语补充到句子里去。

20. 55	sa tāvan me 'gnivaiśyāyana arāḍaḥ kālāmaḥ sa pūrvācārya eva san parayā mānanayā (331v8) mānitavān parayā pūjanayā pūjitavān parameṣu ca me pratyayeṣv āttamanāś cābhūd abhirāddhaś ca ‹	›
译文	“他即是,火种居士啊,歌罗罗仙,我过去的教师,用最上的恭敬来恭敬[我],用最上的供养来供养[我],且对我之最上因缘十分欢喜与满意。”
MN 26	[165. 7] Iti kho Aggivessana Āḷāro Kālāmo ācariyo me samāno antevāsiṃ maṃ samānaṃ attano samasamaṃ ṭhapesi uḷārāya ca maṃ pūjāya pūjesi.
Saṅghabh	athārā(v10)ḍaḥ kālāmo bodhisatvasya pūrvācārya eva saṃ bodhisatvaṃ paramayā mānanayā mānitavān paramayā pūjanayā pūjitavān parameṣu cāsya pratyayeṣv āttamanāś cābhūd abhirāddhaś ca ‹	›
SBV^{C}	此羅羅仙即是菩薩第一教[b21]授,阿遮利耶。彼羅羅仙以菩薩智慧故,歡[b22]喜供養,親好而住。
SBV^{T}	de nas sgyu rtsal shes kyi bu ring du 'phur byang chub sems dpa'i thog ma'i slob dpon nyid kyis byang chub sems dpa' la rjed pa'i dam pas rjed cing mchod pa'i dam pas mchod do | (v5) de'i rtogs pa dag la yang dga' ba dang mgu bar gyur to |

20.56 tasya mamaitad abhavad ‹ I › ayam api mārgo nālaṃ jñānāya nālan darśanāya nālam anuttarāyai samyaksaṃbodhaye ‹ I ›

译文 “我生起此念：‘此道亦不足以成就智慧、不足以成就[正]见、不足以成就无上正等正觉。’”

MN 26 [165.9] Tassa mayhaṃ Aggivessana etad - ahosi: Nāyaṃ dhammo nibbidāya na virāgāya na niroddhāya na upasamāya na abhiññāya na sambodhāya na nibbānāya saṃvattati, yāvad - eva ākiñcaññāyatanūpapattiyā ti. So kho ahaṃ Aggivessana taṃ dhammaṃ analaṅkaritvā tasmā dhammā nibbijjāpakkamiṃ.

Saṅghabh atha bodhisatvasyaitad abhavat ‹ I › ayaṃ mā(379r1)rgo nālaṃ jñānāya nālaṃ darśanāya nālam anuttarāyai saṃyaksaṃbodhaye ‹ I ›

SBV^C 菩薩爾時作如是念：“今此[b23]道法者，非智慧非正[1]見，不得阿耨多羅三藐[b24]三菩提道，是垢穢道故。”菩薩知已，告羅羅曰：“[b25]仁者好住，我今辭去。”

SBV^T de nas byang chub sems dpa’ ’di snyam du dgongs te I lam ’di na shes par nus pa ma yin I mthong par nus pa ma yin I bla na med pa yang dag par rdzogs (v6) par byang chub par nus pa ma yin no snyam mo I

[1]原作“证”，根据其他文本和 SBV^C 下文（随水獭端正仙子学道的段落），可知其谬。现以《大正藏》校注中所列的明本而改。

20.57 (332r1) so 'haṃ tanmārgam ‹nā› lam iti viditvā yenodrako rāmaputras tenopasaṃkrānta upasaṃkramyodrakaṃ rāmaputram evaṃ vadāmi ‹।› sacet te udraka aguru careyam ahan te 'ntike brahmacaryaṃ ‹।›

译文 "了知其道不足之后,我至水獭端正仙子处。至彼处已,我对水獭端正仙子如此说道:'倘若于你,水獭啊,未成累赘,我愿在你处修梵行。'"

MN 26 [165.15] So kho ahaṃ Aggivessana kiṃkusalagavesī anuttaraṃ santivarapadaṃ pariyesamāno yena Uddako Rāmaputto ten' upasaṅkamiṃ, upasaṅkamitvā Uddakaṃ Rāmaputtaṃ etad - avocaṃ: Icchām' ahaṃ āvuso imasmiṃ dhammavinaye brahmacariyaṃ caritun - ti.

Saṅghabh atha bodhisatvas taṃ mārgam nalam iti viditvā yenodrako rāmaputras tenopakrāntaḥ upasaṃkramyodrakaṃ rāmaputraṃ idam avocat* । sacet te udrakāguru careyam ahaṃ tav‹ā›(r2)ntike brahmacaryaṃ ‹।›

SBV^C 菩薩爾時遊行山林,[b26]見水獺端正仙子(舊云欝頭藍者,此誤也)。即[b27]往親近,恭敬問訊。告彼仙曰:"汝師是誰?我共[b28]修學。"

SBV^T de nas byang chub sems dpa' lam de nus pa med par rig nas rangs byed kyi bu lhag spyod gang na ba der gshegs te byon nas rangs byed kyi bu lhag spyod la 'di skad ces (v7) gsungs so । lhag spyod gal te khyod la mi bde ba med na khyod kyi drung du da tshangs par spyod pa spyad do ।

20.58 sa evam āha ‹ | › na me ā(332r2)yuṣman gautama {a}guru caratv āyuṣm‹ ā› n gautamo yathāsukham ‹ | ›

译文 "他如此说道:'于我并无累赘,尊者乔达摩啊。愿尊者乔达摩完全随意行之!'"[1]

MN 26 [165.19] Evaṃ vutte Aggivessana Uddako Rāmaputto maṃ etad - avoca: Viharat' āyasmā, tādiso ayaṃ dhammo yattha viññū puriso nacirass' eva sakaṃ ācariyakaṃ sayaṃ abhiññā sacchikatvā upasampajja vihareyyāti.

Saṅghabh na me āyuṣmaṃ gautama guru vihāra tvaṃ yathāsukhaṃ ‹ | ›

SBV^{C} 彼仙報曰:"我無尊者,汝欲修學,隨意[b29]無礙。"

SBV^{T} des gsol ba ! tshe dang ldan pa gau ta ma bdag la mi bde ba med kyis khyod ci bde ba kho na rab zhugs shig |

[1]20.57-68 对应 20.45-56,只是歌罗罗仙(Ārāḍa Kālāma)代之以水獭端正仙子(Udraka Rāmaputra),无想定(*ākiṃcanyāyatana*)代之以非非想定(*naivasaṃjñānāsaṃjñāyatana*)。因为该段有 *viharatu* 代之以 *caratu*,所以仍然译出。其余的译文可参见 20.47-56。

20.59 aham evaṃ vadāmi · kiyanto bhavatā udrakeṉa dharmā‹ ḥ› svayam abhijñayā sākṣātkṛtā‹ ḥ | ›[1]

MN 36 [165.30] Atha khvāhaṃ Aggivessana yena Uddako Rāmaputto ten' upasaṅkamiṃ, upasaṅkamitvā Uddakaṃ Rāmaputtaṃ etad - avocaṃ: Kittāvatā no āvuso Rāmo imaṃ dhammaṃ sayaṃ abhiññā sacchikatvā upasampajja pavedesīti.

Saṅghabh kiyanto bhavatā udrakeṇa dharmāḥ sākṣātkṛtāḥ ‹ | ›

SBV^{C} 菩薩問曰:"汝得何道?"

SBV^{T} khyod kyis (v8) chos ji snyed cig mngon sum du byas

[1]根据 20.47 补充。

20.60 sa evam āha | yāvad evāyuṣman gautama naivasaṃjñānāsaṃjñāyatanaṃ ‹ | ›

MN 36 [165.29] Evaṃ vutte Aggivessana Uddako Rāmaputto nevasaññānāsaññāyatnaṃ pavedesi.

Saṅghabh yāvad evāyuṣman gautama naivasaṃjñānāsaṃjñāyatanaṃ ‹ | ›

SBV^{C} 彼仙報曰:"仁者[c1]喬答摩! 我得乃至非非想定。"

SBV^{T} tshe dang ldan pa gau ta ma 'du shes med 'du shes med min gyi skye mched kyi bar du'o |

20.61 tasya (332r3) mamaitad abhavat* ⁝ udrakasya rāmaputrasya śraddhā mamāpi śraddhā ⁝ udrakasya rāmaputrasya vīryaṃ smṛtiḥ samādhiḥ prajñā mamāpi śraddhā vīryaṃ smṛtis samādhiḥ prajñā | udrakena rāmaputreṇa iyanto (332r4) dharmāḥ svayam abhijñayā sākṣātkṛtāḥ yāvad eva naivasaṃjñānāsaṃjñāyatanaṃ ‹ | › kasmād aham apīmān dharmmān ‹na›[1] sākṣātkuryām iti |

MN 36 [165.30] Tassa mayhaṃ Aggivessana etad - ahosi: Na kho Rāmass' eva ahosi saddhā, mayhaṃ p' atthi saddhā; na kho Rāmass' eva ahosi viriyaṃ, mayhaṃ p' atthi viriyaṃ; na kho Rāmass' eva ahosi sati, mayhaṃ p' atthi sati; na kho Rāmass' eva ahosi samādhi, mayhaṃ p' atthi samādhi; na kho Rāmass' eva ahosi paññā, mayhaṃ p' atthi paññā; yan - nūnāhaṃ yaṃ dhammaṃ Rāmo: sayaṃ abhiññā sacchikatvā upasampajja viharāmīti pavedeti tassa dhammassa sacchikiriyāya padaheyyan - ti.

Saṅghabh bodhisatvasyaitad abhavad urakasya rāmaputrasya śraddhā mamāpi śraddhā ⁝ udrakasyā rāmapu(r3)trasya vīryaṃ smṛti‹ḥ› samādhi‹ḥ prajñā› mamāpi vīryaṃ smṛti‹ḥ› samādhi‹ḥ› prajñā ⁝ udrakeṇa̲ rāmaputreṇeya‹n› to {haṃ} dharmā‹ḥ› sākṣātkṛtā yāvad eva naivasaṃjñānāsa‹ṃ›jñāyatanaṃ kasmād aham imān dharmān na sākṣātkariṣyāmīty ‹ | ›

SBV^{C} 菩薩聞此私作[c2]是念:“此水獺仙有信心,我亦有之;有精進、有[c3]念、有善、有智,我亦有之。彼得如是法,乃至非[c4]非想定,我豈不得?”

SBV^{T} de nas byang chub sems dpa' 'di snyam du dgongs te | rangs byed kyi bu lhag spyod dad pa la ni bdag kyang dad la rangs byed kyi bu (17r1) lhag spyod la brtson 'grus dang | dran pa dang | ting nge 'dzin dang | shes rab yod pa lta bu'i brtson 'grus dang | dran pa dang | ting nge 'dzin dang | shes rab ni bdag la yod na rangs byed kyi bu lhag spyod kyis 'dus shes med min gyi skye mched kyi bar (r2) gyi chos 'di snyed cig mngon sum du byas na bdag gis kyang ci'i phyir chos 'di dag mngon sum du mi bya snyam mo |

[1] 参见20.49。

20.62 so ’haṃ teṣān dharmāṇāṃm aprāptānāṃ prāptaye ⁞ anadhigatānām adhigamāya (332r5) ⁞ asākṣātkṛtānāṃ sākṣātkriyāyai eko vyapakṛṣṭo ’pramatta ātāpī prahitātmā vyāhārṣam ‹ | › eko vyapakṛṣṭo ’pramatta ātāpī prahitātmā viharann acirād eva tān dharmān svayam abhijñayā sākṣād a(332r6)kārṣaṃ ‹ | ›

MN 36 [166.7] So kho ahaṃ Aggivessana nacirass’ eva khippam - eva taṃ dhammaṃ sayaṃ abhiññā sacchikatvā upasampajja vihāsiṃ.

Saṅghabh atha bodhisatvas teṣām eva dharmāṇām aprāptānāṃ prāptaye ⁞ a(r4)nadhigatānām adhigamāya ⁞ asākṣatkṛtānāṃ sākṣātkṛyāyai ⁞ eko vyapakṛṣṭo ’pramatta ātāpī prahitātmā vyāhākṣīd eko vyapakṛṣṭo ’pramatta ātāpī prahitātmā viharann acirād eva tāṃ dharmā‹n› sākṣād akārṣīt *

SBV^{C} 默然而去。念彼諸法,未得[c5]欲得,未見欲見,未證欲證。即往閑林,專修此[c6]道,勤加精進。不久之間,乃至證非想非非想[c7]定。

SBV^{T} de nas byang chub sems dpas chos de rnams kho na ma thob pa thob par bya ba’i phyir dang | ma rtogs pa rtogs par (r3) bya ba’i phyir dang | mngon sum du ma byas pa mngon sum du bya ba’i phir gcig bu dben pa bag yod pa rtun pa dang ldan pa | bdag nyid gtong bar gnas te | gcig bu dben pa bag yod pa rtun pa dang ldan pa | bdag nyid gtong bar (r4) gnas pa na ring po ma thogs pa kho nar chos de mngon sum du mdzad par gyur to |

20.63 sākṣātkṛtya ca punar ahaṃ tān dharmān yena udrakarāmaputras tenopasaṃkrāntaḥ ⁝ upasaṃkramyodrakaṃ rāmaputram evaṃ vadāmi | nanu bhavatā udrakeṇa iyanto dharmāḥ svayam abhijñayā sākṣātkṛtā (332r7) yāvad eva naivasaṃjñānāsaṃjñāyatanaṃ ‹ | ›

MN 36 [166.9] Atha khvāhaṃ Aggivessana yena Uddako Rāmaputto ten' upasaṅkamiṃ, upasaṅkamitvā Uddakaṃ Rāmaputtaṃ etad - avocaṃ: Ettāvatā no āvuso Rāmo imaṃ dhammaṃ sayaṃ abhiññā sacchikatvā upasampajja pavedesīti.

Saṅghabh sākṣātkṛtvā ca punas tan dha(rmā)(r5)n yenodrako rāmaputras tenopasaṃkrāntaḥ ⁝ upasaṃkramyodrakaṃ rāmaputram idam avocat* || nanu bhavatā udrakeṇa ime dharmā‹ḥ› svayam abhijñayā sākṣātkṛtā yāvad eva naivasaṃjñānāsaṃjñāyatanaṃ ‹ | ›

SBV^{C} 得是定已，還詣水獺仙所。白彼仙曰："今汝[c8]此法，豈自得耶？"

SBV^{T} chos de mngon sum du mdzad nas rangs byed kyi bu lhag spyod gang na ba der gshegs te byon pa dang rangs byed kyi bu lhag spyod la 'di skad ces gsungs so | (r5) lhag spyod khyod kyis 'du shes med 'du shes med min gyi skye mched kyi bar du chos 'di dag rang gis mngon sum du byas sam |

20.64 sa evam āha | tathyam āyuṣman gautama{ḥ} iyanto mayā dharmāḥ svayam abhijñayā sākṣātkṛtā yāvad eva naivasaṃjñānāsaṃjñāyatanaṃ ‹ | ›

MN 36 [166.12] Ettāvatā kho ahaṃ āvuso imaṃ dhammaṃ sayaṃ abhiññā sacchikatvā upasampajja pavedemīti.

Saṅghabh tathyaṃ mayā āyuṣmaṃ gautama ime dh(a)(r6)rmā‹ḥ› sākṣātkṛtā yāvad eva naivasaṃjñānāsaṃjñāyatanaṃ ‹ | ›

SBV^{C} 答曰："如是。"

SBV^{T} tshe dang ldan pa go ta ma mang lags te bdag gis 'du shes med 'du shes med min gyi skye mched kyi bar gyi chos 'di (r6) dag mngon sum du ba gyis so |

20.65 tam enam e‹vaṃ› va‹dāmi | ma› mā‹py āyu›ṣmann[1] udraka iyanto dharmā‹ḥ› svayam a(332r8)bhijñayā sākṣātkṛtā yāvad eva naiva-saṃjñānāsaṃjñāyatanaṃ ‹|›

MN 36 [166.17] Iti yaṃ dhammaṃ Rāmo sayaṃ abhiññā sacchikatvā up-asampajja pavedesi taṃ tvaṃ dhammaṃ sayaṃ abhiññā sacchikatvā up-asampajja viharasi, yaṃ tvaṃ dhammaṃ sayaṃ abhiññā sacchikatvā upasampajja viharasi tam dhammaṃ Rāmo sayaṃ abhññā sacchikatvā upasampajja pavedesi. Iti yaṃ dhammaṃ Rāmo aññāsi taṃ tvaṃ dhammaṃ jānāsi, yaṃ tvaṃ dhammaṃ jānāsi tam dhammaṃ Rāmo aññāsi.

Saṅghabh bodhisatvaḥ kathayati‹|› mayāpy āyuṣmann udraka{ṃnn} ime dharmā‹ḥ› svayam abhijñayā sākṣātkṛtā yāvad eva naisaṃjñānāsaṃjñyatana‹m› iti ‹|›

SBV^{C} 菩薩又曰:“大仙! [c9]此智慧乃至非想非非想定,我亦得之。”

SBV^{T} byang chub sems dpas gsungs pa | tshe dang ldan pa lhag spyod bdag gis kyang 'du shes med 'dus shes med min gyi skye mched kyi bar gyi chos 'di dag rang gis mngon sum du byas so |

[1]根据20.53补充。

20.66 sa evam āha ⁝ iti hy āyuṣman gautama yāvan mama tāvat tava yāvat tava tāvan mama ⁝ ubhāv apy āvām asmin arthe samasamau sāmānyaprāptāv ‹ | › ehy āvām ubhāv api (332v1) bhūtvemaṃ gaṇaṃ parikarṣāvaḥ ‹ | ›

MN 36 [166.24] Iti yādiso Rāmo ahosi tādiso tuvaṃ, yādiso tuvaṃ tādiso Rāmo ahosi. Ehi dāni āvoso, tvaṃ imaṃ gaṇaṃ pariharāti.

Saṅghabh hy āyuṣman gautama yāvat tava tāvat mama | yāvat ma(ma) (r7) tāvat tava: ehy āvām ubhāv apīmaṃ gaṇaṃ parikarṣāvaḥ asmiṃś cārtha āvāṃ samasamau sāmānyaprāptau |

SBV^{C} 水獺[c10]報曰:"汝既得之,我亦得之;我既得之,汝亦得[c11]之。今我二人,可共同住,教授弟子。何以故?得[c12]法同故。"

SBV^{T} tshe dang ldan (r7) pa gau ta ma de lta na khyod kyi ji tsam pa bdag gi yang de tsam la | bdag gi ji tsam pa khyod kyi yang de tsam pas don 'di la 'o skol mtshungs shing mnyam ste 'dra ba thob kyis tshur spyon 'o skol gnyi gas tshogs 'di yongs (r8) su drang bar bgyi 'o |

20.67 sa tāvan me agniveśyāyana udrako rāmaputr‹o› me ‹pūr› vācārya[1] eva saṃ parayā mānanayā mānitavān parayā pūjanayā pūjitavān parameṣu ca me pratyayeṣv āttamanāś cābhūd abhirā(332v2)ddhaś ca ‹ | ›

MN 36 [166.26] Iti kho Aggivessana Uddako Rāmaputto sabrahmacārī me samāno ācariyaṭṭāne ca maṃ ṭhapesi uḷārāya ca maṃ pūjāya pūjesi.

Saṅghabh athodrako rāmaputro bodhisatvasya pūrvācārya eva saṃn taṃ paramayā mānanayā mānitavān* paramayā pūjanayā pūjitavān | parame(r8)ṣu cāsya pratyayeṣv āttaman‹ā›ś cābhūd abhirāddhaś ca ‹ | ›

SBV^{T} de nas rangs byed kyi bu lhag spyod byang chub sems dpa'i thog ma'i slob dpon gyis byang chub sems dpa' la rjed pa dam pas rjed cing mchod pa'i dam pas mchod do | de'i shes pa rnams la yang dga' ba dang mgu bar (17v1) gyur to |

[1] 根据 20.55 补充。

20.68 tasya mamaitad abhavad ‹ | › ayam api mārgo nālaṃ jñānāya nālan darśanāya nālam anuttarāyai samyaksaṃbodhaye |

MN 36 [166.29] Tassa mayhaṃ Aggivessana etad - ahosi: Nāyaṃ dhammo nibbidāya na virāgāya na niroddhāya na upasamāya na abhiññāya na sambodhāya na nibbānāya saṃvattati, yāvad - eva nevasaññānāsaññāyatanūpapattiyā ti. So kho ahaṃ Aggivessana taṃ dhammaṃ analaṅkaritvā tasmā dhammā nibbijjāpakkamiṃ.

Saṅghabh atha bodhisatvasyaitad abhavad ‹ | › ayam api mārgo nālaṃ jñānāya nālaṃ darśanāya nālam anuttarāyai samyaksaṃbodhaye ⁞ atha bodhisatvas tam api mārga‹ ṃ› nāl{{i}}am iti kṛtvā prakrāntaḥ ‹ | ›

SBV^{C} 菩薩爾時,作如是念:“如此之道,非[c13]智慧非正見,不得阿耨多羅三藐三菩提果,[c14]是垢穢道。”白彼仙曰:“汝今好住,我辭而去。”此[c15]是菩薩第二阿遮利耶。

SBV^{T} de nas byang chub sems dpa' 'di snyam du dgongs te | lam 'di ni shes par nus pa ma yin | mthong bar nus pa ma yin | bla na med pa yang dag par rdzogs par byang chub par nus pa ma yin no snyam mo | de nas (v2) byang chub sems dpa' lam de yang nus pa med par rig nas gshegs so |

20.69 so 'haṃ taṃ mārgam ‹nā› lam iti viditvā dakṣiṇena gayāyāḥ prakrānto yenorubilvā senāyanīgra(ma) (332v3) kaḥ ‹ | ›

译文 “此道之不足了知已,我去往迦耶之南,向乌留频罗,入西那耶尼村落。”

MN 26 [166.35] So kho ahaṃ Aggivessana kiṃkusalagavesī anuttaraṃ santivarapadaṃ pariyesamāno Magadhesu anupubbena cārikaṃ caramāno yena Urvelā senānigamo tad - avasariṃ.

Saṅghabh (379v1) atha bodhisatvaḥ paṃcābhir upasthāyak‹ ai› ḥ parivṛto dakṣiṇena (v2) gayā yenorubilvāsenāyanīgrāmakas tena cārikāṃ prakrāntaḥ ‹ | ›

SBV^{C} [119c26] 爾時菩薩,與此五人圍繞,往伽耶城南,詣烏[c27]留頻螺西那耶尼聚落。

SBV^{T} (17v6) de nas byang chub sems dpa' rim gro ba lngas yongs su bskor te ga ya'i lho phyogs na lteng rgyas 'od srung gi sde'i grong rdal gang na ba der rgyu zhing gshegs te

20.70 so 'haṃ tatrādrākṣaṃ ramaṇīyaṃ pṛthivīpradeśaṃ prāsādikaṃ ca vanaṣaṇḍaṃ nadīṃ ca nairaṃjanāṃ śītalāṃ syandanāṃ sasikatāṃ sūpatīrthāṃ haritaśādvalāṃ vistīrṇakūlāṃ nānāvṛkṣopaśobhitāṃ ramaṇī(332v4)yāṃ ‹|› dṛṣṭvā ca punar mamaitad abhavad ‹|›

译文 "彼处我见一胜地,端严的密林和可爱的尼连禅河——清凉的、流动的,有着鹅卵石、绝佳的入水之处、青草地、延展的河岸的,由各种树木装点。既见已,我又生起如是念:"

MN 26 [167.1] Tatth' addasaṃ ramaṇīyaṃ bhūmibhāgaṃ pāsādikañ - ca vanasaṇḍaṃ, nadiñ - ca sandantiṃ setakaṃ sūpatitthaṃ ramaṇīyaṃ, samantā ca gocaragāmaṃ. Tassa mayhaṃ Aggivessana etad - ahosi:

Saṅghabh sa itaś cāmutaś ca paribhramaṃn adrākṣīt ┆ ramaṇīyaṃ pṛthivīpradeśaṃ prāsādikaṃ vanaṣaṇḍaṃ d{{ā}}nīṃ[1] ca nairaṃjānāṃ śītalasyandanāṃ sasikatāṃ sūpatīrthāṃ * haritaśādvalavistīrṇakūlāṃ nānāvṛkṣopa(v3) śobhitāṃ ramaṇīyā‹ṃ |› dṛṣṭvā ca punar asyaitad abhavat * ||

SBV^{C} 四邊遊行,於尼連禪[c28]河邊,見一勝地。樹林美茂,其水清冷,底有純[c29]沙,岸平水滿,易可取汲,青草遍地,岸闊堤高,[120a1]有雜花樹,在於岸上,滋茂殊勝。菩薩見此殊[a2]勝之地,作如是念:

SBV^{T} byon nas de phan tshun du 'chag pa nas phyogs dga' dga' ltar (v7) 'dug pa | nags tshang tshing mdzes pa | chu klung neraṇjan‹ā› bsil bar 'bab pa | gse gu can 'jug ngogs bde zhing mtha' rgya che la gsing ma sngon po dang shing sna tshogs kyis pa rgyan pa dga' dga' ltar 'dug pa zhig gzigs so |

[1] 据下文即可知,此处应作 *nadīṃ*。

20.71 ramaṇīyo batāyaṃ pṛthivīpradeśaḥ prāsādikaś ca vanaṣaṇḍaṃ nadī ca nairaṃjanā śītalā syandanā sasikatā sūpatīrthā haritaśādvalā ‹vistīrṇakūlā›[1] nānāvṛkṣopaśobhitā (332v5) ramaṇīyā ⁝ alaṃ bata prahāṇārthinā[2] kulaputreṇemaṃ vanaṣaṇḍam upaniśṛtya prahāṇaṃ prahātum[3] ‹ | › ahaṃ ca prahāṇe‹nā›rthī[4] ‹ | › yan nv ayam aham imaṃ vanaṣaṇḍaṃ niśṛtya prahāṇaṃ pradadhyām[5] iti ‹ | ›

译文 "'呜呼,这个胜地,端严的密林和可爱的尼连禅河——清凉的、流动的,有着鹅卵石、绝佳的入水之处、青草地、延展的河岸的,由各种树木装点! 呜呼,这里适于志在修行[6]的善男子,入密林修行。而我是志在修行的人。好吧,我愿入此密林修行。'"[7]

MN 26 [167.4] Ramaṇīyo vata bho bhūmibhāgo pāsādiko ca vanasaṇḍo, nadī ca sandati setakā sūpatitthā ramaṇīyā, samantā ca gocaragāmo; alaṃ vat' idaṃ kulaputtassa padhānatthikassa padhānāyāti. So kho ahaṃ Aggivessana tatth' eva nisīdiṃ: alam - idaṃ padhānāyāti.

Saṅghabh maraṇīyo[8] batāyaṃ prithivīpradeśaḥ prāsādikaś ca vanaṣaṇḍaṃ nadī ca nairaṃjanā śītalā syandanā sasikatā sūpatīrthā haritaśādvalavistīrṇakūlā nānāvṛkṣopaśobhitā ramaṇīyā ⁝ aho bata (v4) prahaṇārthinā kulapureṇemaṃ vanaṣaṇḍaṃ niśṛtya prahāṇaṃ pradadhātum ‹ | › ahaṃ ca pra‹hā›ṇ̱enārthī ‹ | › yanv aham imaṃ vanaṣaṇḍaṃ niśṛtya prahāṇaṃ praṇidadhyām ity ‹ | ›

SBV^{C} "此地樹茂,其水清冷,底有[a3]純沙,岸平水滿,易可取汲,青草遍地,岸闊堤[a4]高,有雜花樹,在於岸上,滋茂殊勝。若有人樂[a5]修禪慧者,可居此地。我今欲於此地念諸寂[a6]定,此樹林中,斷諸煩惱。"

SBV^{T} (v8) gzigs nas kyang 'di snyam du dgongs te | kye ma'o sa phyogs 'de ni dga' dga' ltar 'dug pa | nags tshang tshing mdzes pa | chu klung neraṇjanā bsil bar 'bab pa | gse gu can 'jug ngogs bde zhing (18r1) mtha' rgya che la gsing ma sngon po dang | shing sna tshogs kyis pa rgyan pa dga' dga' ltar 'dug pa zhig ste | kye ma spong ba don du gnyer ba'i rigs kyi bus nags khrod 'dir brten na spong ba bya bar nus so | bdag spong ba don du gnyer ba (r2) yin bas ma la bdag gis kyang nags khrod 'dir brten la spong ba bya'o snyam mo |

[1]根据 20.70 补充。
[2]Saṅghabh 写本 379v4: *prahaṇārthinā*。
[3]依照本段的注解 6 此处应读为 *pradhātum*; 参见 Saṅghabh I 99: *praṇidhātum*, 但是写本 379v4 为 *pradadhātum*。
[4]Saṅghabh 写本 379v4: *praṇainārthī*。
[5]Saṅghabh I 99.22: *praṇidadhyām*。
[6]对应该词的有 MN 26: *padhānatthika*, LV 248.11ff.: *prahāṇārthika°* 和 *prahāṇārthī*, SBV^C 120a4 起: 樂修禪慧者, SMR^C 948c13 起: 善男子若人於此修諸梵行及 SBV^T 18r1: *spong ba don du gnyer ba*。
[7]此处皆包含了这一固定搭配 *prahāṇaṃ pra* $\sqrt{dh\bar{a}}$。以"基本公式(basic formula)"的名义,盖廷(GETHIN 1992: 69 起)将 *samyak - prahāṇa* 视作巴利语词汇 *sammappadhāna* 的"还原信息(back - information)"。由此,*samyak - prahāṇa* 这种表达方式同北传的释经传统一致(GETHIN 1992: 70,及注 3-8)。然而盖廷却在其对 *prahāṇa* 一词的翻译中首选"勤修(endeavour)",而非"断弃(abandoning)"(同上:72)。当然,这两种解释并存于"苦行文本家族"中,如下:SMR^C 948c15 起: 即于树下结跏趺坐,学修禅观,但是 SBV^T 18r1: *spong ba bya ba* 及 SBV^C 120a6: 此树林中,断诸烦恼。
[8]此处应作 *ramaṇiyo*。

20.72 so 'haṃ taṃ vanaṣa(332v6)ṇḍam abhyavag(ā)hy(ā)nyatarad v(ṛ)kṣamūlaṃ niśṛtya niṣaṇṇaḥ paryaṅkam ābhujya ṛjuṃ kāyaṃ praṇidhāya pratimukhāṃ smṛtim upasthāpya saha danteṣu dantān ādhāya jihvāgraṃ tālu{va}ni pratiṣṭhāpya cetasā ci(332v7)ttam abhigṛhṇāmy abhi(ni)p(ī)ḍayāmi abhisaṃtāpayāmi ‹|›

译文 "我去到密林里,坐到树底下,结跏趺而坐,端正躯体,专注意念,齿与齿相合,舌尖抵上腭,以心念制服、压捺、考责[我]心。"

MN 36 [242.23] Tassa mayhaṃ Aggivessana etad - ahosi: Yan - nūnāhaṃ dantehi danta - m - ādhāya jivhāya tāluṃ āhacca cetasā cittaṃ abhinig-gaṇheyyaṃ abhinippīḷeyyaṃ abhisantāpeyyan - ti.

Saṅghabh atha bodhisatvas taṃ vanaṣaṇḍam abhyavagāhyānyatarad vṛkṣamūlaṃ niśṛtya danteṣu dantān ādhāya jihvāgraṃ (v5) tāluni pratiṣṭhāpya cetasā cittam abhigṛhṇāty abhinipīḍayaty abhisaṃtāpayati ‹|›

SBV^C 菩薩作是念已,便於[a7]樹下,端身而坐。以舌拄腭,兩齒相合,善調氣[a8]息,攝住其心,令心摧伏、壓捺考責。

SBV^T de nas byang chub sems dpa' nags khrod du zhugs te ‹|› shing zhig gi drung du bzhugs tshems la tshems btad | ljags rkan la bcar nas thugs kyis (r3) thugs mngon du bzung | mngon du bsdams | shin du mngon du bsdams so |

20.73 tasya mama danteṣu dantān ādhāya jihvāgraṃ tāluni pratiṣṭhāpya cetasā cittam abhigṛhṇato 'bhinipīḍayataḥ abhisaṃtāpayataḥ sarvaromakūpebhyaḥ svedo (332v8) muktas ‹|›

译文 “当我齿与齿相合,舌尖抵上腭,以心念制服、压捺、考责[我]心时,汗从所有的毛孔流出。”

MN 36 [242.25] So kho ahaṃ Aggivessana dantehi danta - m - ādhāya jivhāya tāluṃ āhacca cetasā cittaṃ abhiniggaṇhāmi abhinippīḷemi abhisantāpemi. Tassa mayhaṃ Aggivessana dantehi danta - m - ādhāya jivhāya tāluṃ āhacca cetasā cittaṃ abhiniggaṇhato abhinippīḷayato abhisantāpayato kacchehi sedā muccanti.

Saṅghabh tasya cetasā cittam abhigṛhṇāto 'bhinipīḍayato 'bhisantāpayataḥ sarvaromakūpebhyaḥ svedo muktaḥ ‹|›

SBV^{C} 於諸毛孔,[a9]皆悉流汗。

SBV^{T} de thugs kyis thugs mngon du gzung | mngon du bsdams | zhin tu bs-dams bas ba spu'i khung bu thams cad nas rngul byung bar gyur te |

20.74 tadyathā balavān puruṣo durbalataraṃ puruṣaṃ bāhubhyāṃ gṛhītvā nigṛhṇīyād abhinipīḍayet tasya sarvaromakūpebhyaḥ svedo mucyeta ⁝

译文 “犹如,当一个力士抓住一个极羸弱之人的双臂,压捺、考责时,汗从他的所有的毛孔流出,”

MN 36 [242.31] Seyyathā pi Aggivessana balavā puriso dubbalataraṃ purisaṃ sīse vā gahetvā khandhe vā gahetvā abhiniggaṇheyya abhinippīḷeyya abhisantāpeyya,

Saṅghabh tadyathā balavān puruṣo durbalataraṃ puruṣa(v6)m udbāhukaṃ gṛhītvā abhinigṛhṇīyād abhinipīḍayed abhisantāpayet tasya romakūpebhyaḥ svedo mucyeta ‹|›

SBV^{C} 猶如猛士,搦一弱人,拉摺壓捺,復[a10]惱彼情,其人當即,遍體流汗。

SBV^{T} (r4) dper na mi stobs dang ldan pas mi stobs shin du chung ba zhig phyir ka log tu bzung mngon du bsdams | shin tu mngon du bsdams na de'i ba spu'i khung bu thams cad nas | rngul 'byung ba de bzhin du

20.75	evam eva ta{ma}smin sa‹ma›ye[1] danteṣu dantān ādhāya jihvāgraṃ tāluni pratiṣṭhāpya (333r1) cetasā cittam abhigṛhṇato - m - abhinipīḍayataḥ abhisaṃtāpayataḥ sarvaromakūpebhyaḥ svedo muktaḥ ⁞
译文	"的确如此,当彼时我齿与齿相合,舌抵上腭,以心念制服、压捺、考责[我]心时,汗从所有的毛孔流出。"
MN 36	[242.23] evam - eva kho me Aggivessana dantehi danta - m - ādhāya jivhāya tāluṃ āhacca cetasā cittaṃ abhiniggaṇhato abhinippīḷayato abhisantāpayato kacchehi sedā muccanti.
Saṅghabh	evam eva bodhisatvasya tasmin samaye danteṣu dantān ādhāya jihvāgraṃ tāluni pratiṣṭhāpya cetasā cittam abhigṛhṇato 'bhi(ni)(v7)pīḍato 'bhisantāpayataḥ sarvaromakūpebhyaḥ svedo muktaḥ ‹ I ›
SBV^C	菩薩伏其身心[a11],亦復如是。
SBV^T	de'i tshe byang chub sems dpa' (r5) tshems la tshems btad I ljags kan la bcar te thugs kyis thugs mngon du bzung I mngon du bsdams I shin du mngon du bsdams pa na ba spu'i khung bu thams cad nas rngul byung bar gyur kyang

[1]根据20.87等修改。

20.76 ārabdhaṃ ca me vīryaṃ bhavaty asaṃlīnaṃ prasrabdhaḥ[1] kāyo bhavaty asaṃrabdhaḥ ⁞ upasthitā smṛt‹i›r bhavaty asaṃmūḍhā samāhi(333r2)taṃ cittaṃ bhavaty ekāgraṃ ⁞ evaṃrūpā‹ṃ› me agniveśyāyana duḥkhāṃ tīvrāṃ kharāṃ katukām amanāpāṃ vedanāṃ vedayamānasya cittaṃ ‹na› paryādāya tiṣṭhati [2] · yathāpi tad bhāvitakāyasya ‹|›[3]

译文 “由我所发趣的精进不生懈倦；轻安的身体没有烦躁；所起的意念不受迷惑；集中的心思朝向一境。当我，火种居士啊，感受如此形状的、痛苦的、强烈的、粗恶的、辛楚的、不可意的［和］致命的感受，有［此苦受］，未制服内心，因为我即如此修身已竟。”

MN 36 ［242.36］Āraddhaṃ kho pana me Aggivessana viriyaṃ hoti asallīnaṃ, upaṭṭhitā sati asammuṭṭhā, sāraddho ca pana me kāyo hoti appaṭippassaddho ten' eva dukkhappadhānena padhānābhitunnassa sato. Evarūpā pi kho me Aggivessana uppannā dukkhā vedanā cittaṃ na pariyādāya tiṭṭhati.

Saṅghabh ārabdhaṃ cāsya vīryaṃ bhavaty asaṃlīnaṃ prasrabdhaḥ kāyo bhavaty asaṃrabdhaḥ ⁞ upasthita smṛtir bhavaty asaṃmūḍā samāhitaṃ cittaṃ bhavaty ekāgram evaṃrūpāṃ bodhisatvasya duḥkhāṃ tīvrāṃ (kha)(v8)rāṃ kaṭukām amanāpāṃ { vedaya tivrāṃ kharāṃ kaṭukām amanāpāṃ } vedanāṃ vedayataś cittaṃ na paryādāya tiṣṭhāti yathāpi tad bhāvitavāt kāyasya ‹|›

SBV[C] 因此轉加精進，曾不暫捨。得輕安［a12］身，獲無障礙。調直其心，無有疑惑。菩薩如是，［a13］作極苦苦、不樂苦，雖受眾苦，其心猶自不能［a14］安於正定。

SBV[T] de zhum pa ma yin gyi (r6) brtson 'grus brtsams ba yin | sku ma sbyangs pa ma yin gyi sbyangs pa yin | rmugs pa ma yin gyi dran pa nye bar gzhag pa yin te | sems rtse gcig tu mnyam par gzhag pa yin no | byang chub sems dpas sdug (r7) bsngal mi bzad pa rtsub pa tsha ba yid du mi 'ong ba'i tshor ba de lta bu nyams su myong yang 'di ltar sku bsgoms pa yin pa'i phyir thugs yongs su gtugs te mi gnas so |

[1] 根据 20.82 等修改。

[2] SBV[T] 18r6: *byang chub sems dpas sdug bsngal mi bzad pa rtsub pa tsha ba yid du mi 'ong ba'i tshor ba de lta bu nyams su myong yang 'di ltar sku bsgoms pa yin pa'i phyir thugs*

yongs su gtugs te mi gnas so. 依照藏译，可认为感受先后有两个动作：制服其心和住于其中。

[3] 在此处及下面的段落，尚可考虑将这半句 *yathā 'pi tat*... 划归入紧接着的句子。但是在更往后的段落（比如20.159－160），这样的位移则不能成立。

20.77 tasya mamaitad abhavad ‹ | › yanv ahaṃ adhyātmakāni dhyānāni (333r3) dhyāyeyam iti ‹ | ›

译文 “于是我生起此念：好吧，我要修习内禅定。”

MN 36 [243.18] Tassa mayhaṃ Aggivessana etad - ahosi: Yan - nūnāhaṃ appānakaṃ jhānaṃ jhāyeyyan - ti.

SBV^{C} [a15]爾時，菩薩復作是念：“我今不如閉塞諸根，不[a16]令放逸，使不喘動，寂然而住。”

SBV^{T} de nas byang chub sems dpa' 'di snyam du dgongs te | ma la (r8) bdag gis rnam par bam pa'i bsam gtan dag la snyoms par 'jug par bya'o snyam mo | des rnam par bam pa'i bsam gtan dag la snyoms par 'jug par brtsams te |

20.78 so 'ha(m) mukhato nāsikāyā{ṃ}ś cāśvāsapraśvāsāṃ sanniruṇadhmi ‹ | ›

译文 “我禁闭口鼻的出入气息。”

MN 36 [243.19] So kho ahaṃ Aggivessana mukhato ca nāsato ca kaṇṇato ca assāsapassāse uparundhiṃ.

SBV^{C} 於是先攝其氣，[a17]不令出入。

SBV^{T} de rnam par bam pa'i bsam gtan dag la snyoms par (18v1) zhugs pa na zhal dang shangs nas dbugs rngub pa dang | 'byung ba bgags so |

20.79 tasya mama mukhato nāsikāyā‹ś cā›śvāsapraśvāseṣu sanniruddheṣu sarvo vāyu ‹r› mūrdhnānam[1] abhihanti ‹ | › tasya mamātyarthaṃ mūrdhni mūrdhna(333r4)vedanā varttante[2] |

译文 "我禁闭口鼻的出入气息之后,所有的风冲击头顶。于是我有剧烈的头痛。"

MN 36 [243.21] Tassa mayhaṃ Aggivessana mukhato ca nāsato ca kaṇṇato ca assāsapassāsesu uparuddhesu adhimattā vātā muddhānaṃ ūhananti.

SBV^{C} 由氣不出故,氣上衝頂,菩薩因遂[a18]頂痛。

SBV^{T} de'i zhal dang shangs nas dbugs rngub pa dang 'byung ba bkags pa dang rlung thams cad spyi bo'i nang du song nas | de de'i dbu la dbu'i tshor ba shin du (v2) mi bzad pa skyes so |

[1]除用于依格之外,此处 *mūrdhan* 通常为 *mūrdhnan* 所代。亦可参照 Divy 79.28 起: *kaiścin mūrdhāgatāni kaiścin mūrdhānaḥ* 及第 80 页上的注:*mūrdhnānaḥ* MSS(写本上)。

[2]参见 Saṅghabh I 100.22－23: *śirasi śirovedanā varteran*。但此处使用直陈式比祈愿语气(Optativ)更加合适。

20.80 tadyathā balavān puruṣo durbalatarasya puruṣasya tīkṣṇenāyaḥśikharakena mūrdhnānam abhihanyāt * tasyātyarthaṃ mūrdhni mūrdhnavedanā varttante[1] ⁝

译文 "犹如,当一力士以锋利的铁剑尖刺一个极羸弱人之头顶时,其人会产生剧烈的头痛,"

MN 36 [243.23] Seyyathā pi Aggivessana balavā puriso tiṇhena sikharena muddhānaṃ abhimantheyya,

SBV^{C} 猶如力士,以諸鐵嘴,斲弱人頂。

SBV^{T} dper na mi stobs dang ldan pas mi stobs shin tu chong pa'i spyi bor lcags kyi phur pa rnon pos btab na de'i tshe mgo la mgo'i tshor ba shin du mi bzad pa skye ba de bzhin du

[1]而此处祈愿语气 *vartteran* 似比直陈式 *varttante* 更恰当。

20.81 evam eva mama mukhato nāsikāyāś cāśvāsapra(333r5)śvāseṣu sanniruddheṣu sarvo vāyu‹r› mūrdhnānam abhihanti ‹ | › tasya mamātyarthaṃ mūrdhni mūrdhnavedanā varttante ⁞

译文 "的确如此,当我口鼻的出入气息禁闭之后,所有的风撞击头顶。于是我有剧烈的头痛。"

MN 36 [243.24] evam - eva kho me Aggivessana mukhato ca nāsato ca kaṇṇato ca assāsapassāsesu uparuddhesu adhimattā vātā muddhānaṃ ūhananti.

SBV^{T} byang chub sems dpa' rnam par bam (v3) pa'i bsam gtan dag la snyoms par zhugs pa na dbu la dbu'i tshor ba shin tu mi bzad pa skyes kyang

---

20.82 ārabdhaṃ ca ‹me› vīryaṃ bhavaty asaṃlīnaṃ prasrabdhaḥ kāyo bhavaty asaṃrabdhaḥ ⁞ upasthitā smṛtir bhavaty asaṃmūḍhā samā(333r6)hitaṃ cittaṃ bhavaty ekāgraṃ ⁞ evaṃrūpā‹ṃ› me agniveśyāyana duḥkhāṃ tīvrāṃ kharāṃ kaṭukām amanāpāṃ vedanāṃ vedayamānasya cittaṃ ‹na› paryādāya tiṣṭhati yathāpi tad bhāvitakāyasya ‹ | ›

译文 =20.76

MN 36 [243.27] Āraddhaṃ kho pana me Aggivessana viriyaṃ hoti asallīnaṃ, upaṭṭhitā sati asammuṭṭhā, sāraddho ca pana me kāyo hoti appaṭippassaddho ten' eva dukkhappadhānena padhānābhitunnassa sato. Evarūpā pi kho me Aggivessana uppannā dukkhā vedanā cittaṃ na pariyādāya tiṭṭhati.

SBV^{C} 菩薩爾[a19]時,轉加精進,不起退心。由是得輕安身,隨順[a20]所修,其心專定,無有疑惑。如是種種,自強考[a21]責。忍受極苦苦及不樂苦,於其心中,曾不暫[a22]捨,而猶不得入於正定。何以故? 由從多生所[a23]熏習故。

SBV^{T} de zhum pa ma yin gyi brtson {b}‹'›grus brtsams pa yin | sku ma sbyangs pa ma yin gyi sbyangs pa yin | rmugs pa ma yin gyi (v4) dran pa nye bar gzhag pa yin te | sems rtse gcig tu mnyam par bzhag pa yin no byang chub sems dpas sdug bsngal mi bzad pa rtsub pa tsha ba yid du mi 'ong ba'i tshor ba de lta bu nyams su myong yang 'di ltar sku bsgoms (v5) pa yin pa'i phyir thugs yongs su gtugs te mi gnas so |

20.83　Tasya mamaitad abhavad ‹ | › yan nv ahaṃ bhūya(333r7)sy‹ ā› mātrayā ādhmātakāni[1] dhyānāni dhyāyeyam iti ‹ | ›

译文　“于是我生起此念：‘好吧，我要加倍修习胀满定。’”

MN 36　[243.4] Tassa mayhaṃ Aggivessana etad - ahosi：Yan - nūnāhaṃ appānakaṃ jhānaṃ jhāyeyyan - ti.

SBV^{C}　菩薩復作是念：“我今應當，轉加勤固，[a24]閉塞諸根，令氣內擁，入於禪定。”

SBV^{T}　de 'di snyam du dgongs te | ma la bdag gis lhag par rnam par bam pa'i bsam gtan dag la snyoms par 'jug par bya'o snyam mo |

[1]关于此专用名参见引言 §4.2。

20.84　so 'haṃ bhūyasyā mātrayā mukhato nāsikāyāś cāśvāsapraśvāsāṃ sanniruṇadhmi ·

译文　“我加倍禁闭口鼻的出入气息。”

MN 36　[243.5] So kho ahaṃ Aggivessana mukhato ca nāsato ca assāsapassāse uparundhiṃ.

SBV^{C}　作是念已，便[a25]閉其氣，不令喘息。

SBV^{T}　des lhag par (v6) rnam par bam pa'i bsam gtan dag la snyoms par 'jug par brtsams te | de rnam par bam pa'i bsam gtan dag la snyoms par zhugs pa na zhal dang shangs nas dbugs rngub pa dang 'byung ba bgags so |

20.85　tasya mama mukhato nāsikāyāś cāśvāsapraśvāseṣu sanniru{ṇa}ddheṣu ubhayato karṇa(333r8)srotasoḥ vāyur vyatisaṃcarati |

译文　“我禁闭口鼻的出入气息之后，风从两耳之窍中猛烈地吹出。”

MN 36　[243.6] Tassa mayhaṃ Aggivessana mukhato ca nāsato ca assāsapassāsesu uparuddhesu kaṇṇasotehi vātānaṃ nikkhamantānaṃ adhimatto saddo hoti.

SBV^{C}　其氣復從頂下衝於耳根，[a26]氣滿於[1]耳。

SBV^{T}　de'i zhal (v7) dang shangs nas dbugs rngub pa dang 'byung ba bgags pas rlung thams cad snyan gnyis kyi bu gnas rgyus par gyur to |

[1]《大正藏》原作“无”，不通。今依校注中明本改之。

20.86 tadyathā ayaskāra[1] bhastrāyā dhmāyamānāyā ubhayanāḍikāyā‹ḥ› srotasor vāyur vyatisaṃcarati |

译文 “犹如从铁匠鼓胀的、带有两根管子的皮囊中,风猛烈地吹出,”

MN 36 [243.9] Seyyathā pi nāma kammāragaggariyā dhamamānāya adhimatto saddo hoti,

SBV^C 猶如積氣,聚橐袋口。

SBV^T dper na mgar bas sbud pa bus na rlung thams cad kyi rgyun grwa gnyis kyi bu gnas rgyu ba de (v8) bzhin du |

[1] 封兴伯(V. HINÜBER 1983: 57,1988b: 42 及 1989b: 358)指出,这个少见的只在理论上存在的词(Grammatikerwort)唯见于 *Saṃghāṭasūtra* 的吉尔吉特写本 A,该写本为此经的其他吉尔吉特写本的母本。同样,在 20.92,LV 251.17 和 Mvu II 121 中均为 *karmāra*°。

20.87 evam eva mama tasmin samaye mukhato nāsikāyāś cāśvāsapraśvāseṣu sanniruddheṣu (333v1) ubhayoḥ karṇasrotasor vāyur vyatisaṃcarati |

译文 “的确如此,当我口鼻的出入气息禁闭之后,彼时风从两耳之窍中猛烈地吹出。”

MN 36 [243.10] evam - eva kho me Aggivessana mukhato ca nāsato ca assāsapassāsesu uparuddhesu kaṇṇasotehi vātānaṃ nikkhamantānaṃ adhimatto saddo hoti.

SBV^T byang chub sems dpa' rnam par bam pa'i bsam gtan dag la snyoms par zhugs pa na rlung thams cad kyi rgyun snyan gnyis kyi bu gnas rgyus par gyur kyang

20.88 ārabdhaṃ ca me vīryaṃ bhavaty asaṃlīnaṃ prasrabdhaḥ kāyo bhavaty asaṃrabdhaḥ ⁝ upasthitā smṛtir bhavaty asaṃmūḍhā · samāhitaṃ cittaṃ bhavaty ekāgram ‹ | › evaṃrūpāṃ me agniveśyāyana (333v2) duḥkhāṃ tīvrāṃ kharāṃ kaṭukām amanāpāṃ vedanāṃ vedayamānasya cittaṃ na paryādāya tiṣṭhati yathāpi tad bhāvitakāyasya ‹ | ›

译文 =20.76

MN 36 [243.13] Āraddhaṃ kho pana me Aggivessana viriyaṃ hoti asallīnaṃ, upaṭṭhitā sati asammuṭṭhā, sāraddho ca pana me kāyo hoti appaṭippassaddho ten' eva dukkhappadhānena padhānābhitunnassa sato. Evarūpā pi kho me Aggivessana uppannā dukkhā vedanā cittaṃ na pariyādāya tiṭṭhati.

$\mathrm{SBV}^{\mathrm{C}}$ 受如是種[a27]種諸苦,乃至不能得入於正定。何以故?由久[a28]遠時所熏習故。

$\mathrm{SBV}^{\mathrm{T}}$ de zhum pa ma yin gyi rtson 'grus rtsams pa yin | sku ma sbyangs (19r1) pa ma yin gyi sbyangs pa yin | rmugs pa ma yin gyi dran pa nye bar gzhag pa yin te | sems rtse gcig tu mnyam par gzhag pa yin no | byang chub sems dpas sdug bsngal mi bzad pa {b}rtsub pa tsha ba yid du mi 'ong ba'i (r2) tshor ba de lta bu nyams su myong yang 'di ltar sku bsgoms pa yin pa'i phyir thugs yongs su gtugs te mi gnas so |

20.89 tasya mamaitad abhavad ‹ | › yan nv ahaṃ bhūyasyā mātrayā ādhmātakāni dhyānāni dhyāyeyam iti ‹ | ›

译文 = 20.83

$\mathrm{SBV}^{\mathrm{C}}$ 菩薩復作是念:"我當倍加精[a29]進,內攝其氣,令其脹滿,而入禪定。"

$\mathrm{SBV}^{\mathrm{T}}$ de 'di snyam du dgongs te | ma la bdag gis lhag par yang rnam par bam pa'i bsams gtan dag la snyoms par 'jug par bya'o snyam mo |

20.90 so 'haṃ ‹bhūyasyā mātrayā mukhato nāsikāyāś cāśvāsapraśvāsān sanniruṇadhmi |›

译文 = 20.84

SBV^C 閉其口[b1]鼻,令氣悉斷。

SBV^T (r3) des lhag par rnam par bam pa'i bsam gtan dag la snyom par 'jug par brtsams te | de rnam par bam pa'i bsam gtan dag la snyom par zhugs pa na zhal dang shangs nas dbugs rngub pa dang 'byung ba bgagas so |

20.91 ‹tasya mama› mukhato (333v3) nāsikāyāś cāśvāsapraśvāseṣu sanniruddheṣu sarvo 'ntaḫkukṣir[1] vāyunādhmāto 'bhūt svādhmātas ‹|›

译文 "于是我口鼻的出入气息禁闭之后,整个腹内被风吹胀,猛烈地吹胀。"

SBV^C 令氣悉斷,氣既不出,却下入腹,五藏皆[b2]滿。

SBV^T de'i zhal dang shangs nas (r4) dbugs rngub pa dang 'byung ba bgags pas phyal gyi nang thams cad rgyas par gyur | shin tu rgyas par gyur te |

[1] YL 143R5 中可见 *cāṃtaskukṣigat(ā)* 一词。

20.92 tadyathā karmāragargarī dhamyamānā ādhmātā bhavati svādhmātā ⁝

译文 "犹如铁匠鼓胀的皮囊被吹胀,猛烈地被吹胀,"

SBV^C 其腹便脹,如滿橐袋。

SBV^T dper na mgar ba'i sbud ba bus na gang bar gyur | shin tu gang bar gyur pa de bzhin du

---

20.93 evam eva bata me tasmin samaye sarvo kukṣir ādhmāto (333v4) 'bhūt svādhmāta ⁝

译文 "的确如此,呜呼,彼时我的整个腹部被吹胀,猛烈地被吹胀。"

SBV^T de'i tshe byang chub sems dpa' rnam par (r5) bam pa'i bsam gtan dag la snyoms par zhugs pa na phyal gyi nang thams cad rgyas par gyur | shin tu rgyas par gyur kyang

20.94 ārabdhaṃ ca me (v)ī(rya)ṃ bhavaty asaṃlīnaṃ prasrabdhaḥ kayo bhavaty asaṃrabdhaḥ ⁞ upasthitā smṛtir bhavaty asaṃmūḍhā samāhitaṃ cittaṃ bhavaty ekāgraṃ ⁞ evaṃrūpām ‹me› agniveśyā‹ya› na duḥkhāṃ tīvrāṃ kharāṃ kaṭukāṃ ama(333v5)nāpāṃ vedanāṃ vedayamānasya cittaṃ na paryādāya tiṣṭhati | yathāpi tad bhāvitakāyasya ‹|›

译文 = 20.76

SBV^{C} 復加功用,輕安其[b3]身,隨順所修,其心專定,無有疑惑。菩薩如是,[b4]受種種苦受,其心猶不入於正定,由從多時[b5]染熏習故。

SBV^{T} de zhum pa ma yin gyi brtson 'grus brtsam pa yin | lus ma sbyangs pa ma yin gyi sbyangs pa yin | rmugs (r6) pa ma yin gyi dran pa nye bar bzhag pa yin te | sems rtse gcig tu mnyam par gzhag pa yin no | byang chub s‹e›ms dpas sdug bsngal mi bzad pa rtsub pa tsha ba yid du mi 'ong ba'i tshor ba de lta bu nyams su myong yang 'di ltar sku bsgoms (r7) pa yin pa'i phyir thugs yongs su gtugs te mi gnas so |

20.95 tasya mamaitad abhavad ‹|› yanv ahaṃ bhūyasyā mātrayādhmātakāni dhyānāni dhyāye{ṃ}yam iti ‹|›

译文 = 20.83

MN 36 [243.32] Tassa mayhaṃ Aggivessana etad - ahosi: Yan - nūnāhaṃ appānakaṃ yeva jhānaṃ jhāyeyyan ti.

Saṅghabh (379v8) tasyaitad abhavad yanv ahaṃ bhūyasyā mātrayā vyādhmātakāni ‹dhyānāni› dhyāyeya(m i)(v9)ti ‹|› bhūyasyā mātrayā vyādhmātakāni dhyānāni dhyātum ārabdhaḥ ‹|›

SBV^{C} 菩薩復作是念:"我今倍加,入脹滿[b6]定。"

SBV^{T} de 'di snyam du dgongs te | ma la bdag gis rnam par bam pa'i bsam gtan dag la snyoms par 'jug par bya'o snyam mo |

20.96 so 'haṃ mukhato nāsikā(333v6)(yā)ś cāśvāsa(pra)śvāsāṃ sanniruṇaddhi ‹ | ›

译文 "我禁闭口鼻的出入息。"

MN 36 [243.33] So kho ahaṃ Aggivessana mukhato ca nāsato ca kaṇṇato ca assāsapassāse uparundhiṃ.

Saṅghabh sa vyādhmātakāni dhyānāni dhyāyaṃ mukhe nāsikāyāṃ cāśvāsapraśvāsāṃ sanniruṇaddhi ‹ | ›

SBV^{C} 入此定已,擁閉其氣。

SBV^{T} des lhag par rnam par bam pa'i (r8) bsam gtan dag la snyoms par 'jug par brtsams te | de rnam par bam pa'i bsam gtan dag la snyoms par zhugs pa na zhal dang shangs rngub pa dang 'byung ba 'gags so |

20.97 tasya mama mukhato nāsikāyāś cāśvāsapraśvāseṣu sanniruddheṣv atyarthaṃ śirasi śirovedanā varttante ‹ | ›

译文 "于是当禁闭口鼻的出入息之后,我有剧烈的头痛。"

MN 36 [243.35] Tassa mayhaṃ Aggivessana mukhato ca nāsato ca kaṇṇato ca assāsapassāsesu uparuddhesu adhimattā sīse sīsavedanā honti.

Saṅghabh tasya mukhe nāsikāyāṃ cāśvāsapraśvāseṣu sanniruddheṣv atyarthaṃ tasmin samaye śirasi (v10) śirovedanā varttante ‹ | ›

SBV^{C} 其氣覆上衝頂,其頂[b7]結痛。

SBV^{T} de'i zhal dang shangs nas dbugs rngub (19v1) pa dang 'byung ba bgags pa dang de'i tshe dbu la dbu'i tshor ba shin du mi bzad pa skyes so |

20.98 tadyathā balavān puruṣo durbalatarasya puruṣasya dṛ(333v7)ḍhena {vā} vāratrakeṇa d(ā)mnā śira‹si› śiromreḍakaṃ[1] dadyāt tasyātyarthaṃ śirasi śirovedanā vartterann ‹ | ›

译文 "犹如一力士以坚牢的皮带缠绕[2]一个极羸弱人的头颅,其人产生剧烈的头痛,"

MN 36 [243.37] Seyyathā pi Aggivessana balavā puriso daḷhena varattakhaṇḍena sīse sīsaveṭhaṃ dadeyya,

Saṅghabh tadyathā balavān puruṣo durbalatarasya puruṣasya dṛḍhena vāratrakeṇa dāmnā śirasy āmreḍakaṃ dadyāt tasyātyarthaṃ śirasi śirovedanāṃ vartteraṃn ‹ | ›

SBV^{C} 猶如力士,以其繩索,勒縛繫羸弱人,頭[b8]頂悉皆脹滿。

SBV^{T} dper na mi stobs dang ldan pas mi stobs shin tu chung ba'i mgo 'breng bas yang nas yang du dam du bcings na de'i mgo la mgo'i tshor ba shin tu mi bzad pa skye (v2) ba de bzhin du

[1] 参照 Saṅghabh I 100.22: *śirasy āmreḍakam dadyāt*,和注解 3:"原文如此,含义不明(Sic … Uncertain meaning)"。

[2] 对°*mreḍa(ka)*的翻译尽管未见于辞典中,根据 HOFFMANN(1965: 184 起)所指,$\sqrt{mre\d{d}}$与$\sqrt{v\d{r}t}$基本同义:"围绕(sich wenden)"。

20.99 evam eva tasmin samaye mukhato nāsikāyāś cāśvāsapraśvāseṣu sanniruddheṣv atyarthaṃ śirasi śirovedanā varttante (333v8) ca ‹ | ›

译文 "的确如此,彼时口鼻的出入气息禁闭之后,我有剧烈的头痛。"

MN 36 [244.1] evam - eva kho me Aggivessana mukhato ca nāsato ca kaṇṇato ca assāsapassāsesu uparuddhesu adhimattā sīse sīsavedanā honti.

Saṅghabh (v11) evam eva bodhisatvasya vyādhmātakāni dhyānāni dhyāyato 'tyarthaṃ śirasi śirovedanā varttante ‹ | ›

SBV^{T} de'i tshe byang chub sems dpa' rnam {pa} par bam pa'i bsam gtan dag la snyoms par zhugs pa na dbu la dbu'i tshor ba shin tu mi bzad pa skyes kyang

20.100 ārab(dh)aṃ ca me vīryaṃ bhavaty asaṃlīnaṃ prasrabdhaḥ kāyo bhavaty asaṃrabdhaḥ ⁝ upasthitā smṛtir bhavaty asaṃmūḍhā samāhitaṃ cittaṃ bhavaty ekāgram ‹|› evaṃrūpām me agniveśyāyana duḥkhāṃ tīvrāṃ kharāṃ kaṭukām amanāpāṃ (334r1) vedanāṃ vedayamānasya cittaṃ na paryādāya tiṣṭhati · yathāpi tad bhāvitakāyasya ‹|›

译文 = 20.76

MN 36 [244.4] Āraddhaṃ kho pana me Aggivessana viriyaṃ hoti asallīnaṃ, upaṭṭhitā sati asammuṭṭhā, sāraddho ca pana me kāyo hoti appaṭippassaddho ten' eva dukkhappadhānena padhānābhitunnassa sato. Evarūpā pi kho me Aggivessana uppannā dukkhā vedanā cittaṃ na pariyādāya tiṭṭhati.

Saṅghabh ārabdhaṃ cāsya vīryaṃ bhavaty asaṃlīnaṃ prasrabdhaḥ kāyo bhavaty asaṃrabdhaḥ ⁝ upasthitā smṛtir bhavaty asaṃmūḍhā samāhitaṃ cittaṃ bhavaty ekāgram evaṃrūpāṃ bodhisatvasya duḥkhāṃ tīvrāṃ kharāṃ kaṭukām amanāpāṃ veda(nāṃ) (380r1) vedayat{i}‹aś› cittaṃ na paryādāya tiṣṭhati yathāpi tad bhāvitatvāt kāyasya ‹|›

SBV^{C} 菩薩受如是等最極苦已,乃至[b9]不能得於正定。何以故? 由多時熏習故。

SBV^{T} de zhum ma yin gyi brtson 'grus brstams pa yin | lus ma sbyangs pa ma yin gyi sbyangs pa (v3) yin rmugs pa ma yin gyi dran pa nye bar bzhag pa yin te | sems rtse gcig tu mnyam par bzhag pa yin no | byang chub sems dpas sdug bsngal mi bzad pa rtsub pa tsha ba yid du mi 'ong ba'i tshor ba de lta bu nyams su myong yang sku bsgoms pa (v4) yin pa'i phyir thugs so yongs su gtugs te mi gnas so |

20.101 tasya mamaitad abhavad ‹ | › yanv ahaṃ bhūyasyā mātrayā ādhmātakāni dhyānāni dhyāyeyam iti |

译文 = 20.83

MN 36 [244.9] Tassa mayhaṃ Aggivessana etad - ahosi: Yan - nūnāhaṃ appānakaṃ yeva jhānaṃ jhāyeyyan - ti.

Saṅghabh tasyaitad abhavat* | yanv ahaṃ bhūyasyā mātrayā vyādhmātakāni dhyānāni dhyāyeyam iti ‹ | ›

SBV^C 菩薩[b10]復作是念:"我今應當,倍加功用,入脹滿定。"

SBV^T de 'di snyam de dgongs te | ma la bdag gis rnam par bam pa'i bsam ‹g› tan dag la snyoms par 'jug par bya'o snyam mo |

20.102 so 'haṃ mukhato nāsikāyāś cāśvāsa(334r2)praśvāsān sanniruṇadhmi |

译文 = 20.96

MN 36 [244.10] So kho ahaṃ Aggivessana mukhato ca nāsato ca kaṇṇato ca assāsapassāse uparundhiṃ.

Saṅghabh yad bhūyasyā mātrayā vyādhmātakāni dhyānāni dhyāyitum ārabdhaḥ sa vyādhmātakāni dhyānāni dhyā(r2)yan* mukhe nāsikāyāṃ {mukhe} cāśvāsapraśvāsāṃ sanniruṇaddhi ‹ | ›

SBV^T de ltar lhag par bam pa'i bsam gtan dag la snyoms par 'jug par (v5) brtsams te | des rnam par bam pa'i bsam gtan dag la snyoms par zhugs pa na zhal dang shangs nas dbugs rngub pa dang 'byung ba bgags so |

20.103 tasya mama mukhato nāsikāyāś cāśvāsapraśvāseṣu sanniruddheṣv atyarthaṃ kukṣau kukṣivedanā varttante |

译文 "于是当禁闭口鼻的出入息之后,我有剧烈的腹痛。"

MN 36 [244.12] Tassa mayhaṃ Aggivessana mukhato ca nāsato ca kaṇṇato ca assāsapassāsesu uparuddhesu adhimattā vātā kucchiṃ parikantanti.

Saṅghabh tasya mukhe nāsikāyāṃ cāśvāsapraśvāseṣu sanniruddheṣv atyarthaṃ tasmin samaye kukṣau kukṣivedanā varttaṃte ‹ | ›

SBV^C 入[b11]其定已,其氣滿脹,其腹結痛。

SBV^T de'i zhal dang shangs nas dbugs rngub dang 'byung ba bgags pa dang de'i tshe khong du khong gi tshor ba mi (v6) bzad pa skyes so |

20. 104	tadyathā dakṣo g̱oghātako vā g̱oghātakāntevāsī vā tīkṣṇayā gokarttanyā goẖ kukṣiṃ (334r3) paripāṭayet tasyā(t) y(a) rth(a) ṃ (k) u(k) ṣ(au k)ukṣivedanā vartteran ∗ ⁞
译文	"犹如，当一熟练的屠牛人或屠牛人的学徒以一把锋利的屠牛剪[1]将牛腹完全剖开，它生起剧烈的腹痛，"
MN 36	[244. 14] Seyyathā pi Aggivessana dakkho goghātako vā goghātakantevāsī vā tiṇhena govikantanena kucchiṃ parikanteyya,
Saṅghabh	tadyathā goghātako vā goghātakāntevāsī vā {rṇa} tīkṣṇayā gokartanyā goku(r3)kṣiṃ pāṭayet tasyātyarthaṃ kukṣau kukṣivedanā vartteraṃ ‹ I ›
SBV^{C}	如屠牛人，以其[b12]利刀，刺於牛腹。
SBV^{T}	dper na ba lang gi shen pa mkhas pa'am I ba lang gi shen pa'i slob ma mkhas ba lang bsod pa'i gri rno na bos ba lang gi lho gral na de'i khong gi tshor ba shin tu mi bzad pa skye ba de bzhin du

[1]关于该词含义参见 PW，pw s. v. *Kartanī* 和 CPD s. v. *Kattarī*。

20. 105	evam eva mama mukhato nāsikāyāś cāśvāsapraśvāseṣu sanniruddheṣv atyarthaṃ kukṣau kukṣivedanā varttante ⁞
译文	"的确如此，当我口鼻的出入气息禁闭之后，我有剧烈的腹痛。"
MN 36	[244. 16] evam-eva kho me Aggivessana adhimattā vātā kucchiṃ parikantanti.
Saṅghabh	evam eva bodhisatvasya tasmin samaye vyādhmātakāni dhyānāni dhyāyato 'tyarthaṃ {{sa}} tasmin samaye kukṣau kukṣivedanā varttate ‹ I ›
SBV^{T}	de'i tshe byang (v7) chub sems dpa' rnam{s} par bam pa'i bsam gtan dag la snyoms par zhugs pa na de'i khong gi tshor ba shin du mi bzad pa skyes kyang

20.106 ārabdhaṃ ca me vīryaṃ bhavaty asaṃlīnaṃ (334r4) pr(as)r(ab)dh(aḥ) k(ā)y(o) bh(a)v(a)ty (a)s(aṃ)r(a)bdhaḥ ⁞ upasthitā smṛtir bhavaty asaṃmūḍhā samāhitaṃ cittaṃ bhavaty ekāgram ‹ | › evaṃrūpām me agniveśyāyana duḥkhāṃ tīvrāṃ kharāṃ kaṭukām amanāpāṃ vedanāṃ vedayamānasya cittaṃ ‹na› pa(334r5)ryādāya tiṣṭhati yathāpi tad bhāvitakāyasya |

译文 = 20.76

MN 36 [244.17] Āraddhaṃ kho pana me Aggivessana viriyaṃ hoti asallīnaṃ, upaṭṭhitā sati asammuṭṭhā, sāraddho ca pana me kāyo hoti appaṭippassaddho ten' eva dukkhappadhānena padhānābhitunnassa sato. Evarūpā pi kho me Aggivessana uppannā dukkhā vedanā cittaṃ na pariyādāya tiṭṭhati.

Saṅghabh ārabdhaṃ cāsya vīryaṃ bhavaty asaṃlīnaṃ prasrabdhaḥ kāyo {{va}} bhavaty asaṃrabdhaḥ ⁞ upasthitā smṛ(r4)tir bhavaty asaṃmūḍhā samāhitaṃ cittaṃ bhavaty ekāgraṃ evaṃrūpaṃ bodhisatvasya duḥkhāṃ tīvrāṃ kharāṃ kaṭukām ama{n}nāpāṃ vedanāṃ vedayataś cittaṃ na paryādāya tiṣṭhati yathāpi tad bhāvitatvāt kāyasya ‹ | ›

SBV^{C} 菩薩受如是苦受,乃至不能[b13]獲於正定。何以故?由多時染熏習故。

SBV^{T} de zhum pa ma yin gyi brtson 'grus brtsams pa yin lus ma sbyangs pa yin gyi sbyangs pa yin rmugs pa ma yin dran (20r1) ba nye bar bzhag pa yin te | sems rtse gcig tu mnyam par bzhag pa yin no | byang chub sems dpas sdug bsngal mi ‹b›zad ba rtsub {d}‹p› a tsha ba yid mi 'ong pa'i tshor ba de lta bu nyams su myong ba yang 'di ltar sku bsgoms pa yin pa'i (r2) phyir thugs yongs su gtugs te mi gnas so |

---

20. 107 tasya mamaitad abhavad ‹ | › yanv ahaṃ bhūyasyā mātrayā ādhmātakāni dhyānāni dhyāyeyam iti ‹ | ›

译文 = 20. 83

MN 36 [244. 23] Tassa mayhaṃ Aggivessana etad - ahosi: Yan - nūnāhaṃ appānakaṃ yeva jhānaṃ jhāyeyyan - ti.

Saṅghabh tasyaitad abhavat yanv ahaṃ bhūyasyā mā(r5)trayā vyādhmātakāni dhyānāni dhyāyeyam iti ‹ | ›

SBV^{C} 菩薩復[b14]作是念:“我今應當,倍加精進,入脹滿定。”

SBV^{T} de ’di snyam du dgongs te | ma la bdag gis lhag par rnam par bam pa’i bsam gtan dag la snyoms par ’jug par bya’o snyam mo |

---

20. 108 so ’haṃ mukhato nāsikāyāś cāśvāsapraśvāsān sanniruṇadhmi ‹ | ›

译文 = 20. 96

MN 36 [244. 24] So kho ahaṃ Aggivessana mukhato ca nāsato ca kaṇṇato ca assāsapassāse uparundhiṃ.

Saṅghabh sa bhūyasyā mātrayā vyādhmātakāni dhyānāni dhyāyitum ārabdhaḥ ‹ | ›

SBV^{C} 既入[b15]定已,閉塞口鼻。

SBV^{T} des lhag par rnam par bam pa’i bsam gtan dag (r3) la snyoms par ’jug par brstams te | des rnam par bam pa’i bsam gtan dag la snyoms par ’jug pa dang | zhal dang | shangs nas dbugs rngub pa dang ’byung ba bgags so |

20.109　(334r6) tasya mama mukhato nāsikāyāś cāśvāsapraśvāseṣu sanniruddheṣv atyarthaṃ kāye kāyaparidāhā varttante ‹ | ›

译文　“于是当禁闭口鼻的出入息之后,我的身体产生剧烈的灼痛。”

MN 36　[244.26] Tassa mayhaṃ Aggivessana mukhato ca nāsato ca kaṇṇato ca assāsapassāsesu uparuddhesu adhimatto kāyasmiṃ ḍāho hoti.

Saṅghabh　tasya vyādhmātakāni dhyānāni dhyāyaṃ mukhe nāsikāyāṃ cāśvāsapraśvāsā‹ n › sanniruṇaddhi tasya mukhe nāsikā(yāṃ) (r6) cāśvāsapraśvāseṣu sanniruddheṣv atyarthaṃ tasmin samaye kāye kāyaparidāhā varttante ‹ | ›

SBV^C　其氣脹滿,周遍身體,其身盛[b16]熱。

SBV^T　de'i zhal dang shangs nas dbugs rngub pa dang 'byung ba 'gags pa dang | de'i tshe sku la sku'i gdung ba shin tu mi (r4) gzad pa skyes so |

20.110　tadyathā dvau balavattarau puruṣau durbalataraṃ puruṣaṃ bāhubhyāṃ gṛhītvā aṃgāra(ka)rṣ(v)ām[1] upa(334r7)nāmayetāṃ tasyātyarthaṃ kāye kāyaparidāhā vartterann ‹ | ›

译文　“犹如,当两个力士抓住一极羸弱人的双臂,令[其]俯身于炭火之上,其人之体生起了剧烈的灼痛。”

MN 36　[244.28] Seyyathā pi Aggivessana dve balavanto purisā dubbalataraṃ purisaṃ nānābāhasu gahetvā aṅgārakāsuyā santāpeyyuṃ samparitāpeyyuṃ,

Saṅghabh　tadyathā dvau balavattarau puruṣau durbalataraṃ puruṣam udbāhukaṃ gṛhītvā aṃgārakarṣyām upanāmayete tasyātyarthaṃ kāye kāyapa(r7)ridāhā vartteraṃ ‹ | ›

SBV^C　猶二力士,執羸弱人,內於猛火。

SBV^T　dper na mi shin tu stobs dang ldan pa gnyis kyis mi stobs shin tu chung ba zhig phir ka log tu bzung ste me dong gi nang du sbyangs na de'i lus la lus kyi gdung ba shin tu mi bzad pa skye ba de bzhin tu

[1] *karṣū* 的意思为“坑(Grube)”,参见 SWTF s. v. *āngār[ra] - karṣū*, *āṅgā[ra] karṣūpa(ma)* 和 *karṣū*。而 Saṅghabh I 101.21 的 *aṅgārakarṣyām* 中的 *karṣi* 则有“拉、犁(drawing, furrowing)”的意思,参见 MW s. v. 。两者相较,*karṣū* 在此使用更为贴切。

20.111	evam eva mama tasmin samaye mukhato nāsikāyāś cāśvāsapraśvāseṣu sanniruddheṣv atyarthaṃ kāye kāyaparidāhā varttante I
译文	“的确如此，彼时当我口鼻的出入气息禁闭之后，我的身体有剧烈的灼痛。”
MN 36	[244.30] evam - eva kho me Aggivessana mukhato ca nāsato ca kaṇṇato ca assāsapassāsesu uparuddhesu adhimatto kāyasmiṃ ḍāho hoti.
Saṅghabh	evam eva bodhisatvasya vyādhmātakāni dhyānāni dhyāyato 'tyarthaṃ tasmin samaye kāy{i}‹e› kāyaparidāhā varttante ‹ I ›
SBV^{T}	de'i tshe byang chub sems dpa' rnam par bam (r5) pa'i bsam gtan dag la snyoms par zhugs pa na I sku la sku'i gdung ba shin du mi bzad pa skyes kyang I

20.112 ārabdhaṃ ca (me) v(ī)ry(aṃ) bh(a)(334r8)vaty asaṃlīnaṃ ‹prasrabdhaḫ› {saṃrabdhaḥ} kāyo bhavaty (a){pratipras}‹saṃ›rabdhaḥ ⁞ upasthitā smṛtir bhavaty asaṃmūḍhā (sa)māhit(aṃ) citt(aṃ) bhavaty ekāgraṃ ‹ | › ev(aṃ)rūpām me agniveśyāyana duḥkhāṃ tīvrāṃ kharāṃ kaṭukām amanāpāṃ ved(a)nāṃ veda(ya)(334v1)mānasya cittaṃ ‹na› paryādāya tiṣṭhati yathāpi tad bhāvitakāyasya ‹ | ›

译文 = 20.76

MN 36 [244.32] Āraddhaṃ kho pana me Aggivessana viriyaṃ hoti asallīnaṃ, upaṭṭhitā sati asammuṭṭhā, sāraddho ca pana me kāyo hoti appaṭippassaddho ten' eva dukkhappadhānena padhānābhitunnassa sato. Evarūpā pi kho me Aggivessana uppannā dukkhā vedanā cittaṃ na pariyādāya tiṭṭhati.

Saṅghabh ārabdhaṃ cāsya vīryaṃ bhavaty asaṃlīnaṃ prasrabdhaḫ kāyo bhavaty asaṃrabdha upasthitā ca smṛtir bhava(r8)ty asaṃmūḍhā samāhitaṃ cittaṃ bhavaty ekāgraṃ evaṃrūpāṃ bodhisatvasya duḥkhāṃ tīvrāṃ kharāṃ kaṭukām amanāpāṃ vedanāṃ vedayataś cittaṃ na paryādāya tiṣṭhati yathāpi tad bhavitatvāt kāyasya ‹ | ›

SBV^C 菩薩如是,[b17]受種種苦受,乃至不得入於正定。

SBV^T de zhum pa ma yin gyis brtson 'grus brtsams pa yin | lus ma sbyangs pa ma yin gyi sbyangs pa yin | rmugs pa ma yin kyi dran pa nye bar (r6) gzhag pa yin te | sems rtse gcig tu | mnyam par bzhag pa yin no | byang chub sems dpa' sdug bsngal mi bzad pa rtsub pa tsha ba yid du mi 'ong pa'i tshor ba nyams su myong {da} ‹ba› yang 'di ltar sku bsgoms pa yin pa'i phyir thugs yongs (r7) su gtugs te mi gnas so |

20.113 tasya mamaitad abhavad ‹ | › ayam api mārgo nālaṃ jñānāya nālaṃ darśanāya nālam anuttarāyai samyaksaṃbodhaye |

译文 “我生起此念:‘此道亦不足以成就智慧、不足以成就[正]见、不足以成就无上正等正觉。’”

20.114	tasya mamaitad abhavad ‹ | › yanv ahaṃ s(arve)(334v2)ṇa sarvam anāhāratāṃ pratipadyeyeti |
译文	“于是我生起此念：‘好吧，我要修习完完全全的断食。’”
MN 36	[245.6] Tassa mayhaṃ Aggivessana etad - ahosi: Yan - nūnāhaṃ sabbaso āhārupacchedāya paṭipajjeyyan - ti.
Saṅghabh	t{k}asyaitad abhavat yany ahaṃ sarveṇa sarva(r9)m anāhāratāṃ pratipadyeyety ‹ | ›
SBV^{C}	菩薩復作[b18]是念：“我今不如斷諸食飲。”
SBV^{T}	de ’di snyam du dgongs te | ma la bdag gis thams cad kyi thams cad du zas mi za ba bsgrub par bya’o snyam mo |

20.115 atha s(aṃ)b(a)hulā d(e)vatā yenāhaṃ t(e)nopasaṃkrāntā upasaṃkr-(a)my(a) mām idam avocan * ‹ | › sacet tvaṃ mārṣa mānuṣeṇāhāreṇa ritīyase jehresi[1] vitarasi[2] vi(334v3)jugupsas(e)[3] vayaṃ te sarvaromakūpeṣu divyam oja - m - upasaṃharāmas ‹ | › tat tvaṃ svīkuru ·

译文 "于是诸多天人来到我处。既至我处已,对我如此言道:'倘若你,贤者,厌恶人间之食、[对食人间之食]觉得很羞耻、[因此]有失身份[4]、觉得恶心[5],我们奉施上天的生命之力入于[你]所有的毛孔。请你将此纳为己有!'"

MN 36 [245.7] Atha kho maṃ Aggivessana devatā upasaṅkamitvā etad - avocuṃ: Mā kho tvaṃ mārisa sabbaso āhārupacchedāya paṭipajji, sace kho tvaṃ mārisa sabbaso āhārupacchedāya paṭipajjissasi tassa te mayaṃ dibbaṃ ojaṃ lomakūpehi ajjhoharissāma, tāya tvaṃ yāpessasīti.

Saṅghabh atha saṃbahulā devatā bodhisatvasya cetasā cittam ājñāya yena bodhisatvas tenopasaṃkrāntā upasaṃkramya bodhisatvam idam avocan * sacet tvaṃ mārṣa mānuṣyakeṇāhāreṇārttīyase jehrīya(r10)si vitara{t}‹s›i vijugupsase vayaṃ te sarvaromakūpeṣu divyam ojaḫ kāye upasaṃharā‹ma›s ta‹t› tvam āsādayety ‹ | ›

SBV^{C} 爾時,諸天觀見,菩[b19]薩斷諸食飲,詣菩薩所,告曰:"大士! 汝今嫌[b20]人間食。我等願以甘露入菩薩毛孔。汝應受[b21]取。"

SBV^{T} de nas lha rab tu mang po'i sems kyis byang chub sems dpa'i thugs shes (r8) nas byang chub sems dpa' gang na ba der dong ste phyin nas | byang chub sems dpa' la 'di skad ces smras so | grogs po gal te khyod mi'i kha zas kyis 'dzem par mdzad | ngo tsha bar mdzad | smod par mdzad | rnam par smod (20v1) par mdzad na | bdag cag gis khyod kyis pa spu'i khung bu thams cad nas lha'i mdangs sgrub par bgyis te | khyod kyis gtod cig |

[1] 正确的加强动词(Intensivum)形式应为:*jehrīyase*。
[2] Saṅghabh I 102,注 2: *vitarati*。
[3] 参照 Saṅghabh I 102.6 起:*mānuṣyakeṇāhāreṇārttīyase jehrīyasi vitarasi vijugupsase*。关于这一系列的动词亦可参见 BHSD s. v. *ar(t)tiyati*,不过那里 *vigarhati* 取代了 *vitarati*。
[4] SBV^{T} 20r8: *smod par mdzad*,该词还原成梵语更像是 *vigarhati*。
[5] SBV^{T} 20r8 起: *rnam par smod par mdzad*。

20.116 tasya mamāgniveśyāyanaitad abhavad ‹ | › ahaṃ cen manuṣyeṇānāhāratāṃ[1] pratijānī(yāṃ de)vatā(334v4)ś ca (ma)ma sarvaromakūpe(ṣ)u divya{rūpa}m[2] upasaṃhareyus tac cāhaṃ svīkuryāṃ tan mama syān mṛṣā ‹ | › yan mama syān mṛṣā tan mama syāṃ mithyā‹dṛṣṭiḥ |[3]› mithyādṛṣṭipratyayaṃ khalv ihaike satvāḥ kāyasya bhedāt paraṃ maraṇād apāyadurgati(334v5)(v)inipātaṃ[4] nara(k)eṣūpapadyante |

译文 "于是,我生起此念:若我对众人自言[5]断食,而诸天奉施[生命之力]入于我所有毛孔,我将此纳为己有,这于我会成虚假。若于我成了虚假,则于我会成邪见。由邪见故,此时此地有些众生在躯体坏灭之后,在死后,入低下之趣、恶劣之趣、不幸之趣,入地狱[6]。"

MN 36 [245.12] Tassa mayhaṃ Aggivessana etad - ahosi: Ahañ - c' eva kho pana sabbaso ajaddhukaṃ paṭijāneyyaṃ imā ca me devatā dibbaṃ ojaṃ lomakūpehi ajjhohareyyuṃ tāya cāhāṃ yāpeyyaṃ, taṃ mama assa musā ti.

Saṅghabh atha bodhisatvasyaitad abhavat* | ahaṃ cen manusyāṇām anāhārattāṃ pratijānīyā‹ṃ› devatāś ca me sarvaromakūpeṣu di(380v1)vyam ojaḥ kāye upasaṃhareyur tac cāhaṃ svīkuryān tan mama syān mṛṣā ‹ | › yan mama syān mṛṣā tan mama syān mithyādṛṣṭi‹ḥ | › mithyādṛṣṭipratyayaṃ ca punar ihaike satvā‹ḥ› kāyasya bhedāt paraṃ maraṇād apāyadurgativinipātaṃ narakeṣūpadyante ‹ | ›

SBV^{C} 菩薩便作是念:"一切諸人已知我斷人間[b22]食。今受甘露,便成妄語。若於邪見一切眾生,[b23]由妄語邪見故,身亡滅後,墮落惡趣,於地獄[b24]中生。"

SBV^{T} de nas byang chub sems dpa' 'di snyam du dgongs te | gal te bdag (v2) gis mi'i zas mi bza' bar dam bcas la bdag gis pa spu'i khong bu thams cad du lha rnams kyis lha'i mdangs bsgrubs nas de bdag gir byed pa ni gdag gi rdzun yin la | bdag gi brdzun gang yin pa de ni bdag gi log pa yin no | (v3) bdag gi log pa gang yin pa de'i rkyen gyis ni 'di na sems can kha cig lus zhig ste shi nas ngan song ngan 'gro log par ltung ba sems can dmyal ba rnams su skye bar 'gyur gyis |

[1]如此应更妥：*manuṣyāṇām anāhāratāṃ*。参见 Saṅghabh I 102.9。
[2]根据 Saṅghabh I 102.10：*divyam ojaḥ* 而删除。
[3]SBV^{T}20v2：*log pa*。Saṅghabh I 102.12：*syān mithyādṛṣṭiḥ*。
[4]关于此相违释(Dvandva)复合词,参见 MELZER 2006：DĀ 40.27.3。
[5]SBV^{T}20v2：*dam bcas*。
[6]ANĀLAYO(2011：239 注 169)认为,接受诸天的养料这一观念,在耆那教天衣派传统里是众所周知的主题。然而,至少在白衣派的传统里(*Āyāraṃga*),修行者不应相信这一诸天的幻术(*sāsaehiṃ ṇimaṃtejjā divvamāyaṃ ṇa saddahe /*),参见 BRONKHORST 1986：35,第 252 颂。

20.117 yan nv ahaṃ devatānāṃ vacanaṃ sarveṇa sarvaṃ pratyākhyāyālpaṃ stokaṃ katipayaṃ parī(t)t(a)m āhāram āhareyaṃ | yadi vā mudgayūṣeṃṇa yadi vā kulatthayūṣeṇa[1] yadi vā (334v6) ha(reṇ)ukāyū(ṣeṇe)ti ‹ | ›

译文 "'好吧,我要完完全全地拒绝诸天之言辞,进食极少的、点滴的、少量的、限定的食物。要么是豆子汤,要么是卑豆[2]汤,要么是豌豆汤?'"

MN 36 [245.15] So kho ahaṃ Aggivessana tā devatā paccācikkhāmi, halan-ti vadāmi. Tassa mayhaṃ Aggivessana etad-ahosi: Yan-nūnāhaṃ thokaṃ thokaṃ āhāraṃ āhāreyyaṃ pasataṃ pasataṃ, yadi vā muggayūsaṃ yadi vā kulatthayūsaṃ yadi vā kaḷāyayūsaṃ yadi vā hareṇukayūsan-ti.

Saṅghabh yanv ahaṃ devatāṃnāṃ vacanaṃ sarveṇa sarvaṃ (v2) pratyākhyāyālpaṃ stokaṃ katipayaṃ parīttam āhāram āhareyaṃ ‹ | › yadi vā mudgayūṣeṇa yadi vā kulatthayūṣeṇa yadi vā hareṇukāyūṣenety ‹ | ›

SBV^{C} 我今應當不受此事。然我今應少通人[b25]食,或小豆、大豆及牽牛子,煮取其汁,日當[3]少[b26]喫。

SBV^{T} ma la bdag gis lha rnams kyi tshig ni thams cad kyi (v4) thams cad du spangs la kha zas nyung ba dang | chung ba dang | chung zad dang | chang chung bza' ba'am | yang na mon sran sde'u'i khu ba'am | 'on te rgya sran gyi khu ba'am | yang na ha re nu ka'i 'bras bu'i khu ba btung ngo (v5) snyam mo

[1]Saṅghabh I 102.16：*kulutthayūṣeṇa*,而写本上 380v2：*kulatthayūṣeṇa*。
[2]豌豆的一种,学名 Dolichos uniflorus。
[3]《大正藏》作"常",现依梵本取校勘记中"明本"之"当"字。

20.118 (so) 'h(aṃ) devatānāṃ vacanaṃ sarveṇa sarvaṃ pratyākhyāyālpaṃ stokaṃ katipayaṃ parīttam āhāram āharāmi ‹ | › yadi vā mudgayūṣeṇa yadi vā kulatthayūṣeṇa yadi vā hareṇukāyūṣe(334v7)(ṇa |)

译文 "诸天的言辞完完全全地拒绝之后,我进食极少的、点滴的、少量的、限定的食物。抑或是豆子汤,抑或是卑豆汤,抑或是豌豆汤。"

MN 36 [245.20] So kho ahaṃ Aggivessana thokaṃ thokaṃ āhāraṃ āhāresiṃ pasataṃ pasataṃ, yadi vā muggayūsaṃ yadi vā kulatthayūsaṃ yadi vā kaḷāyayūsaṃ yadi vā hareṇukayūsaṃ.

Saṅghabh atha bodhisatvas‹ya› tasmin samaye devatānāṃ vacanaṃ sarveṇa sarvaṃ pratyākhyāyālpaṃ stokaṃ katipayaṃ parīttam āhāra(v3)m āharataḥ ‹ | ›

SBV^{C} 作是念已,不受天語。遂取小豆、大豆及牽[b27]牛子,煮汁少喫。

SBV^{T} de nas byang chub sems dpa{'}s de'i tshe lha rnams kyi tshig thams cad kyi thams cad du spangs nas zhal zas nyung ba dang | chung ba dang | chung zad dang | chang chung gsol ba'am | yang na mon sran sde'u'i khu ba'am (v6) 'on te rgya sran gyi khu ba'am | yang na ha re nu ka'i 'bras bu'i khu ba gsol lo |

20.119 tasya mamālpaṃ stok(aṃ) k(a)t(i)p(a)y(aṃ) parīttam āhāram āharatas sarvāṇy aṃgapratyaṃgā̱ni mlānāny abhūvaṃ sa‹ṃ› mlānāni kṛśāny alpamāṃsāni ‹ | › {tadyathā} tadyathā asītakaparvāṇi vā kālakaparṇāni vā mlānāni bha(334v8)vanti (sa)ṃm(l)ānāni kṛśāny alpamāṃsāni ‹ | ›

译文 "当我进食极少的、点滴的、少量的、限定的食物时,我身体的所有肢节变得枯萎、憔悴、消瘦、少肉,犹如阿斯陀伽藤[1]的枝节或者迦梨加树叶一样枯萎、憔悴、消瘦、少肉。"

MN 36 [245.23] Tassa mayhaṃ Aggivessana thokaṃ thokaṃ āhāraṃ āhārayato pasataṃ pasataṃ, yadi vā muggayūsaṃ yadi vā kulatthayūsaṃ yadi vā kaḷāyayūsaṃ yadi vā hareṇukayūsaṃ, adhimattakasimānaṃ patto kāyo hoti. Seyyathā pi nāma āsītikapabbāni vā kālāpabbāni vā

Saṅghabh sarvāṇy aṅgapratyaṅgāni mlānāny abhūvan* saṃmlānāni kṛśāny alpamāṃsāni ‹ | › tadyathā asī{ka}ta‹ka›parvāṇi vā kālakāprvāṇi mlānāni bhavanti saṃmlānāni kṛśāny alpamāṃsāni ‹ | ›

SBV^{C} 於是菩薩身體肢節,皆悉萎[b28]瘦無肉,如八十歲女人[2],肢節枯憔。

SBV^{T} de nas byang chub sems dpa' zhal zas nyung dang | chung dang | chung zad dang | chang chung gsol ba na yan lag dang nying lag thams cad (v7) zhum kun tu zhum ste | skem zhing bal chung bar gyur to | dper na {b}ldum[3] bu a si ta'i sdong bu 'jum kun tu 'jum pas sha chung zhing skams par gyur pa de bzhin du

[1] 参见 LV^{C} 581b26:阿斯樹。中村元(NAKAMURA 2000: 180,以及注 238)指出,这是一种常春藤或者芦苇(ivy or reed)。
[2] 如此翻译似乎应出于义净的主观臆断。
[3] 依 ANK^{T}39v7 改之。

20.120　evam eva mama tasmin samaye alpaṃ stokaṃ katipayaṃ parīttam āhāram āharataḥ sarvāṇy aṃgapratyaṃgāni mlānāny abhūvaṃ sa‹ṃ›-mlānāni kṛśāny alpamāṃsāni ‹ǀ›

译文　“的确如此，当我彼时进食极少的、点滴的、少量的、限定的食物时，我身体的所有肢节变得枯萎、憔悴、消瘦、少肉。”

MN 36　[245.27] evam - eva - ssu me aṅgapaccaṅgāni bhavanti tāy' ev' appāhāratāya,[1]

Saṅghabh　evam eva tasmin samaye bodhisatvasya alpa‹ṃ› stokaṃ katipayaṃ parīttam āhā(v4)ram āharataḥ sarvāṇy aṃgapratyaṃgāni mlānāny abhūvaṃ sa‹ṃ›mlānāni kṛśāny alpamāṃsāni ‹ǀ›[2]

SBV^{C}　菩薩羸瘦，[b29]亦復如是。

SBV^{T}　de'i tshe byang chub sems dpa' zhal zas nyung ba dang ǀ (v8) chung ba dang ǀ chung zad dang ǀ chang chung gsol ba na yan lag dang nyi{n}‹ng› lag thams cad zhum kun tu zhum ste skem zhing bal chung bar gyur to ǀ

[1]巴利文本中的这一系列比喻同 DĀ 20 中的在顺序上有很大差异。
[2]写本中的此句在 Saṅghabh I 102 - 103 中并未收入。

20.121 tasya mamālpaṃ sto(335r1)(ka)ṃ (kat)i(pa)y(aṃ) parīttam āhāram āharataḥ śirasi śirastvaṃ[1] m‹l›ānam abhūt saṃmlānaṃ saṃkucitaṃ saṃparpaṭakajātaṃ ‹।› tadyathā ā{mā}lābu vṛntāc chinnaṃ mlānaṃ bhavati sa‹ṃ›mlānaṃ saṃkucitaṃ saṃparpaṭakajātaṃ ‹।›

译文 "当我进食极少的、点滴的、少量的、限定的食物时，头上的头皮变得枯萎、憔悴、蜷曲、萎缩[2]，犹如从瓜蒂被割断的葫芦，枯萎、憔悴、蜷曲、萎缩。"

MN 36 [245.37] seyyathā pi nāma tittakālābu āmakacchinno vātātapena samputito hoti sammilāto evam - eva - ssu me sīsacchavi samputitā hoti sammilātā tāy' ev' appāhāratāya.

Saṅghabh atha bodhisatvasya tasmin samaye alpaṃ stokaṃ katipayaṃ parīttam āhāram āharataḥ śirasi śirastvak* mlānābhūt sa‹ṃ›mlānā saṃkucit‹ā› saṃparpaṭakajātā : tadyathā alābūr vṛ{.da}‹ntā›c chi(v5)nnā mlānāvatiṣṭhate । saṃmlānā saṃkucitā saṃparpaṭakajātā ‹।›

SBV^{C} 爾時，菩薩由少食故，頭頂疼枯，又[c1]復酸腫，如未熟菰子，擿去其蔓，見日萎憔。

SBV^{T} de nas byang chub sems dpa' de'i tshe zhal zas nyung ba dang । chung ba dang । chung zad dang (21r1) chang chung gsol pa na dbu la dbu'i lpags pa rnyis kun tu rny‹i›s te 'khums shing 'bar 'bur du gyur to । dper na sku rtsab nas bcad na snyis kun tu snyis par 'khums la 'bar 'bur du gyur pa de bzhin du

[1] 即 *śirastvaṅ* —— *śirastvak* 主格的 Sandhi 形式。然而 Saṅghabh I 103.5：*śirastvak*。根据修饰该词的形容词词尾可知，它被视为中性词。虽然确有一同义词 *tvaca*，其词性为中性，但连续两次出现°*tvaṃ*，说明后者为前者的笔误的可能性不大。因此，这一现象被归入了"语法特色"中的"词性变换"，参见 § 5.C.1。

[2] SBV^{T} 21r1：*'bar 'bur du gyur*。

20.122 evam eva mama tasmi(335r2)(n sa)maye śirasi (ś)i(ra)st(va)ṃ mlānaṃ ‹a› bhūt sammlānaṃ saṃkucitaṃ saṃparpaṭakajātaṃ ⁝

译文 "的确如此，彼时我头上的头皮变得枯萎、憔悴、蜷曲、萎缩。"

Saṅghabh evam eva bodhisatvasya tasmin samaye alpaṃ stokaṃ katipayaṃ parīttam āhāram āharataḥ śirasi śirastvak* mlānābhūt saṃmlānā saṃkucitā saṃparpaṭakajāt‹ā ǀ›

SBV^{C} [c2]菩薩頭頂，亦復如是。

SBV^{T} de'i tshe (r2) byang chub sems dpa' zhal zas nyung ba dang ǀ chung ba dang ǀ chung zad dang ǀ chang chung gsol pa na dbu la dbu'i lpags pa {s}‹r› nyis kun tu rnyis te 'khums shing 'bar 'bur gyur kyang

---

20.123 ārabdhaṃ ca me vīryaṃ bhavaty asaṃlīnaṃ prasrabdhaḥ kāyo bhavaty asaṃrabdhaḥ ⁝ upasthitā smṛtir bhavaty asaṃmūḍhā samāhitaṃ cittaṃ bhavaty ekāgram ‹ǀ› e(335r3)(vaṃrūpām me agniveśy)āy(a)na[1] duḥkhāṃ tīvrāṃ kharāṃ kaṭukām amanāpāṃ vedanāṃ ve(da)yamānasya cittaṃn na paryādāya tiṣṭhati yathāpi tad bhāvitakāyasya‹ǀ›

译文 = 20.76

Saṅghabh ārabdhaṃ cāsya vīrya‹ṃ› bha(v6)vaty asaṃlīnaṃ prasrabdhaḥ kāyo bhavaty asaṃrabdhaḥ ⁝ upasthitā smṛtir bhavaty a{ǀ}saṃmūḍhā ǀ samāhitaṃ cittaṃ bhavaty ekāgram evaṃrūpāṃ bodhisatvasya tasmin samaye ātmopasaṃ{kramikaṃ}kramikāṃ duḥkhāṃ tīvrā‹ṃ› kharāṃ kaṭukām amanāpāṃ {vedanāṃ} veda(v7)nāṃ vedayataś cittaṃ na paryādāya tiṣṭhati yathāpi tad bhāvitatvā{{ra}}‹t kā›yasya ‹ǀ›

SBV^{C} 菩薩於是轉加精進，得[c3]輕安身。隨所念修，受種種苦受，乃至心不能[c4]獲入於正定。

SBV^{T} de zhum pa ma yin gyi brtson 'grus brtsams pa yin lus (r3) ma sbyangs pa ma yin ǀ rmugs pa ma yin gyi dran pa nye bar gzhag pa yin te ǀ sems rtse gcig tu mnyam par bzhag pa yin no ǀ byang chub sems dpa' de'i tshe bdag nyid gnon pa'i sdug bsngal mi zad (r4) pa rtsub pa tsha ba yid du mi 'ong ba'i tshor ba de lta bu nyams su myong yang 'di lta sku bsgoms pa yin pa'i phyir thugs yongs su gtugs te mi gnas so ǀ

[1] 根据 20.76，82 等补充。

20.124 tasya mamālpaṃ stokaṃ katipayaṃ pa(335r4)(rīt)t(a)m (āhāra)m āharato 'kṣṇor akṣitārake apagate abhūtām atyapagate gambhīre dūrānugate dūrānupraviṣṭe ⁞ apīdānīm utkhāte[1] iva khyāyete ‹ | ›[2] tadyathā grīṣmāṇe paścime māse gaṃbhīro (335r5)(da)ke udap(ā)ne udak(e) uda{ṃ}katārakā apagatā bhavanty a‹tyapagatā gambhīre dūrā› nu{pa}gatā[3] dūrānupraviṣṭā apīdānīm ākhyāyikayaiva śrūyante |

译文 "当我进食极少的、点滴的、少量的、限定的食物时，双目之瞳消失了，完全消失在深处，沉陷了，深陷下去了。即使如今[双瞳]还被称作'好似被掘起一样'，犹如热季的末月水星[4]消失在深水里、在井里、在水里，完全消失在深处，沉陷了，深陷下去了。即使如今[它们]还只据传言被耳闻[5]。"

MN 36 [245.34] seyyathā pi nāma gambhīre udapāne udakatārakā gambhīragatā okkhāyikā dissanti evam - eva - ssu me akkhikūpesu akkhitārakā gambhīragatā okkhāyikā dissanti tāy' ev' appāhāratāya,

Saṅghabh tasyālpaṃ stokaṃ katipayaṃ parīttam āhāram āharataḥ akṣṇor akṣitāra‹ke› apagate gaṃbhīre gaṃbhīrānugate dūrānugate d{va}‹ū› rā‹nu› praviṣṭe apīdānīm uddhṛte iva khyāy‹e›te ‹ | › (ta)(v8)dyathā gaṃbhīra udake udapāne udake[6] udakatārakā apagatā bhavanti atyapagatā gambhīrā gambhīrānugatā dūrānupraviṣṭāḥ ⁞ apīdānīm ākhyāyikābhi‹ḥ› śrūyante ‹ | ›

SBV[C] 菩薩爾時，以少食故，眼睛却入，[c5]猶如被人挑去，如井中見星。

SBV[T] de la zhal zas nyung ba dang | chung ba dang | chung zad dang | chang chung gsol pa na spyan gnyis (r5) kyi spyan gyi 'bras bu phug tu song shin tu phug tu song ste | zab pa shin tu zab par ring du song pas phyung ba lta bur snang ngo | dper na khron pa zab mo'i chur skar ma'i gzugs brnyan phug tu song zhin tu phug tu song ste | zab pa shin tu (r6) zab par ring du song par gtam du bya ba de bzhin tu

[1] 参见 Saṅghabh I 103.14：*uddhṛte*；SBV[C] 120c5：被人挑去；SVB[T] 21r5：*phyung ba*。
[2] 参见 Saṅghabh I 103.13－14：*dūrānugate dūrā‹nu› praviṣṭe apīdānīm uddhṛte iva khyāyete*。然而写本 380v7：*dūrānugate dvarāpraviṣṭe apīdānīm uddhṛte iva khyāyate*。
[3] 根据 Saṅghabh I 103.15 以下补充。
[4] 这个词意为水面的反光。或称"闪光的水泡(a sparkling bubble)"，参见 CPD s. v. *udaka - tārakā*；或称"深水之中星宿現中"，参见《无息禅经》，T 125，670c28。
[5] SBV[T] 21r6：*gtam du bya ba*。
[6] 该词在 Saṅghabh I 13.14 中被删去，但参照 DĀ 20.124，可知应予以保留。

20.125 evam eva mama tasmin samaye alpaṃ stokaṃ katipayaṃ parīttam āhāram ā(335r6)harato ’kṣṇor akṣitārake apagate abhūtām atyapagate[1] gambhī‹re dū›rānugate dūrānupraviṣṭe ⁞ apīdānīm utkhāte iva khyāyete ⁞

译文 “的确如此，当我彼时进食极少的、点滴的、少量的、限定的食物时，双目之瞳消失了，完全消失在深处，沉陷了，深陷下去了。即使如今［双瞳］还被称作‘好似被掘起一样’。”

Saṅghabh evam eva tasmin samaye bodhisatvasyālpaṃ stokaṃ katip{i}ayaṃ parīttam āhā‹ra›m āharat(aḥ)(v9) akṣṇo{{ṭa}}r[2] akṣitārake apagate abhūtām atyapagate gambhīre gambhīrānugate dūrānupraviṣṭe apīdānīm uddhṛte i‹va› khyāyet‹e |›

SBV^{C} 菩薩眼睛，亦復［c6］如是。

SBV^{T} de’i tshe byang chub sems dpas zhal zas nyung ba dang | chung ba dang | chung zad dang | chang chung gsol pa na spyan gnyis kyi spyan gyi ’bras bu phug tu song shin tu phug tu song ste | zab pa shin tu (r7) zab bar ring du song bas phyung ba lta bur snang yang

[1]根据 20.124 和 Saṅghabh I 103.19：*atyapagate* 改正。

[2]若依 Saṅghabh I 103.18：*āharata akṣṇor*，则 Sandhi 错。

20. 126 ārabdhaṃ ca me vīryaṃ bhavaty asaṃlīnaṃ prasrabdhaḥ kāyo bhavaty asaṃrabdhaḥ (335r7) upasthitā smṛtir bhavaty asaṃmūḍhā samāhitaṃ cittaṃ bhavaty ekāgram ‹ | › evaṃrūpā‹ ṃ› me agniveśyāyana duḥkhāṃ tīvrāṃ kharāṃ kaṭukām amanāpāṃ vedanāṃ vedayamānasya cittaṃ ‹na› paryādāya tiṣṭhati · yathāpi tad bhāvitakā(335r8)yasya ‹ | ›

译文 = 20. 76

Saṅghabh ārabdhaṃ cāsya vīr‹ y› aṃ bhavaty asaṃlīnaṃ prasrabdhaḥ kāyo bhavaty asaṃrabdhaḥ ⁞ upasthitā smṛtir bhavary asaṃmūḍhā samāhitaṃ cittaṃ bhavaty ekā(v10)gram evaṃrūpāṃ bodhisatvasya tasmin samaye ātmopakramikāṃ duḫkh‹ ā› ṃ tīvrāṃ kharāṃ kaṭukām amanāpāṃ vedanāṃ vedayataḥ ⁞ cittaṃ na paryādāya tiṣṭhati yathāpi tad bhāvitatvāt kāyasya ‹ | ›

SBV^C 菩薩於是復倍精進,受諸苦受,乃至不[c7]獲入於正定。何以故?由從多時所熏習故。

SBV^T de zhum ba ma yin gyi brtson 'grus brtsams pa yin | lus ma sbyangs pa ma yin gyi sbyangs pa yin | rmugs pa ma yin gyi dran pa nye bar gzhag pa yin te | (r8) sems rtse gcig tu mnyam par bzhag pa yin no | de'i tshe byang chub sems dpa' bdag nyid gnon pa'i sdug bsngal mi bzad pa rtsub pa tsha ba yid du par {pha} mi 'ong pa'i tshor ba de lta bu myong yang 'di ltar sku bsgoms (21v1) pa yin pa'i thugs yongs su gtugs te mi gnas so |

20.127 tasya mamālpaṃ stokaṃ katipayaṃ parīttam āhāram āharataḥ par{a}-śukāntarāṇy[1] ‹unnatā›{ana}vanatāny[2] abhūvan {yan anavanatāny abhūvaṃ} ‹|› tadyathā dvivarṣastrivarṣapracchannāyās tṛṇaśālāyāḥ gopānasya[3] unnatāvanatā bha(vant)i ‹|›

译文 “当我进食极少的、点滴的、少量的、限定的食物时，肋骨突出、之间的部分下陷，犹如草棚上架了两三年的椽子一样突出，[之间的部分]下陷。”

MN 36 [245.32] seyyathā pi nāma jarasālāya gopānasiyo oluggaviluggā bhavanti evam - eva - ssu me phāsuḷiyo oluggaviluggā bhavanti tāy' ev' appāhāratāya,

Saṅghabh tasmiṃ samaye alpaṃ stokaṃ katipayaṃ parīttam āhāram āharataḥ | pā(381r1)rśukāntarāṇy unnatāvanatāny abhūvaṃ {s} tadyathā dvivarṣatṛvarṣapraticchannāyās tṛṇaśālāyā gopāyasya unnatāvanatā bhavanti ‹|›

$\mathrm{SBV}^{\mathrm{C}}$ 菩[c8]薩以少食故，兩脇皮骨，枯虛高下，猶三百[4]年[c9]草屋。

$\mathrm{SBV}^{\mathrm{T}}$ de nas byang chub sems dpa' zhal zas nyung ba dang chung ba dang | chung zad dang | chang chung gang gsol pa na de'i tshe rtsib ma'i bar mthon dman du gyur te | dper (v2) na rtswa khang lo gnyis sam gsum lo na pa'i phyam dgu po mthon dman du gyur pa de bzhin du

[1]根据 20.128 而修改。
[2]根据 Saṅghabh I 103.26：*pārśukāntarāṇy unnatāvanatāny* 而修改。
[3]Saṅghabh I 103.28：*gopānasyā*；但是注 5 与之相反：*gopānasya*。事实上，写本 381r1：*gopāyasya* 原即为正确形式。
[4]此处与其他本子不同，但具体原因不明。

20.128 (335v1) evam eva mama tasmin samaye alpaṃ stokaṃ katipayaṃ parīttam āhāram āharataḥ parśukāntarāṇy unnatāvanatāny abhūvaṃ ।

译文 “的确如此，当我彼时进食极少的、点滴的、少量的、限定的食物时，肋骨突出、之间的部分下陷。”

Saṅghabh evam eva tasmin samaye bodhisatvasya alpaṃ stokaṃ katipayaṃ parīttam āhāram āharataḥ pārśukāntarāṇy unnatāvanatāny abhūvaṃ ‹ । ›

SBV^{C} 菩薩兩脇，亦復如是。

SBV^{T} de'i tshe byang chub sems dpa' zhal zas nyung ba dang ། chung ba dang ། chung zad dang ། chang chung gsol pa na rtsib ma'i bar mthon dman du gyur kyang

---

20.129 ārabdhaṃ ca me vīryaṃ bhavaty asaṃlīnaṃ prasrabdhaḥ kāyo bhavaty asaṃrabdhaḥ ⁞ upasthitā smṛti(r bhavaty a)(335v2) saṃmūḍhā । samāhitaṃ cittaṃ bhavaty ekāgraṃm ‹ । › evaṃrūpāṃ me agniveśyāyana duḥkhāṃ tīvrāṃ kharāṃ kaṭu‹kā›m amanāpāṃ vedanāṃ vedayamānasya ‹na› cittaṃ paryādāya tiṣṭhati । yathāpi tad bhāvitakāyasya ‹ । ›

译文 = 20.76

Saṅghabh ārabdhaṃ cāsya vī(r2)ryaṃ bhavaty asaṃlīnaṃ prasrabdhaṃ: kāyo bhavaty asaṃrabdhaḥ ⁞ upasthit‹ā› smṛtir bhavaty asaṃmūḍhā samāhitaṃ cittaṃ bhavaty ekāgram evaṃrūpāṃ bodhisatvasya tasmin samaye ātmopakramikāṃ duḥkhāṃ tīvraṃ kharāṃ kaṭukām amanāpāṃ vedanāṃ vedayataś cittaṃ na paryādāya tiṣṭhatiḥ ।

SBV^{C} 菩薩爾時，轉倍勤[c10]念，受諸苦受，乃至心不能獲入於正定，由從[c11]多時所熏習故。

SBV^{T} de zhum (v3) pa ma yin gyi brtson 'grus brtsams pa yin । lus ma sbyangs pa ma yin gyi sbyangs pa yin । rmugs pa ma yin gyi dran pa nye bar gzhag pa yin te । sems rtse gcig tu mnyam par gzhag pa yin no । byang chub sems dpa' (v4) de'i tshe bdag nyid gnon pa'i sdug bsngal mi ‹b›zad pa rtsub pa tsha pa yid du mi 'ong pa de lta bu nyams su myong yang 'di ltar sku bsgoms pa yin pa'i phyir thugs yongs su gtugs te mi gnas so ।

20.130 ‹tasya› mamālpaṃ stokaṃ katipayaṃ pa(rītta)(335v3)m āhāram āharataḥ pṛṣṭhavaṃśo 'bhūt tadyathā vartta‹nā›veṇī[1] ubhau vāniṣādau tadyathā uṣṭrapadaṃ ‹|›

译文 “当我进食极少的、点滴的、少量的、限定的食物时，我的脊椎犹如一串念珠，双臀[2]犹如骆驼蹄子。”

MN 36 [245.28] seyyathā pi nāma oṭṭhapadaṃ evam-eva-ssu me ānisadaṃ hoti tāy' ev' appāhāratāya, seyyathā pi nāma vaṭṭanāvaḷī evam-eva-ssu me piṭṭhikaṇṭako unnatāvanato hoti tāy' ev' appāhāratāya,

Saṅghabh (r3) atha bodhisatvasya alpa̲ṃ stokaṃ katipayaṃ parīttam āhāram āharataḥ pṛṣṭhavaṃśo 'bhūt tadyathā varttanāveṇī ⁞ āniṣādo 'bhūt tadyathā sa uṣṭrapadaṃ ‹|›

SBV^{C} 菩薩以少食故，脊骨羸屈，猶[c12]如箜篌[3]

SBV^{T} de nas byang chub sems dpa' zhal (v5) zas nyung ba dang | chung dang | chung zad dang | chang chung dang | gsol pa na sgal pa'i tshigs 'di lta ste | skra'i lan bu[4] lta bur gyur to | mjug do ni 'di lta ste rnga mo ni rkang pa lta bur gyur to |

[1] 根据 Saṅghabh 写本 381r3：*varttanāveṇī* 改正，然而 Saṅgabh I 104.7：*vartanāveṇī*。关于其含义，见 BHSD s. v. *vartanā(-veṇī)*。

[2] SBV^{T} 21v5：*mjug do*，“尾骨”。

[3] 该词在其他文本中找不到对应；下面对臀部的比喻也被略去。

[4] 该词的意思是“发辫”。

20. 131 so ’ham ekadā utthāsyāmīty avamūrdhakaḥ prapatāmi niṣatsyāmīty uttānakaḥ prapatāmi ‹ | › so ’ham adhari(m)aṃ k(ā)yaṃ (sa)ṃ(335v4)parigṛhya uparimaṃ kāyaṃ saṃsthāpayāmi uparimaṃ kāyaṃ saṃparigṛhyādharimaṃ kāyaṃ saṃsthāpayāmi ‹ | › so ’ham imam eva{ṃ} kāyaṃ samāśvāsayann ubhābhyām pāṇibhyāṃ āmār(ṣm)i parimārṣmi | apīdānī‹ṃ› pū(timū)(335v5)lā(n)i[1] (romā)ṇi[2] pṛthivyāṃ śīrṇāni |

译文 “一时间，当我想‘我要站起来’，我便头朝下扑倒；当我想‘我要坐下去’，我便仰天跌跤。当我抓后背时，我便触到前胸；当我抓前胸时，我便触到后背[3]。当我才用双手触摸这个身体，想让它放松一下时，彼时根部腐烂的体毛也会掉落到地上。”

MN 36 [246.3] So kho ahaṃ Aggivessana: udaracchaviṃ parimasissāmīti piṭṭhikaṇṭakaṃ yeva parigaṇhāmi, piṭṭhikaṇṭakaṃ parimasissāmīti udaracchaviṃ yeva parigaṇhāmi. Yāva - ssu me Aggivessana udaracchavi piṭṭhikaṇṭakaṃ allīnā hoti tāy’ ev’ appāhāratāya. So kho ahaṃ Aggivessana: vaccaṃ vā muttaṃ vā karissāmīti tatth’ eva avakujjo papatāmi tāy’ ev’ appāhāratāya. So kho ahaṃ Aggivessana imam - eva kāyaṃ assāsento pāṇinā gattāni anomajjāmi. Tassa mayhaṃ Aggivessana pāṇinā gattāni anomajjato pūtimūlāni lomāni kāyasmā papatanti tāy’ ev’ appāhāratāya.

Saṅghabh sa ekadā utthāsyāmīty avāṃmukhaḥ pataty ekadā niṣatsyāmīty uttānamu{ka}‹kha›ḥ patati sa pūrvaṃ kāyaṃ parigṛhya paści(r4)makaṃ kāyaṃ saṃsthāpayati paścimakaṃ kāyaṃ saṃparigṛhya pūrvakaṃ kāyaṃ saṃsthāpayati sa ubhābhy‹ā›ṃ pāṇibhyāṃ kāyam āmārṣṭi parāmārṣṭi tasyobhābhyāṃ pāṇibhyāṃ kāyam āmārjataḥ parimārjato ’pīdānīṃ pūtimūlāni romāṇi pṛ(th)i(r5)vyāṃ śīrya‹n›te ‹ | ›

SBV^{C} 欲起則伏，欲坐仰倒，欲端腰立，上下不[c13]隨。菩薩困頓，乃至於是。以手摩身，諸毛隨落。

SBV^{T} de lan ’ga’ ldang bar ’dod na (v6) kha spub tu ’gyel la | lan ’ga’ ’dug par ’dod na gan rkyal du ’gyel lo | de ro stod la brten nas ro smad ’jog par byed | ro smad la brten nas ro stod ’jog par byed do | de phyag gny‹i›s kyis sku la byugs yongs su[4] byugs te | (v7) de’i phyag gnyis kyis sku la byugs yongs su byugs pa de'i tshe ba spu rnams drung rul pas sa la lhags par gyur to ǀ

[1] Saṅghabh I 104.12：*pratimūlāni*，而写本上却是其正确形式，381r3：*pūtimūlāni*。

[2] 根据 Saṅghabh I 104.12－13：*'pīḍānīṃ pratimūlāni romāṇi pṛthivyāṃ śiryante* 而补充。

[3] 根据文本的字面意思是“下部”和“上部”，但这颇令人费解。因此该句的翻译依从 Saṅghabh I 104.9：*sa pūrvaṃ kāyaṃ parigṛhya paścimakaṃ kāyaṃ saṃsthāpayati paścimakaṃ kāyaṃ saṃparigṛhya pūrvakaṃ kāyaṃ saṃsthāpayati*。

[4] 藏译中 *yongs su* 应还原为和 DĀ 20 一样的前缀 *pari*－，而非 Saṅghabh 中的前缀 *para*－。

20.132 atha tisro devatā yenāhaṃ tenopasaṃkrāntā upasaṃkr(a) myaikā devatā evam āha ‹ǀ› kṛṣṇaḥ śramaṇo gau(ta)ma iti ǀ

译文 “于是三位天人来到我处。既到我处已，一位天人如此说道：‘苦行者乔达摩是黑色的。’”

MN 36 [246.12] Api－ssu maṃ Aggivessana manussā disvā evam－āhaṃsu: kāḷo samaṇo Gotamo ti.

Saṅghabh atha tisro devatā ye̱na bodhisatvas tenopasaṃkrānto {ā}‹a› traika evam āha ǀ kṛṣṇaḥ śramaṇo gautama iti ‹ǀ›

SBV^C [c23]爾時，有三天人，詣菩薩所，見菩薩身，遞相議[c24]曰。其一天云：“此喬答摩，是黑沙門。”

SBV^T (v8) de nas lha gsum zhig byang chub sems dpa' gang na ba der lhags te ǀ de na gcig gis 'di skad ces smras so ǀ dge sbyong go ta ma ni nag po zhig go ǀ

20.133 aparā devatā evam āha ǀ naiva kṛṣṇo 'pi tu śyāmaḥ (335v6) (śyāmaḥ śramaṇo gautama i)ti ǀ

译文 “另一位天人如此说道：‘不只是黑色的，而是青黑色的[1]。’”

MN 36 [246.14] Ekacce manussā evam－āhaṃsu：na kāḷo samaṇo Gotamo, sāmo samaṇo Gotamo ti.

Saṅghabh dvi(tī)(r6)yā evam āha ǀ naiṣa kṛṣṇo pi tu śyāma iti ǀ

SBV^C 其二天云：“[c25]此喬答摩�色沙門。”

SBV^T (22r1) gnyis pas 'di skad ces smras so ǀ 'di nag bo ni ma yin gyi 'on kyang sngo bsangs zhig go ǀ

[1] SBV^T 22r1：*sngo bsangs*。

20.134　apparā devatā evam āha । naiṣa kṛṣṇo naiṣa śyāmo {a} 'pi tu madgu‹ra›cchaviḥ[1] .. .. śra(ma)ṇo gautama (it)i ।

译文　“另一位天人如此说道：‘这位既非黑色，亦非青黑，而是苦行者乔达摩有着淡黄色的皮肤。’”

MN 36　[246.15] Ekacce manussā evam - āhaṃsu: na kāḷo samaṇo Gotamo na pi sāmo, maṅguracchavi[2] samaṇo Gotamo ti.

Saṅghabh　tṛtīyā evam āha । naiṣa kṛṣṇo nāpi śyāmāpi tu madguracchavir iti ‹ ।›

SBV^C　第三天云：“非黑、非黗，是[c26]蒼色沙門。”

SBV^T　gsum pas 'di skad ces smras so । 'di nag po yang ma yin । sngo bsangs kyang ma yin mdog dmar smug cig go ।

[1]根据巴利文本和 Saṅghabh I 104.18 补充。但剩余缺文无法补齐。
[2]经过深思熟虑，布隆克霍斯特（BRONKHORST 1986：5－7）将 *maṅgura°* 译为“白皙（fair）”。

20.135　paśyāgniveśyāyana yāvac ca me tasmin samaye evaṃrūpāyā‹ḥ› śubhāyā‹ḥ› （335v7） + + + + + ... sar(v)eṇa sarvam antardhānam abhūt ‹ ।›[1]

译文　“看，火种居士啊，彼时我如此形状的端严的[颜色]是如何完完全全地消失的。”

MN 36　[246.17] Yāva - ssu me Aggivessana tāva parisuddho chavivaṇṇo pariyodāto upahato hoti tāy' ev' appāhāratāya.

Saṅghabh　bodhisatvasya yā sā śubhā varṇanibhā sā sarveṇa sarvam antarhitābhūd ‹ ।›

SBV^C　因天議故，菩薩遂得三名。菩薩所[c27]有，身上光色，皆悉變沒。

SBV^T　byang chub sems （r2） dpa'i sku mdog bzang por snang pa ni thams cad kyi thams cad du nub par gyur to ।

[1] Saṅghabh I 104.18 起：*bodhisattvasya yā sā śubhā varṇanibhā sā sarveṇa sarvam antarhitābhūt*。

20.136 tasya mama tasmin samaye aśrutapūrvā‹s› tisra ‹u›pamā‹ḥ› pratibhātās ‹ | ›

译文 “于是彼时，我生起三种以前没有听说过的譬喻。”

MN 36 [240.29] Api - ssu maṃ Aggivessana tisso upamā paṭibhaṃsu anacchariyā pubbe assutapubbā:

Saṅghabh atha bodhisatvasya tasmin samaye aśrutapūrvās tisra (r7) upamā‹ḥ› pratibhātās ‹ | ›

SBV^C 菩薩於是時中，不曾[c28]聽聞，心中自生三種譬喻辯才。

SBV^T de na de'i tshe byang chub sems dpa' la sngon ma gsan pa'i dpe gsum zhig snang ba 'di lta ste |

20. 137 tadya(thā ār)draṃ[1] kāṣṭhaṃ sasnehaṃ jale upanikṣiptaṃ syād ārā‹t› sthalād ‹ | ›[2] atha puruṣa āgacche(335v8)(d agnya)rthī agnigaveṣ‹ī |›[3] sa tatrādharāraṇyām uttarāraṇiṃ pratiṣṭhāpyābhi {dhūmaḥ} ‹ mathnann[4] a›[5]bhavyo 'gniṃ saṃjanayituṃ tejaḥ prāviṣkartuṃ ‹ | ›

译文 "犹如潮湿的、被浸润的木柴从近旁的地上[6]扔进水里,于是,或有一人来临,求火、寻火。当他在彼处将上面的燧木置于下面的燧木之上,摩擦它时,他[却]不能让火生起、使光出现。"

MN 36 [240. 30] Seyyathā pi Aggivessana allaṃ kaṭṭhaṃ sasnehaṃ udake nikkhittaṃ, atha puriso āgaccheyya uttarāraṇiṃ ādāya: aggiṃ abhinibbattessāmi, tejo pātukarissāmīti. Taṃ kim - maññasi Aggivessana: api nu so puriso amuṃ allaṃ kaṭṭhaṃ sasnehaṃ udake nikkhittaṃ uttarāraṇiṃ ādāya abhimanthento aggiṃ abhinibbatteyya tejo pātukareyyāti.

Saṅghabh tadyathā ārdraṃ kāṣṭhaṃ sasnehaṃ jala upanikṣiptaṃ syād ārāt* sthalād ‹ | › atha puruṣa āgacched agnyarthī{d} agnigaveṣī ‹ | › sa tatrādharā{pu}‹ra›ṇyām uttarāraṇiṃ pratiṣṭhāpyābh‹i› mathna‹n› na bhavyo 'gniṃ saṃjanayituṃ tejaḥ prāviṣkartuṃ ‹ | ›

SBV^{C} 所言三者,一[c29]者,濕木有潤,從水而出,火鑽亦濕。有人遠來[121a1]求火,以濕火鑽鑽彼濕木,欲使生火,火無出[a2]法。

SBV^{T} shing rlon pa chu can zhig chu nas phyung ste nye bar skam la bzhag ba dang | de nas mi (r3) me don du gnyer ba me tshol ba zhig der 'ongs nas des de la gtsub stan byas te | gtsub shing bzhag nas gtsubs na 'di ltar shing te rlon pa chu can yin pa'i phyir me 'byung ba dang 'bar du mi btub pa[7]

[1]根据 Saṅghabh I 104. 21: *tadyathā ārdraṃ kāṣṭhaṃ sasnehaṃ jala upanikṣiptaṃ syād ārāt sthalāt* 补充。

[2]SBV^{T} 22r2: *shing rlon pa chu can zhig chu nas phyung ste nye bar skam la bzhag pa dang* 和 SBV^{C} 120c28ff.:一者,湿木有润,从水而出,火钻亦湿,可理解为:木柴从水里取出,但扔在了干地上(SBV^{T})。不过 Saṅghabh 和 MN 36 在此处与 DĀ 20 一致。

[3]根据 20. 141, 145 和 Saṅghabh I 104. 23 改正。

[4]该处的笔误或可如此解释:即 *thna* 和 *dhū* 在这种字体中非常相似,极易混淆;此外字符 *ma* 和 *thna/dhū* 又被置换了位置,这样恰好产生了另一个词 *dhūma*(烟)。

[5]根据 20. 141 补正。

[6]参见 BHSD s. v. *āra*。

[7]与梵文语句 *evam eva tad ... bhavati yathāpi tad ...* 对应的藏文部分已与前句合二为一,因此这部分词句也无法分入下面一段。20. 141 和 142,145 和 146 的藏文对应亦作同样处理。

20.138　evam e{..}tad agniveśyāyana bhavati yathāpi tad ārdrāt kāṣṭhāt sasnehād ‹ | › evam eva ye keci(336r1)(c[1] chramaṇā) vā brā(hmaṇā) vā ‹kā›meṣu kāyenā‹vya›pakṛṣṭā[2] viharanti cittena ca | teṣāṃ yaḥ kāmeṣu kāmacchandaḥ kāmasnehaḥ kāmapremaḥ[3] kāmālayaḥ kāmaniyanti‹ḥ› kāmavyāpādī[4] tat teṣāṃ cittaṃ paryādāya tiṣṭhati |

译文　“这就是如此，火种居士啊，犹如潮湿的、被浸润的木柴。的确如此，有些苦行者或婆罗门身体和内心没有远离爱欲。在爱欲中有他们对爱欲的欲乐、对爱欲的爱染、对爱欲的欢喜、对爱欲的执著、对爱欲的寻求[和]爱欲的恶毒，制服其心。”

MN 36　[240.36] No h’ idaṃ bho Gotama, taṃ kissa hetu: aduṃ hi bho Gotama allaṃ kaṭṭhaṃ sasnehaṃ, tañ-ca pana udake nikkhittaṃ, yāvad-eva ca pana so puriso kilamathassa vighātassa bhāgī assāti. Evam-eva kho Aggivessana ye hi keci samaṇā vā brāhmaṇā vā kāyena c’ eva kāmehi avūpakaṭṭhā viharanti, yo ca nesaṃ kāmesu kāmacchando kāmasneho kāmamucchā kāmapipāsā kāmapariḷāho so ca ajjhattaṃ na suppahīno hoti na suppaṭippassaddho,

Saṅghabh　evam eva tad bhavati (r8) yathāpi tad ārdrāt kāṣṭhā‹t› sasnehād ‹ | › evam eva ye kecic chramaṇā vā brāhmaṇā vā kāmeṣu na kāyena cittena vā vyapakṛṣṭā viharanti ‹ | › teṣāṃ yaḥ kameṣu kāmacchandaḥ kāmasneha‹ḥ› kāmapremā kāmālayaḥ kāmaniyanti‹ḥ›[5] kāmādhyavasānaṃ ‹sa› te(r9)ṣā‹ṃ› cittaṃ paryādāya tiṣṭhati |

SBV^C　若有沙門、婆羅門。身雖離欲，心猶愛染。[a3]耽欲、耽愛、著欲、處欲、悅欲、伴欲，有如是等，常[a4]在心中。

SBV^T　de bzhin du dge sbyong ngam bram ze kha cig ’dod pa rnams la (r4) lus dang sems kyis thag sring bar mi gnas kyi | de rnams kyi ’dod pa rnams la ’dun pa dang | ’dod pa la chags pa dang | ’dod pa la dga’ ba dang | ’dod pa la zhen pa dang | ’dod pa la ’chums pa dang | ’dod pa la lhag par zhen pa gang (r5) yin pa de ni de rnams kyi sems yongs su gtugs te gnas pa yin pas lus dang sems kyis thag sring bar mi gnas pa rnams kyi ni de dang ’dra ’o |

[1] 关于其对应指示代词的缺省参见 MELZER 2006: DĀ 36.102.1。

[2] 根据 20.142, 146 补正。

[3] Saṅgabh 写本 381r8: *kāmapremā*。

[4] 应作: *kāmavyāpādas*，根据所罗列的其他词汇的构词而修改。20.146 和 Saṅgabh I 104.29 明显为 *kāmādhyavasānaṃ*。20.142 仅存 *kāmā*° 但末后的长音 *ā* 足以表明，彼处也应

作 *kāmādhyavasānaṃ*。

[5] Saṅgabh I 104.29 依 Edgerton（BHSD）改作 *kāmaniyantrī*。但°*niyanti* 一词也同样存在，参见 BHSD s.v.。因此，和 20.138 一样，此处保持写本原状，不作改动。20.142，146 及相关文本也做同样处理。

20.139 kiṃ cāpi te śramaṇā ‹vā› brāhmaṇāḥ ‹vā›（336r2）{+ + ṇyām}[1] evaṃrūpāṃ ātmo(pa)k(r)amikāṃ duḥkhāṃ tīvrāṃ kharāṃ kaṭukāṃm amanāpāṃ vedanāṃ vedayante ⁞ atha ca punas te nālaṃ jñānāya nālaṃ darśan(āya) nālaṃ anuttarāyai samyaksaṃbodhaye ⁞ evam etad agniveśyāyana bhavati yathāpi ta(336r3)(t kāmeṣu kāyenāvyavakṛtānāṃ) v(i)haratā(ṃ)[2] cittena ca ⁞

译文 “复次，即使[3]苦行者或婆罗门感受到诸多如此形状的、侵害自我的、痛苦的、强烈的、粗恶的、辛楚的、不可意的感受，他们仍[4]不足以成就智慧、不足以成就[正]见、不足以成就无上正等正觉。这就是如此，火种居士啊，犹如他们身体和内心没有远离爱欲。”

MN 36 [241.7] opakkamikā ce pi te bhonto samaṇabrāhmaṇā dukkhā tippā kaṭukā vedanā vediyanti abhabbā va te ñāṇāya dassanāya anuttarāya sambodhāya, no ce pi te bhonto samaṇabrāhmaṇā opakkamikā dukkhā tippā kaṭukā vedanā vediyanti abhabbā va te ñāṇāya dassanāya anuttarāya sambodhāya.

Saṅghabh evam eva tad bhavati yathāpi tat kāyena cittenāvyapakṛṣṭānāṃ[5] viharatāṃ kiṃ cāpi te imām eva‹ṃ› rūpām ātmopakramikāṃ duḥkhāṃ tīvrāṃ kharāṃ kaṭukām amanāpāṃ vedanāṃ vedaya‹n›ti ‹|› atha ca punas te nā（r10）laṃ jñānāya nālaṃ darśanāya nālam anuttarāyai samyaksaṃbodhaye iti ||

SBV^C 彼諸人等，縱苦其身，受諸極苦，忍諸[a5]酸毒，受如此受，非正智、非正見，不能得於無[a6]上正道。

SBV^T de rnams bdag gnyid gnon pa'i sdug pa sngal mi bzad pa rtsub pa tsha ba yid du mi 'ong pa'i tshor ba de（22r6）lta bu nyams su myong mod kyi | 'on kyang de rnams kyis shes par nus pa ma yin | mthong bar nus pa ma yin | bla na med pa yang dag par rdzogs par byang chub par nus pa ma yin te |

[1] 根据 20.143，147 以及 Saṅghabh I 105.1 此处作 *imām* 应更妥。

[2] 根据 20.143，147 补充。

[3] 参见巴利文本和 SBV^C 121a4：縱 …

[4] SBV^T 22r6：… *'on kyang* …

[5] Saṅghabh I 105.1：*tena vāvyapakṛṣṭānāṃ*。但这样的改动似乎不是很必要。

20. 140 iyaṃ me agniveśyā(ya)na tasmin samaye prathamāśrutapūrvā upamā pratibhātā ‹|›

译文 "此乃是,火种居士啊,我彼时生起的第一种以前没有听说过的譬喻。"

MN 36 [241.11] Ayaṃ kho maṃ Aggivessana paṭhamā upamā paṭibhāsi anacchariyā pubbe assutapubbā.

Saṅghabh iyaṃ tatra bodhisatvasya tasmin samaye prathamā aśrutapūrvā upamā pratibhātā ‹|›

SBV^T de la 'di ni de'i tshe byang chub sems dpa' la sngon ma gsan (r7) pa'i dpe snang ba dang po yin no |

20.141 (p)unar aparaṃ tadyathā ārdraṃ kāṣṭhaṃ sasnehaṃ {sasnehaṃ} sthal(a u)pan(i)kṣiptaṃ syād ārāj jalād ‹ | ›[1] atha (336r4) (puruṣa āgac)ch(ed ag)nyarth(ī) agnigaveṣī sa tatrādhar(ā)raṇyām uttarāraṇiṃ prati(ṣṭhāp)y(ābh)imathna(nn a)bhavyo 'gniṃ saṃ(jana)yituṃ tejaḥ pr(āviṣka)rt(u)m ‹ | ›[2]

译文 “复次，犹如潮湿的、被浸润的木柴从近旁的水里扔到地上，于是，或有一人来临，求火、寻火。当他在彼处将上面的燧木置于下面的燧木之上，摩擦它时，他[却]不能让火生起、使光出现。”

MN 36 [241.14] Aparā pi kho maṃ Aggivessana dutiyā upamā paṭibhāsi anacchariyā pubbe assutapubbā: Seyyathā pi Aggivessana allaṃ kaṭṭhaṃ sasnehaṃ ārakā udakā thale nikkhittaṃ, atha puriso āgaccheyya uttarāraṇiṃ ādāya: aggiṃ abhinibbattessāmi, tejo pātukarissāmīti. Taṃ kim - maññasi Aggivessana: api nu so puriso amuṃ allaṃ kaṭṭhaṃ sasnehaṃ ārakā udakā thale nikkhittaṃ uttarāraṇiṃ ādāya abhimanthento aggiṃ abhinibbatteyya, tejo pātukareyyāti.

Saṅghabh tadyathā ārdraṃ kāṣṭhaṃ sasnehaṃ sthale upanikṣiptaṃ syād ārā‹j› jalād ‹ | › atha puruṣa āga(381v1)cch‹e›d agnyarthī agnigaveṣī sa tatrādha‹rā›raṇyām uttarāraṇi‹ṃ› pratiṣṭhāpyābhimathnaṃ na bhavyo 'gniṃ saṃjanayituṃ tejaḥ prāviṣkartum ‹ | ›

SBV^{C} 二者，濕木有潤，在於水邊。有人遠來[a7]求火，以乾火鑽，鑽其潤木，雖欲得火，火無然[a8]法。

SBV^{T} dper na shing rlon pa chu can zhig chu nas phyung ste nye bar skam la bzhag pa dang | de nas mi me (r8) don du gnyer ba me tshol ba zhig 'ongs nas des de la gtsub stan byas te | gtsub shing bzhag nas gtsubs na 'di ltar shing de rlon pa chu can yin pa'i phyir m‹e› '{g}‹b›yung ba dang 'bar du mi btub pa

[1] 在 SBV^{T} 中，第二个譬喻的词句竟然和第一个一模一样。参见 22r7：*dper na shing rlon pa chu can zhig chu nas phyung ste nye bar skam la bzhag pa dang*。Saṅghabh I 105 注 2 也指出了这一问题。

[2] 根据 20.137, 145 补充。

20. 142 evam etad agniv(e)śyā(yana) bhavati yathāpi ta(d ā) r(dr) ā(t kā) ṣṭhāt sasnehād ‹ I › evam eva ye ke(336r5) cic chramaṇā vā brāhmaṇā v(ā) kāmeṣu kāyena vyapakṛṣṭ(ā) viharanti na cittena[1] I teṣāṃ yaḥ kāmeṣu k(ā) macchandaḥ kāma(s) n(e) h(aḥ) k(ā) mapremaḥ kāmā(la) yaḥ kāmaniyanti‹ḥ› kāmā(dh) y(avasānaṃ tat *)[2] teṣāṃ ‹cittaṃ› paryādāya tiṣṭhati I

译文 "这就是如此，火种居士啊，犹如潮湿的、被浸润的木柴。的确如此，有些苦行者或婆罗门身体远离爱欲，但内心却没有。在爱欲中有他们对爱欲的欲乐、对爱欲的爱染、对爱欲的欢喜、对爱欲的执著、对爱欲的寻求[和]对爱欲的耽著，制服其心。"

MN 36 [241. 22] No h' idaṃ bho Gotama, taṃ kissa hetu: aduṃ hi bho Gotama allaṃ kaṭṭhaṃ sasnehaṃ, kiñcāpi ārakā udakā thale nikkhittaṃ, yāvad - eva ca pana so puriso kilamathassa vighātassa bhāgī assāti. ——Evam - eva kho Aggivessana ye hi keci samaṇā vā brāhmaṇā vā kāyena c' eva kāmehi avūpakaṭṭhā viharanti[3], yo ca nesaṃ kāmesu kāmacchando kāmasneho kāmamucchā kāmapipāsā kāmapariḷāho so ca ajjhattaṃ na suppahīno hoti na suppaṭippassaddho,

Saṅghabh evam etad bhavati yathāpi tad ārdrā‹t› kāṣṭhāt sasnehād ‹ I › evam eva ye kecic chramaṇā vā brāhmaṇ‹ā› vā kāmeṣu kāyena vyapakṛṣṭā viharanti no (v2) tu cittena ‹ I › teṣāṃ ‹ta› tra yaḥ kāmeṣu kāmacchandaḥ kāmapremā kāmālayaḥ kāmantiyanti‹ḥ› kāmādhyavasānaṃ sa teṣāṃ cittaṃ paryādāya tiṣṭhati ‹ I ›

SBV^{C} 如是沙門、婆羅門，身雖離欲，心猶愛染。於[a9]諸欲中，耽欲、愛欲、著欲、處欲、悅欲、伴欲，有如[a10]是過，常在身心。

SBV^{T} de bzhin du dge sbyong ngam bram ze kha cig 'dod pa rnams la (22v1) lus kyis spong ba gnas kyi sems kyis ma yin pa de rnams kyi 'dod pa rnams la 'dod pa la 'dun pa dang I 'dod pa la chags pa dang I 'dod pa la dga' ba dang I 'dod pa la zhen pa dang I 'dod pa la 'chums pa dang I 'dod pa la lhag par (v2) zhen pa dang yin pa de ni de rnams kyi sems yongs su gtugs te gnas pa yin no I

[1] 现有多种异文：MN I 241. 26 起：*kāyena c' eva kāmehi avūpakaṭṭhā viharanti*；LV 246：5 起：*vyapakṛṣṭakāyacittā*，LV^{T} 140v2：*lus dang sems dben par gnas* 为一端，与此对应的是 LV^{C} 580b29 – c1：制御於身不行貪欲。於境界中心猶愛著，Mvu II 122. 6：*kāme hi vyapakṛṣṭakāyā viharanti avyapakṛṣṭacittā*。迪图瓦（DUTOIT 1905：32）指出，在 LV，Mvu

和 MN 36 中的第二个譬喻里,*vyapakṛṣṭa* 的宾语并非同一个。在此处,DĀ 20 和 Mvu 倒是一致的。Mvu 的作者被迪图瓦(同上)认为"在这点上熟知诸文本的传承分歧(das Auseinandergehen der Überlieferung in diesem Punkt bekannt war)"。同样见,SKILLING 1981b: 108。

[2]根据 20.146 补充。

[3]特雷克纳(TRENCKNER MN I 550,对 241.27 的校注)、迪图瓦(DUTOIT 1905: 6,注 1)和阇那摩利/菩提(ÑĀṆAMOLI /BODHI 2001: 1229,注 386)指出,取 *avūpakaṭṭhā* 而非 *vūpakaṭṭhā* 是 PTS 版的一个错误。对缅甸本(B(urmesescript -)B(uddhasāsana -)S(amiti))中的 *kāyena c' eva cittena ca*,阇那摩利与菩提二人(同上)表示怀疑,认为应是 *kāyena c' eva kāmehi vūpakaṭṭhā viharanti na cittena*。同样见,SKILLING 1981b: 107 和 ANĀLAYO 2010: 235,注 152。

20.143 (336r6) kiṃ cāpi ‹ te › im‹ā›m evaṃrūpām ātmopakramikāṃ duḥkhāṃ tīvrāṃ kharāṃ kaṭukām amanāpāṃ ‹ vedanāṃ› vedayante ┆ atha ca punas te nālaṃ jñānāya nālaṃ darśanāya nālam ‹ an › uttarāyai samyaksaṃbodhaye ┆ evam etad a(gn)iveśyāyana (bhavat)i (336r7) yathāpi tat kāmeṣu kāyena vyavakṛtānāṃ viharatāṃ na cittena ‹ | ›

译文 "复次,即使苦行者或婆罗门感受到诸多如此形状的、侵害自我的、痛苦的、强烈的、粗恶的、辛楚的、不可意的感受,他们仍不足以成就智慧、不足以成就[正]见、不足以成就无上正等正觉。这就是如此,火种居士啊,犹如他们身体远离爱欲,但内心却没有。"

MN 36 [241.29] opakkamikā ce pi te bhonto samaṇabrāhmaṇā dukkhā tippā kaṭukā vedanā vediyanti abhabbā va te ñāṇāya dassanāya anuttarāya sambodhāya, no ce pi te bhonto samaṇabrāhmaṇā opakkamikā dukkhā tippā kaṭukā vedanā vediyanti abhabbā va te ñāṇāya dassanāya anuttarāya sambodhāya.

新疆写本 SHT III 931a:
(Va) /// + + + ath(a) ca pu(nar).[1]///

Saṅghabh kiṃ cāpi te imām evaṃrūpām ātm‹o›pakramikāṃ duḥkhāṃ tīvrāṃ kharāṃ kaṭukām amanā‹pāṃ› vedanāṃ vedayante ┆ a(v3)tha ca punas te nālaṃ jñānāya nālaṃ darśanāya nālam anuttarāyai samyaksaṃbodhaye iti |

SBV^{C} 縱苦其身,受於極苦,忍諸酸[a11]毒,受如此受,非正智、非正見,不能至於無上[a12]正道。

SBV^{T} de rnams bdag gnyid gnon pa'i sdug bsngal mi bzad pa rtsub ba tsha ba yid du mi 'ong pa'i tshor ba de lta bu nyams su myong mod kyi | 'on kyang de rnams (v3) shes par nus pa ma yin | mthong bar nus pa ma yin

| bla na med pa yang dag par rdzogs par byang chub par nus pa ma yin te |

[1]补充为 *pu(nas te)*。

20.144 iyaṃ me agniveśyāyana tasmin samaye dvitīyāśrutapūrvā upamā pratibhātā ||

译文 "此乃是,火种居士啊,我彼时生起的第二种以前没有听说过的譬喻。"

MN 36 [241.34] Ayaṃ kho maṃ Aggivessana dutiyā upamā paṭibhāsi anacchariyā pubbe assutapubbā.

新疆写本 SHT III 931a:
(Vb) /// (pra)tibh(āt)i

Saṅghabh iyaṃ tatra bodhisatvasya tasmiṃ samaye dvitīyā aśrutapūrvā upamā pratibhātā ‹|›

SBV[T] de la 'di ni de'i tshe byang chub bsems dpa' la sngon ma gsan pa'i dpe snang ba'i gnyis pa yin no |

20.145 punar aparaṃ tadyathā śuṣkaṃ ‹kāṣṭhaṃ›[1] koṭaraṃ sthale upanikṣiptaṃ syād ārāj ja(l) ād ‹ǀ› atha pu(ru)(336r8)ṣa āgacched agnyarthī agnigaveṣī sa tatrādhar(ā) raṇyām utt(a) rāraṇiṃ pratiṣṭhāpya abhimathnaṃ bhavyo 'gniṃ saṃjanayituṃ tejaḥ prāviṣkartum ‹ǀ›

译文 "复次,犹如干燥的、中空的木柴从近旁的水里扔到地上[2],于是,或有一人来临,求火、寻火。当他在彼处将上面的燧木置于下面的燧木之上,摩擦它时,他能让火生起、使光出现。"

MN 36 [241.37] Aparā pi kho maṃ Aggivessana tatiyā upamā paṭibhāsi anacchariyā pubbe assutapubbā: Seyyathā pi Aggivessana sukkhaṃ kaṭṭhaṃ koḷāpaṃ ārakā udakā thale nikkhittaṃ, atha puriso āgaccheyya uttarāraṇiṃ ādāya: aggiṃ abhinibbattessāmi, tejo pātukarissāmīti. Taṃ kim - maññasi Aggivessana: api nu so puriso amuṃ sukkhaṃ kaṭṭhaṃ koḷāpaṃ ārakā udakā thale nikkhittaṃ uttarāraṇiṃ ādāya abhimanthento aggiṃ abhinibbatteyya, tejo pātukareyyāti.

新疆写本 SHT III 931a:

(Vb) tadyathā śuṣk.[3]///

(Vc) /// .. . m abhimatha(n)t. .. +[4]///

Saṅghabh tadyathā śuṣkaṃ kāṣṭhaṃ koṭaraṃ ni‹ḥ› snehaṃ sthale upanikṣiptaṃ syād arāj jalād ‹ǀ› a(v4)tha puruṣa āgacched agnyarthī agnigaveṣī sa tatrādharāraṇyām uttarāraṇiṃ pratiṣṭhāpyābhimathnaṃ bhavyo 'gniṃ saṃjanayituṃ tejaḥ prāviṣkartum ‹ǀ›

SBV^{C} 三者,朽爛之木,無有津潤,在於濕岸。有[a13]人求火,雖以火鑽鑽之,火無然法[5]。

SBV^{T} 'di (v4) lta ste shing skam khong stong chu med pa zhig chu dang thag ring por skam la bzhag pa dang ǀ de nas mi me don du gnyer ba me tshol ba zhig 'ongs nas des de la gtsub stan byas te ǀ btsub shing bzhag nas gtsubs na 'di ltar shing de skam zhing khong stong yin (v5) pa'i phyir me 'byung ba dang 'bar du btub pa

[1] 根据 Saṅghabh I 105.18 和 MN 36 补充。

[2] 字面意思如此。但似乎应理解为:被扔在地上,[而且这块地是]离开附近的水边的。SBV^{T} v4 中的 *thag ring por* 也应是强调了这一点。

[3] 补充为 *śuṣk(aṃ)*。

[4] 补充并修改为(*pratiṣṭhā*)[*pya a*]*bhimatha*(*n*)[*t*](aṃ) [*bh*](*avyo*)。

[5] SBV^{C} 似乎依据了一个文义有重大变异的文本。参见引言 §4.4。

20. 146 evam etad agniveśyāyana bhavati yathāpi tac chuṣkāt kāṣṭhāt koṭarād ‹ | › evam e(va) (336v1) ye kecic chramaṇā vā brāhmaṇā vā kāmeṣu kāyena vyapakṛṣṭā viharanti {na} cittena ‹ ca | ›[1] teṣāṃ yaḫ kāmeṣu cchandaḥ kāmeṣu snehaḥ kāmapremaḥ kāmālayaḥ kāmaniyantiḥ kāmādhyavasānaṃ {|} tat teṣāṃ cittaṃ na paryādāy(a tiṣṭha)(336v2)ti |

译文 "这就是如此,火种居士啊,犹如干燥的、中空的木柴。的确如此,有些苦行者或婆罗门身体和内心远离了爱欲。在爱欲中有他们对爱欲的欲乐、对爱欲的爱染、对爱欲的欢喜、对爱欲的执著、对爱欲的寻求[和]对爱欲的耽著,未制服其心。"

MN 36 [242.7] Evaṃ bho Gotama, taṃ kissa hetu: aduṃ hi bho Gotama sukkhaṃ kaṭṭhaṃ koḷāpaṃ, tañ - ca pana ārakā udakā thale nikkhittan - ti. ——Evam - eva kho Aggivessana ye hi keci samaṇā vā brāhmaṇā vā kāyena c' eva kāmehi vūpakaṭṭhā viharanti[2], yo ca nesaṃ kāmesu kāmacchando kāmasneho kāmamucchā kāmapipāsā kāmapariḷāho so ca ajjhattaṃ suppahīno hoti suppaṭippassaddho,

新疆写本 SHT III 931a:

(Vd) /// .. cittena ca teṣāṃ + + ///[3]

Saṅghabh evam etad bhavati yathāpi tat* śuṣkāt kāṣṭhāt koṭarād ‹ | › evam eva ye kecic chramaṇā vā brāhmaṇā vā kāyena vyapa(v5)kṛṣṭā viharanti cittena ca ‹ | › teṣāṃ yaḫ kāmeṣu kāmacchandaḫ { | } kāmasneha‹ḥ› kāmapremā kāmālayaḫ kāmaniyanti‹ḥ› kāmādhyavasānaṃ sa teṣāṃ cittaṃ na paryādāya tiṣṭhati ‹ | ›

SBV^{C} 如是沙門、[a14]婆羅門,身雖離欲,心猶愛染。

SBV^{T} de bzhin tu dge sbyong ngam bram ze kha cig 'dod pa rnams la lus dang sems kyis thag sring bar gnas pa de rnams kyi 'dod pa rnams la 'dod pa la 'dun pa dang | 'dod pa la chags pa dang | 'dod (v6) pa la dga' ba dang | 'dod pa la zhen pa dang | 'dod pa la 'chums pa dang | 'dod pa la lhag par zhen pa gang yin pa de ni de rnams kyi sems yongs su gtugs te mi gnas pa yin no |

[1] 根据新疆残卷补充。

[2] 类似于20.142.4,此处应为:*kāyena c' eva kāmehi vūpakaṭṭhā viharanti cittena ca*。

[3] 补充并修改为[*n*](*a*) *cittena ca teṣāṃ* (*yaḥ kāmeṣu*)。

20.147 kiṃ cāpi te nemām[1] evaṃrūpām ātmopakramikāṃ d(u)ḥkhāṃ tīvrāṃ kharāṃ kaṭukām amanāpāṃ vedanāṃ vedayante ⁝ atha ca punas te {nā}‹a› laṃ jñānāya {nā}‹a› laṃ darśanāya {nā}‹a› lam anuttarāyai samyaksa (ṃ) bodhaye ⁝[2] evam etad ag(n)iveśyāya(na bha)(336v3) vati yathāpi tat kāmeṣu kāyena vyapakṛṣṭā viharanti {na} cittena ca ⁝

译文 “复次,即使苦行者或婆罗门未感受到诸多如此形状的、侵害自我的、痛苦的、强烈的、粗恶的、辛楚的、不可意的感受,他们也足以成就智慧、足以成就[正]见、足以成就无上正等正觉。这就是如此,火种居士啊,犹如他们身体和内心远离了爱欲。”

MN 36 [241.14] opakkamikā ce pi te bhonto samaṇabrāhmaṇā dukkhā tippā kaṭukā vedanā vediyanti bhabbā va te ñāṇāya dassanāya anuttarāya sambodhāya, no ce pi te bhonto samaṇabrāhmaṇā opakkamikā dukkhā tippā kaṭukā vedanā vediyanti bhabbā va te ñāṇāya dassanāya anuttarāya sambodhāya.

新疆写本 SHT III 931a:

(Ve) /// + .. ṃdāpitena imā ///[3]

(Vf) /// (anu)ttarāyai saṃmya(ksaṃbodhāye) ///

Saṅghabh kiṃ cāpi tena imām evaṃrūpām ātmopakramikāṃ duḥkhā‹ṃ› tīvrāṃ (v6) kharāṃ kaṭukām amanāpāṃ vedanāṃ vedaya‹n›te : atha ca punas te alaṃ jñānāya alaṃ darśanāya alam anuttarāyai samyaksaṃbodhāya iti ‹ | ›

SBV^{C} 受於苦受,非正[a15]智、非正見,不能得於無上正道。

SBV^{T} de rnams bdag nyid gnon pa'i sdug bsngal mi (v7) bzad pa rtsub ba tsha ba yid du mi 'ong pa'i tshor ba de lta bu nyams su myong mod kyi | 'on kyang de rnams kyis shes par nus | mthong bar nus bla na med pa yang dag par rdzogs par byang chub par nus te |

[1] Saṅghabh I 105.25: *na imām*。

[2] 关于此处修改的原因,参见导言 §4.4。

[3] 补充并修改为[*k*](*i*)*ṃ c̲āpi tena imā*(*m*)。

20.148 iyaṃ me agniveśyāyana tasmin samaye {agniveśyāyana tasmin samaye} tritīyā aśrutapūrvā upamā pratibhātā ‹|›

译文 “此乃是，火种居士啊，我彼时生起的第三种以前没有听说过的譬喻。”

MN 36 [242.19] Ayaṃ kho maṃ Aggivessana tatiyā upamā paṭibhāsi anacchariyā pubbe assutapubbā. Imā kho maṃ Aggivessana tisso upamā paṭibhaṃsu anacchariyā pubbe assutapubbā.

Saṅghabh iyaṃ tatra bodhisatvasya tasmin samaye tṛtīyā aśrutapūrvā upamā pratibhātā‹|›

SBV^{T} de la 'di ni de'i tshe byang chub (v8) sems dpa' la sngon ma gsan pa'i dpe snang ba gsum ba yin no |

20.149 tasya mamāgniveśyā(yanaitad a)(336v4)(bha)vad ‹ | › ye kecic chramaṇā vā brāhmaṇā vā duḥkhaprahāṇayogam anuyuktā viharanti sarve te tāvan n‹ā› to[1] uttare‹ṇa› nāto[2] bhūyas ‹ | › tasya mamaitad abhavad ‹ | › ayam api mārgo nālaṃ jñānāya nālaṃ darśanāy(a) nāl(am an)u(ttarāyai) (336v5) samyaksaṃbodhaye ‹ | ›

译文 “于是,火种居士啊,于我生起此念:‘任何苦行者或婆罗门修习苦行,他们所有人至此[所修],既不会高于此,也不会多于此。’于是于我生起此念:‘即使此道也不足以成就智慧、不足以成就[正]见、不足以成就无上正等正觉。’”

MN 36 [246.20] Tassa mayhaṃ Aggivessna etad - ahosi: Ye kho keci atītam - addhānaṃ samaṇā va brāhmaṇā vā opakkamikā dukkhā tippā kaṭukā vedanā vedayiṃsu, etāvaparamaṃ na - y - ito bhiyyo; ye pi hi keci anāgatam - addhānaṃ samaṇā vā brāhmaṇā vā opakkamikā dukkhā tippā kaṭukā vedanā vedayissanti, etāvaparamaṃ na - y - ito bhiyyo; ye pi hi keci etarahi samaṇā vā brāhmaṇā vā opakkamikā dukkhā tippā kaṭukā vedanā vediyanti, etāvaparamaṃ na - y - ito bhiyyo.

新疆写本 SHT III 931a:

(Vg) /// .. yogam[3] anuyuktā ///

(Ra) /// .. (da)rśanāya nālam . ///[4]

Saṅghabh (382r8) evaṃrūpāṇi bodhisatvasya duṣkarāṇi carataḥ etad abhavat* ‹ | › ye kecid duḥkhaprahāṇa(r9)yogam anuyuktā viharanti sarve te etāvan nāta uttareṇāto bhūyas tad api[5] mārgo nālaṃ jñānāya nālaṃ darśanāya nālam anuttarāyai samyaksaṃbodhaye iti‹ | ›

$\mathrm{SBV}^{\mathrm{C}}$ [b19]爾時,菩薩復作是念:“諸有欲捨苦故,勤修諸[b20]行,我所受苦,無人超過。此非正道、非正智、非[b21]正見,非能至於無上等覺。”

$\mathrm{SBV}^{\mathrm{T}}$ (24r2) byang chub sems dpa' de lta bu'i {b}‹d› ka' ba spyong pa na 'di snyam du dgongs te | gang su dag sdug bsngal spang par brtson par gnas pa de thams cad ni 'di tsam du zad de | de las lhag pa yang med | (r3) di'i gong na yang med na | lam 'di yang shes par nus pa ma yin | mthong bar nus pa ma yin | bla na med pa yang dag par rdzogs par byang chub par nus pa ma yin no snyam nas de zhum pa ma yin kyi brtson 'grus brtsams pa yin |

[1]参见 Saṅghabh I 107. 25：*etāvan nāta*。
[2]Saṅghabh 写本 382r9：*uttarenāto*。
[3]补充并修改为(*duḥkhaprahā*) [*ṇ*] (*a*) *yogam*。
[4]补充为/// (*nālaṃ da*) *rśanāya nālam* (*anuttarāyai*) ///。
[5] Saṅghabh I 107. 25 改作 *so'pi*。

---

20. 150 k(a)t(a)m(aś) c(ā)sau m(ā)rgaḥ ‹|› syāt katam(ā) pratipat* alaṃ jñānāya alaṃ darśanāya alam anuttarāyai samyaksaṃbodhaye ‹|›

译文 "'而何为该种道路？何种途径应足以成就智慧、足以成就[正]见、足以成就无上正等正觉？'"

MN 36 [246.28] Na kho panāhaṃ imāya kaṭukāya dukkarakārikāya adhigacchāmi uttariṃ manussadhammā alamariyañāṇadassanavisesaṃ, siyā nu kho añño maggo bodhāyāti.

Saṅghabh (r10) tasyaitad abhavat * ‹|› katamo 'sau mārgaḥ alaṃ jñānāya alaṃ darśanāya alam anuttarāyai samyaksaṃbodhaye iti ‹|›

SBV^{C} 菩薩復作是念："何[b22]為正道、正智、正見，得至無上正等菩提？"

SBV^{T} (r4) nge 'di snyam du dgong te | shes par nus pa dang | mthong bar nus pa dang | bla na med pa yang (r5) dag par rdzogs par byang chub par nus pa'i lam de gang yin snyam na |

20.151 tasya mamaitad abhavad ‹ | › abhijānāmy ahaṃ pituḥ śākyasya śuddhodanasya karmāntān anusaṃyo(336v6)(gya jambūcchāyāyāṃ niṣadya viviktaṃ kā)mair[1] viviktaṃ pāpakair akuśalaiḥ dharmaiḥ savitarkaṃ savicāraṃ vivekajaṃ prītisukhaṃ prathamaṃ dhyānam upasaṃpadya vihartuṃ ‹ | ›

译文 “于是,我生起此念:‘我回忆起,当我陪伴父亲释迦净饭劳作时,我坐到赡部树荫下,得初禅——远离爱欲、远离导致邪恶的诸不善法、具有思量与伺察、从寂静中产生、为喜乐所充满。’”

MN 36 [246.30] Tassa mayhaṃ Aggivessana etad - ahosi: Abhijānāmi kho panāhaṃ pitu Sakkassa kammante sītāya jambucchāyāya nisinno vivicc' eva kāmehi vivicca akusalehi dhammehi savitakkaṃ savicāraṃ vivekajaṃ pītisukhaṃ paṭhamaṃ jhānaṃ upasampajja viharitā, siyā nu kho eso maggo bodhāyāti.

新疆写本 SHT III 931a:

(Rb) /// (agniv) vaiśyāyana etad abha[2]///

(Rc) /// + .. r[3] akuśalair dharmaiḥ ///

Saṅghabh tasyaitad abhavat* ‹ | › abhijānāmy ahaṃ pituḥ śuddhodanasya niveśane karmāntān anusaṃy‹ogya ja› ṃbūcchāyāṃ[4] niṣadya (382v1) viviktaṃ kāmair viviktaṃ pāpakair akuśalair dharmaiḥ sarvitarkaṃ savicāraṃ vivekajaṃ prītisukhaṃ {prītisukhaṃ} prathamaṃ dhyānam upasaṃpadya vihartuṃ ‹ | ›

SBV^{C} 又[b23]作是念:“我自憶知:住父釋迦淨飯宮內,撿校[b24]田里,[5]贍部樹下而坐,捨諸不善,離欲惡法,尋[b25]伺之中,生諸寂靜,得安樂喜,便獲初禪。”

SBV^{T} de 'di snyam du dgongs te | bdag yab shākya zas gtsang gi khyim na gnas pa'i tsh(e) zhing las kyi mtha'i[5] drung du song nas shing 'dzam bu'i grib ma la 'dug ste | 'dod pa (r6) las dben pa | sdig pa mi dge ba'i chos las dben pa | rtog pa dang bcas shing dbyod pa dang btsas pa | dben pa las skyes pa'i dga' ba dang | bde bcan bsam gtan dang po nye bar bsgrubs te gnas pa de mngon par dran te |

[1] 根据 Saṅghabh I 107.27 补充。与此相反,见该页的注 1 和写本 382r10:°*saṃyāṃvūcchāyāṃ*。

[2]补充为 *abha(vad)*。
[3]补充并修改为(*pāpa*)[*k*](*ai*)*r*。
[4]结合 20.151 作此修订，而 Saṅghabh I 107.27：*anusaṅgamya jambūcchāyāyām*。
[5]汉藏两译本均提及"在宫内"和"农事"这两点，而未明显见于其他文本。

20.152	syāt s.[1] m(ār)gaḥ sā pratipat*[2] alaṃ jñānāya alaṃ darśanāya (336v7) (alam anuttarāyai samyaksaṃbodha) ye ‹ I ›[3]
译文	"'此道路，此途径应足以成就智慧、足以成就[正]见、足以成就无上正等正觉！'"
MN 36	[246.35] Tassa mayhaṃ Aggivessana satānusāri viññāṇaṃ ahosi: eso va maggo bodhāyāti.
新疆写本	SHT III 931a： (Rd) /// darśanāya ala +[4] + ///
Saṅghabh	syāt sa mārgaḥ syā ‹ t › pratipad alaṃ jñānāya alaṃ darśanāya alam anuttarāyai samyaksaṃbodhaye ‹ I ›
SBV^{C}	"此應[b26]是道，預流之行，是正智、正見、正等覺。"
SBV^{T}	de ni lam yin I de ni sgrubs pa yin I shes par nus pa yin I mthong bar nus pa yin I bla na med pa yang dag par rdzogs par byang chub par nus pa yin na I

[1]尽管其元音部分看似 - *e* 或 - *o*，但此处应作 - *a*，即 *sa*。
[2]Saṅghabh I 108.1：*syāt sa mārgaḥ syāt pratipad*。
[3]根据 Saṅghabh I 108.2 起补充。
[4]补充为 *ala(m)*。

20.153　sa (ma) y(ā) t(ar) hi na sukaraṃm utpādayituṃ yathāpi tat kṛśena durbalenālpasthāmnā ‹ | ›[1]

译文　"'此[道路]我现在不易令其生起,因为我如此消瘦、羸弱、无力。'"

MN 36　[246.37] Tassa mayhaṃ Aggivessana etad - ahosi: Kin - nu kho ahaṃ tassa sukhassa bhāyāmi yan - taṃ sukhaṃ aññatr' eva kāmehi aññatra akusalehi dhammehīti. Tassa mayhaṃ Aggivessana etad - ahosi: Na kho ahaṃ tassa sukhassa bhāyāmi yan - taṃ sukhaṃ aññatr' eva kāmehi aññatra akusalehi dhammehīti.

新疆写本　SHT III 931a:
(Re) /// sthāmena[2]

Saṅghabh　sa tu mayā na sukaram utpād ‹ ay › ituṃ yathāpi tat kṛ(v2)śena durbalenālpasthāmena ‹ | ›

SBV^{C}　"我今不[b27]能善修成就。何以故?為我羸弱然。"

SBV^{T}　de bdag gis bskyed du yang 'di ltar ring cing nyam chung la zhan pas sla ba (r8) ma yin te |

[1] Saṅghabh I 108.3: *sa tu mayā na sukaram utpāditum yathāpitat kṛśena durbalenālpasthāmena*。
[2] 参见注1,补充为(*durbalenālpa*) *sthāmena*。

20.154 yanv aha‹ṃ› yathāsukham āśvasyimi yathāsukha(ṃ) praśvasyimi |[1] {audārikam āhāram āhār(e)yam} aud(ā)rikaṃ[2] cāhāram āhā(336v8)(reyam o)danaku(l)m(ā)saṃ[3] ‹ | › sarpistailābhyāṃ gātrāṇi mrakṣ(a)yeyaṃ sukhodakena kāyaṃ pariṣiṃceyam iti |

译文 "'好吧，我要随意吸气，随意呼气。且我要进食干稠的食物，[即]粥饭和糁糜。我要以酥油和麻油涂抹肢体，以温和的汤水泼洒身躯。'"

MN 36 [247.6] Tassa mayhaṃ Aggivessana etad - ahosi: Na kho taṃ sukaraṃ sukhaṃ adhigantuṃ evaṃ adhimattakasimānaṃ pattakāyena, yan - nūnāhaṃ oḷārikaṃ āhāraṃ āhāreyyaṃ odanakummāsan - ti.

新疆写本 SHT III 931a:

(Re) yanv ah(aṃ) .. ///

(Rf) /// yeyaṃ[4] sukhodakena ///

Saṅghabh yanv ahaṃ yathāsukham āśvasyāṃ yathāsukhaṃ praśvasyāṃ ‹ | › yathāsukham audāram āhāram āhareyam odanakulmāsāṃ ‹ | › sarpistailābhyāṃ gātrāṇi mrakṣayeyaṃ sukhodakena ca kāyaṃ pariṣiṃceyam iti |

SBV^{C} "我應為隨[b28]意喘息，廣喫諸食飯、豆酥等，以油摩體，溫湯[b29]澡浴。"

SBV^{T} ma la bdag gis ci bder dbugs rngub pa dang ci bder dbugs 'byung ba dang | ci bder 'bras can dang zan dron gyi kha zas rags pa bza' zhing lus mar sar dang til mar gyis byugs la chu 'jam pos lus bkru bar bya'o

[1] 参见 Saṅghabh I 108.5: *āśvasyām yathāsukhaṃ praśvasyām*。

[2] Saṅghabh 写本 382v2: *audāram*。

[3] Saṅghabh 写本 382v2 和 v3: *odanakulmāsāṃ*。如果人们认同爱哲顿(EDGERTON 1963: 493)，将°*kulmāsāṃ* 视作阳性复数业格，那么这里的°*kulmāsaṃ* 便是阳性单数业格。关于这两种写法，°*kunmāsa* 和° *kulmāsa*，参见 SWTF s. v. *odana - kunmāsa*。V. SIMSON (1985: 83, 92)将 *kunmāsa* 划归说一切有部的写本，将 *kulmāsa* 划归根本说一切有部写本。

[4] 补充为(*mrakṣa*)*yeyaṃ*。

20.155 so 'haṃ yathāsukham āśvasāmi yathāsukhaṃ praśvasāmi ‹ | › audārikaṃ c(ā)hāram āharāmi odanakulmāsaṃ ‹ | › sarpistailābhyāṃ gātrā-(337r1)(ṇi) ca m(rakṣayāmi) sukhodakena kāyaṃ pariṣi(ṃ)cāmi ·

译文 "是时我便随意吸气,随意呼气,进食干稠的食物,[即]粥饭和糁糜,以酥油和麻油涂抹肢体,以温和的汤水泼洒身躯。"

MN 36 [247.9] So kho ahaṃ Aggivessana oḷārikaṃ āhāraṃ āhāresiṃ odanakummāsaṃ.

新疆 SHT III 931a:

写本 (Rg) /// + + + saṃ sarpitail. ///[1]

Saṅghabh sa yathāsukham āśvasati[2] yathāsukhaṃ prśvasiti | au(v3)dārikam āhāram āharaty odanakulmāsāṃ ‹ | › sarpistailābhyāṃ gātrāṇi mrakṣayati sukhodakena ca {kena ca} kāyaṃ pariṣiṃcati ·

SBV^{C} 是時菩薩,作是念已,便開諸根,隨情喘[b30]息,飲食諸味,而不禁制,塗拭沐浴,縱意而為。

SBV^{T} snyam ste (24v1) de ci bder dbugs rngub ba dang | ci bder dbugs 'byung ba dang | ci bder 'bras {ch}‹c›an dang zan dron gyi zhal zas rags pa gsol zhing sku til mar dang mar sar gyis byugs nas chu 'jam pos sku 'khru bar mdzad do |

[1] 补充并修改为/// (*oda*)[*n*](*akunmā*)*saṃ sarpitail*(*ābhyāṃ*) ///。
[2] Saṅghabh I 108.7: *āśvasiti*,现依 20.155 以及 § 5.C.4,保留写本中的词形,不作改动。

20.156 so 'ham anupūrveṇa kāyasya sthāmaṃ ca balaṃ ca saṃjanya svastikayāvasikasyāntikāt triṇāny ādāya yena bodhimūlan tenopasaṃkrāntaḥ upasaṃkramya svayam eva tṛṇasaṃstarakaṃ (337r2) .. .. dy.[1] niṣaṇṇaḥ paryaṅkam ābhujya ṛjuṃ kāyaṃ praṇidhāya pratimukhāṃ smṛtim upasthāpya so 'ham abhidhyā‹ṃ› loke prahāya vigatābhidhyena cetasā ‹tad›[2]bahulaṃ viharāmi ⁞ abhidhyāyāś cittaṃ pariśodhayāmi ‹|› vyāpādastyānamiddham auddhatyakau(337r3) (kṛtyavicikitsāṃ loke prah)ā(ya)[3] tīrṇakāṃkṣo bhavāmi tīrṇavicikitso ‹|› 'kathaṃkathī ku‹śa›leṣu dharmeṣu[4] vicikitsāyāś cittaṃ pariśodhayāmi ‹|›

译文 "渐次我产生了身体的能量和力量，拿着从刈草人'吉祥'那里得到的草，走到菩提树底下；到了那儿之后，我自己就将草敷设，结跏趺而坐，端正躯体，专注意念，于是我断除对世间的贪爱，以永离贪爱之心常住。我清除内心的贪爱。断除世间的邪恶、惛沈、睡眠、掉举、恶悔、疑惑之后，我成为超越了疑问[和]超越了疑惑的人。在诸善法中无犹豫，我清除内心的疑惑。"

MN 36 [247.17] So kho ahaṃ Aggivessana oḷārikaṃ āhāraṃ āhāretvā balaṃ gahetvā vivicc' eva kāmehi vivicca akusalehi dhammehi savitakkaṃ savicāraṃ vivekajaṃ pītisukhaṃ paṭhamaṃ jhānaṃ upasampajja vihāsiṃ.

[1] 此处应为 *saṃstīrya*。参见 SWTF s. v. *tṛṇasaṃstarakaṃ*。当然也有可能是 *saṃstārya*。参见 GBM 1.52v1－2：*yaḥ punar bhikṣuḥ sāṃghike vihāre tṛṇasaṃstaraṃ vā parṇasaṃstaraṃ vā* [*s*]. [*st*]. *rya vā saṃstārya anuddhṛtyānuddhārya vā tato viprakkrāmet (*sic!*) santaṃ bhikṣum anavalokyānyatra tadrūpāt pratyayāt pāyantikā*。

[2] 根据 SWTF s. v. *tad－bahul(a－vihārin)* 补充。但是 DĀ 27：376v6：*cetasā bahulaṃ viharati*。

[3] 根据 Saṅg V.6 和 7 补充。

[4] Saṅghabh II 241.17：*tīrṇavicikitsākaṃkṣaḥ kuśala－dhameṣu*。

20.157 so 'haṃ paṃcanivaraṇāni[1] prahāya cetasa upakleśakarāṇi[2] vighātapakṣyāṇy a(337r4)nirvāṇasaṃv(ar)t(a)n(ī)y(ā)ni viviktaṃ kāmair yāvat prathamaṃ dhyānam upasaṃpadya viharāmy ‹|›

译文 "当我断除了五盖——内心烦恼之因、损恼之朋党、不能成就涅槃的,即得——远离爱欲……直至——初禅,[且]住[于此]。"

[1] Saṅg V.6: *pañcanīvaraṇāni*。关于该词的各种写法,参见 BHSD s. v. *nīvaraṇa*。
[2] Saṅghabh II 242.21: *cittopakleśakarāṇi*。

20.158 evaṃ me 'gniveśyāyanaikākinā vyapakṛṣṭenāpramattenāt(āp)i(n)ā prahitātmanā viharatā ayaṃ prathama ādhicaitasi(337r5)ko dṛṣṭadharma(sukha)v(i)hāro 'dhigata ātmano rataye aparitasanāyai[1] sparśavihārāyopakramaṇīyo nirvāṇasya ⁞ [2]

译文 "如此我,火种居士啊,独处一身、离群、不放逸、勤勇、一心而住,得证此现见法中的第一安乐住——其属于增上之心、因自我的欣乐、无忧愁、安隐之故而导向涅槃。"

[1] 其阴性变格形式可回溯至 *paritasyanā* (SWTF s. v.),而其中性的词干又可回溯至 *paritasana*(BHSD s. v.)。
[2] 参见 AN IV 230.27: *ratiyā aparitassāya phāsuvihārāya, okkamanāya nibbāṇassa*。

20.159 ārabdhaṃ ca me vīryaṃ bhavaty as(aṃl)īnaṃ prasrabdhaḥ kāyo bhavaty asaṃrabdhaḥ ⁞ upasthitā smṛtir bhava(337r6)(t)y as(aṃ)mūḍhā samāhitaṃ cittaṃ bhavaty ekāgra‹m | evaṃ›rūpāṃ agniveśyāyana śāntāṃ śubhāṃ kṛtsnāṃ vedanāṃ vedayamānasya cittaṃ (na pa)ryādāya tiṣṭhati · yathāpi tad bhāvitakāyasya bhāvitacittasya ‹|›

译文 "由我所发趣的精进不生懈倦;轻安的身体没有烦躁;所起的意念不受迷惑;集中的心思朝向一境。当我,火种居士啊,感受如此形状的、寂静的、安宁的、完全的感受,有[此感受],未制服内心,因为我即如此修身和修心已竟。"

MN 36 [247.20] Evarūpā pi kho me Aggivessana uppannā sukhā vedanā cittaṃ na pariyādāya tiṭṭhati.

20.160 so 'haṃ vitarkavicārāṇāṃ (337r7) vyupaśamād adhyātmasaṃprasādāc cetasa ekotībhāvād[1] avitarkam avicāraṃ samādhijaṃ prītisukhaṃ dvitīyaṃ dhyānam upasampadya viharāmy ‹ | ›

译文 "由于思量与伺察的止息，由于内心的澄净，由于专注一心，我得第二禅——无思量、无伺察、由三昧而生、为喜乐所充满，[且]住[于此]。"

MN 36 [247.21] Vitakkavicārānaṃ vūpasamā ajjhattaṃ sampasādanaṃ cetaso ekodibhāvaṃ avitakkaṃ avicāraṃ samādhijaṃ pītisukhaṃ dutiyaṃ jhānaṃ upasampajja vihāsiṃ.

[1] 参见 Saṅghabh II 243.12 起：*adhyātmaṃ saṃprasādāc cetasa ekoṭībhāvād*。

20.161 evaṃ me agniveśyāyanaikākinā vyavakṛṣṭenāpramattenātāpinā prahi(tāt)m(anā) (337r8) viharatā ayaṃ dvitīya ādhicaitasiko dṛṣṭadharmasukhavih‹ā›ro 'dhigata ātmano rataye apari(ta)san(ā)yai sparśavihārāyopakramaṇīyo nirvāṇasya |

译文 "如此我，火种居士啊，独处一身、离群、不放逸、勤勇、一心而住，得证此现见法中的第二安乐住——其属于增上之心、因自我的欣乐、无忧愁、安隐之故而导向涅槃。"

20.162 ārabdhaṃ ca me vīryaṃ bhavaty (asaṃlīnaṃ) prasrabdhaḥ kāyo bhava(ty a)(337v1) saṃrabdhaḥ ⁞ upasthitā smṛtir bhavaty asaṃmūḍhā | samāhitaṃ cittaṃ bhavaty ekāgraṃ ⁞ evaṃrūpāṃ me agniveśyāyana śāntāṃ śubhāṃ kṛtsnāṃ vedanāṃ vedayamānasya cittaṃ na paryādāya tiṣṭhati yathāpi tad bhāvitakāy(a)sya bh(ā)vi(ta)citta(337v2)sya ‹ | ›

译文 =20.159

MN 36 [247.24] Evarūpā pi kho me Aggivessana uppannā sukhā vedanā cittaṃ na pariyādāya tiṭṭhati.

20.163 so 'haṃ prīter virāgād upekṣako viharāmi smṛtas saṃprajāno sukhaṃ ca kāyena pratisaṃvedaye ya(t ta)d āryā ācakṣate upekṣakaḥ smṛtimāṃ sukhavihārī‹ ti› tṛtīyaṃ dhyānam upasaṃpadya viharāmy ‹ | ›

译文 "在喜心褪色之后,我平等、省觉、正知而住,且我的身体感到安乐,正如圣者所宣说:'他平等、省觉,住于安乐',我得第三禅,[且]住[于此]。"

MN 36 [247.26] Pītiyā ca virāgā upekhako ca vihāsiṃ sato ca sato ca sampajāno, sukhañ - ca kāyena paṭisaṃvedesiṃ yan - taṃ ariyā ācikkhanti: upekhako satimā sukhavihārī ti tatiyaṃ jhānaṃ upasampajja vihāsiṃ.

20.164 evaṃ me agniveśyāyana (337v3) ekākinā vyavakṛṣṭenāpramat‹ t›enātāpinā[1] prahitātmanā viharatā ayaṃ tṛtīya ādhicaitasiko dṛṣṭadharmasukhavihāro 'dhigato ātmano rataye aparitasanāyai sparśavih(ā) rāyop(a) kr(a) m(aṇīyo) (337v4) (n) i(rvāṇasya |)

译文 "如此我,火种居士啊,独处一身、离群、不放逸、勤勇、一心而住,得证此现见法中的第三安乐住——其属于增上之心、因自我的欣乐、无忧愁、安隐之故而导向涅槃。"

[1] *vyavakṛṣṭa* 等同于 *vyapakṛṣṭa*,参见 BHSD s. v. *vyapakṛṣṭa*。

20.165 (āra) bdhaṃ ca me vīryaṃ bhavaty asaṃlīnaṃ prasrabdhaḥ kāyo bhavaty asaṃrabdhaḥ ┊ upasthitā smṛtir bhavaty asaṃmūḍhā samāhitaṃ cittaṃ bhavaty ekāgraṃ ‹ | › e(vaṃ) rūpaṃ m(e) agniveśyāyana śāntāṃ śubhāṃ kṛtsanāṃ vedanāṃ veda (337v5) yamānasya citt(aṃ) ‹ na› paryādāya tiṣṭhati yathāpi tad bhāvitakāyasya ‹ bhāvitacittasya |›[1]

译文 = 20.159

MN 36 [247.29] Evarūpā pi kho me Aggivessana upannā sukhā cittaṃ na pariyādāya tiṭṭhati.

[1] 根据 20.159 等补充。

20.166[1] so 'haṃ sukhasya c(a) prahāṇ(ā) d duḥkh(a) sya ca prahāṇāt pūrvam eva ca saumanasyadaurmanasya(yo) r asta(ṃ) gamād aduḥkhāsukham upekṣā‹smṛti› pariśuddhaṃ caturthaṃ dhyānam upa(337v6)(sa) ṃ-(padya v) i(harāmy |)

译文 "由于安乐的断除和痛苦的断除、且由于先前已有的喜悦和忧愁的消逝,我得第四禅——非苦非乐、用平等和正念来清净,[且]住[于此]。"

MN 36 [247.30] Sukhassa ca pahānā dukkhassa ca pahānā pubbe va somanassadomanassānaṃ atthagamā adukkhaṃ asukhaṃ upekhāsatipārisuddhiṃ catutthaṃ jhānaṃ upasampajja vihāsiṃ.

[1]20.166－170 的对应,参见 SHT IV 165.15。

20.167 (evaṃ me a) gniveśyāyanaikākinā {pra}‹vyapa› kṛṣṭenātāpinā[1] pr(a) hitātmanā viharatā ayaṃ caturthaḥ ādhicaitasiko dṛṣṭadharmasukh(a) vihāro 'dhigata ātmano rataye aparitasanāyai sparśa(337v7) vih(ā) r(a) y(o) pakra(maṇīyo) nirvāṇasya |

译文 "如此我,火种居士啊,独处一身、离群、不放逸、勤勇、一心而住,得证此现见法中的第四安乐住——其属于增上之心、因自我的欣乐、无忧愁、安隐之故而导向涅槃。"

[1]根据 20.158 补正。

20.168 ‹ārabdhaṃ ca me vīryaṃ bhavaty asaṃlīnaṃ prasrabdhaḥ kāyo bhavaty asaṃrabdha upasthitā smṛtir bhavaty asaṃmūḍhā samāhitaṃ cittaṃ bhavaty ekāgraṃ |›[1] e{r}vaṃrūpā(ṃ) me agniveśyāyana śāntāṃ śubhāṃ kṛtsnāṃ vedanā(ṃ) v(e) dayamānasya cittaṃ ‹na› paryādāya tiṣṭhati | yathāpi tad bhāvitakāyasya (bhā) vitacittasya ‹|›

译文 = 20.159

MN 36 [247.33] Evarūpā pi kho me Aggivessana uppannā sukhā vedanā cittaṃ na pariyādāya tiṭṭhati.

[1]根据 20.159 等补充。

20. 169 so 'ham evaṃ samāhite citte pariśuddhe (337v8) paryavadāte anaṃgaṇe vigatopakleśe ṛjubhūte karmaṇye sthite āniṃjyaprāpte pūrvanivāsānusmṛtijñānasākṣātkriyāyāṃ vidyāyāṃ cittam abhinirṇamayāmi[1] ‹ | ›

译文 "当内心如此集中、清净、完全白净、无垢、永离烦恼、端正、调柔、坚固、无有动摇时,我将内心朝向证宿命智的明知。"

MN 36 [247. 36] So evaṃ samāhite citte parisuddhe pariyodāte anaṅgaṇe vigatūpakkilese mudubhūte kammaniye ṭhite ānejjappatte pubbenivāsānussatiñāṇāya cittaṃ abhininnāmesiṃ.

[1] 文本中所见的两种形式,*abhinirṇāmayāmi* 与 *abhnirṇamayāmi*,均可。

---

20. 170 so 'ham anekavidhaṃ pūrvenivāsaṃ samanusmarāmi | tadyathā (338r1) ekām api jātiṃ yāvad ihopapanna iti sākāraṃ sanidānaṃ soddeśam anekavidhaṃ pūrvenivāsaṃ samanusmarāmi[1] ‹ | ›

译文 "我回忆起非一种种之过去世,即:一世——直至——'我又生于此。'如此我回忆起非一种种、具有[各自的]形相、因缘、方所的过去世。"

MN 36 [248. 1] So anekavihitaṃ pubbenivāsaṃ anussarāmi, seyyathīdaṃ: ekam - pi jātiṃ ...

[248. 12] so tato cuto idhūpapanno ti. Iti sākāraṃ sauddesaṃ anekavihitaṃ pubbenivāsaṃ anussarāmi.

[1] Saṅghabh II 249. 17: *anusmarati*。

20.171 evaṃ me agniveśyāyana ekākinā vyapakṛṣṭenāpramattenātāpinā prahitātmanā viharatā i(338r2)yaṃ prathamā vidyādhigatā ⁞ ajñānaṃ vigataṃ jñānaṃ samutpannaṃ tamo vidhāntam[1] ālokaḥ prādurbhūto 'vidyā viraktā vidyā cotpannā yad uta pūrvanivāsānusmṛtijñānasākṣātkriyā vidyā ⁞

译文 "如此我，火种居士啊，独处一身、离群、不放逸、勤勇、一心而住，得此第一明。无智逝去[而]智慧现前，冥暗吹散[而]光明显现，无明褪色而明学生起，而且是宿命智的明知。"

MN 36 [248.13] Ayaṃ kho me Aggivessana rattiyā paṭhame yāme paṭhamā vijjā adhigatā, avijjā vihatā vijjā uppannā, tamo vihato āloko uppanno, yathā taṃ appamattassa ātāpino pahitattassa viharato.

[1] 阪本-後藤純子(SAKAMOTO-GOTO 1985: 179 起)指出有一个如此构成的过去被动分词形式(然而彼处则带有前缀 *niḥ-*: *nirdhānta-*)。

20.172 ārabdaṃ ca me vīryaṃ bhavaty asaṃlīnaṃ prasrabdhaḥ (338r3) kāyo bhavaty asaṃ(rabdha u)p(a)sth(i)tā smṛtir bhavaty asaṃmūḍhā samāhitaṃ cittaṃ bhavaty ekāgram ‹ | › evaṃrūpāṃ me agniveśyāyana śāntāṃ śubhāṃ kṛtsnāṃ vedanāṃ vedayam‹ā›nasya cittaṃ ‹na› paryādāya tiṣṭhati yathāpi tad bhā(338r4)vit(a)k(ā)y(a)sy(a) bhāv(i)t(a)c(i)ttasya ‹ | ›

译文 = 20.159

MN 36 [248.16] Evarūpā pi kho me Aggivessana uppannā sukhā vedanā cittaṃ na pariyādāya tiṭṭhati.

20.173 so 'ham evaṃ samāhite citte pariśuddhe paryavadāte 'naṃgaṇe vigatopakleśe ṛjubhūte karmaṇye sthite āniṃjyaprāpte { te } cyutyupapādajñānasākṣātkriyāyāṃ vidyāyāṃ cittam abhi(338r5)nirṇāmayāmi ‹ | ›

译文 “当内心如此集中、清净、完全白净、无垢、永离烦恼、端正、调柔、坚固、无有动摇时，我将内心朝向证生死智的明知。”

MN 36 [248.19] So evaṃ samāhite citte parisuddhe pariyodāte anaṅgaṇe vigatūpakkilese mudubhūte kammaniye ṭhite ānejjappatte sattānaṃ cutūpapātañāṇāya cittaṃ abhininnāmesiṃ.

20.174 so 'haṃ divyena cakṣuṣā viśuddhenātikrāntamānuṣeṇa satvān[1] paśyāmi cyavamānān apy[2] upapadyamānān api suvarṇān api durvarṇān api hīnān api praṇītān api yāvad devamanuṣyeṣūpapadyanta i(338r6)ti ‹ | ›

译文 “以清净的、过于世人的天眼，我看见众生死去又出生，美色[与]恶色，下劣[与]上好——直至——[我看见他们]在人天中再生。”

MN 36 [248.21] So dibbena cakkhunā visuddhena atikkantamānusakena satte passāmi cavamāne upapajjamāne, hīne paṇīte suvaṇṇe dubbaṇṇe sugate duggate yathākammūpage satte pajānami: ...

[1] Saṅghabh II 250.6: °*mānuṣyakena sattvān*。
[2] Saṅghabh II 250.7: 缺省。

20.175 evaṃ ‹me›[1] agniveśyāyanaikākinā vyapakṛṣṭenāpramattenātāpinā prahitātmanā viharatā iyaṃ dvitīyā vidyā adhigatā ajñānaṃ vigataṃ jñānaṃ samutpannaṃ tamo vidhāntam ālokaḥ prādurbhūto 'vidyā viraktā (338r7) vidyā cotpannā yad uta cyutyupapādajñānasākṣātkriyā vidyā ⁞

译文 “如此我，火种居士啊，独处一身、离群、不放逸、勤勇、一心而住，得此第二明。无智逝去[而]智慧现前，冥暗吹散[而]光明显现，无明褪色而明学生起，而且是证生死智证的明知。”

MN 36 [248.36] Ayaṃ kho me Aggivessana rattiyā majjhime yāme dutiyā vijjā adhigatā, avijjā vihatā vijjā uppanna, tamo vihato āloko uppanno, yathā taṃ appamattassa ātāpino pahitattassa viharato.

[1] 根据 20.171 补充。

20.176 ‹ ārabdhaṃ ca me vīryaṃ bhavaty asaṃlīnaṃ prasrabdhaḥ kāyo bhavaty asaṃrabdha upasthitā smṛtir bhavaty asaṃmūḍhā samāhitaṃ cittaṃ bhavaty ekāgraṃ | ›[1] evaṃrūpāṃ me agniveśyāyana śāntāṃ śubhāṃ kṛtsnāṃ vedanāṃ vedayamānasya cittaṃ na paryādāya tiṣṭhati yathāpi tad bhāvitakāyasya bhāvitacittasya ‹ | ›

译文 = 20.159

MN 36 [249.2] Evarūpā pi kho me Aggivessana uppannā sukhā vedanā cittaṃ na pariyādāya tiṭṭhati.

[1] 参见 20.168.1。

20.177 so (338r8) 'ham evaṃ samāhite citte pariśuddhe paryavadāte anaṃgaṇe vigatopakleśe rijubhūte karmaṇye sthite āniṃjyapr(ā)pt(e) āsravakṣayajñānasākṣātkriyāyāṃ vidyāyāṃ cittam abhinirṇāmayāmi ‹ | ›

译文 "当内心如此集中、清净、完全白净、无垢、永离烦恼、端正、调柔、坚固、无有动摇时,我将内心朝向证漏尽智的明知。"

MN 36 [249.4] So evaṃ samāhite citte parisuddhe pariyodāte anaṅgaṇe vigatūpakkilese mudubhūte kammaniye ṭhite ānejjappatte āsavānaṃ khayañāṇāya cittaṃ abhininnāmesiṃ.

20.178 so 'ham idaṃ (338v1) duḥkham āryasatyam iti yathābhū(ta)ṃ (pra)-jā(nāmi) ‹ | › i(daṃ duḥ)kh(a)s(amuda)yam idaṃ duḥkhanirodham idaṃ duḥkhanirodhagāminī{ṃ} pratipad ārya(s)atyam iti yathābhūtaṃ prajānāmi ‹ | ›

译文 "'此是苦谛,'我如实了知,'此是集[谛],此是灭[谛],此是灭苦之道的道谛,'如此我如实了知。"

MN 36 [249.6] So: idaṃ dukkhan - ti yathābhūtaṃ abbhaññāsiṃ, ayaṃ dukkhasamudayo ti yathābhūtaṃ abbhaññāsiṃ, ayaṃ dukkhanirodho ti yathābhūtaṃ abbhaññāsiṃ, ayaṃ dukkhanirodhagāminī paṭipadā ti yathābhūtaṃ abbhaññāsiṃ; ime āsavā ti yathābhūtaṃ abbhāññāsiṃ (sic!), ayaṃ āsavasamudayo ti yathābhūtaṃ abbhaññasiṃ, ayaṃ āsavanirodho ti yathābhūtaṃ abbhaññāsiṃ, ayaṃ āsavanirodhagāminī paṭipadā ti yathābhūtaṃ abbhaññāsiṃ.

20.179 tasya mamaivaṃ jānata evaṃ paśyataḥ kā (338v2) māsravāc cittaṃ vimucyate bhavāsravād avidyāsravāc cittaṃ vimucyate ‹ | › vimuktasya vimuktam eva jñānadarśanaṃ bhavati ‹ | › kṣīṇā me jātir uṣitaṃ brahmacaryaṃ ‹ kṛtaṃ karaṇīyaṃ›[1] nāparam asmād bhavaṃ prajānāmi | iti ⁞

译文 “当我如此知,如此见,[我的]心从欲漏中解脱,从有漏中解脱,从无明漏中解脱。我,作为解脱者,即生起见智慧‘[心]已解脱’。我了知道:‘此生已尽,梵行已立,所作已办,不受后有。’”

MN 36 [249.14] Tassa me evaṃ jānato evaṃ passato kāmāsavā pi cittaṃ vimuccittha, bhavāsavā pi cittaṃ vimuccittha, avijjāsavā pi cittaṃ vimuccittha, vimuttasmiṃ vimuttam - iti ñāṇaṃ ahosi; khīṇā jāti, vusitaṃ brahmacariyaṃ, kataṃ karaṇīyaṃ nāparaṃ itthattāyāti abbhaññāsiṃ.

[1]此处为一固定表述,根据 MN 36,DĀ 36.76, 103,Saṅghabh II 250.30 - 31 等补充。

20.180 evaṃ me agniveśyāya(nai)(338v3)kākinā vyapakṛṣṭenāpramattenātāpinā prahitātmanā viharatā ‹ iyaṃ›[1] tṛtīyā vidyā adhigatā ajñānaṃ vigata(ṃ) jñā{ṃ}n(a)ṃ samutpannaṃ tamo vidhāntam ālokaḥ prādurbhūto 'vidyā viraktā vidyā cotpannā yad u (ta āsra)(338v4)vakṣayajñāna(sā)kṣātkriyā vidyā ⁞

译文 “如此我,火种居士啊,独处一身、离群、不放逸、勤勇、一心而住,得此第三明。无智逝去[而]智慧现前,冥暗吹散[而]光明显现,无明褪色而明知生起,证漏尽智的明知。”

MN 36 [249.18] Ayaṃ kho me Aggivessana rattiyā pacchime yāme tatiyā vijjā adhigatā, avijjā vihatā vijjā uppanna, tamo vihato āloko uppanno, yathā taṃ appamattassa ātāpino pahitattassa viharato.

[1]根据 20.171, 175 补充。

20.181 ārabdhaṃ ca me vīryaṃ bhavaty asaṃlīna(ṃ) prasra‹bdha›ḥ kāyo bhavaty asaṃrabdhaḥ ⁞ upasthitā smṛtir bha(va)ty asaṃmūḍhā samāhitaṃ cittaṃ bhavaty ekāgram ‹ | › evaṃrūpāṃ me agniveśyāyana (śān)tā(ṃ śu)(338v5)bh(āṃ) kṛtsnāṃ anāsravā(ṃ) vedanāṃ vedayamānasya cittaṃ na paryādāya tiṣṭhati yathāpi tad bhāvitakāyasya bhā(v)i(tac)ittasya ubhayato bhāvanāyogam anuyuktasya ‹ | ›

译文 "由我所发趣的精进不生懈倦；轻安的身体没有烦躁；所起的意念不受迷惑；集中的心思朝向一境。当我，火种居士啊，感受如此形状的、寂静的、安宁的、完全的、无漏的感受，有[此感受]，未制服内心，因为我即如此修身和修心已竟，[且]我在两个分支上奉行修习。"

MN 36 [249.21] Evarūpā pi kho me Aggivessana uppannā sukhā vedanā cittaṃ na pariyādāya tiṭṭhati.

20.182 yat tad agniveśyāyana samyagvadanto (338v6) vadeyur ‹ | › asammoṣ(adharmā) satvo loka utpanna iti ‹ | › satvasāraśreṣṭho 'paryādattacitta‹ḥ› sukhaduḥkh‹ā›bhyām i(ti | māṃ) tat samyagvadanto vadeyus ‹ | ›

译文 "火种居士啊，当诸正语者如此说道：'无忘失法之有情出现于世。[彼为]无上士之最胜，其心不为苦乐所制。'则诸正语者应在说我。"

20.183 tat kasya hetor ‹ | › aham asmy agniveśyāyana asammoṣadha(338v7)rmā (sat)v(o) loka utpannaḥ satvasāraśreṣṭho 'pary(āda)ttacittaḥ sukhaduḥkhābhyām iti ‹ | ›

译文 "缘何故？火种居士啊，我是，出现于世的无忘失法之有情，是无上士之最胜，其心不为苦乐所制。"

20.184 ‹abhi›jānāti bhavān gautam‹o› ḏivāsvapnaṃ mu(hūrtaṃ |)

译文 "可曾忆起，乔达摩先生啊，日中须臾的小睡？"

MN 36 [249.33] Abhijānāti pana bhavaṃ Gotamo divā supitā ti.

20.185 ‹abhi›(jānām)y agniveśyāyana grīṣmāṇāṃ paścime māse muhūrtaṃ klamam ‹|›

译文 “我忆起，火种居士啊，在热季的末月须臾的困惫。”

MN 36 [249.33] Abhijānām' ahaṃ Aggivessana gimhānaṃ pacchime māse pacchābhattaṃ piṇḍapātapaṭikkanto catugguṇaṃ saṅghāṭiṃ paññāpetvā dakkhiṇena passena sato sampajāno niddaṃ okkamitā ti.

20.186 i‹da›m atraike sammoham ity ā(338v8)hur ‹|›

译文 “有些人如今称此为‘痴暗’。”

MN 36 [249.36] Etaṃ kho bho Gotama eke samaṇabrāhmaṇā sammohavihārasmiṃ vadantīti.

20.187 āgamaya tvam agniveśyāyana ‹|› tvay̲ā na sukara(m) ājñātuṃ[1] ya(thā sa)ṃmūḍho bhavaty asaṃmūḍho vā ‹|›

译文 “你稍等，火种居士啊！是否痴暗者或非痴暗者，为你不易了知。”

MN 36 [250.1] Na kho Aggivessana ettāvatā sammūḷho vā hoti asammūḷho vā. Api ca Aggivessana yathā sammūḷho ca hoti asammūḷho ca, taṃ suṇāhi, sādhukaṃ manasikarohi, bhāsissāmīti.

[1]根据 DĀ 19：327r4－5，v6 和 DĀ 21：344r4 补充。

20.188 yasya kasyacid agniveśyāyana (y)e āsravāḥ sāṃkleśikāḥ paunarbhavikāḥ sajvarā duḥkhavipākāḥ āyatyāṃ jātijarāma(339r1)(raṇī)y(ā)s te 'prahīṇā bhavanty aparijñātās tam ahaṃ saṃmūḍhaṃ vadāmi ||

译文 “只要何人，火种居士啊，有漏——导致杂染［和］后有的、热恼的、具苦报的、导致未来的生老死的，其［漏］未断除、未悉知的，此人我就称之‘痴暗者’。”

MN 36 [250.6] Yassa kassaci Aggivessana ye āsavā saṅkilesikā ponobhavikā sadarā dukkhavipākā āyatiṃ jātijarāmaraṇiyā appahīnā, tam - ahaṃ sammūḷho ti vadāmi. Āsavānaṃ hi Aggivessana appahānā sammūḷho hoti.

20.189 ya(sya) tu kasyacid agniveśyāyana ye āsravāḥ sāṃkleśikāḥ paunarbhavikāḥ sajvarā duḥkhavipākāḥ āyatyāṃ jātijarāmaraṇīyāḥ te prah‹ī›ṇā[1] bhavanti (339r2) p(ar)ij(ñā)tāḥ ucchinnamūlās ucchinnamūlās tālamastakavad anā{kā}bhāsagatikā[2] āyatyām anutpattidharmāṇas tam aham asaṃmūḍham iti vadāmi |

译文 "只要何人,火种居士啊,有漏——导致杂染[和]后有的、热恼的、具苦报的、导致未来的生老死的,其[漏]已断除、已悉知的,如断根之多罗树冠一般了无影像,得未来无生之法,此人我就称之'非痴暗者'。"

MN 36 [250.9] Yassa kassaci Aggivessana ye āsavā saṅkilesikā ponobhavikā sadarā dukkhavipākā āyatiṃ jātijarāmaraṇiyā pahīnā, tam - ahaṃ asammūḷho ti vadāmi. Āsavānaṃ hi Aggivessana pahānā asammūḷho hoti.

[1] 根据巴利文本中 *pahīnā* 而修改。

[2] DĀ(U. H.) § 1.7 中列示了出现在中亚写本的 *anābhavagatikaḥ* 和 *anābhāsagata* 两种形式(关于其含义和出处,参见 BHSD s. v. *anābhāsa*, SWTF s. v. *anābhava - gatika*、*anābhāsa - gata* 和 *ucchinna - mūla*),这里则出现了第三种形式——类似于前两种形式的重组。字符 *kā* 参照 20.191 而删。

20.190 tathāgatasyāgniveśyāyana ye āsravāḥ ‹sāṃkleśikāḥ› paunarbhavikāḥ sajvarāḥ duḥkhavipākā āyatyāṃ jā(339r3)(tija)r(āma)r(a)ṇīy(ā)s te p(ra)h(ī)ṇāḥ ‹bhavanti› parijñātā ucchinnamūlās tālamastakavad anābhāsagatikā āyatyām anutp(a)ttidharmāṇas tam aham asaṃmūḍham iti vadāmi |[1]

译文 "于如来,火种居士啊,其漏——导致杂染[和]后有的、热恼的、具苦报的、导致未来的生老死的,其[漏]已断除、已悉知的,如断根之多罗树冠一般了无影像,得未来无生之法,我就称其为'非痴暗者'。"

MN 36 [250.13] Tathāgatassa kho Aggivessana ye āsavā saṅkilesikā ponobhavikā sadarā dukkhavipākā āyatiṃ jātijarāmaraṇiyā pahīnā ucchinnamūlā tālāvatthukatā anabhāvakatā āyatiṃ anuppādadhammā.

[1] 根据 20.189 补正。

20.191　tathāgatasyāgniveśyāyana ye āsravāḥ sāṃ(339r4) kleśikāḥ paunarbhavikās sajvarā duḥkhavipākā āyatyāṃ jātijarāmaraṇīyās te prahīṇāḥ ‹bhavanti›[1] parijñātā ucchinnamūlās tālamastakavad anābhāsagatikā āyatyāṃ ‹a›jātijarāmaraṇīyās tasmād aham asaṃmūḍhaḥ

译文　"于如来,火种居士啊,其漏——导致杂染[和]后有的、热恼的、具苦报的、导致未来的生老死的,其[漏]已断除、已悉知的,如断根之多罗树冠一般了无影像,不导致未来的生老死的;因此,我是'非痴暗者'。"

MN 36　[250.16] Seyyathā pi Aggivessana tālo matthakācchinno abhabbo puna virūḷhiyā, evam - eva kho Aggivessana Tathāgatassa ye āsavā saṅkilesikā ponobhavikā sadarā dukkhavipākā āyatiṃ jātijarāmaraṇiyā pahīnā ucchinnamūlā tālāvatthukatā anabhāvakatā āyatiṃ anuppādadhammā ti.

[1]根据20.189补正。

20.192　(339r5) ki .. .. .. [t]. [gauta] m[ena] pratiyaty' evā[1]stīkṛtaṃ bhaviṣyati ‹|›

译文　"将……[2]立即消逝吗?"

[1]关于 *pratiyat' eva* 参见 DĀ(U. H.):232,对 Fragment 130 R3 之注中的综述。
[2]缺文或许是 *kiṃtu bhavatā gautamena*。但译文的意思仍未明。此处或许是火种居士抱怨其所提的问题皆被佛陀化为乌有(参见引言 §4.5)。

20.193　sacen mā[1] kaścid upasaṃkramyaivaṃ caivaṃ ca praśnaṃ pṛcchet tasyāham evaṃ caivaṃ ca praśnaṃ pṛṣṭo vyākuryām iti | kim etad agniveśyāyanaivaṃ bhaviṣyaty ‹|›

译文　"若某人来我处如此这般提问,我被问时,就要如此这般回答他的问题。难道果将会如此吗,火种居士啊?"

[1]此处,*mā* 可视为第一人称业格 *mām* 的附属形式。

20.194 api tu lābh‹ai›va[1] (339r6) teṣāṃ t(a)th(ā)g(a)t(o) nāmakāyapadakāyavyaṃjanakāyā teṣāṃ teṣām (a)v(imu)kt(i)padānāṃ kathāsaṃprayoge[2] sati tatpratirūpā kathā saṃtiṣṭhate |

译文 “复次,若[唯有]那些不能导致解脱的文句结合而成了言说,一个与之相应之言说形成,即成他们之所得,对如来[3]而言,此为名身、句身和文身。”[4]

[1] 关于 *lābhā* 的固定用法,参见 BHSD s. v. 和 PTSD s. v. *lābha*。
[2] 关于该词的含义,参见 CPD s. v. *kathā - sampayoga*。
[3] 此处与其读作 *tathāgato* 不如读作 *tathāgatasya*。
[4] 此处无法给出一个意思明了的译文。

20.195 abhijānāmy aham agniveśyāyana anekaśatāyāḥ par(ṣa)daḥ[1] (339r7) purastād dharmaṃ deśayituṃ ‹|› tatrai‹kai›keṣām evaṃ bhavati ‹|› mama bhagavāṃś cetasā cittam ājñāya dharmaṃ deśayati ‹|› mama sugataś cetasā cittam ājñāya dharmaṃ deśayati ‹|› kim etad agniveśyāyanaivaṃ bhaviṣyati ‹|›

译文 “我忆起,火种居士啊,于数百大众之前说法。彼处各个作如是之想:‘世尊以[其]心念识[我]心,为我说法。如来以[其]心念识[我]心,为我说法。’果将会如此吗,火种居士啊?”

MN 36 [249.23] Abhijānāmi kho panāhaṃ Aggivessana anekasatāya parisāya dhammaṃ desetā, api - ssu maṃ ekameko evaṃ maññati: mam - ev' ārabbha samaṇo Gotamo dhammaṃ desesīti.

[1] 根据 V. SIMSON 1985: 83, 90, 92 和 SANDER 1985: 144 – 60, *parṣad* 是 *pariṣad* 的替换形式。前者见诸于吉尔吉特写本,后者则为中央写本特有。因此,此处的补入倾向于 *parṣad* 这一形式。关于这些带有地域色彩的词汇在补充阙文时的应用,DĀ(U. H.) *Arthavistarasūtra* 引言部分 §3.1.5 有专题讨论。

20.196 api tu (lā) (339r8) bh‹ai› va tathāgato nāmakāyapadakāyavyaṃjana(kāyā ǀ teṣā) ṃ[1] teṣām avimuktipadānāṃ kathāsaṃprayoge sati tatpratirūpā kathā saṃtiṣṭhate ǀ

译文 "复次,若[唯有]那些不能导致解脱的文句结合而成了言说,一个与之相应之言说形成,即成他们之所得,对如来[2]而言,此为名身、句身和文身。"[3]

MN 36 [249.25] Na kho pan' etaṃ Aggivessana evaṃ daṭṭhabbaṃ, yāvad - eva viññāpanatthāya Tathāgato paresaṃ dhammaṃ deseti.

[1]根据20.194补充。
[2]此处作 *tathāgatasya* 比 *tathāgato* 更可取些。
[3]此处无法给出一个意思明了的译文。关于笔者对20.192－196的试解,参见引言§4.5。

20.197 abhijānāsi tvam agniveśyāyana itaḥ pūrvam anyān api śramaṇa(brāhmaṇān imā)(339v1)n evaṃrūpān praśnān praṣṭum ity ‹ǀ›

译文 "你可曾忆起,火种居士啊,以前也以如此形状的问题问过其他的苦行者和婆罗门?"

20.198 abhijānāmi (anyāḥ) śramaṇ(abrāhmaṇā e)v(am) ucyamānā anyenānyaṃ pratisaranti bahirdhā kathām upanayanti kopaṃ ca dveṣaṃ ca mānaṃ ca mrakṣaṃ cāghātaṃ cākṣāntiṃ cāpratyayaṃ ca (p) r(ādurbhavanti ǀ)[1]

译文 "我忆起,那些苦行者和婆罗门[为我]所问[2],显现出左右回避、将谈话向[话题之]外引导、忿怒、嗔恨、憍慢、轻蔑、损恼、不耐烦和恶意抵触。"

MN 36 [250.26] Abhijānām' ahaṃ bho Gotama Pūraṇaṃ Kassapaṃ vādena vādaṃ samārabhitā, so pi mayā vādena vādaṃ samāraddho aññen' aññaṃ paṭicari, bahiddhā kathaṃ apanāmesi, kopañ - ca dosañ - ca appaccayañ - ca pātvākāsi.

[1]根据巴利文本,理应补充为 *prāduḥkurvanti*。但因为在(根本)说一切有部的文献中并无 *prāduḥ* $\sqrt{kr}$的动词形式,而只有其同义词 *prādur* $\sqrt{bhū}$(参见 PTSD s. v. *pātur*)可见(参见 SWTF s. v. 和 MELZER 2006: DĀ 36.29),所以此处首先考虑 *prādurbhavanti*。
[2]本意是"说"。

20.199 .. (339v2) bhavato gautamasyāsādyāsādya pratisaṃmantrya-mānasya anānulomikair vacanapathair ucyamānasyāpratirūpeṣūpa-saṃhāreṣūpasaṃhriyamāṇeṣu pariśudhyaty eva mukhavarṇaḥ paryavadātaś chavivarṇo (ya)thā(sya ta)(339v3)thāga(ta)syā-rhataḥ samyaksaṃbuddhasya ‹ | ›

译文 “乔达摩先生[被我]一再冒犯,[被我]反驳,[我]以诸不随顺的言路与他交谈,当如此形状的辩词被说出来时,他的面色仍然清净、完全白净、肤色像如来、阿罗汉、正等正觉者的一样。”

MN 36 [250.30] Bhoto pana Gotamassa evaṃ āsajja āsajja vuccamānassa upanītehi vacanapathehi samudācariyamānassa chavivaṇṇo c' eva pariyodāyati mukhavaṇṇo ca vippasīdati, yathā taṃ arahato sammāsambuddhassa.

新疆 St. Petersburg SI B/14 Fragm. I:[1]

写本 (A1) /// (only the parts of some akṣaras) ///[2]

[1]此残卷首次在 NFHSū:246(摹真图片在 418 页)公布,但此后作者本人读出了更多的字母,因此在 BoSū(BoL):509 的解读又有变动。在 DĀ(U. H.):262 复又对此解读作了修订。这里的“新疆写本”一栏中则综合了上述三次文本勘定。

[2]还有几个字符依旧可读:/// [ṇ]. [ṣu] p. + .. . y. //。补充为/// *(hiryamā)ṇ(e)ṣu p(ariśudh)y(aty)* ///。

20.200 syāt khalu bho gautama utkṣiptāsikaṃ vardhaka(pu)ruṣam āsādya puruṣasya svasti{r}bhāvo[1] na tv eva bhavantaṃ gautamam āsādya syāt puruṣasya svastibhāva‹ḥ | ›

译文 “确实,乔达摩先生啊,譬若一人,攻击一个有拔出的利剑的壮[2]汉之后,吉祥[仍]在,但若一人攻击乔达摩先生之后,吉祥[仍]在,却未有是处。”

SĀ^C 110 [37a9]“瞿曇! 猶如壯夫,鋒刃亂下,猶可得免。瞿曇論手,難可得脫。”

新疆 St. Petersburg SI B/14 Fragm. I:

写本 (A2) /// k(aṃ) pu(ru)ṣam āsādya puruṣa[3]

[1]在 *svastir bhāvaḥ* 这一组合中,新疆写本显然将 *svasti*-作为形容词。在 DĀ 20 中这确乎是唯一一例。

[2]根据汉译而翻译。词根 $\sqrt{vṛdh}$的吠陀文献中亦包含有“变大、变壮”的意思。参见 PW, pw, EWAia s. v. *vardh* 和 Grassm, MW s. v. *vṛdh*。

[3]补充为(A2) /// *(utkṣiptāsi)k(aṃ) pu(ru)ṣam āsādya puruṣa*(A3)*(sya)*。

20. 201 syāt khalu bho gautamāgniṃ prajv(ala)(339v4) (ntam āsādya puruṣa)sya svastibhāvo na tv eva bhavantaṃ gautamam āsādya syāt puruṣasya svastibhāvaḥ ‹ | ›

译文 “确实，乔达摩先生啊，譬若一人，攻击燃起的火焰之后，吉祥[仍]在，但若一人攻击乔达摩先生之后，吉祥[仍]在，却未有是处。”

MN 35 [236. 5] Siyā hi bho Gotama jalantaṃ aggikkhandhaṃ āsajja purisassa sotthibhāvo, na tv - eva bhavantaṃ Gotamaṃ āsajja siyā purisassa sotthibhāvo.

SĀ^{C}110 [37a11ff.]“曠澤猛火，猶可得避。”

新疆写本 St. Petersburg SI B/14 Fragm. I：
(A3) /// (āsā)dya puruṣasya svastir bhāvo na ///

---

20. 202 syāt khalu bho gautama āśīviṣaṃ ghoraviṣaṃ kṛṣṇasarpam āsādya puruṣasya svastibhāvo na tv eva bhavantaṃ gautama(m āsād)y(a) (339v5) syā(t puru)ṣasya sva(st)ibhāvaḥ ‹ | ›

译文 “确实，乔达摩先生啊，譬若一人，攻击毒蟒——大毒蛇、黑蛇——之后，吉祥[仍]在，但若一人攻击乔达摩先生之后，吉祥[仍]在，却未有是处。”

MN 35 [236. 7] Siyā hi bho Gotama āsīvisaṃ ghoravisaṃ āsajja purisassa sotthibhāvo, na tv - eva bhavantaṃ Gotamaṃ āsajja siyā purisassa sotthibhāvo.

SĀ^{C}110 [37a11]“如盛毒蛇，猶可得避。”

新疆写本 St. Petersburg SI B/14 Fragm. I：
(A4) /// ṣam āsādya puruṣasya svasti ///[1]

[1] 补充为/// (*āśīvi/ghoravi*) *ṣam āsādya puruṣasya svati*(*r bhāvo*) ///。

20.203 syāt khalu bho gautama siṃhaṃ giriguhāgatam āsādya puruṣasya svastibhāvo na tv evaṃ bhavantaṃ gautamam āsādya syāt puruṣasya svastibhāvaḥ ‹ | ›

译文 “确实,乔达摩先生啊,譬若一人,攻击从山洞里出来的[1]狮子之后,吉祥[仍]在,但若一人攻击乔达摩先生之后,吉祥[仍]在,却未有是处[2]。”

SĀ^{C}110 [37a12ff.]“狂餓師子,悉可得免。沙門瞿曇,議手中。難可得脫。”

新疆写本 SHT III 997:

(Aa) /// + ... + .. + so dya puruṣa[3]

St. Petersburg SI B/14 Fragm. I:

(A5) /// m āsādya puruṣasya svastir bhā ///[4]

[1]也可理解为“钻进山洞里的”。

[2]ANĀLAYO(2010: 55,注45)指出,冒犯上师的后果如同被火烧、被蛇咬的描述出现在耆那教的Das IX.1.7中。其实,在接下来的一颂中(Das IX.1.8),也提到了激怒睡狮、撞击矛尖。

[3]一些字符被误读,由此补正为/// *(gi) r(i) guh(āga) t(am ā) sādya puruṣa*(Ab) *(sya)*。

[4]补正为:/// *(giriguhāga) tam āsādya puruṣasya svastir bhā(vo)* ///。

20.204 syāt khalu bho gautama rā(j)ñ(o) nāgaṃ mattaṃ mātaṃṅgaja(339v6) .. .. .. [sth]i . [a/ā] .. .. [m] ī(ṣ)ādantaṃ[1] gūḍhoraskaṃ[2] saṃgrāmā{va}vacaraṃ[3] saṃgrāmagatam āsādya puruṣasya svastibhāvo na tv evaṃ bhavantaṃ gautamam āsādya syāt puruṣasya svastibhāvo ‹|›

译文 “确实,乔达摩先生啊,譬若一人,攻击国王之象——狂醉[4]之象、牙如[双]辕、胸部厚实、其游戏之地为沙场的、奔赴沙场的——之后,吉祥[仍]在,但若一人攻击乔达摩先生之后,吉祥[仍]在,却未有是处。”

MN 35 [236.3] Siyā hi bho Gotama hatthippabhinnaṃ āsajja purisassa sotthibhāvo, na tv - eva bhavantaṃ Gotamaṃ āsajja siyā purisassa sotthibhāvo.

SĀ^{C}110 [37a12]“兇惡醉象,亦可得免。”

新疆写本 SHT III 997:

(Ab) /// + puruṣasya svastir bhāvo na dve[5]

St. Petersburg SI B/14 Fragm. I:

(A6) /// (puru)ṣasya svastir bhavo ///

[1] 写本依稀能读出:*jṛṃbhaṃ susthitaparam īṣādantaṃ*,“膨胀的、极其坚固的、牙如[双]辕的”。无论如何,还需核对写本实物方能定夺。

[2] 或许该词为巴利语词汇 *ubbūḷhavat* 或 *urūḷhavat*(肥厚、大的、强壮)的对应。亦可参见 CPD s. v. *īsādanta*, *ubbūḷhava(t)* 和 *urūḷhava(t)*。

[3] 似乎{{*vā*}}已经在写本中就被勾销。由此可直接得出所需要的词 *avacara*。

[4] 也即“发情的”。

[5] 补正为*tv e*(Ac)(*vaṃ*)。

20.205 nānyatra vayam eva gautama (339v7) dhvāṅkvāś[1] ca mukharāś ca pra(jñā)lpāś ca ye bhavantaṃ gautamaṃ dvir apy upasaṃkrame‹ma› yad uta vādārthino vādapariṣkārāḥ ||

译文 “我们非别,乔达摩,乃是乌鸦[一般无耻],饶舌且无智,还要第二次来到乔达摩先生处,而且作为辩论师来俨饰[自己的]学说。”

MN 35 [236.10] Mayam - eva bho Gotama dhaṃsī, mayaṃ pagabbhā, ye mayaṃ bhavantaṃ Gotamaṃ vādena vādaṃ āsādetabbaṃ amaññimha.

新疆写本 SHT III 997:

(Ac) /// . y upasaṃkramāmo yad uta vā[2]

St. Petersburg SI B/14 Fragm. I:

(A7) /// gautamaṃ punar apy. .. ///[3]

SĀ^C110 [37a14ff.] “非我凡品,輕躁鄙夫,論具不備,[4]以論議故,來詣瞿曇。”

[1]关于该词译法,参见 SWTF s. v.。

[2]补充为/// *(ap)y upasaṃkramāmo yad uta vā*(Ad)*(dārthī)*。第一人称复数指萨遮本人,参见 20.8.1。

[3]补充为 *apy (upasaṃkramāmo) ///*。

[4]该句可理解为“没有辩论的天赋”。SĀ^C所据之原典中应有一否定句式与之对应。关于“具”的意思,可参见 HYDCD s. v.。

20.206 tasmin khalu dharmaparyāye bhāṣyamāṇe sātyakir nirgranthīputro buddhe 'bhiprasanno dharme saṃghe 'bhiprasannaḥ |

译文 [世尊]当即[为他]说法之时,萨遮——耆那女尼之子——信受了佛、信受了法[和]僧。

EĀ^C10 [716c13] “我今自歸沙門瞿曇、法、比丘僧。自今以後,盡形壽,聽為優婆塞,[1]不復殺生。”

新疆写本 SHT III 997:

(Ad) /// tthiputro buddhe abhiprasaṃno dha[2]

St. Petersburg SI B/14 Fragm. I:

(B1) /// syam. .. s. .y. .. ///[3]

[1]其梵文对应大致为:*eṣāhaṃ bhagavantaṃ śaraṇaṃ gacchāmi dharmaṃ ca bhikṣusaṃghaṃ copāsakaṃ ca māṃ dhārayādyāgreṇa yāvajjīvaṃ prāṇopetaṃ śaraṇaṃ gataṃ abhiprasannam*。出处及相关文本的对应可参见 MELZER 2006: DĀ 35.151。

[2]补正为/// *(nirgra)nthiputro buddhe abhiprasaṃno dha*(Ae)*(rme)*。在这种字体中,由于在叠加字符 *ntha* 上代表长音的 *ī* 那一勾调转了方向,就容易形成笔误,即原本的 *nthī* 代之以 *nthi*。

[3]补正为/// *(dharmaparyā)y(e) bh(ā)ṣyam(ā)ṇ(e) s(āt)y(a)k(ir) ///*。

20.207　(339v8) a(tha) sātyakir nirgranthīputro bhagavato bhāṣitam abhinandyānumodya bhagavato 'ntikāt prakrāntaḥ ||

译文　于是萨遮——耆那女尼之子——对世尊的言说欢喜信受,从世尊处离开。

MN 36　[251.9] Atha kho Saccako Nigaṇṭhaputto Bhagavato bhāsitaṃ abhinanditvā anumoditvā uṭṭhāy' āsanā pakkāmīti.

新疆　St. Petersburg SI B/14 Fragm. I:

成本　(B2) /// padau śirasā vanditvā .. ///[1]

[1] 这一行中存留的最后一个字符可能是一个[*nt*],由此可补充为:*vanditvānt*(*ikāt*)。因为紧接着的一行就是 *Bodhasūtra*,所以可以猜想,该写本(St. Petersburg SI B/14 Fragm. I)内两部经之间要么只有一个很短的中间摄颂(Antaroddāna)存在过,要么就未曾有过中间摄颂。

20.208.1　|| antaroddānam* ||

eke spṛśanti nandasya　　kin nu te tāva tathā[1] no ‹|›

tūṣṇībhūto dvidhā kāyas tv　　abhijānā(340r1)my (i)ha tathā |

译文　中间摄颂:

"有些人触及"[20.12]"难陀的"[20.16][2]。"如今他们仍依如此少[而存养]?"[20.17],于是"不"[20.18]。

"默然不语"[20.20],"两倍"[20.16?],但"身体"[20.22],在此,我如此回忆[20.41]。

新疆　SHT III 997:

写本　(Ae) /// .. + ṃ + + .i + + l. .. .e ..[3]

[1] 诗脚(Pāda) b 的格律有问题。

[2] 在 20.16 中该词为编者所补充。

[3] 该写本(SHT III 997)中的中间摄颂内的大部分字符皆不可辨认,仅能辨出的几个字符也足以表明,该写本的中间摄颂与 DĀ 20 的完全不同。

20.208.2　arāḍo[1] rāmaputrasya　　gayāyā{r} dakṣiṇena ca |

ādhmātakāni dhyāyeyam　　oja‹ḥ› stokena kārayet* ‹|›

译文　"歌罗罗仙"[20.45],"端正仙子的"[20.61]和"在迦耶之南"[20.69]。

"我要修习胀满定"[20.83]。"上天的生命之力"[20.115]他要以"点滴的"[食物][20.117]作用。

[1] 关于这种写法参见 20.47.1 和引言 §3.3.2。

20.208.3　devaṯā brahmakāyikāś　ca svastik‹o› dhyānānīti ‹ | › [1]

tapasaś cāsaṃmohaḥ[2]　svapna eva ca | [3]

译文　梵众天"天人"[20.132]、"吉祥"[20.156]和"禅定"[20.157]。

与苦修的"非痴暗者"[20.182?][4]即和"小睡"[20.184]。

[1]假如诗脚 a 放在偶数诗脚上,而诗脚 b 放在奇数诗脚上,那么就合乎格律了。

[2]如果能作:*tapasaś ca asaṃmohaḥ*,这样就符合格律了。

[3]诗脚 d 缺失三个音节。

[4]20.182 中出现的应是 *asammoṣ(adharmā)*,而 *asaṃmohaḥ* 亦可对应 *asaṃmūḍhaḥ* 一词,只是它要直到 20.187 才出现,即在 20.184 中的 *svapna* 之后。

20.208.4　kiṃ nv ito (340r2) bahur anyāś ca

sta . ā me nānā sapaṃcamaṃ[1]

pramādaṃ caramaṃ kṛtvā

kāyākhyā bhāvanāḥ smṛtāḥ ||

译文　我"难道"[20.193]究竟"由此"[20.197]有许多"其他的"[20.198]……和多种多样的?带有第五个的[2],

放逸作为最末一个之后[3],称为《身》的诸种修行(*bhāvanā*)被流传下来。

[1]诗脚 b 多一个音节。*sta . ā* 或可补作 *sta(bdh)ā*,"傲慢的"。

[2]好像这里指的是萨遮所说的五个比喻(20.200-204)。

[3]该诗脚的意思应该是:在《修身经》(*Kāyabhāvanāsūtra* 或 *Mahāsaccakasuttta*)的末尾,萨遮的障盖才被完全去除。

附表 I[1]. 在“苦行家族”不同文本中的故事素材对照表

DĀ 20	MN 36	Saṅghabh	SBV^{C}	SBV^{T}	ANK^{T}	SMR^{C}	LV	LV^{C2}	LV^{T}	Mvu[4]	FBJ	Nidānakathā	EĀ^{C} 31.8
A. 20.41 -44	A. 163.27 -31	α. 94.4 -96.17	α. 118b16 -119a19	α. 14v1 -15v5	α. 34r3 -35r7	α. 947c 20-948a20	B. 238.12 -239.16	B. 578c19 -579a12	B. 135v6 -136v1	B. 118.6 -119.7	B. 751c5 -757b12	α 66.1-66.33	η和θ 670c12-18
B. 20.45 -46	B. 163.31 -165.14	β. 96.18 -97.3	β. 119a19 -b2	β. 15v5 -16r2	β. 35r7 -35v4	β. 948 a20-b2	α. 239.17 -243.14	α. 579a13 -580a21	α. 136v1 -138v1	C. 119.8 -120.18	C. 757b13 -758a14	B,C和D 66.33-67.4	F. 670c18 -23
C. 20.57 -68	C. 165.15 -34	B. 97.4 -98.2	B. 119b2 -b25	B. 16r2 -17r2	B. 35v4 -36v1	B. 948 b10-b20	C. 243.15 -245.15	C. 580a22 -b13	C. 138v1 -139v5	I. 121.1 -123.15	α. 758a15 -764c5	γ 67.3-8	G. 670c23 -671a7, b3-8
D. 20.69 -71	D. 166.35 -167.8	C. 98.3 -98.32	C. 119b25 -c15	C. 17r2 -v2	C. 36v1 -37r5	C. 948 b20-c1	γ. 245.16 -245.22	γ. 580b14 -b20	γ. 139v5 -140r1	D. 123. 16-124.1	I. 764c6 -765a22	F和G 67.8-67.11	ε. 671a7 -12
E. 20.72 -112	I. 240.29 -242.22	γ. 99.1 -99.11	γ. 119c15 -25	γ. 17v2 -17v6	γ. 37r5 -r6	γ. 948c2 -c10	I. 246.1 -248.5	I. 580b21 -c13	I. 140r1 -141r3	E. 124.1 -125.7	Sujātā[5] 765a23-b23	H 67.11-67.14	E. 671a12 -29
F. 20.114 -117	E. 242.23 -244.37	D. 99.11 -99.22	D. 119c26 -120a6	D. 17v6 -18r1	D. 37r6 -37v1	D. 948 c10-16	D. 248.6 -248.12	D. 580c14 -c21	D. 141r3 -141r7	G. 125.7 -130.6	D. 765b24 -c14	E 67.14-67.15	H* 671a29 -b3
G. 20.118 -131	ε. 244.37 -245.5[2]	E. 100.1 -102.3	E. 120a6 -b17	E. 18r1 -20r7	E. 37v1 -39r7	E. 948 c16-29	δ. 248.13 -250.2	δ. 580c22 -581a26	δ. 141.7 -142v3	J. 130.7 -131.1	δ. 765c15 -766b21	δ和ε 67.15-67.28	J. 671b10 -14, b25-c6
H. 20.132 -135	F. 245.6 -16	F. 102.4 -102.17	F. 120b17 -26	F. 20r7 -20v3	F. 39r7 -39v3	F. 948a1 -949a6	E. 250.2 -252.4	E. 581a27 -b23	E. 142v3 -143v6	F. 131.1 -131.9	E. 766b22 -767a2	J 67.28-67.31	δ. 671b14 -25
I. 20.136 -148	G. 245.17 -246.12	G. 102.18 -104.15	G. 120b26 -c15	G. 20v3 -21v8	G. 39v3 -40v5	G. 949a6 -14	ε. 252.5 -253.22[3]	G和I 581b25-c1	ε. 143v6 -144v3		ε. 767a3 -a15		

续 表

DĀ 20	MN 36	Saṅghabh	SBV^{C}	SBV^{T}	ANK^{T}	SMR^{C}	LV	LV^{C2}	LV^{T}	Mvu[4]	FBJ	Nidānakathā	EĀ^{C} 31.8
J. 20.149 -155	H*.246. 12-19	H. 104.15 -104.19	H. 120c23 -28	H. 21v8 -22r2	ζ. 40v5 -41r1	H. 949 a15-21	G和I 254.1 -256.6	H*.581c2 -4	G和I 144v3-145v6		G. 767a16 -c21[6]		
	J. 246. 20-247.10	I. 104.20 -106.4	I. 120c28 -121a21	I. 22r2 -23r3	η.41r1 -r5	I. 949a21 -a24	H*.256.6 -10	η和θ 581c4-582b18	H*.145v6 -7		ζ. 767c27 -769b2[7]		
		ζ. 106.5 -106.23	ζ. 121a22 -b3	ζ. 23r3 -23v3	θ.41r5 -r8	ζ. 949a25 -b1	ζ. 256.11 -12	ι.582b20 -c27	ζ. 145v7 -8		ι.769b3 -c23		
		η.107.1 -107.10	η.121b3 -10	η.23v3 -v8	H. 41r8 -41v2	θ.949b2 -b8	η和θ256.13 -260.16	J和F 582c28 -583a19	η和θ 145v8 -147v5		J. 769c24 -770a22		
		θ.107.11 -107.23	θ.121b10 -18	θ.23v8 -24r2	I. 41v2 -42r7	J. 949b08 -b15	ι.260.17 263.5		ι.147v5 -148v4				
		J. 107.23 -108.10	J. 121b19 -30	J. 24r2 -v2	J. 42r7 -42v6		J和F 263.6 -264.16		J和F 148v4 -149v1				

[1] 大写字母表示在§2.2中的情节，希腊字母表示在§3.3中的情节。

[2] 不是诸天，而是人们在谈论菩萨。

[3] 紧跟此情节的是菩萨之母现身，菩萨与其相遇的场景；LV^{T}中也是如此。杜德（DURT 2004：66－69）对此作了详细的研究。然而他（2004：66，注解34）虽依照福柯（FOUCAUX 1884：218－219），但忽略了藏文的对应。

[4] α出现在另外一个故事中。关于出处，见SKILLING 1997：319，注208。

[5] 在FBJ中，善生（Sujātā，本经有时作"须阇多"）曾两次供养菩萨。此处在第一次奉食时，她并未供奉乳糜。

[6] 插入了一个情节，其中婆罗门提婆（Deva）向菩萨奉食。

[7] 插入了一个情节，其中使者优陀夷（Udayin）遇见了菩萨的五位随从。

H* 并非诸天，而是村民们在谈论菩萨的肤色。

附表 Ⅱ.[1]描写菩萨修禅定所用比喻的对照表

MN 36	MN 97	Saṅghabh[2]	SBV^{C}[3]	SMR^{C}	LV[4]	LV^{C}	Mvu	FBJ	EĀ 31.8
a	b	a	a	b. 此外无比喻	≠ a	无比喻	≠ a	无比喻	b
c	e	e	b		≠ d	≠ d	≠ d	≠ d (?)[5]	f
b	f	f	c		≠ b	f	≠ f	b	g
e	g	g	d			g		f	
f			e					g	
g			f						
			g						

1 拉丁语字母 a－g 表示 § 2.2.E 中所罗列的比喻。关于各个文本中该情节的出处，参见附表 Ⅰ，以及引文 § 4.2。
2 尼奥利（Saṅghabh I 101）指出，在 e 和 f 之间有一段文本脱漏。但如果真有脱漏，也应是 a 和 e 之间；当然也有可能是此处基于另外一种文献传承，而并无缺漏。
3 ＝LV^{T} 143r7－v6。
4 ＝SBV^{T}18r2－20r7 ＝ ANK^{T} 37v1－39a7。
5 FBJ 776c2 起：猶如攢酥在大甕裏，搖攪於酪，出大音聲。

缩写和参考文献目录

缩写

Abhk(VP)	= *L' Abhidharmakośa de Vasubandhu.* Traduit et annoté par Louis DE LA VALLEE POUSSIN, 6 vols., Paris 1923 – 1931.
Abhk - vy	= *Abhidharmakośavyākhyā*, ed. Unrai WOGIHARA, *Sphuṭārtha Abhidharmakośavyākhyā. The Work of Yaśomitra*. Tokyo 1971.
AIG	= Jakob WACKERNAGEL, Albert DEBRUNNER, *Altindische Grammatik*, Bd. 1 – 3, Göttingen 1896 – 1930; Nachträge zu Bd. 1 von Albert DEBRUNNER, Göttingen 1957; Register zu Bd. 1 – 3 von Richard HAUSCHILD, Göttingen 1964.
AN	= *Āṅguttaranikāya*, ed. R. MORIS, E. HARDY, 5 vols., London 1885 – 1900 (PTS).
ANK	= *Abhiniṣkramaṇasūtra.*
ANK[T]	= *Abhiniṣkramaṇasūtra* 的藏译。
ĀvaC	= *Āvassaya - cuṇṇi*, 2 *Bände*, *Indore* 1928 – 29.
ĀvaṬ	= Haribhadra, *Āvaśyaka - vṛtti*, Agamodaya Samiti, Bombay & Mehesana 1916 – 17.
Avś	= *Avadānaśataka*, ed. J. Speyer, *Avadānaçataka*: *A Century of Edifying Tales belonging to the Hīnayāna.* (Bibliotheca Buddhica 3). St Petersburg 1902 – 09.
AWG	= Akademie der Wissenschaften in Göttingen.
AWL	= Akademie der Wissenschaften und der Literatur, Mainz.
Bd.	= Band, 册。
Bde.	= Bände, 册(复数)。
BEI	= *Bulletin d'Études Indiennes.* Paris.

BHSD =Franklin EDGERTON, *Buddhist Hybrid Sanskrit Grammar and Dictionary*, *vol.* 2: Dictionary, New Haven 1953.

BHSG =Franklin EDGERTON, *Buddhist Hybrid Sanskrit Grammar and Dictionary*, vol. 1: Grammar, New Haven 1953.

BoBh =*Bodhisattvabhūmi*, ed. Unrai WOGIHARA, *Bodhisattvabhūmi. A Statement of Whole Course of the Bodhisattva* (*Being Fifteeth Section of Yogācārabhūmi*). Tokyo 1930 – 1936.

BoSū(BoL) =G. M. BONGARD - LEVIN, Three New Fragments of the Bodharājakumārasūtra fom Eastern Turkestan. *JAOS* 109 (1989), S. 509 – 512. [俄文版参见 NFHSū, 第 245 – 249 页].

BSR =*Buddhist Studies Review*. Lodon.

BW =NYANATILOKA, *Buddhistisches Wörterbuch*, *Konstanz* 1953.

BWDJT =Unrai WOGIHARA [OGIWARA], 梵和大辞典(*Kan'yaku taishō bon - wa daijiten*) [*Sanskrit - Japanese Dictionary* (*with Parallel Chinese Translations*)]. Suzuki Gakujutsu Zaidan. Tokyo 1940 – 68.

CPD =*A Critical Pāli Dictionary*, begun by V. TRENCKNER, ed. D. ANDERSEN et al., vol. I, Copenhagen 1924 – 48, vol. II (fasc. 1ff.), Copenhagen 1960 ff.

CPS =*Catuṣpariṣatsūtra*, ed. Ernst WALDSCHMIDT, *Das Catuṣpariṣatsūtra. Eine kanonische Lehrschrift über die Begründung der buddhistische Gemeinde*. Teil I - III, Berlin 1952 – 62.

DĀ =*Dīrghāgama*, 此处所研究的文本。

DĀ^{C} =*Dīrghāgama*的汉译。

DĀ(U. H.) =在HARTMANN 1992 中所研究的新疆写本。

Daśo =*Daśottarasūtra*, ed. Kusum MITTAL, *Dogmatische Begriffsreihen im älteren Buddhismus I. Fragmente des Daśottarasūtra aus zentralasiatischen Sanskrit - Handschriften.* (Sanskrittexte aus den Turfanfunden IV). Berlin 1957; ed. Dieter Schlingloff, *Dogmatische Begriffsreihen im älteren Buddhismus Ia*: *Daśottarasūtra IX - X* (Sanskrittexte aus den Turfanfunden IVa). Berlin 1962.

Das = *Dasaveyāliyasutta*, ed. Ernst LEUMANN, tr. Walther SCHUBRING, *The Dasaveyāliya Sutta. Eidted by Dr. Ernst Leumann Professor and translated*, *with Introduction and Notes*, *by Dr. Walther Schubring Professor at the University of Hamburg*. Ahmedabad 1932 = Hrsg. Klaus BRUHN, *Walther Schubring Kleine Schriften*. Wiesbaden 1977: 109 – 248.

Divy =*Divyāvadāna*, ed. E. B. COWELL, R. A. NEIL, Cambridge 1886.

DPPN =*Dictionary of Pāli Proper Names*, ed. G. P. MALALASEKERA, London 1937 – 38.

DhSaṃ =*Dharmasaṃgraha*, ed. F. M. MÜLLER, H. WENZEL, Oxford

	1885 (Anecdota Oxoniensia, Aryan Series 1, 5).
Dhsk	=*Dharmaskandha*, ed. Siglinde DIETZ, *Fragmente des Dharmaskandha, Ein Abhidharma - Text in Sanskrit aus Gilgit*, Göttingen 1984 (Abhandlungen der Akademie der Wissenschaften in Göttingen, Phil. - Hist. Kl.)
DN	=*Dīghanikāya*, ed. T. W. Rhys DAVIDS & J. Estlin CARPENTER, *The Dīgha Nīkaya*. (PTS) London 1890 -1911.
EĀ	=*Ekottarikāgama*, ed. Chandrabhal TRIPATHI, *Ekottarāgama - Fragmente der Gilgit - Handschrift*. Reinbeck 1995.
$EĀ^{C}$	=*Ekottarikāgama*的汉译。
ed.	=editor,编辑。
eds.	=editors, 编辑(复数)。
EncBuddh	=*Enyclopeadia of Buddhism*, ed. G. P. MALALASEKERA, vol. 1 ff., Colombo 1961 ff.
et al.	=et alii,以及其他等等。
EWAia	=Manfred MAYRHOFER, *Etymologisches Wörterbuch des Altinoarischen*. Heidelberg 1986.
fasc.	=fasciculus, 分册。
FBJ	=T 190《佛本行集经》。
ff.	=und folgende,及以后。
GBM	=*Gilgit Buddhist Manuscripts*, ed. RAGHU VIRA & LOKESH CHANDRA, (Śata - Piṭaka Series 10/1 - 10). New Delhi 1959 - 74.
Grassm	=Hermann GRASSMANN, *Wörterbuch zum Rig - Veda*. Leipzig 1873.
Gv (Vaidya)	=*Gaṇḍavyūhasūtra*, ed. P. L. VAIDYA, Darbhanga 1960 (Buddhist Sanskrit Texts 5).
Hôbôgirin, Rép	=*Répertoire du canon bouddhique sino - japonais, Édition de Taishō* (*Taishō Shinshū Daizokyō*), Compilé par Paul DEMIEVILLE, Hubert DURT, Anna SEIDEL (Fascicule annexe du Hôbôgirin), Tokyo, Paris, 1978.
Hrsg.	=Herausgeber,编辑。
HYDCD	=*Hanyu da cidian*(《汉语大词典》),主编:罗竹风,12 卷,上海 1986 - 1994。
IT	=*Indologica Taurinensia*, *Official Organ of the International Association of Sanskrit Studies*, Torino.
Jā	=*Jātaka*, ed. V. FAUSBØLL, *Jātaka, together with its Commentary*, 6 vols., London (PTS) 1877 - 1896.
JAOS	=*Journal of the American Oriental Society*, New Haven.
LV	=*Lalitavistara*, ed. Salomon LEFMANN, *Lalita Vistara. Leben und Lehre des Śākya - buddha*, 2 vols., Halle 1902 - 1908.

LV^C	= *Lalitavistara*的汉译。
LV^T	= *Lalitavistara*的藏译。
$MĀ^C$	= *Madhyamāgama*的汉译。
MAv	= *Mahāvadānasūtra*, ed. Ernst WALDSCHMIDT, *Das Mahāvadānasūtra. Ein kanonischer Text über die sieben letzten Buddhas.* Teil I - II, Berlin 1953 – 56.
MN	= *Majjhimanikāya*, ed. V. TRENCKNER, R. CHALMERS, *The Majjhima - Nikāya.* London (PTS) 1888 – 1899.
Mochizuki	= Shinkō MOCHIZUKI, *Bukkyō daijiten*(《望月佛教大辭典》), 6 vols., Tokyo 1931 – 37.
MPS	= *Mahāparinirvāṇasūtra*, ed. Ernst WALDSCHMIDT, *Das Mahāparinirvāṇasūtra.* Teil I - III, Berlin 1950 – 51.
MSV (D)	= *Mūlasarvāstivādavinayavastu*, Gilgit Manuscripts, ed. Nalinaksha DUTT, vol. 3, pts. 1 – 4, Srinagar, Calcutta 1942, 1943, 1950.
Mvu	= *Mahāvastu*, ed. É. SENART, *Le Mahâvastu: Texte Sanscrit publié pour la première fois et accompagné d'introductions et d'un commentaire par É. Senart.* Paris 1882 – 1887.
MW	= *A Sanskrit - English Dictionary*, ed. Monier MONIER - WILLIAMS, Oxford 1899.
Mvy	= *Mahāvyutpatti*, ed. Rōzaburō SAKAKI, *Honyaku myōgi taishū. Mahāvyutpatti*, 2 vols., Kyōto 1926.
NAWG	= Nachrichten der Akademie der Wissenschaften in Göttingen I. Philogisch - Historische Klasse, Göttingen.
NFHSū	= G. M. BONGARD - LEVIN, M. I. Vorob'eva - Desjatovskaja, Novye fragmenty chinajanskich sutr. In: *Pamjatniki indijskoj pis'mennosti iz central'noj azii.* Vypusk 2. Izdanie tekstov, issledovanie, perevod i kommentarij. 第 207 – 254 页. Moskau 1990 (Bibliotheca Buddhica XXXIV).
Nidd II	= *Mahāniddesa*, ed. L. de la VALLEE POUSSIN und E. J. THOMAS, London 1916 (PTS).
Nidd II	= *Cullaniddesa*, ed. William STEDE, London 1918 (PTS).
ÖAW	= Österreichische Akademie der Wissenschaften, philosophischhistorische Klasse, Wien.
Peṭ	= *Peṭakopadesa*, ed. Arabinda BARUA, *The Peṭakopadesa.* London 1982 (PTS).
Pp	= *Puggalapaññatti*, ed. Richard MORRIS, *The Puggala - Paññatti.* London 1883 (PTS).
PPN	= MEHTA, Mohanlal, K. Rishabh CHANDRA, *Prakrit Proper Names*, 2 vols., ed., Dalsukh MALVANIA, Ahmeda 1972.
Ps	= *Papañcasūdanī*, ed. J. WOODS, D. KOSAMBI, I. B. HORNER,

	*Papañcasūdanī. Majjhimanikāyaṭṭhakathā of Buddhaghosâ*cariya. London 1922 – 38 (PTS).
pt.	= part部分。
PTS	= Pali Text Society, London.
PTSD	= *The Pali Text Society's Pali - English Dictionary*, ed. T. W. RHYS DAVIDS, W. STEDE, London 1921 – 1925.
PW	= *Sanskrit - Wörterbuch*, 7 Bde., ed. Otto BÖHTLINGK, Rudolph ROTH, St. Petersburg 1855 – 1875.
pw	= *Sanskrit - Wörterbuch in kürzerer Fassung*, 4 Bde., ed. Otto BÖHTLINGK, Rudolph ROTH, St. Petersburg 1879 – 1889.
Q	=《影印北京版西藏大藏經》(西藏大藏經研究會編輯,大谷大學監修)。
Sadd	= *Saddanīti*, ed. Helmer SMITH, *La Grammaire Palie D'Aggavaṃsa*, Lund 1928.
Saṅg	= *Saṅgītisūtra*, → STACHE - ROSEN 1968
Saṅghabh	= *The Gilgit Manuscript of the Saṅghabhedavastu*, pt. 1 – 2, ed. Raniero GNOLI, Roma 1977 – 78 (Serie Orientale Roma XLIX).
SaṅgP^{C}	= *Saṅgītiparyāya* 的汉译, → STACHE - ROSEN 1968.
SĀ^{C}	= *Saṃyuktāgama*的汉译。
SBV	= *Saṅghabhedavastu*(既指梵本,也指其译本)。
SBV^{C}	= *Saṅghabhedavastu*的汉译。
SBV^{T}	= *Saṅghabhedavastu*的藏译。
SHT	= *Sanskrithandschriften aus den Turfanfunden*, Hrsg. Ernst WALDSCHMIDT u. a., Wiesbaden, 1965 ff.
sic!	= 原文如此!
SMR	= * *Sammatamahārājasūtra*.
SMR^{C}	= * *Sammatamahārājasūtra*的汉译,即 T 190《众许摩诃帝经》。
SN	= *Saṃyuttanikāya*, ed. L. FEER, London 1884 – 1898 (PTS).
s. v.	= sub verbo, sub voce, 词条下。
SWTF	= *Sanskritwörterbuch der buddhistischen Texte aus des Turfanfunden.* Begonnen von Ernst WALDSCHMIDT, Göttingen, 1973 ff.
T	= *Taishō Shinshū Daizōkyō*(《大正新脩大藏經》), 100 vols., Tokyo 1924 ff.
u. a.	= und andere, 以及其他
Vin	= *Vinayapiṭaka*, ed. Hermann OLDENBERG, 5 vols., London 1879 – 1883 (PTS).
Vism	= *Visuddhimagga*, ed. C. A. F. RHYS DAVIDS, *The Visuddhi - Magga of Buddhaghosa*, 2 vols., London 1920 – 21 (PTS).
vol.	= volume, 卷。
vols.	= volumes, 卷(复数)。
WHITNEY	= William Dwight WHITNEY, *Sanskrit Grammar*, Cambridge,

Mass. 1967.

WZKM = *Wiener Zeitschrift für die Kunde des Morgenlandes*, Wien.

WZKS = *Wiener Zeitschrift für die Kunde Südasiens*, Wien.

YL = *Yogalehrbuch*, ed. + 译文。Dieter SCHLINGLOFF, *Ein buddhistisches Yogalehrbuch*, Sanskrittexte aus den Turfanfunden, 5, Berlin 1964 (Düsseldorf 2006 重印)。

ZDMG = *Zeitschrift der Deutschen Morgenländischen Gesellschaft*, Wiesbaden.

参考文献

ADAM, Martin T.

2006 Two Concepts of Meditation and Three Kinds of Wisdom in Kamalaśīla's *Bhāvanākramas*: A Problem of Translation. BSR 23 (1). London: 71 - 92.

AKANUMA, Chizen(赤沼 智善)

1929 *The Comparative Catalogue of Chinese Āgamas & Pāli Nikākayas*. Nagoya.

ANĀLAYO

2010 Saccka's Challenge — A Study of the *Saṃyukta-āgama* Parallel to the *Cūlasaccaka-sutta* in the Relation to the Notion of Merit Transfer, 《中华佛学学报》第 23 期,台北: 39 - 70.

2011 *A Comparative Study of the Majjhima-nikāya*, 2 vols. Taipei.

BALBIR, Nalini

1993 *Āvaśyaka - Studien 1. Introduction générale et Traductions*. Hrsg. Institut für Kultur und Geschichte Indiens und Tibets an der Universität Hamburg, Alt - und Neu - Indische Studien, 45,1. Stuttgart.

BAREAU, André

1955 *Les sectes bouddhiques du petit véhicule*. Publications de l'École Françse D'Extrême - Orient, XXXVIII. Saïgon.

1963 *Recherches sur la biographie du Buddha dans les Sūtrapiṭaka et les Vinayapiṭake anciens: de la Quête de l'éveil a la conversion de Śāriputra et de Maudgalyāyana*. Publications de l'École Françse D'Extrême - Orient, LIII. Paris.

1995 Buddha et Uruvilvā. *Recherches sur la biographie du Buddha dans les Sūtrapiṭaka et les Vinayapiṭake anciens. III. Articles complémentaires*. Presses de l'École Françse D'Extrême - Orient, n° 178. Paris: 149 - 166 = *Indianisme et Bouddhisme*, *Mélanges offers à Étienne Lamotte*. Publications de l'Institut orientaliste de Louvain, n° 23. Louvainla - Neuve. 1980: 1 - 18.

BASHAM, A. L.

1951 *History and Doctrines of the Ājīvikas. A Vanished Indian Religion.*

London.

BEAL, Samuel

1875 《佛本行集經》*The Romantic Legend of Sākya Buddha*. London.

BOLLÉE, Willem

1971 Anmerkungen zum buddhistschen Häretikerbild. ZDMG 121: 70 – 92.

BECHERT, Heinz

1961 Aśokas „Schismenedikt" und der Begriff Sanghabheda. WZKS, Bd. V. Wien: 18 – 52.

1985 – 87 (Hrsg.) *Zur Schulzugehörigheit von Werken der Hīnayāna - Literatur* (Symposien zur Buddhismusforschung 3). Göttingen.

BINGENHEIMER, Marcus

2008 The Suttas on Sakka in Āgama and Nikāya Literature, With Some Remarks on the Attribution of the Shorter Chinese Saṃyukta Āgama, BSR 23 (1). London: 149 – 173.

BRONKHORST, Johannes

1986 *The Two Traditions of Meditation in Ancient India*. Alt - und Neu - Indische Studien herausgegeben vom Seminar für Kultur und Geschichte Indiens an der Universität Hamburg 28. Stuttgart.

BROUGH, John

1961 *The Gāndhārī Dharmapada*. London Oriental Series. Vol. 7. London.

蔡耀明

2000 吉尔吉特(*Gilgit*)梵文佛典写本的出土与佛教研究.《正观杂志》(*Satyābhisamaya. A Buddhist Studies Quarterly*)第十三期(专刊). 台北.

CHAVANNES, Édouard (沙畹)

2004 冯承钧译. 西突厥史料. 北京 = *Documents sur les Tou - Kiue* 《*Turcs*》 *occidentaux*: *Recueillis et commentés suivi de notes additionelles par Edouard Chavannes*. Présenté à l'Académie Impériale des Sciences de St. - Pétersbourg le 23 Août 1900. St. Petersburg - Paris 1903.

CHOI, Jinkyoung (崔珍景)

2016 *Three Sūtras from the Gilgit Dīrghāgama Manuscript*. Ludwig-Maximilians-Universität-München (未发表的博士论文).

宗玉媺(CHOONG Yokemeei)

2011 《禅定与苦修——关于佛传原初梵本的发现和研究》书评,《中国文哲研究集刊》第三十九期,台北: 224 – 228.

COX, Collett

1995 *Disputed Dharmas — Early Buddhist Theories on Existence — An*

Annotated Translation of the Section on Factors Dissociated from Thought from Saṅghabhadra's Nyāyānusāra. Studia Philologica Buddhica, Monograph Series XI. Tokyo.

CRANGLE, Edward Fritzpatrick

1994 *The Origin and Development of Early Indian Contemplative Practices.* Hrsg. Walther HEISSIG, Hans - Joachim KLIMKEIT, Studies in Oriental Religions 29. Wiesbaden.

V. CRIEGERN, Oliver

2002 *Das Kūṭatāṇḍyasūtra. Nach dem Dīrghāgama - Manuskript herausgegeben und übersetzt.* Ludwig - Maximilians - Universität München (未发表的硕士论文).

DEEG, Max

2005 *Das Gaoseng - Faxian - Zhuan als religionsgeschichtliche Quelle. Der älteste Bericht eines chinesischen buddhistischen Pilgermönchs über seine Reise nach Indien mit Übersetzung des Textes* (Studies in Oriental Religions 52). Wiesbaden.

DIETZ, Siglinde

1993 The Language of the Turfan and Gilgit Buddhist Sanskrit Texts. Hrsg. GRÜNEDAHL, Reinhold, HARTMANN, Jens - Uwe, KIEFFER - PÜLZ, Petra, *Studien zur Indologie und Buddhismuskunde, Festgabe des Seminars für Indologie und Buddhismuskunde für Professor Dr. Heinz Bechert.* Indica et Tibetica 22. Bonn: 77 - 100.

DURT, Hubert

2002 The Pregnancy of Māyā: I. The Five Uncontrollable Longings (*dohada*). *Journal of the International College for Advanced Buddhist Studies*, Vol. V. Tokyo: 43 - 66.

2003 The Pregnancy of Māyā: II. Māyā as Healer. *Journal of the International College for Advanced Buddhist Studies*, Vol. VI. Tokyo: 43 - 62.

2004 On the Pregnancy of Māyā III: Late Episodes. A Few More Words on the Textual Sources. *Journal of the International College for Advanced Buddhist Studies*, Vol. VII. Tokyo: 55 - 72.

DUTOIT, Julius

1905 *Die Duṣkaracaryā des Bodhisattva in der Buddhistischen Tradition.* Srassburg.

EDGERTON, Franklin

1963 Review: Das Catuṣpariṣatsūtra by Ernst WALDSCHMIDT. *Language. Journal of the Linguistic Society of America*, Vol 39, No. 3. Baltimore.

EIMER, Helmut

2006 *Buddhistische Begriffsreihen als Skizzen des Erlösungsweges.* Hrsg.

Brigrit KELLNER, Helmut KRASSER, Helmut TAUSCHER, Wiener Studien zur Tibetologie und Buddhismuskunde, Heft 65. Wien.

ENOMOTO, Fumio(榎本 文雄)

1985 Formation of the Original Texts of the Chinese Āgamas. *BSR* 3 (1). London: 19 – 30.

2000 'Mūlasarvāstivādin' and 'Sarvāstivādin'. Hrsg. Christine CHOJNACKI, Jens - Uwe HARTMANN, Volker M. TSCHANNERL, *Vividharatnakaraṇḍaka. Festgabe für Adelheid Mette.* Swisttal - Odendorf: 239 – 250.

FOUCAUX, Ph. Éd.

1848 *Rgya Tch'er Rol Pa ou Développement des Jeux, contenant l'historie du Bouddha Çakya Mouni.* Tr. sur la version tibétaine du Bkah hgyor, et revu sur l'original sanscrit (Lalitavistara). 2 vols. Paris.

1884 *Le Lalita Vistara. Développement des Jeux, contenant l'historie du Bouddha Çakya Mouni: depuis sa naissance jusqu' à sa prédication.* Tr. du sanscrit. Annales du Musée Guimet, 2 vols. Paris.

FRANKE, Rudolf Otto

1913 *Dīghanikāya. Das Buch der langen Texte des buddhistischen Kanons. In Auswahl übersetzt.* Göttingen, Leipzig.

FRAUWALLNER, Erich

1956 *The Earliest Vinaya and the Beginnings of Buddhist Literature.* Serie Orientale Roma VIII. Roma.

FREIBERGER, Oliver

2006 Early Buddhism, Asceticism and the Politics of the Middle Way. Ed. Oliver FREIBERGER, *Asceticism and Its Critics. Historical Accounts and Comparative Perspectives.* Oxford: 235 – 258.

FUSSMAN, Gérard

2004 Dans quel type de bâtiment furent trouvés les manuscrits de Gilgit? *Journal Asiatique* 292/1 – 2: 101 – 150.

耿世民

2003 《维吾尔古代文献研究》(中央民族大学学术文库). 北京.

GETHIN, R. M. L.

1992 *The Buddhist Path to Awakening. A Study of the Bodhi - Pakkhiyā Dhammā.* Ed. Johannes BRONKHORST et al., Brill's Indological Library, Vol. 7. Leiden, New York, Köln.

HARA, Minoru(原 実)

1997 A Note on the Buddha's Asceticism. The Liu du ji jing (Six PāramitāSūtra) 53. Ed. Petra KIEFFER - PÜLZ, Jens - Uwe HARTMANN, *Bauddhavidyāsudhākaraḥ. Studies in Honour of Heinz Bechert on the Occasion of His 65th Birthday. Indica et Tibetica*, 30.

Swisttal - Odendorf: 249 - 260.

HARTMANN, Jens - Uwe

1989 Fragmente aus dem Dīrghāgama der Sarvāstivādins. *Sanskrit - Texte aus dem buddhistischen Kanon: Neuentdeckungen und Neueditionen. Erste Folge*. (Sanskrit - Wörterbuch der buddhistischen Texte aus den Turfan - Funden. Beiheft 2, Göttingen): 37 - 67.

1992 *Untersuchungen zum Dīrghāgama der Sarvāstivādins*. Göttingen (未发表的教授资格考试论文).

1994 Der ṣaṭsūtraka - Abschnitt des in Ostturkistan überlieferten Dīrghāgama. 25. *Deutscher Orientalistentag*, *Vorträge* (ZDMG, *Supplement 10*): 324 - 334.

2000 Zu einer neuen Handschrift des Dīrghāgama. Hrsg. Christine CHOJNACKI, Jens - Uwe HARTMANN, Volker M. TSCHANNERL, *Vividharatnakaraṇḍaka. Festgabe für Adelheid Mette*. Swisttal - Odendorf: 359 - 367.

2002a More Fragments of the Caṅgīsūtra. Eds. Jens Braarvig et al., *Manuscripts in the Schøyen Collection III. Buddhist Manuscripts* 2. Oslo: 1 - 16.

2002b Further Remarks on the New Manuscript of the Dīrghāgama. *Journal of the International College for Advanced Buddhist Studies* 5: 133 - 150.

2004a Contents and Structure of the *Dīrghāgama* of the (Mūla-) Sarvāstivādins. *Annual Report of the International Research Institute for Advanced Buddhology* 7: 119 - 137(中文节译见,哈特曼 2018).

2004b Āgama/Nikāya. Eds. Robert E. BUSWELL et al., *Encyclopedia of Buddhism*. New York u. a.: 10 - 12.

HARTMANN, Jens-Uwe, WELLE, Klaus

2014 The Manuscript of the Dīrghāgama and the Private Collection in Virginia. Eds. Paul HARRISON, Jens-Uwe HARTMANN, *From Birch Bark to Digital Data: Recent Advances in Buddhist Manuscript Research: Papers presented at the Conference Indic Buddhist Manuscripts: The State of the Field, Stanford, June 15 - 19, 2009*. Beiträge zur Kultur- und Geistesgeschichte Asiens, Nr. 80; Österreichische Akademie der Wissenschaften. Philosophisch-Historische Klasse Denkschriften 460 Band. Wien: 137 - 156 (汉译见,哈特曼、韦勒 2018).

哈特曼

2018 纪赟译,(根本)说一切有部长阿含的内容与结构,《汉语佛学评论》第六辑,上海: 311 - 328.

哈特曼、韦勒

2018 纪赟译,《长阿含》的写本与弗吉尼亚的私人收藏,《汉语佛学评论》第六辑，上海：275－310.

何梅

1996 “宋代译经目录考”，《闽南佛学院学报》第二期，Vol. 2. 福州：133－137和160－173.

V. HINÜBER, Oskar

1979 Die Erforschung der Gilgit - Handschriften (Funde buddhistischer Sanskrit - Handschriften I). NAWG 12：329－359.

1980a Die Erforschung der Gilgit - Handschriften. Nachtrag. ZDMG 130/2：*25*－*26*.

1980b Die Kolophone der Gilgit - Handschriften. *Studien zur Indologie und Iranistik* 5－6：49－82.

1981a Die Erforschung der Gilgit - Handschriften. Neue Ergebnisse. ZDMG 131/2：*9*－*11*.

1981b Namen in Schutzzaubern aus Gilgit. *Studien zur Indologie und Iranistik* 7：163－171.

1983 Die Bedeutung des Handschriftenfundes bei Gilgit. *XXI. Deutscher Orientalistentag：Ausgewählte Vorträge* (ZDMG *Supplement* 5). Wiesbaden：47－66.

1985 Pāli and Paiśāci as Variants of Buddhist Middle Indic. BEI, 3：61－77.

1988a *Die Sprachgeschitchte des Pāli im Spiegel der Südostasiatischen Handschriftenüberlieferung*. AWL 1988, Nr. 8. Mainz.

1988b Buddhism in Gilgit Between India and Central Asia. Ed. Peter GAEFFKE, David A. UTZ, *The Countries of South Asia：Boundaries, Extensions, and Interrelations.* Philadelphia：40－48.

1989a *Der Beginn der Schrift und frühe Schriftlichkeit in Indien.* AWL 1989, Nr. 11. Mainz.

1989b Origin and Varieties of Buddhist Sanskrit. Hrsg. CAILLAT, Colette, *Dialectes dans les Littératures Indo - Aryennes*, Paris：341－67.

1991 *The Oldest Pāli Manuscript. Four Folios of the Vinaya - Piṭaka from the National Archives, Kathmandu.* AWL 1991, Nr. 6. Mainz.

1993 *Untersuchungen zur Mündlichkeit früher mittelindischer Texte der Buddhisten.* AWL 1994, Nr. 5. Mainz.

1994 *A Handbook of Pāli Literature*. Berlin.

2014 The Gilgit Manuscripts：An Ancient Buddhist Library in Modern Research. Eds. Paul HARRISON, Jens-Uwe HARTMANN, *From Birch Bark to Digital Data: Recent Advances in Buddhist Manuscript Research: Papers presented at the Conference Indic Buddhist Manuscripts: The State of the Field, Stanford, June 15－19, 2009.* Beiträge zur Kultur- und Geistesgeschichte Asiens, Nr. 80; Österreichische

Akademie der Wissenschaften. Philosophisch-Historische Klasse Denkschriften, 460 Band. Wien: 79 - 136.

HOFFMANN, Helmut

1956 *Die Religionen Tibets*. Freiburg/München.

HOFFMANN, Karl

1965 Materialien zum altindischen Verbum. Zeitschrift für vergleichende Sprachforschung auf dem Gebiete der indogermanischen Sprachen, Bd. 79: 171 - 191 = Hrsg. Johanna NARTEN, *Aufsätze zur Indoiranistik*. Wiesbaden 1975: Bd. I, 162 - 182.

HORNER, I. B.

1954 *The Collection of the Middle Lenth Sayings (Majjhima - Nikāya). Vol. I, The First Fifty Discourses (Mūlapaṇṇāsa)*. Pali Text Society Translation Series, No. 29. London.

HU - VON HINÜBER, Haiyan(胡海燕)

1994 *Das Poṣadhavastu. Vorschriften für die buddhistische Beichtfeier im Vinaya der Mūlasarvāstivādins*. Hrsg. Inge WEZLER, Studien zur Indologie und Iranistik, Monographie 13. Reinbek.

JAIN, Jagdish Chandra

1947 *Life in Ancient India. As Depicted in the Jain Canons*. Bombay.

JAMISON, Stephanie W.

1983 *Function and Form in the - áya - Formations of the Rig Veda and Atharva Veda*. Hrsg. Claus HAEBLER, Günter NEUMANN, Ergängzungshefte zur Zeitschrift für Vergleichende Sprachforschung, Nr. 31, Göttingen.

JAN, Yünhua(冉云华)

1961 Kashmir's Contribution to the Expansion of Buddhism in the Far East. *The Indian Historical Quarterly*, Vol. XXXVII, Nos. 2 & 3, June & Sept. Calcutta: 93 - 104.

1966 Buddhist Relations between India and Sung China. *History of Religions*, Vol. 6, Chicago: 24 - 42 und 135 - 168.

JETTMAR, Karl

1981 Zu den Fundumständen der Gilgit - Manuscripte. *Zentralasiatische Studien* 15: 307 - 322.

季羡林

1982 "记根本说一切有部律梵文原本的发现". ed. 季羡林,《印度古代语言论集》北京: 398 - 401.

2000 玄奘、辩机原著.《大唐西域记》校注. 中外交通史丛刊 6. 北京.

JOHNSTON, E. H.

1936 *The Buddhacarita: or, Acts of the Buddha*. Part I Sanskrit Text. Lahore.

DE JONG, J. W.

1979 Les Sūtrapiṭaka des Sarvāstivādin et des Mūlasarvāstivādin. Hrsg. Gregory SCHOPEN, *Buddhist Studies*. Berkeley: 229 - 36 = *Mélanges d'indianisme à la mémoire de Louis Renou*, Paris, 1968: 395 - 402.

1980 Fa - Hsien and Buddhist Texts in Ceylon. *Journal of Pāli Text Society*, Vol. 9. London: 105 - 116.

KLIMKEIT, Hans - Joachinm

1990 *Der Buddha. Leben und Lehre*. Stuttgart Berlin Köln.

KRAMER, Jowita

2005 *Kategorien der Wirklichkeit im frühen Yogācāra*. Ed. David P. JACKSON, Contributions to Tibetan Studies, Vol. 4. Wiesbaden.

KUMOI, Shozen(雲井 昭善)

1997 The Concept of Yoga in the *Nikāyas*. Ed. Petra KIEFFER - PÜLZ, Jens - Uwe HARTMANN, *Bauddhavidyāsudhākaraḥ. Studies in Honour of Heinz Bechert on the Occasion of His 65th Birthday. Indica et Tibetica*, 30. Swisttal - Odendorf: 407 - 420.

LALOU, Marelle

1953 Les textes bouddhiques — au temps du roi Khri - sroṅ - lde - bcan. *Journal Asiatique* 241: 313 - 353.

LAMOTTE, Étienne

1958 *Histoire du Bouddhisme Indien*. Bibliothèque du Muséon, Vol. 43. Louvain.

1988 The Assessment of Textual Interpretation in Buddhism. Ed. Donald S. LOPEZ, *Buddhist Hermeneutics*. Honolulu: 11 - 27.

LENZ, Timothy

2002 *A New Version of the Gāndhārī Dharmapada and a Collection of Previous - Birth Stories — Britsh Library Kharoṣṭhī Fragments 16 + 25*. Ed. Richard SALOMON, Gandhāran Buddhist Texts, vol. 3. Seattle and London.

LEVI, Sylvain

1932 Note sur des manuscrits sanscrits provenant de Bamiyan (Afghanistan), et de Gilgit (Cachemire). *Journal Asiatique* 220: 1 - 45.

LIU, Zhen(刘震)

2005 *Das Maitreyavyākaraṇa. Ein Vergleich der verschiedenen Fassungen mit einer Übersetzung des Sanskrit - Textes*. Ludwig - MaximiliansUniversität München (未发表的硕士论文).

2007 "浅谈巴利三藏",《新疆文物》第二期, 乌鲁木齐: 104 - 107.

2008 *Versenkung und Askese. Eine neue Sanskrit - Quelle zur Buddha - Legende*. Ludwig - MaximiliansUniversität München (未发表的博士

论文).
2011 "梵本《长阿含》概述",《西域研究》2011 年第 1 期,乌鲁木齐: 93 - 107.
2012 "'菩萨苦行'文献与苦行观念在印度佛教史中的演变",《历史研究》2012 年第 2 期,北京: 120 - 134.

MACQUEEN, Graeme
1988 A *Study of the Śrāmaṇyaphala - Sūtra*. Hrsg. Ulrich SCHNEIDER, Freiburger Beiträge zur Indologie, Bd. 21. Wiesbaden.

MATSUDA, Kazunobu(松田 和信)
2006 梵文長阿含の*Tridaṇḍi - sūtra*について[The Tridaṇḍisūtra in the Dirghāgama Manuscript]. *Journal of Indian and Buddhist Studies* 54/2: 984 - 977 (129 - 136).

MATSUMURA, Hisashi(松村 恒)
1988 *The Mahāsudarśanāvadāna and the Mahāsudarśanasūtra*, Bibliotheca Indo - Buddhica, 47. Dehli.
1989 - 90 Three Notes on the Saṅghabhedavastu. *IT XV - XVI*. Torino: 233 - 47.

MAYEDA, Egaku(前田 惠學)
1985 Japanese Studies on the Schools of the Chinese Āgamas. BECHERT 1985 - 87: 94 - 103.

MEISIG, Konrad
1987 *Das Śramaṇyaphala - Sūtra. Synoptische Übersetzung und Glossar der chinesischen Fassungen verglichen mit dem Sanskrit und Pāli.* Wiesbaden.
1999 A Stratification of the Śoṇatāṇḍyasūtra. Hrsg. Helmut EIMER, Michael HAHN, Maria SCHETELICH, Peter WYZLIC, *Studia Tibetica et Monglolica. Festschrift Manfred Taube*. Swisttal - Odendorf: 217 - 224.

MELZER, Gudrun
2006 *Ein Abschnitt aus dem Dīrghāgama*. Ludwig - Maximilians - Universität München (未发表的博士论文).

MIZUNO, Kōgen(水野 弘元)
1955 Yaku chūagon to zōitsu agon tono yakushutsu ni tsuite (漢訳中阿含と増一阿含との訳出について). *Ōkurayama gakuin kiyō* (大倉山学院紀要) Nr. 2. Tokyo: 41 -90.

MORGENSTIERNE, Georg
1947 Metathesis of Liguids in Dardic. *Festskrift til Professor Olaf Broch på hans* 80 - *Årsdag fra Venner og Elever*. Ed. C. S. STANG, E. ḲRAG, A. GALLIS, (Avhandlinger utgitt av det Norske Videnskaps - Akademi i Oslo, Historik - filosofisk Klasse (1947)). Oslo: 145 -

54 = Hrsg. Georges Redard, *Irano - Dardica, Beiträge zur Iranistik*, Bd. 5. Wiesbaden 1973: 231 – 40.

NAKAMURA, Hajime(中村 元)

2000 *Gotama Buddha. A Biography Based on the Most Reliable Texts*, Vol. 1. Tokyo.

ÑĀṆAMOLI, Bhikkhu, BODHI Bhikkhu

2001 *The Middle Length Discourses of the Buddha. A Translation of the Majjhima Nikāya.* Pāli Text Society Translation Series, No. 49. Oxford.

NAUDOU, Jean

1968 *Les bouddhistes kaśmīriens au moyen age.* Annales du Musée Guimet Bibliothèque d' Études / LXVIII. Paris.

NÄTHER, Volkvert

1975 *Das Gilgit - Fragment OR. 11878A im britischen Museum zu London herausgegeben, mit dem Tibetischen verglichen und übersetzt.* Philipps - Universität Marburg/Lahn (未发表的硕士论文).

NOBLE, Sarah

2016 *An Edition, Translation and Study of the Pañcatraya-sūtra from the Manuscript of the Gilgit Dīrghāgama of the (Mūla-) Sarvāstivādains.* University of Sydney (未发表的学士论文).

NORMAN, Kenneth Roy

1987 Aśoka's „Schism" Edict. *Bukkyōgaku sminā* (*Buddhist Seminar* [*Otani*]), 46: 1 – 34 = *Collected Papers* III, Oxford 1992 (PTS): 191 – 224.

1988 The Origin of Pāli and Its Position among the Indo - European Languages. *Journal of Pali and Buddhist Studies* 1: 1 – 17 = *Collected Papers* III, Oxford 1992 (PTS): 225 – 244.

1989 Dialect Forms in Pāli. Hrsg. Colette CAILLAT, *Dialectes dans les littératures indo - aryennes.* Paris: 369 – 92 = *Collected Papers* IV, Oxford 1993 (PTS): 46 – 47.

2006 Translation Problems in Early Buddhist Literature. Hrsg. Ute HÜSKEN, Petra KIEFFER - PÜLZ, Anne PETERS, *Jaina - Itihāsa - Ratna. Festschrift für Gustav Roth zum 90. Geburtstag.* Hrsg. HAHN, Michael, *Indica et Tibetica*, Bd. 47. Marburg: 363 – 77.

OLADE, Liudmila

2019 *Vier Sūtras aus dem Dīrghāgama.* Ludwig-Maximilians-Universität-München (未发表的博士论文).

OBERLIES, Thomas

2003 Ein bibliographischer Überblick über die kanonischen Texte der Śrāvakayāna - Schulen des Buddhismus (ausgenommen der des

Mahāvihāra - Theravāda). WZKS, Bd. XLVII. Wien: 37 - 84.

OLDENBERG, Hermann

1882 Über den Lalita Vistara. *Verhandlungen des 5. Internationalen Orientalisten - Congresses*, Berlin 1882, Bd. 2,2. Berlin: 107 - 122 = Hrsg. Klaus L. JANERT, *Kleine Schriften*. Wiesbaden 1967: 873 - 888.

PANGLUNG, Jampa Losang

1980 Preliminary Remarks on the Uddānas in the Vinaya of the Mūlasarvāstivādin. ed. Michael ARIS und AUNG SAN Suu Kyi, *Tibetan Studies in Honour of Hugh Richardson*. (Prodeedings of the International Seminar on Tibetan Studies, Oxford 1979) New Delhi: 226 - 232.

1981 *Erzählstoffe des Mūlasarvāstivāda - Vinaya analysiert auf Grund der Tibetischen Übersetzung*. Studia Philologica Buddhica Monograph Series III. Tokyo.

PEIPINA, Lita

2008 *The Piṃgalātreya sūtra of the (Mūla) sarvāstivādins: its edition and study. Investigation of the Piṃgalātreya sūtra's status within the Dīrghāgama "Collection of Long (Discourses of the Buddha)"*. University of Oslo (未发表的硕士论文).

PISCHEL, Richard

1900 *Grammatik der Prakrit - Sprachen*. Hrsg. Georg BÜHLER et al., Grundriss der indo - arischen Philologie und Altertumskunde, I. Band, 8. Heft. Strassburg.

SADAKATA, Akira(定方 晟)

1999a Girugitto syahon: Tenson - kyō danpen no kaidu ["The Gilgit Manuscript: Deciphering the Mahāgovindasūtra Fragments"]. *Daihōrin*, Januar 1999: 30 - 35.

1999b ギルギット出土およびバーミヤン出土の仏教関係の文字資料 [Buddhist Manuscripts and Inscriptions found in Gilgit and in Bamiyan]. *Tōkai daigaku kiyō bungakubu* (*Memoirs of Tōkai University, Faculty of Letters*) 71 (1999): 55 - 74.

2006 ギルギット出土の典尊経写本断片 Girugitto shutsudo no tenjingyō shahon dampen [Some Fragments of the sutra Mahāgovinda - suttanta]. *Tōkai daigaku kiyō bungakubu* (*Memoirs of Tōkai University, Faculty of Letters*) 84 (2005): 1 - 28.

SAKAMOTO - GOTO, Junko(阪本[後藤]純子)

1983 Das Verbaladjektiv von *dhmā* im Mittelindischen. *Festgabe für Karl Hoffmann Teil I, Münchener Studien zur Sprachwissenschaft* Heft 44. München: 171 - 189.

SANDER, Lore

1968 *Paläographisches zu den Sanskrithandschriften der Berliner Turfansammlung*. (Verzeichnis der orientalischen Handschriften in Deutschland, Supplement 8). Wiesbaden.

1983 Einige neue Aspekte zur Entwicklung der Brāhmī in Gilgit und Bamiyan. Hrsg. Klaus RÖHRBORN, Wolfgang VEENKER, *Sprachen des Buddhismus in Zentralasien. Vorträge des Hamburger Symposions vom* 2. *Juli bis* 5. *Juli 1981* (Veröffentlichungen der Societas Uralo - Altaica 16). Wiesbaden: 113 - 124.

1985 *Pariṣad* und *parṣad* in Vinaya - und Hīnayāna - Sūtra - Texten aus den Turfanfunden und aus Gilgit. BECHERT 1985 - 87: 144 - 160.

SASAKI, Sizuka(佐々木 閑)

1983 „Konpon setsu issaiubu ritsu“ ni mirareru butsuden no kenkyū (『根本説一切有部律』にみられる仏伝の研究). *Seinan ajia kenkyū* (西南アジア研究), Nr. 24: 16 - 34.

SCHLINGLOFF, Dieter

1983 Ein Zyklus des Buddhalebens in Ajanta. WZKS, Bd. XXXVII. Wien: 113 - 148.

2002 Mūrdhacchidra. *Hōrin. Vergleichende Studien zur japanischen Kultur*, 10, Düsseldorf: 109 - 24.

SCHMITHAUSEN, Lambert

1970 Zu den Rezensionen des Udānavargaḥ. WZKS, Bd. XIV. Wien: 47 - 124.

1981 On Some Aspects of Descriptions or Theories of "Liberating Insight" and "Enlichtenment" in Early Buddhism. Hrsg. Klaus BRUHN, Albrecht WEZLER, *Studien zum Jainismus und Buddhismus. Gedenkschrift für Ludwig Alsdorf* (*Alt - und Neu - Indische Studien.* 23). Wiesbaden: 199 - 250.

1987 Beiträge zur Schulzugehörigkeit und Textgeschichte kanonischer und postkanonischer buddhistischer Materialien. BECHERT 1985 - 87: 304 - 403.

SCHNEIDER, Ulrich

1980 *Einführung in den Buddhismus*. Darmstadt.

SCHOPEN, Gregory

2006 A Well Sanitized Shroud: Asecticism and Institutional Values in the Middle Period of Buddhist Monasticism. Ed. Patrick OLIVELLE, *Between the Empires: Society in India, 300 B. C. E - 400 C. E.* New York: 315 - 347.

SEN, Tansen(沈丹森)

2002 The Revival and Failure of Buddhist Translations during the Song Dynasty. *T'oung Pao*, Second Series, vol. 88, Fasc. 1/3. Leiden: 27 - 80.

SEYFORT RÜEGG, David

1985 Über die Nikāyas der Śrāvakas. BECHERT 1985 - 87: 111 - 26.

DISIMONE, Charles

2016 *Faith in the Teacher: The Prāsādika and Prasādanīya Sūtras From The (Mūla-) Sarvāstivāda Dīrghāgama Manuscript*. Ludwig-Maximilians-Universität-München（未发表博士论文）.

V. SIMSON, Georg

1985 Stil und Schulzugehörigkeit buddhistischer Sanskrittexte. BECHERT 1985 - 87: 76 - 93.

SILVERLOCK, Blair

2009 *An Edition, Translation and Study of the Bodhasūtra from the Manuscript of the Gilgit Dīrghāgama of the (Mūla-) Sarvāstivādins*. University of Sydney（未发表的学士论文）.

SKILLING, Peter

1981a Uddaka Rāmaputta and Rāma. *Pali Buddhist Review* 6, 2: 99 - 104.

1981b The Three Similes. *Pali Buddhist Review* 6, 2: 105 - 113.

1994 *Mahāsūtras: Great Discourses of the Buddha*, Vol. I: Texts. Oxford.

1997 *Mahāsūtras: Great Disourse of the Buddha*, Vol. II: Parts I & Ⅱ. Oxford.

2003 On the *Agnihotramukhā Yajñāḥ* Verses. Ed. Olle QVARNSTROM, *Jainism and Early Buddhism: Essays in Honor of Prof. Padmanabh S. Jaini*, II Fremont: 637 - 667.

STACHE - ROSEN, Valentina（根据 Kusum MITTAL 前期工作）

1968 *Dogmatische Begriffsreihen im älteren Buddhismus I und II. Das Saṅgītisūtra und sein Kommentar Saṅgītiparyāya.* (Sanskrittexte aus den Turfanfunden IX). Berlin.

TAKEUCHI, Yoshinori(武内 義範)

1972 *Probleme der Versenkung im Ur - Buddhismus*. Hrsg. Ernst BENZ, Joachim Wach - Vorlesungen der Philipps - Universität Marburg, II. Leiden.

STUART, Daniel Malinowski

2013 *Thinking about Cessation: The Pṛṣṭhapālasūtra of the Dīrghāgama in Context*. Wien.

2015 *A Less Travel Path: Saddharmasmṛtyupasthānasūtra Chapter 2, Critically edited with a Study on Its Structure and Significance for the Development of Buddhist Meditation*, 2 vols. Eds. DRAMDUL, Ernst STEINKELLNER, Harunaga ISAACSON, *Sanskrit Text from the Ti-*

betan Autonomous Region, No. 18,1 – 2. Beijing-Vienna.

TAMAI, Tatsushi（玉井達士）

2016 Ed. *Sanskrit, Gāndārī and Bactrian Manuscripts in the Hirayama Collection, Facsimile Edition.* Tokyo.

TUCCI, Giuseppe

1933 *Rin c'en bzaṅ po e la rinascita del Buddhismo nel Tibet intorno al mille.* Indo - Tibetica II. Reale Accademia d'Italia, Studi e Documenti 1. Rom.

TULASI, Ācārya

1976 *Anga Suttāni.* Ed. Muni NATHAMAL, 4 vols., Ladnun.

VETTER, Tilmann

1988 *The Ideas and Meditative Practices of Early Buddhism.* Leiden.

2000 *The 'Khandha Passages' in the Vinayapiṭaka and the four main Nikāyas.* (ÖAW, Sitzungsberichte, 682. Band). Wien.

VOGEL, Claus

1968 *The Teachings of the Six Heretics — According to the Pravrajyāvastu of the Tibetan Mūlasarvāstivāda Vinaya Edited and Rendered into English.* Abhandlungen für die Kunde des Morgenlandes, XXXIX, 4. Wiesbaden.

VOGEL, Claus & Klaus WILLE

1992 Some More Fragments of the Pravrajyāvastu Portion of the Vinayavastu Manusript Found Near Gilgit. *Sanskrit - Texte aus dem buddhistischen Kanon: Neuentdeckungen und Neueditionen. Zweite Folge.* (Sanskrit - Wörterbuch der buddhistischen Texte aus den Turfan - Funden. Beiheft 4, Göttingen): 65 – 109.

WALDSCHIDT, Ernst

1939 Beiträge zur Textgeschichte des Mahāparinirvāṇasūtra. NAWG. Fachgruppe 3, 2/3: 55 – 94.

1968 Drei Fragmente buddhistischer Sūtras aus den Turfanhandschriften. NAWG: 3 – 26 = Hrsg. Heinz BECHERT, Petra KIEFFER - PÜLZ, *Kleine Schriften.* Stuttgart 1989: 232 – 255.

1979 Central Asian Sūtra Fragments and their Relation to the Chinese Āgamas. Hrsg. Heinz BECHERT, *Die Sprache der ältesten buddhistischen Überlieferung (Symposien zur Buddhismusforschung, II)*, AWG: 136 – 74 = Hrsg. Heinz BECHERT, Petra KIEFFER - PÜLZ, *Kleine Schriften.* Stuttgart 1989: 370 – 408.

王邦维

1995 义净原著,《南海寄归内法传》校注. 中外交通史丛刊 8, 北京.

王冀青

2001 “斯坦因与吉尔吉特写本——纪念吉尔吉特写本发现七十周年”,

《敦煌学集刊》,2001 年第二期(总第40 期),兰州:76-90.

WELLER, Friedrich

1966 Die Sung - Fassung des Kāśyapaparivarta. Versuch einer Verdeutschung. Monumenta Serica 25. Peiping, Los Angeles/Calif: 207-361 = Hrsg. Wilhelm RAU, *Kleine Schriften*. Stuttgart 1987: 1306-1459.

WICKREMESINGHE, K. D. P.

1972 *The Biography of the Buddha*. Colombo.

WILLE, Klaus

1990 *Die handschriftliche Überlieferung des Vinayavastu der Mūlasarvāsivādin*. Hrsg. Harmut - Ortwin FEISTEL, Verzeichnis der orientalischen Handschriften in Deutschland. Supplementband 30. Stuttgart.

2006 The Sanskrit Fragments Or. 15003 in the Hoernle Collection. Eds. Seishi KARASHIMA, Klaus WILLE, *The British Library Sanskrit Fragments. Volume I.* (Buddhist Manuskripts from Central Asia) Tokyo: 65-153.

WILLEMEN, Charles(魏查理), DESSEIN, Bart, COX, Collett

1998 *Sarvāstivāda Buddhist Scholasticism.* Hrsg. Johannes BRONKHORST, Handbuch der Orientalistik, Zweite Abteilung, Indien, 11. Bd. Leiden.

WILLEMEN, Charles(魏查理)

1999 *The Scriptural Text, Verses of the Doctrine, With Parables, Translated from the Chinese of Fa-li and Fa-chü. BDK English Tripiṭaka 10-II.* Berkeley.

2003 Sarvāstivāda Development in Northwestern India and China. *Hua Lin*, vol. iii. Beijing: 1-5.

2008 Kumārajīva's "Explanatory Discourse" about Abhidharmic Literature. *Journal of the International College for Postgraduate Buddhist Studies*, Vol. Ⅻ. Tokyo: 37-83.

WINDISCH, Ernst

1895 *Māra und Buddha*. Des XV Bandes der Abhandlungen der philologischhistorischen Classe der Königlich Sächsischen Gesellschaft der Wissenschaften, No. IV. Leipzig.

1909 Die Komposition des Mahāvastu. Ein Beitrag zur Quellenkunde des Buddhismus. Abhandlung der Königlich Sächsischen Gesellschaft der Wissenschaften, 27: 467-511 = Hrsg. Karin STEINER, Jörg GENGNAGEL, *Kleine Schriften*. Stuttgart 2001: 644-686.

WINTERNITZ, Maurice

1912 Beträge zur Buddhistischen Sanskritliteratur. 1. Teil. WZKM 26:

237 – 252 = Hrsg. Horst BRINKHAUS, *Kleine Schriften*. Stuttgart 1991: 520 – 535.

1920 *Geschichte der indischen Litteratur. Zweiter Band. Die buddhistische Litteratur und die heiligen Texte der Jainas.* Leipzig.

徐文堪

2011 "吉尔吉特写本研究的新成果",《东方早报·上海书评》第 131 期,上海: 第 8 – 9 版.

YAMAGIWA, Nobuyuki(山極 伸之)

2001 *Das Pāṇḍulohitakavastu. Über die verschiedenen Verfahrensweisen der Bestrafung in der buddhistischen Gemeinde. Neuausgabe der Sanskrit - Handschrift aus Gilgit, tibetischer und deutsche Übersetzung.* Hrsg. Michael HAHN, Indica et Tibetica 41. Marburg.

YOKOYAMA, Koitsu & Takayuki HIROSAWA(横山 紘一、廣澤 隆之)

1996 *Index to the Yogācārabhūmi (Chinese - Sanskrit - Tibetan)*. Tokyo.

YUYAMA, Akira(湯山 明)

1979 *Systematische Übersicht über die buddhistische Sanskrit - Literatur. Erster Teil: Vinaya - Texte.* Hrsg. Heinz BECHERT. Wiesbaden.

1986 Remarks on the Kōkiji Fragment of the Lokaprajñapti. Hrsg. Gilbert POLLET, *India and the Acient World, Histroy, Trade and Culture before A. D. 650. Professor P. H. L. Eggermont Jubilee Volume Presented on the occasion of his seventieth birthday.* Orientalia Lovaniensia Analecta 25. Leuven: 215 – 27.

ZHANG, Lixiang(张丽香)

2004 *Das Śaṃkarasūtra: Eine Übersetzung des Sanskrit - Textes im Vergleich mit der Pāli - Fassung.* Ludwig - Maximilians - Universität München (未发表的硕士论文).

ZHOU, Chunyang(周春阳, Bertram DSCHO)

2008 *Das Kaivartisūtra der neuentdeckten Dīrghāgama - Handschrift: Eine Edition und Rekonstruktion des Textes.* Georg - August - Universität Göttingen (未发表的硕士论文).

ZIN, Monika

2006 *Mitleid und Wunderkraft. Schwierige Bekehrungen und ihre Ikonographie im indischen Buddhismus.* Wiesbaden.

部分梵语词汇索引

atikrāntamānuṣeṇa 20. 174
atyapagata 完全消失
atyapagate 20. 124, 125; atyapagatāḥ 20. 124
atyartha 剧烈
atyartham 20. 79, 80, 81, 97, 98, 99, 103, 104, 105, 109, 110, 111
aduḥkhāsukha 非苦非乐
aduḥkhāsukham 20. 166
adharāraṇi 下面的燧木
adharāraṇyām 20. 137, 141, 145
adharima 下部
adharimam 20. 131
adhārmikībhūta 非法
adhārmikībhūtā 20. 21
adhigata 达到
adhigataḥ 20. 158, 161, 164, 167; adhigatā 20. 171, 175, 180
adhigama 达到
adhigamāya 20. 50, 62
adhivas(使动)许受
adhivāsayati 20. 6
adhomukha 低头垂首
adhomukhaḥ 20. 20
adhyātmaka 内
adhyātmakāni 20. 77
adhyātmasaṃprasāda 内心的澄净
adhyātmasaṃprasādāt 20. 160
anagārikā 非家
anagārikām 20. 42
anaṅgaṇa 无垢
anaṅgaṇe 20. 169, 173, 177
anadhigata 非达到的
anadhigatānām 20. 50, 62
ananuprāpta 未得的
ananuprāptānām 20. 50
anānulomika 不随顺
anānulomikaiḥ 20. 199
anābhāsagatika 了无影像的
anābhāsagatikāḥ 20. 189, 190, 191
anāhāratā 断食
anāhāratām 20. 114, 116
anirvāṇasaṃvartanīya 不能成就涅槃的
anirvāṇasaṃvartanīyāni 20. 157
anukampā 哀悯
anukampām 20. 5
anuttara 无上
anuttaram 20. 44; anuttarāyai 20. 56, 68, 113, 139, 143, 147, 149, 150, 152
anutpattidharman 得无生之法
anutpattidharmāṇaḥ 20. 189, 190
anupūrva 渐次
anupūrveṇa 20. 156
anuprāpti 得到
anuprāptaye 20. 62
anumud(使动)随喜
anumodya 20. 207
anuyukta 奉行
anuyuktāḥ 20. 10, 14, 149; anuyuktaḥ 20. 37, 38; anuyuktasya 20. 181
anusaṃyuj(使动)陪伴
anusaṃyogya 20. 151
anekavidha 非一种种
anekavidham 20. 170
anekaśatā 数百
anekaśatāyāḥ 20. 195
antaḥkukṣi 内腹
antaḥkukṣiḥ 20. 91
antaroddāna 中间摄颂
antaroddānam 20. 208
antardhāna 消失
antardhānam 20. 135
antika 近,所,处
antikam 20. 3; antike 20. 45, 57; antikāt 20. 156, 207
anya 其他
anyān 20. 197; anyāḥ 20. 198; anyenānyam 20. 198; anyā 20. 208

anyatama 有一[人]
anyatamaḥ 20.13
anyatra 别的
anyatra 2.204
apakram 离开
apakramya 20.6
apagata 消失
apagate 20.124, 125; apagatāḥ 20.124
apara 另一
aparā 20.133, 134; aparam 20.141, 145, 179
aparijñāta 未悉知的
aparijñātāḥ 20.188
aparitasanā 无忧愁
aparitasanāyai 20.158, 161, 164, 167
aparyādattacitta 心不为……所制的
aparyādattacittaḥ 20.182, 183
apāyadurgativinipāta 低下、恶劣、不幸之趣
apāyadurgativinipātam 20.116
apratirūpa 不相应
apratirūpeṣu 20.199
apratyaya 恶意抵触
apratyayam 20.198
apramatta 不放逸
apramattaḥ 20.50, 62; apramattena 20. 158, 161, 164, 167, 171, 175, 180
aprahīṇa 未断除的
aprahīṇāḥ 20.188
aprāpta 未得的
aprāptānām 20.62
abhavya 不能
abhavyaḥ 20.137, 141, 145
abhāvitakāya 未修身者
abhāvitakāyaḥ 20. 22, 27;
abhāvitakāyam 20.26
abhāvitacitta 未修心者
abhāvitacittaḥ 20.22, 27;
abhāvitacittam 20.26
abhāvitatva 未修
abhāvitatvāt 20.27
abhikrīḍ 娱乐
abhikrīḍitavān 20.41
abhigrah 制服
abhigṛhṇāmi 20.72; abhigṛhṇataḥ 20.73, 75
abhijñā 回忆
abhijānāmi 20.41, 151, 185, 195, 198, 208; abhijānāti 20.184;
abhijānāsi 20.197
abhijñā 神通智
abhijñayā 20.47, 49, 50, 51, 52, 53, 59, 61, 62, 63, 64, 65
abhidhyā 贪爱
abhidhyām 20.156; abhidhyāyāḥ 20.156
abhinand 欢喜
abhinandya 20.207
abhinipīḍ(使动)压捺
abhinipīḍayāmi 20.72;
abhinipīḍayataḥ 20.73, 75;
abhinipīḍayet 20.74
abhinirṇam(使动)使……朝向
abhinirṇamayāmi 20.169, 173, 177
abhiprasad 信受
abhiprasīdet 20.5
abhiprasanna 信受了的
abhiprasannaḥ 20.4, 5, 206
abhiprārthayamānarūpa 安乐
abhiprārthayamānarūpaḥ 20.44
abhimanth 摩擦
abhimathnan 20.137, 141, 145
abhirāddha 满意
abhirāddhaḥ 20.55, 67
abhisaṃtap(使动)考责
abhisaṃtāpayāmi 20.72;
abhisaṃtāpayataḥ 20.73, 75

abhihan 冲击
abhihanti 20.79，81；abhihanyāt 20.80
abhyavagāh 进入
abhyavagāhya 20.72
amanāpa 不可意的
amanāpābhiḥ 20.13，23，29；amanāpām 20.76，82，88，94，100，106，112，123，126，129，139，143，147
ayaḥśikharaka 铁剑尖
ayaḥśikharakena 20.80
ayaskārabhastrā 铁匠[鼓风]的皮囊
ayaskārabhastrāyāḥ 20.86
arāḍa 即 ārāḍa 歌罗罗仙
arāḍaḥ 20.208
artha 意趣
arthe 20.54，66
ardhamāsaparyāya 半月过后
ardhamāsaparyāyeṇa 20.16
arhant 阿罗汉
arhataḥ 20.199
alam 足以
alam 20.56，57，68，69，113，139，143，147，149，150，152
alpa 极少的
alpam 20.117，118，119，120，121，124，125，127，128，130
alpamāṃsa 少肉
alpamāṃsāni 20.119，120
alpasthāman 无力
alpasthāmnā 20.153
avakāśa 许可
avakāśam 20.8
avatṝ(使动)剃除
avatārya 20.42
avamūrdhaka 头朝下
avamūrdhakaḥ 20.131
avicāra 无伺察
avicāram 20.160
avitarka 无思量
avitarkam 20.160
avidyā 无明
avidyā 20.171，175，180
avidyāsrava 无明漏
avidyāsravāt 20.179
avimuktipada 不能导致解脱的文句
avimuktipadānām 20.194，196
avyapakṛṣṭa 不远离
avyapakṛṣṭāḥ 20.138；avyapakṛṣṭānām 20.139
aśrutapūrva 以前没有听说过的
aśrutapūrvāḥ 20.136，aśrutapūrvā 20.140，144，148
aśrutavant 无闻者
aśrutavān 20.23
asaṃrabdha 没有烦躁
asaṃrabdhaḥ 20.76，82，88，94，100，106，112，123，126，129，159，162，165，168，172，176，181
asaṃlīna 不生懈倦
asaṃlīnam 20.76，82，88，94，100，106，112，123，126，129，159，162，165，168，172，176，181
asaṃmūḍha 不受迷惑
asaṃmūḍhā 20.76，82，88，94，100，106，112，123，126，129，159，162，165，168，172，176，181；asaṃmūḍhaḥ 20.187，191；asaṃmūḍham 20.189，190
asammoṣadharman 无忘失法的
asammoṣadharmā 20.182，183
asaṃmoha 非痴暗者
asaṃmohaḥ 20.208
asākṣātkṛta 未证的
asākṣātkṛtānām 20.50，62
asītakaparva 阿斯陀伽藤的枝节
asītakaparvāṇi 20.119
astaṃgama 消逝
astaṃgamāt 20.166

astīkṛta 消逝
astīkṛtam 20.192
ah 说
āha 20.46, 48, 52, 54, 58, 60, 64, 66, 132, 133, 134; āhuḥ 20.186

Ā

ākāṃkṣ 悕求
ākāṃkṣasi 20.9
ākiṃcanyāyatana 无想定
ākiṃcanyāyatanam 20.48, 49, 51, 52, 53
ākhyāyikā 传言
ākhyāyikayā 20.124
āgam 来;(使动)等待
āgacchet 20.137, 141, 145; āgamaya 20.187
āgata 出来
āgatam 20.13
āghāta 损恼
āghātam 20.198
ācakṣ 宣说
ācakṣate 20.163
āchad(使动)著
ācchādya 20.42
ājīva 命
ājīvam 20.43
ājñā 了知
ājñātum 20.187; ājñāya 20.195
ātāpin 勤勇
ātāpī 20.50, 62; ātāpinā 20.158, 161, 164, 167, 171, 175, 180
āttamanas 欢喜
āttamanāḥ 20.55, 67
ātman 自我
ātmanaḥ 20.158, 161, 164, 167
ātmopakramika 侵害自我的
ātmopakramikām 20.139, 143, 147
ādā 取
ādāya 20.2, 156
ādhā 放置
ādhāya 20.72, 73, 75
ādhicaitasika 属于增上之心的
ādhicaitasikaḥ 20.158, 161, 164, 167
ādhmāta 吹胀
ādhmātaḥ 20.91, 93; ādhmātā 20.92
ādhmātaka 胀满
ādhmātakāni 20.83, 89, 95, 101, 107, 208
ānanda 阿难
ānandena 20.2; ānandaḥ 20.4; ānandasya 20.6
āniñjyaprāpta 无有动摇
āniñjyaprāpte 20.169, 173, 177
āpad 入,得
āpadyate 20.23, 29
āpanna 入,得
āpannaḥ 20.13
ābhuj 弯曲、结
ābhujya 20.72, 156
āmṛś 触摸
āmārṣmi 20.131
āyati 未来
āyatyām 20.188, 189, 190, 191
āyuṣmant 尊者
āyuṣmatā 20.2; āyuṣmān 20.4, 46, 58; āyuṣmataḥ 20.6, āyuṣman 20.46, 48, 52, 53, 54, 58, 60, 64, 65, 66
ārabdha 发趣了的
ārabdham 20.76, 82, 88, 94, 100, 106, 112, 123, 126, 129, 159, 162, 165, 168, 172, 176, 181
ārāḍa 歌罗罗仙
ārāḍa 20.45, 53; ārāḍena 20.47, 51
ārāḍa kālāma 歌罗罗仙
ārāḍaḥ kālāmaḥ 20.45, 51, 55; ārāḍaṃ kālāmam 20.45, 51; ārāḍasya kālāmasya 20.49
ārāt 远离
ārāt 20.137, 141, 145

ārdra 潮湿的
ārdram 20.137, 141; ārdrāt 20.138, 142
ārya 圣者
āryāḥ 20.163
āryadharmavinaya 圣教与圣律
āryadharmavinaye 20.21
āryaśrāvaka 声闻圣教者
āryaśrāvakaḥ 20.29
āryasatya 圣谛
āryasatyam 20.178
ālābu 葫芦
ālābu 20.121
āloka 光明
ālokaḥ 20.171, 175, 180
āśīviṣa 毒蟒
āśīviṣam 20.202
āśvas 吸气
āśvasyimi 20.154; āśvasāmi 20.155
āśvāsapraśvāsa 出入息
āśvāsapraśvāsān 20.78, 84, 90, 96, 102, 108; āśvāsapraśvāseṣu 20.79, 81, 85, 87, 91, 97, 99, 103, 105, 109, 111
āsad(使动)冒犯
āsādya 20.199, 200, 201, 202, 203, 204
āsana 座
āsane 20.6
āsrava 漏
āsravāḥ 20.188, 189, 190, 191
āsravakṣayajñānasākṣātkriyā 漏尽智证明
āsravakṣayajñānasākṣātkriyāyām 20.177;
āsravakṣayajñānasākṣātkriyā 20.180
āhāra 食物
āhāram 20.16, 117, 118, 119, 120, 121, 124, 125, 127, 128, 130, 154, 155; āhāreṇa 20.115
āhṛ 吃食
āharanti 20.16; āhareyam 20.117; āharāmi 20.118, 154; āharataḥ 20.119, 120, 121, 124, 125, 127, 128, 130; āhāreyam 20.155

Ī

īṣādanta牙如车辕的
īṣādantam 20.204

U

ucchinnamūla 断根了的
ucchinnamūlāḥ 20.189, 190, 191
utkṣiptāsika 有拔出的利剑的人
utkṣiptāsikam 20.200
utkhāta 被掘起
utkhāte 20.124, 125
uttara 高
uttareṇa 20.149
uttarāraṇi 上面的燧木
uttarāraṇim 20.137, 141, 145
uttānaka 仰面
uttānakaḥ 20.131
utpad 生起;(使动)使……壮大
utpādayanti 20.18; utpadyate 20.24, 30; utpādayitum 20.153
utpanna 产生的
utpannāḥ 20.12; utpannā 20.25, 26, 27, 31, 32, 33, 39, 171, 175, 180; utpannaḥ 20.182, 183
utsthā 站起来
utthāsyāmi 20.131
udaka 水
udake 20.124
udakatāraka 水星(关于该词含义,参见 20.124.4)
udakatārakāḥ 20.124
udraka 水獭
udraka 20.57, 65; udrakeṇa 20.59, 63
udraka rāmaputra 水獭端正仙子
udrako rāmaputraḥ 20.57, 63, 67;

Ṛ
ṛju 直
ṛjum 20.72, 156
ṛjubhūta 端正
ṛjubhūte 20.169, 173, 177
ṛt 厌恶
ritīyase 20.115
E
eka 单独、一个
ekaḥ 20.50, 62; ekā 20.132; ekām 20.170; eke 20.186, 208
ekatya 某一个人
ekatyasya 20.12, 13
ekākin 独处一身
ekākinā 20.158, 161, 164, 167, 171, 175, 180
ekāgra 朝向一境
ekāgram 20.76, 82, 88, 94, 100, 106, 112, 123, 126, 129, 159, 162, 165, 168, 172, 176, 181
ekānta 一隅
ekānte 20.7
ekānnatriṃśatka 二十九岁之人
ekānnatriṃśatkaḥ 20.41
ekāhaparyāya 一天过后
ekāhaparyāyeṇa 20.16
ekaika 各个
ekaikeṣām 20.195
ekotībhāva 专注
ekotībhāvāt 20.160
evaṃrūpa 如此形状的
evaṃrūpām 20.76, 82, 88, 94, 100, 106, 112, 123, 126, 129, 135, 139, 143, 147, 159, 162, 165, 168, 172, 176, 181; evaṃrūpān 20.197
O
ojas 生命之力
ojas 20.115, 208
odanakulmāsa 粥饭和糁糜
odanakulmāsam 20.154, 155
AU
audārika 丰盛的、干稠的
audārikāṇi 20.18; audārikam 20.154, 155
auddhatyakaukṛtyavicikitsā 掉举、怨悔和疑惑
auddhatyakaukṛtyavicikitsām 20.156
K
kaṭuka 辛楚的
kaṭukābhiḥ 20.13, 23, 29; kaṭukām 20.76, 82, 88, 94, 100, 106, 112, 123, 126, 129, 139, 143, 147
katipaya 少量
katipayam 20.117, 118, 119, 120, 121, 124, 125, 127, 128, 130
kathā 话语
kathām 20.7, 198; kathā 20.194, 196
kathāsaṃprayoga 结合而成言说
kathāsaṃprayoge 20.194, 196
karṇasrotas 耳窍
karṇasrotasoḥ 20.85, 87
karmaṇya 调柔
karmaṇye 20.169, 173, 177
karmānta 劳作
karmāntān 20.151
karmāragargarī 铁匠[鼓风]的皮囊
karmāragargarī 20.92
kāma 爱欲
kāmaiḥ 20.41, 151, 157; kāmeṣu 20.138, 139, 142, 143, 146, 147
kāmacchanda 对爱欲的欲乐
kāmacchandaḥ 20.138, 142
kāmaniyanti 对爱欲的寻求
kāmaniyantiḥ 20.138, 142, 146
kāmaprema 对爱欲的欢喜
kāmapremaḥ 20.138, 142, 146
kāmavyāpādin 爱欲的恶毒
kāmavyāpādī 20.138

tīvrābhiḥ 20. 13, 23, 29; tīvrām 20. 76, 82, 88, 94, 100, 106, 112, 123, 126, 129, 139, 143, 147
tūṣṇībhūta 默然
tūṣṇībhūtaḥ 20. 20, 208
tūṣṇīmbhāva 默然
tūṣṇīmbhāvena 20. 6
triṇa 草
triṇāni 20. 156
tṛṇaśālā 草棚
tṛṇaśālāyāḥ 20. 127
tṛṇasaṃstaraka 草垫
tṛṇasaṃstarakam 20. 156
tejas 光
tejas 20. 137, 141, 145
tri 三
tisraḥ 20. 132, 136
tritīya 第三
tritīyā 20. 148, 180; tṛtīyam 20. 163; tṛtīyaḥ 20. 164
D
dakṣa 熟练
dakṣaḥ 20. 104
dakṣiṇa 南
dakṣiṇena 20. 69, 208
danta 牙齿
danteṣu 20. 72, 73, 75; dantān 20. 72, 73, 75
darśana 见
darśanāya 20. 3, 56, 68, 113, 139, 143, 147, 149, 150, 152
dā 给予
dadyāt 20. 98
dāman 带、绳
dāmnā 20. 98
divāsvapna 日中小睡
divāsvapnam 20. 184
divya 上天的
divyam 20. 115, 116; divyena 20. 174
diś (使动) 解说、演说
deśayitum 20. 195; deśayati 20. 195
duḥkha 痛苦的
duḥkhāḥ 20. 12, 13; duḥkhābhiḥ 20. 13, 23, 29; duḥkhāyāḥ 20. 24, 30; duḥkhā 20. 25, 26, 27, 31, 32, 33, 39; duḥkhām 20. 76, 82, 88, 94, 100, 106, 112, 123, 126, 129, 139, 143, 147; duḥkhasya 20. 166; duḥkham 20. 178
duḥkhanirodha 苦之灭
duḥkhanirodham 20. 178
duḥkhanirodhagāminī 灭苦的
duḥkhanirodhagāminī 20. 178
duḥkhaprahāṇayoga 苦行
duḥkhaprahāṇayogam 20. 149
duḥkhavipāka 具苦报的
duḥkhavipākāḥ 20. 188, 189, 190, 191
duḥkhasamudaya 苦之集
duḥkhasamudaya 20. 178
durbala 羸弱
durbalena 20. 153
durbalatara 极羸弱的
durbalataram 20. 74, 110; durbalatarasya 20. 80, 98
durvarṇa 恶色
durvarṇān 20. 174
dūra 远处
dūrād 20. 4
dūrānugata 沉陷
dūrānugate 20. 124, 125; dūrānugatāḥ 20. 124
dūrānupraviṣṭa 深陷下去
dūrānupraviṣṭe 20. 124, 125; dūrānupraviṣṭāḥ 20. 124
dṛḍha 坚牢
dṛḍhena 20. 98
dṛś 看见
adrākṣīt 20. 4; dṛṣṭvā 20. 4, 70; drakṣyasi 20. 21; adrākṣam 20. 70;

paśya 20.135; paśyāmi 20.174; paśyataḥ 20.179
dṛṣṭadharmasukhavihāra 得证此现见法中的安乐住
dṛṣṭadharmasukhavihāraḥ 20.158, 161, 164, 167
devatā 天人
devatāḥ 20.115, 116, 132, 208; devatānām 20.117, 118; devatā 20.132, 133, 134
devamanuṣya 人天
devamanuṣyeṣu 20.174
dva 两个
dvau 20.110
dvitīya 第二
dvitīyā 20.144, 175; dvitīyam 20.160; dvitīyaḥ 20.161
dvidhā 两倍
dvidhā 20.208
dvivarṣastrivarṣapracchanna 架了两三年的
dvivarṣastrivarṣapracchannāyāḥ 20.127
dvis 第二次
dvis 20.205
dveṣa 嗔恨
dveṣam 20.198
Dh
dharma 法
dharme 20.4, 5, 206; dharmāḥ 20.47, 49, 52, 53, 59, 61, 64, 65; dharmān 20.49, 50, 51, 61, 62, 63; dharmāṇām 20.50, 62; dharmaiḥ 20.151; dharmeṣu 20.156; dharmam 20.195
dharmaparyāya 法门
dharmaparyāye 20.206
dhmā 吹胀
dhmāyamānāyāḥ 20.86; dhamyamānā 20.92
dhyai 修定
dhyāyeyam 20.77, 83, 89, 95, 101, 107, 208
dhyāna 禅定
dhyānāni 20.77, 83, 89, 95, 101, 107, 208; dhyānam 20.151, 157, 160, 163, 166
dhvāṅkṣa 乌鸦
dhvāṅkṣāḥ 20.205
N
nadī 河
nadīm 20.70; nadī 20.71
nanda 难陀[犊子]
nandasya 20.208
nanda vatsa 难陀犊子
nandasya vatsasya 20.16
naraka 地域
narakeṣu 20.116
nāga 象
nāgam 20.204
nānā 多种多样
nānā 20.208
nānāvṛkṣopaśobhita 由各种树木装点的
nānāvṛkṣopaśobhitām 20.70; nānāvṛkṣopaśobhitā 20.71
nāmakāyapadakāyavyaṃjanakāya 名身、句身和文身
nāmakāyapadakāyavyaṃjanakāyāḥ 20.194, 196
nāsikā 鼻
nāsikāyāḥ 20.78, 79, 81, 84, 85, 87, 90, 91, 96, 97, 99, 102, 103, 105, 108, 109, 111
nigrah 压捺
nigṛhṇīyāt 20.74
nirodha 坏灭
nirodhāt 20.24, 30
nirgranthīputra 耆那女尼之子(萨遮之别称)见 sātyaki nirgranthīputra
niryā 离开

pitṛ 父亲
pituḥ 20. 151
purastāt 在……前
purastāt 20. 195
puruṣa 人
puruṣaḥ 20. 13, 74, 80, 98, 137, 141, 145; puruṣasya 20. 13, 80, 98, 200, 201, 202, 203, 204; puruṣam 20. 74, 110; puruṣau 20. 110
pūj(使动)供养
pūjitavān 20. 55, 67
pūjanā 供养
pūjanayā 20. 55, 67
pūtimūla 根部腐烂的
pūtimūlāni 20. 131
pūrva 先前
pūrvam 20. 166, 197
pūrvanivāsānusmṛtijñānasākṣātkriyā 宿命智证
pūrvanivāsānusmṛtijñānasākṣātkriyāyām 20. 169;
pūrvanivāsānusmṛtijñānasākṣātkriyā 20. 171
pūrvācārya 过去的教师
pūrvācāryaḥ 20. 55, 67
pūrvāhṇa 早晨
pūrvāhṇe 20,2
pūrvenivāsa 过去世
pūrvenivāsam 20. 170
pṛthagjana 凡夫
pṛthagjanaḥ 20. 23
pṛthivī 地
pṛthivyām 20. 131
pṛthivīpradeśa 地方
pṛthivīpradeśam 20. 70;
pṛthivīpradeśaḥ 20. 71
pṛś 问
pṛcchema 20. 8; pṛccha 20. 9;
pṛcchet 20. 193; praṣṭum 20. 197
pṛṣṭa 被问的
pṛṣṭaḥ 20. 20,193
pṛṣṭhavaṃśa 脊椎
pṛṣṭhavaṃśaḥ 20. 130
paunarbhavika 后有
paunarbhavikāḥ 20. 188, 189, 190, 191
prakrānta 去往
prakrāntaḥ 20. 69, 207
prajñapta 敷置
prajñapte 20. 6
prajñā 慧
prajñā 20. 49, 61
prajñā 了知
prajānāmi 20. 178, 179
prajñālpa 无智
prajñālpāḥ 20. 205
prajval 燃起
prajvalantam 20. 201
praṇidhā 树立
praṇidhāya 20. 72, 156
praṇīta 上好
praṇītān 20. 174
pratipat 途径
pratipat 20. 150, 152, 178
pratipad 修习
pratipadyeya 20. 114
pratibhāta 生起、显现
pratibhātāḥ 20. 136; pratibhātā 20. 140, 144, 148
pratimukha 对面
pratimukhām 20. 72, 156
pratiyatya 立即
pratiyatya 20. 192
pratisaṃvid(使动)感到
pratisaṃvedaye 20. 163
pratisaṃmantr 反驳
pratisaṃmantryamānasya 20. 199
pratisṛ 回避
pratisaranti 20. 198
pratyaya 因缘
pratyayeṣu 20. 55,67

101, 107
māna 憍慢
māna 20. 198
mānanā 恭敬
mānanayā 20. 55, 67
mānuṣa 人间
mānuṣeṇa 20. 115, 116
mārga 路
mārgāt 20. 6; mārgam 20. 69; mārgaḥ 20. 56, 68, 113, 149, 150, 152
mārṣa 贤者
mārṣa 20. 115
māsa 月
māse 20. 124, 185
māsaparyāya 一月之后
māsaparyāyeṇa 20. 16
mithyādṛṣṭi 邪见
mithyādṛṣṭiḥ 20. 116
mithyādṛṣṭipratyaya 由邪见故
mithyādṛṣṭipratyayam 20. 116
mid(使动)使……肥硕
medayanti 20. 18
mukta 流出
muktaḥ 20. 73, 75
mukha 口
mukhāt 20. 13; mukhataḥ 20. 78, 79, 81, 84, 85, 87, 90, 91, 96, 97, 99, 102, 103, 105, 108, 109, 111
mukhara 饶舌
mukharāḥ 20. 205
mukhavarṇa 面色
mukhavarṇaḥ 20. 199
muc 流出
mucyeta 20. 74
mudgayūṣa 豆子汤
mudgayūṣeṇa 20. 117, 118
muhūrta 须臾
muhūrtam 20. 184
mūrdhan 头顶
mūrdhnānam 20. 79, 80, 81;
mūrdhni 20. 79, 80, 81
mūrdhnavedanā 头痛
mūrdhnavedanāḥ 20. 79, 80, 81
mṛś 涂抹
mrakṣayeyam 20. 154; mrakṣayāmi 20. 155
mṛṣā 虚妄
mṛṣā 20. 116
mrakṣa 轻蔑
mrakṣa 20. 198
mlāna 枯萎
mlānāni 20. 119, 120; mlānam 20. 121, 122

Y

yathābhūta 如实
yathābhūtam 20. 178
yathāsukha 随意行之
yathāsukham 20. 46, 58, 154, 155
yadrūpa 如此形状的
yadrūpāḥ 20. 12, 13
yā(使动)存养
yāpayanti 20. 17
yogakṣema 解脱,涅槃
yogakṣemam 20. 44

R

rati 欣乐
rataye 20. 158, 161, 164, 167
ramaṇīya 可爱
ramaṇīyam 20. 70; ramaṇīyām 20. 70; ramaṇīyaḥ 20. 71; ramaṇīyā 20. 71
rāmaputra 见 udraka rāmaputra
rāmaputrasya 20. 208(单独出现)
rājan 国王
rājnaḥ 20. 204
rudanmukha 泪流满面
rudanmukhānām 20. 42
roma(体)毛
romāṇi 20. 131

H

后　　记

2001 年春天,我从银行辞职,前往德国慕尼黑留学。不过,对自己将来要学什么专业并没有很明确的认识,只是出于对佛教的好感,对印度学也爱屋及乌了。本来的打算是将印度学作为一门副修课程,但是当我在开学前去慕尼黑大学印度学系咨询有关选课信息时,与系主任哈特曼教授(Jens-Uwe Hartmann)的一番谈话让我完全转变了留学的目的:印度学成了我的主修专业,哈特曼先生成了我的硕士和博士生导师。

在随后七年的学习中,学习和谋生的艰辛并没有消磨这门学科给我带来的欢乐。随着学习的不断深入,我对印度学范畴下的佛教以及佛教之外的印度学有了更深刻的了解,为那个广阔绚丽的崭新世界所折服。同时,我对自己在德国印度学谱系中的位置也有了新的认识:自己属于吕德斯(Heinrich Lüders)、瓦尔特施密特(Ernst Waldschmidt)那一派(即兼治佛教写本和印度艺术史的),后者的学生中有季羡林先生、施林洛甫先生(Dieter Schlingloff)和贝歇特先生(Heinz Bechert)等国内外知名学者。其中,施林洛甫先生和贝歇特先生正是我业师哈特曼的导师。要知道,德国的印度学流派不胜枚举,但我还是误打误撞入了中国人最熟悉的那个门派。总之,比起之前在国内的时光,这七年可说没有虚掷。而为我的留学生涯留下美好回忆的,除了学习本身,更是我的师友们。

哈特曼教授是著名的印度学家、藏学家和佛学家，也曾修过汉学。他将瓦尔特施密特所倡导的梵、巴（利文）、藏、汉综合写本研究方法推向了一个更高的层次。他也是一位极其认真负责的老师。只要他辅导的学生论文是以写本为题，他必然会组织相关研究领域的师生为其每周（如遇放假，也雷打不动）开设一次专门的研讨课，让他宣讲（所编辑的）梵本和译文，与会者可随时作评注指点，最后助其定稿——这样的形式很像我国古代的译场。哈特曼教授还是一位出色的学术活动家。在不影响教学研究的前提下，他还担任诸如学院院长，以及诸多科学院、委员会的成员，诸多大学的客座教授。在他的努力下，慕尼黑大学的印度学系从被裁减的边缘发展壮大成拥有五个教授席位的重要系科，这在江河日下的德国人文科学界是一个奇迹。在分别指导我硕士、博士论文，以及为我们授课期间，其为人、为学方面一丝不苟的态度深深地影响着我，“敬业”一词已成为我一生的座右铭。

另一位指导我硕士、博士论文的老师是梅塔教授（Adelheid Mette）。她是德国著名古典学家、哲学家梅塔（Hans-Joachim Mette）的遗孀，也是哈特曼教授的第三位导师。她的学术经历实在令人叹服：她原从事古典学研究，但后来转而投入了印度学——而且是印度学的“偏门”中古印度语与耆那教研究。和很多出生在二战前的老一辈德国学者一样，梅塔教授有一种可以称得上“伟大”的古典气质，这种气质不仅表现在对民族光辉过去的追忆，对浮躁、功利的现代社会始终保持清醒的头脑，还表现在——就我一个初登堂奥的留学生而言，更为直接地感受到——她在鲜有问津的耆那教 *pustaka*（即印成贝叶形制的经卷）里、在那架大键琴边（她爱弹奏的音乐只下溯到巴赫为止）、在国立歌剧院中、在斯坦贝尔格湖畔的草坪上独自陶醉。正因如此，她在退休之后继续授课，而且毫不在意“上座率”——不知为何，她开设的课程总被认为很艰涩。她每周开设两门课程，一门无疑是中古印度语文献，另一门则由学生决定。作为她为数不多的听众，我总是有效地行使了表决权——每次都恳请她开设吠陀课程。这两类课程因为所谓的“投入产出比”低下，而少有人问津。而印度学中最濒危的这两个方向，我却有幸在慕尼黑大学每个学期都得到教授，哪怕有时课上只有我一个学生。

梅塔教授总会向她所教的学生提供远远超出其想象的文献资料，尤其是哪位学生为小有成就而自鸣得意时。她的指导常常以极其委婉、温和的方式提出，但听者无不如芒刺在背——原来自己离真理还差那么远啊！在我踌躇满志地完成博士论文答辩之后，梅塔教授找了个机会很客气地指出了论文的不足之处，并细致地一一讲解。那是我根本就没有留意的一大批耆那教方面的相关资料。原来，我上她的耆那教的课程多少抱有捧场的态度，且并不重视研讨会中她要我去查耆那教文献的建议，结果造成了论文中的很大的漏洞。要是梅塔教授在答辩时候就提出异议，那一定会令我当场下不来台的。

七年的学习之后，我终于明白，他们那一代学者的境界是我们后人永远无法达到的，只能仰望。当我曾慨叹此生开始印度学研究太晚，而向梅塔教授发愿，愿生生世世作她的学生时，她笑答道："生生世世？那时我已经涅槃（耆那教也有涅槃之说），不再轮回了。"

师长中还要感谢的是两位引路人：我的印度艺术史老师茨茵教授（Monika Zin）和施奈德博士（Johannes Schneider）。前者带有波兰口音的德语让我第一次听懂了德语授课，而且在此后的学习和生活中都得到了她如向导一般的关心照顾。后者是我的梵语老师，他诙谐而学究气的授课方式，从一开始就向我展示了这门学科美好的一面，带给我无比的自信。而对印度经典诗歌的钟爱和与之相应的一口典雅的德语，也让我对学习充满喜乐的感受。

由于主观和客观的原因，我在同学中根本不算出色，有些同学完全可以做我的老师，且在平时的交流中，他们也确实教授了我很多。梅尔策博士（Gudrun Melzer）是继施林洛甫先生之后又一位全面集成瓦尔特施密特之学的学者。在硕士论文中，她帮我转写了一个吉尔吉特的本子；后来博士论文的体例也是由她所定。冯·克里格博士（Oliver von Criegern）用了近一个月的时间，帮我全面检视了博士论文中的梵语和德语，让它的行文显得更加严谨和优美。同样的帮助还来自霍茨贝尔格先生(Richard Holzberg)和于女士(Katharina Yu),他们读懂了我的中式德语,并提供了很多宝贵建议。另外,梅鲁女士(Elisabeth Meru)也为拙文作了语言上的润色。

在德国方面还得到很多师友的帮助,前言中已经提及,这里就不再一一复述。

回国之后,我来到了复旦大学文史研究院工作。院长葛兆光教授所倡导的中国与周边关系的研究特色非常契合我自身的研究重点。葛教授为我提供的研究环境同时也有利于印度学在中国南方的成长。本书得以迅速出版也仰仗了葛教授的关心和支持。

本书不仅对原德语版的论文作了一番修订和增补,还插入了一篇有关吉尔吉特《长阿含》背景介绍的楔子。该篇章大量引用了我的 Ācārya "阿阇梨" Hartmann 教授和 Kalyāṇamitra "善知识" Melzer 博士对梵本《长阿含》的宏观研究,从某种程度上来说是对这两部作品的综述和书评。借此对这两位闻名于世界印度学和佛学界、我受其惠泽颇多、但中国(特别是我家乡上海的)学界尚未识其真面目的学者表示感谢和敬意!

在成书期间,还得到了我敬爱的师长、汉语大词典出版社的徐文堪先生的指点,另外,复旦大学法语系的彭俞霞女士、文史研究院的杨琴女士、中文系的陈秀君女士和陈瑞宣先生、哲学学院的汤铭钧先生、德国慕尼黑大学印度藏学系的钟原女士、新加坡佛学院的纪赟博士、美国斯坦福大学的王翔先生也给予了我很大的帮助。在此深表感谢。

最后,我还要向上海古籍出版社的童力军、李明权两位先生致谢。本书的出版,离不开他们的辛勤劳动。

图书在版编目(CIP)数据

禅定与苦修：关于佛传原初梵本的发现和研究 / 刘震著. —修订本. —上海：上海古籍出版社，2020.12
(复旦文史丛刊)
ISBN 978-7-5325-9643-0

Ⅰ.①禅… Ⅱ.①刘… Ⅲ.①梵语—阿含—研究
Ⅳ.①B942.2

中国版本图书馆 CIP 数据核字(2020)第 094095 号

复旦文史丛刊

禅定与苦修(修订本)

关于佛传原初梵本的发现和研究

刘　震　著

上海古籍出版社出版发行

(上海瑞金二路 272 号　邮政编码 200020)

(1) 网址：www.guji.com.cn

(2) E-mail：guji1@guji.com.cn

(3) 易文网网址：www.ewen.co

常熟新骅印刷有限公司印刷

开本 635×965　1/16　印张 19.5　插页 11　字数 271,000

2020 年 12 月第 1 版　2020 年 12 月第 1 次印刷

印数：1—2,100

ISBN 978-7-5325-9643-0

B·1156　定价：88.00 元

復旦文史丛刊（精装版）

《**动物与中古政治宗教秩序**》 陈怀宇 著

《**利玛窦**：紫禁城里的耶稣会士》 〔美〕夏伯嘉 著
向红艳 李春圆 译 董少新 校

《**朝鲜燕行使与朝鲜通信使**：使节视野中的中国·日本》
〔日〕夫马进 著 伍跃 译

《**禅定与苦修**：关于佛传原初梵本的发现和研究》 刘震 著

《**从万国公法到公法外交**：晚清国际法的传入、诠释与应用》
林学忠 著

《**中国近代科学的文化史**》 〔美〕本杰明·艾尔曼 著
王红霞 姚建根 朱莉丽 王鑫磊 译

《**礼仪的交织**：明末清初中欧文化交流中的丧葬礼》
〔比利时〕钟鸣旦 著 张佳 译

《**宋代民众祠神信仰研究**》 皮庆生 著

《**形神之间**：早期西洋医学入华史稿》 董少新 著

《**明末江南的出版文化**》 〔日〕大木康 著 周保雄 译

《**日本佛教史**：思想史的探索》 〔日〕末木文美士 著 涂玉盏 译

《**东亚的王权与思想**》 〔日〕渡边浩 著 区建英 译